欧亚区域史研究
与丝绸之路

滨下武志先生执教中山大学十周年纪念文集

魏志江 等 著

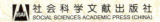

社会科学文献出版社
SOCIAL SCIENCES ACADEMIC PRESS (CHINA)

序言：从东亚发起的国际秩序论

滨下武志

　　魏志江教授主持编纂的《欧亚区域史研究与丝绸之路》即将付梓，欣喜之余，嘱我为其编纂的书稿撰写一篇序言。魏教授是我在中山大学亚太研究院担任院长时的同事，其主持工作的中山大学国际关系学院又是原亚太研究院的继承和延续，尤其是本书稿的内容一部分是于 2018 年 3 月在中山大学珠海校区由魏教授主持的中山大学国际关系学院与谢湜教授任职系主任的中山大学历史学系共同为我执教中山大学十周年举办的"全球与区域史视域下亚洲的区域与网络"国际学术研讨会的论文。思虑再三，盛情难却。于是决定以全球化时代地域－海域研究与"亚洲地政论"为中心，从东亚国际体系的基本特征和历史演变来谈谈欧亚区域史的研究。

近年由东亚所发起的国际秩序论的讨论和以非西欧型国际秩序论等议题的研究，现已逐渐受到重视。但这些问题，若脱离历史上的东亚地缘政治论，恐怕终究无法成立。这些课题即检讨在东亚历史上共时存在的多元地域主体、重层地域运作以及广、狭义的民族主体，抑或多元民族主体的理想形态等，从整体上理解非欧洲地域中历时存在的宗主型地缘论，并试图寻求与现代国际体系相联结的研究议题。此外，西欧本身即奠基于主权国家间相互关系而成立的国际体制的背景，实际上也存在着王权或教会等"宗主型地缘关系"共时且历时性的作用影响。反过来说，国家主权的意义所在，乃是为了对这些作用进行抵抗及批判，而主权国家的出现，恐怕也未必是历史发展或近代化的必然结果，只不过是由西欧地缘环境内部首先创造出来的而已。

以往国际秩序的研究，往往尊奉西欧国际秩序为规范，但是，非西欧世界的国家建设与近代化，应借由对应于各地地域史上错综复杂的复合地域统治与多元地域经营的地缘论，从当下开始努力反省所谓的"近代"国际秩序。

首先，在东亚体系中，存在着多层周边与多元中心相互转换的模型。非西欧世界的地缘究竟如何？即便此一研究课题尚未清楚辨明，但在东亚，似乎可见透过地缘路径进行自我认知的情形日益增加。其表现为地缘文化的地缘论，即试图借由历史上的中心与周边、南北地域等，说明其与周边诸国及诸地域之间的地域和国际关系；而更进一步从海洋观点讨论内陆与沿海之间的历史联系，则又是另外一项特征。即便历史上内陆与海洋之间有着密不可分的关系，至今却依然未受到充分重视。相异于传统的"一点四方"即由中心点朝东西南北四方呈放射状扩展其影响力的中心主义，地缘论则企图讨论系统性地域体系的理论架构。地缘政治本来就不只将国家视为唯一的对象。历史上虽然也曾出现为调整地域间均衡或互相关系的地域论，在20世纪前半期，由于国家或民族等具有排他性向心力的主权意识的渗透，反而导致地域国家化，并以超越国家的形式发挥作用。地域论与地域研究的课题，同时包含相关且相对地定位东亚多样地域之间的关系，而在方法论上有所交集，同时，也提示历史研究中东亚体系研究的可能性与课题性。

其次，关于全球化时代中的东亚地缘文化的重新登场问题，特别是，随着现代世界朝向全球化的方向前进，环境、气候、金融等超越国家规模分析架构的问题也大量出现。当讨论全球化议题时，国家已是个过小的单位。然而与此同时，地方的地域性、地方的地域世界也再次登场。即便依然维持从前地方属于国家的一部分、国家位居高位的上下关系，但现在地方上也开始提出地域的独自性格，或是从大地域分离出来的独特社会文化特色。创作并书写地方史、讨论如何形塑新的地方"世界图像"，乃是近年逐渐兴起的现象。对于持续掌握这些状况，并从中寻找其关联性来说，国家又是个过大的单位。换言之，随着全球化"地方"的出现，研究者应透过全球规模的宏观视野，思索跨地域的构想与融合边缘或地方视点的地域实像。为此，"网络"这个能够兼容并蓄且加以概念化的方法，在地域分析上就具有十分重要的价值。

今后东亚历史研究应将地缘文化论的中心设定为地域，并以地域内在与外在的均衡与变动、地域间关系的平衡与动态、长时段视野下的地方—地域—世界三个层次为基础，阐明地域中多元而重层的实态。

最后，关于海洋亚洲与东亚体系的越境网络。海洋与文明论之间的关系，并不是马上都能得到一个明确的答案，与此相比，我们更为期待这样一种可能性，即将"海洋"加以概念化，它不是分析性的，而是综合性的；不是对比性的，而是融合性的。总之，它与19世纪以来的国家学基础下所形成的人文、社会科学与自然科学的分析型细分化的思维角度正相反。我们期待这一"海洋"概念成为寻求对全球化与地方化相互融合发展的现代世界进行阐明的线索。之所以如此，是因为资源、环境、能源、人口等现代社会所直接面对的全球性的问题，不仅不是与海洋毫无关系，而是存在着直接密切的联系。

但是，海洋与陆地一直就是被置于一个对比的、对立的角度下论述的。不仅如此，甚至可以说一直是根深蒂固地存在着试图通过边界，即民族与国家以及文化的边界，有意识地忽视海洋的一个历史动机。"海禁"以及与此相对的"展海"的方式，就是一个具有代表性的例证。我们必须首先考虑到东亚的海洋在理念上，而且是在思想上被分割开来的，而这样的分割具有一个积极的意义。它的历史背景表现出一种儒教与国家、国家－民族主义的复合型结构，是针对这一结构下的迁移与移民的一个过度防范。而且，东亚的地缘政治－文化论，即便是要将海洋纳入自身，大概也必须具备这样一个基本逻辑，即要首先阐明它的历史背景。

所以，本序言的结论是：东亚地缘文化——横跨东亚的多文化的地域网络模型。因此，亚洲研究的方法，过去一直以国家与它们之间的关系为根本，而今，则要求把海洋亚洲、沿海城市网络的出现、跨越国家的网络的活跃现象等综合起来，对亚洲研究进行把握。而且，通过将长时段的亚洲的历史演变纳入研究的视野，今后的亚洲论将会以"海洋"的思想为基础，开始探索地域、地方、城市网络间的相互作用与海域、地域之间的关系。因此，将海洋包容进来的地域论，即海洋与陆地的交往论，将会进一步得到具体论述。例如，"港口"不仅是海洋与大陆的联结点，也是陆地通向海洋的出口，跨过这一边界，就可以明确海洋与陆地二者是处于一种历史的循环结构之中。长期以来，被总括为"东亚"这一名义下的历史演进，若是从以地缘政治文化论为出发点的空间主体这一角度来加以认识的话，就会形成一种更为基于地域认同（identity）的、一种网络性的地域间的关系与交换。我们有必要将"东亚"从历史上合理地分为不同层面的地域，并探明各地域间在相互交涉的同时，跨海与亚洲相联结的历史。

·目　录·

———————————————————————————

·理论研究·

·欧亚区域史·

·海丝与陆丝·

·理论研究·

全球史视野下的东亚区域关系史

——多层 / 多角性的区域关系

滨下武志 *

序言　全球化与地方化的分化与互动

从来被视为现代世界特征的是一方面朝着"全球化"的方向急速前进，但另一个动向却是"地方化"。这种两极的分化与互动，将居于其中的"国家"定位为另一种历史性的区域空间，并且提示历史研究有必要检讨"国家"的角色如何在历史上形成。数世纪以来，无论是重层且多元发展的历史主体，抑或复杂而多层次的历史空间，都局限于民族或国家，因而使国家成为历史发展主要的主体。本文所谓的"区域性"（regional），乃是用一种从现代回顾历史的视点，重新检讨这段所谓"国家时

* 滨下武志，中山大学。

代”的历史时期。换言之，"区域性"的视点透过历史长时段的区域变动，试图寻找出相应于现代世界全球化与地方化两极分化与互动的分析架构、理念结构与历史研究框架。为此，有必要系统性地检讨"区域"这个多样而多层次的空间。同时，能够将全球化与地方化两者纳入研究视野，并重新检讨政治、经济、社会甚至文化空间的21世纪"地缘论"也相应而生。

一

1. 地缘论与区域研究

就一般概念而言，所谓"地缘"者，可以定义为与区域统治相关的各种政策内容及其实践。毋庸置疑，区域统治的讨论虽然主要集中在政治和统治政策面向，但由于区域乃是统治的对象，故除了重视地理空间的政治层面之外，也包含经济、文化及军事等层面。然而，此处所谓的地理空间并非单指自然地理，其所重视的政治地理，更是以自然地理为前提，并从而与人类社会诸集团相互联结而成的区域空间。从当代议题来看，例如环境问题、气候问题、医疗问题、人口问题、海洋问题等，都是地缘政治的重要项目。

另外，相异于地缘论，政治地理学将视点置于区域空间，以地理关系来处理国家等各种政治主体的互相利害关系；但若单就以区域为"社会主体"这点而言，两者也有所共通。然而在历史上，地缘论也时常出现在支撑国家或民族向心力的议论中，特别是强调政治及军事的议论；而在针对这类议论进行反省时，政治地理学也主动在理念与目标上与地缘论有所区隔。政治地理学与地缘论之间的重叠与分歧，乃至分析现代世界时所运用的世界体系论，自然也是地缘论的一种延伸。

在东亚与东北亚地缘关系中，所谓"经济"并非意指"homo economica"概念的"经济"，而是"经世济民"的社会经济政策；"文化"亦非"culture"，而是"文治教化"意义上的文化政策。两者皆与广义的统治策略有所关联，不局限于政治。因此，历史研究中的地缘关系史研究，也不该再将"军事""政治"只理解为基于国家利害关系而实行的政策。地缘关系史研究不但要考察统治政策的主体，更应该透过高层次的区域秩序或内外区域关系的视点，检讨作为统治政策的前提，甚至检讨其造成影响的区域空间（包括海域）的历史构造与变动（见图1）。

· A 旧区域关系之系列	B 全球时代之区域网络
· 地球（世界）	世界—大区域
· 世界	—
· 大区域	国家—地方
· 国家	—
· 区域	地球—海洋
· 地方	

图1　全球化—区域关系之网络化

此外，自然资源、气候条件、人口等属性，都是地缘关系所欲探讨的重要议题。地缘论不仅重视自然地理、地形、地势、气候，也认为各区域的政治、经济、社会、文化等要素对区域的政治有间接的影响力，借此强调地缘政治的开放性，或区域关系的重要性。

2. 全球化与地方化——地缘性与网络性

非西欧世界的地缘论究竟如何？即便此一研究课题尚未清楚辨明，但在亚洲，似乎可以发现透过地缘取径进行自我认知甚或自我主张的情形日益增加。这表现为地缘政治的地缘论，试图借由历史上的中心与周边、南北关系等，说明其与周边诸区域之间的相互利害关系。

相异于传统"一点四方"（由中心点朝东西南北四方呈放射状扩张其影响力）的中心主义，地缘论则企图讨论单一区域体系的理论架构。历史上虽然也曾出现为调整区域间均衡或互相利害关系的地缘论，但在20世纪前半段，国家或民族等具有排他性向心力的主题参入，反而导致区域国家化，并以超越国家的形式发挥力量。地缘论与区域研究的课题同时包含"相关且相对地定位国家与区域之间的关系",因此在方法论上有交集,并且提示历史研究中区域研究的可能性与问题性。

特别是,随着现代世界朝向全球化的方向前进,环境、气候、金融等超越国家规模分析架构的问题也大量出现。同时,随着全球化之中"地方"的出现,研究者应透过全球规模的宏观视野,思索跨区域的构想,与融合边缘或地方视点的区域实像。为此,"网络"这个能够兼容并蓄且加以概念化的方法,在区域分析上也具备其效力。

二

我们在看历史时,经常是以陆地为坐标轴,而海洋只被视为这个坐标轴的变数。以陆地为中心来看,海洋是被当作联结大陆、岛屿及半岛的东西。西洋史的大航海时代这样的说法,或是航运史上快速帆船(clipper)时代对茶、羊毛及鸦片等的搬运,都意指海洋缩短了陆地间的距离,海洋是连接陆地的手段。

从这样的观点出发,出现很多把海洋看成陆地的用语。例如,海道、海上丝路等,把陆上的构想用到海上。

海域世界由以下三个要素所构成。

第一,沿海地域,也就是海洋与陆地交接的地域及海域。沿海是海民跟陆民交易/交涉/冲突的地方,可见沿海地区是构成海域世界的要素之一。

第二,由上述沿海地区所形成的环海地区。在这个世界中,以海域为中心,而于周缘形成贸易港及贸易都市。这些贸易港,与其说是内陆往海上的出口,不如说是海域世界中互相联结的交点。例如,从历史上看,中国沿海海域地带的宁波商人,其财富的累积,与其说来自与内陆的交易,不如说是来自与沿海海域地区的交易或跨海域间的交易。尤其是宁波商人集团在对长崎贸易方面,扮演着很重要的角色。

第三，可以将海域与海域之间联结起来的连海都市。例如琉球的那霸，中国的广州、澳门以及19世纪以后取而代之的香港。这些港市联络东海及南海，使海域间互相联动，使海域世界更多角化、广域化。又如，联络南海及印度洋的港湾都市，有马六甲或其后取而代之的新加坡或印尼的Aceh。由上述"沿海""环海""连海"三者所构成的海域世界，和陆地不同，可以说是具有多元性、多样性、包摄性之开放的、多文化体系的世界。

以往从属于陆地的海洋，只是被解释为联结陆地的一个手段，但是，实际上也有必要反过来对它加以考虑，也就是要提出包括海洋的亚洲认识，以及树立以海洋为基础的亚洲论是否可能这一问题。而且，还要质疑迄今为止海洋是如何被摄入文化或文明论，以及思想、行为之中的这一问题。就以往的研究而言，和辻哲郎的《风土》（1935年出版）一书尽管将季风性气候设定为形成生活圈的条件，但是并没有将海洋纳入生活圈之中。梅棹忠夫的《文明的生态史观》（1957年、1967年出版）一书虽然关注到了内陆的沙漠，但是海洋是处于他的研究对象之外的。之所以如此，是因为海洋的特征大多是按照一般意义上的海洋来加以描述的，而很少认识到海洋关系到形成文化与文明的边界这一固有的地域性特征。

这种海洋与文明论之间的关系并不是马上都能得到一个明确的答案，与此相比我们更为期待这样一种可能性，即将"海洋"加以概念化，因此它不是分析性的而是综合性的，它也不是对比性的而是融合性的。总之，它与19世纪以来的国家学基础上所形成的人文社会科学与自然科学的分析型细分化的思维角度正相反。我们强烈期待这一"海洋"概念成为寻求对世界化与地域化相互融合发展的现代世界进行阐明的一个线索。之所以如此，是因为资源、环境、能源、人口等现代社会所直接面对的所有问题不仅不是与海洋毫无关系，而是存在着直接的联系。

但是，海洋与陆地一直就是被置于一个对比的、对立的角度论述下来的。不仅如此，甚至可以说一直是根深蒂固地存在着试图通过边界（即民族与国家以及文化的边界），有意识地忽视海洋的一个历史动机。"锁国"与"海禁"，以及与此相对的"开国"与"展海"的方式，就是一个具有代表性的例证。我们必须首先要考虑到亚洲的海洋在理念上而且是在思想上被分割开来的，而这样的分割具有一个积极的意义。它的历史背景表现出一种儒教与国家、国家/民族主义的复合型结构，是针对这一结构下的迁移与移民的一个过度防范。而且，东亚的地缘政治文化论即便是要将海洋纳入自身，大概也必须具备这样一个逻辑步骤，即要首先阐明它的历史背景。

三

1. 东亚区域网络——近代海关与港口网络

海关报告里有 "Ⅱ 特种系列"（Special Series）和 "Ⅲ 杂项系列"（Miscellaneous Series）的分类，共有 95（44 ＋ 51）种的报告。这些资料既有文化方面，也有社会方面的报告，非常值得深入研究，由下面的几个例子可见一斑：

① 医疗报告（Medical Report），1871~1911 年（No.2）；

② 中国音乐（Chinese Music），1884 年（No.6）；

③ 气象观察与东南风暴（Meteorological Observations, Storms in the Eastern Seas），1887 年（No.7）；

④ 汉口和其他长江港口药材出口清单及汉口出口药材约收关税数量（Medicines from Hankou），1888 年、1909 年（No.8）；

⑤ 万国博览会（No.18）。

海关资料中有多种的人物传记、回忆录、日记、信稿、访谈口述资料等，其中最引人注意的是海关关员后代所搜集、经过编辑和出版而留下的他们父亲的资料，现在已有学者开始对这些资料进行研究。英国 Bristol 大学 Bickers 教授正在推动和搜集这些资料，并开始研究海关关员和他们的家族。据笔者所知，像美国加州大学的 Perry Anderson 教授和康奈尔大学的 Benedict Anderson 教授（2015 年逝世）都是蒙自海关税务司安德森（J.C. Anderson）的儿子，他们两人均在蒙自出生，表示希望访问父亲曾在云南蒙自海关工作过的地方。安德森于 1914~1940 年服务于中国海关。Perry Anderson 教授曾亲自撰写了他们兄弟二人和父亲一起在云南时代的回忆录。

2. 第二代的海关研究

近十几年来，陆续出现了新的海关研究与海关洋员社会生活史的研究成果，我们不妨把这一时期出现的研究与海关洋员第二代的海关研究综合起来。从研究史和学术资料的角度来看，日记／回忆录无疑属于私人文书性质，笔者认为个人历史研究更能展现海关人事史研究的特色。

一些海关洋员称得上汉学家，他们对中国古典的研究为海关史研究展开了一个新的文化史／文化比较史研究领域。不可不提的是，中国海关驻伦敦办事处，对海关进行全球性的活动发挥了重要的作用，而这绝对可以从中国近代史的角度来提出全球史研究的一个新题目。

海关除了有本来管理的海外贸易、课税／收税的任务以外，还要处理跟关税直接有关的财政问题，财政问题往往又牵涉外债问题，而收税问题又涉及华侨汇款与交通和通信问题。海关建立了天津—上海之间的电信网络，经营轮船航运、邮政等。为了扩大收税的条件，又兴建港口和灯塔及派遣医生。

从海关洋人个人的角度看，他们对"清朝"或"中国"的感觉是沉重的，可以说是一种主仆的关系。从这样的历史视角上看，洋人认为清朝是大帝国，反而西洋只代表近代知识而已。在阿林敦

（Arlington）的《青龙过眼》的著作里，我们可以明显看出这样鲜明的中西对比的关系。

需要指出，海关还经营邮局。按照海关人事统计来看，邮局的职员人数最多。[1] 从 1907 年的外国 / 中国海关关员的人数统计来看，中外合计共 9500 余人，其中，内税部 5300 人，邮政部 3600 人，海事部 630 人。此外，海关还有税务学堂。总的来说，海关需要多种多样的内外人才。可以想见，不管海关内外，海关关员一般都有全球性的专业背景。[2]

以赫德时代的最后时期建设了邮政系统最具代表性。从 1896 年开始，海关便开始了邮政事业。1906 年，清朝也开始兴办邮政事业，到了 1911 年，清政府的邮传部正式接收了海关的邮政事业，使之统合为全国性的邮政系统。

综合第一代和第二代的海关资料和海关研究的内外成果，足以让我们去理解中国海关的国际运作。除了研究海关本身的机构 / 组织外，整理和研究海关与财政、海关关员的资料，对我们了解中国近代社会 / 经济 / 文化史的内涵与外延，甚有帮助。

这里所说的近代海关制度及行政管理，有其丰富的内容，包括近代海关的贸易管理与缉私、税收征管等，我们需要提出更多更深入的对档案本身的研究。[3]

3. "地方 = 全球性"的海关研究与中国近代的"全球性"

虽然历史上我们容易把英格兰（England）、爱尔兰（Ireland）和

1　Weipin Tsai, "The Qing Empire's Last Flowering: The Expansion of China's Post Office at the Turn of the Twentieth Century," *Modern Asian Studies*, 2015. 邮政有关资料；《哈佛大学中国旧海关史料》第 256、282 册。

2　Catherine Ladds, *Empire Careers: Working for the Chinese Customs Service, 1854-1949* (Manchester University Press, 2013).Chiang Chihyun, *Government, Imperialism and Nationalism in China, The Maritime Customs Service and its Chinese Staff* (Routledge, 2013).

3　Hans van de Ven, *Breaking with the Past: The Maritime Customs Service and the Global Origins of Modernity in China* (Columbia University Press, 2014). Donna Brunero, *Britain's Imperial Cornerstone in China: The Chinese Maritime Customs Service, 1854-1949* (Routledge, 2006).

苏格兰（Scotland）混在一起，统称为英国或大英国（Great Britain），但实际上三者之间各有自己的历史，特别是爱尔兰对英国一直要求政治上的独立。在经济上，像怡和洋行（Jardine, Matheson & Company）等不少的老牌英国洋行来到东亚，其中多是爱尔兰商人。其实，我们应该把英国商人和爱尔兰商人区分开来。爱尔兰属于周边性国家，有比较独特的历史文化。赫德是爱尔兰人，而且他一直标榜自己是爱尔兰人，由此可见他在这一方面的地方性的特色。也有不少海关洋员来自其他欧洲周边性国家，像挪威、丹麦和瑞典等。总的来说，边缘地方的人，通过全球性的航海和移民，来到中国以后发现了博大的中华文化。他们透过当时世界使用的关键语词如"中国问题"（Chinese Question），发现了中华文化具有世界中心文化的吸引力。莫理循（G.E. Morrison）把英格兰人（English）和英国人（Briton）区分开来，用边缘地区的角度来描述爱尔兰人赫德的性格。

　　从大小区域历史的角度看，中国近代海关史研究是中国近代史研究大整体里的一个重要部分；从制度性的海关史的角度来看，海关就是一个涉及国内／国际行政和国内／国际经营的机构。[1]

结　语

　　无论是历史研究，还是社会人类学与区域研究，一直皆是采取一种"个别研究"、个案研究的方法，对一系列专业性强的主题进行深刻的研究。由此，也就一直存在一种与整体性、综合性、比较性这一视角毫不相关的"学术研究"。而且在此，可以说无论意

1　Catherine Ladds, *Empire Careers: Working for the Chinese Customs Service, 1854-1949* (Manchester University Press, 2013). Chiang Chihyun, *Government, Imperialism and Nationalism in China, The Maritime Customs Service and its Chinese Staff* (Routledge, 2013).

识到了与否，皆存在一个相互间已然了解的前提。这一前提也就是被认为极具强大向心力的、以村落为代表的地缘性地域社会与以区域为标志的区域的关系。进而到了所谓的近代，它表现为与二者也密切相关的"国家""民族"这样的向心力概念。也就是说，在19世纪以来的世界史里面，这样的个案研究几乎都是以国家的一体性与民族的单一性为前提的。尽管民族是不断接近国家的一个形式，但是另一方面，在强调"在地性"的时候，它是通过"族群"（ethnicity）这一表现形式来强调它自身结合的一体性的。在这种出发点与结论固定下来的一个极为稳定的框架下，个案研究进一步得到加深，个案研究也更为趋向细化。换句话说，比较与综合、周边研究这一切在此皆是不必要的。但是，这种核心向边缘、不断地弱化思维的方法，一旦面临外延界定内涵、周边代替核心这样的状况的时候，就会遭遇到一个巨大的壁垒，也就是说，在目前的全球化过程当中，若是不去论述这一框架的整体性，就无法描述个别性的存在。

在此，就要求必须进行名副其实的"比较史"研究。而且，要实现这一目标，就必须对使这一比较成为可能并赋予它存在依据的复数的比较对象本身所具有的内在共通性进行思索。我们必须知道，在信息全球化这样一个社会环境里，以个别研究为名的研究成果也必然要成为以共通性为基础的比较研究的比较对象。因此，笔者在本文提出了东亚地域研究与海域研究中基于多样方法性视角的问题意识。

"一带一路"、"丝路学" 与区域研究

昝　涛[*]

　　7 年前，笔者曾发表过一篇长文，题为《地缘与文明：建立中国对中亚的常识性认知》。当时，还没有如今在国内外皆人气大旺的"一带一路"，笔者亦仅从历史上传统的陆上丝绸之路以及地缘政治的角度，尝试性地探讨了中国文明与中亚［其实也是"内亚"（Inner Asia）］文明的内在关系。在那篇文章中，笔者是从西汉张骞（公元前 164 年～前 114 年）的故事说起，也是以某种意义上"呼唤"新时代的"张骞"（尤其是其精神）收尾的。本文的落脚点则意在阐述，在"一带一路"倡议的时代背景和需求下，中国学人需要思考建设和发展中国的区域研究（Area Studies），尤其是与丝绸之路沿

* 昝涛，北京大学历史学系。

线地区和国家有关的研究，在这个方面，本文力图提供一个理论和
宏观意义上的初步思路。

一　历史/时代背景

自 19 世纪 40 年代的鸦片战争开始，中国被洋枪洋炮强迫着
"睁眼看世界"。其实，在鸦片战争之前半个世纪，这个初生的"现
代世界"曾以所谓"马戛尔尼访华"的形式来到乾隆帝统治下的大
清王朝。不过，那个偶发的历史事件并未对中国造成什么实质性的
影响。结果，鸦片战争其实是把马戛尔尼曾经主动送来而时人并没
有意识到也没有主动把握和参与的事物，换了一个令人感到疼痛的
方式呈现出来了。中国近代史的这个所谓"睁眼看世界"，其实质
无非是要加入全球化的世界秩序，简而言之，也就是被迫开放和学
习西方。

"马戛尔尼访华"可以被看成一个具有丰富象征意义的历史事
件，即仍处于盛世的大清王朝统治阶层与以英国为代表、那个生长
中的近代文明及全球秩序的零距离接触；同时，那确实也是一个历
史性、"不经意的"错过。历史地看，这个"错过"只是一个平淡的
事件，不能成为后来者苛责古人的理由。大约半个世纪之后，国人
终于开始严肃地对待那个秩序。在此意义上，马戛尔尼就是一个较
早地叩响晚期帝制中国大门的外国人，至于他是否心怀良善，姑且
不论。

近现代中国不只是在经济、军事和政治上遭受欺凌和压迫，沦
为新生的世界体系的边缘，在文化上也遭受压迫。最为典型的是，
与丝绸之路有关的敦煌等地的国宝级文献和文物大批量地遭到强盗
式掠夺。学术乃"天下之公器"，没有学术和思想上的崛起与强大，
一个国家难称强国。由此来看，黄文弼先生那一代学者筚路蓝缕的
开创精神和拳拳爱国之志，是多么令人钦佩和感怀。

　　直到今天，中国文明经历磨难，通过主动的改革开放，以前不见古人的气魄成为自由贸易与全球化的倡导者、捍卫者。2017年1月，中国领导人在达沃斯和日内瓦先后发表了两次演讲，其中多次提及并阐述在2013年提出的"一带一路"倡议，世界媒体把中国称为全球化和自由贸易的引领者。历史地看，这其实是标志着中国在现代世界体系/秩序中角色的转换。所谓"此一时也彼一时也"，中国自近代以来在世界历史中的地位正在发生重大的变化。

二 "丝路学"的当代特征

　　"一带一路"倡议的提出，在学科和学术研究领域的意义上，使得中国的"丝路学"开始进入新的历史发展阶段。这个新历史阶段的最显著特征就是共时性。也就是说，历史的丝绸之路研究与现实的丝绸之路设计/建设共存，这是史无前例的。直言之，通过使用一个具有丰富历史内涵的概念符号，当代"丝绸之路"的研究和建设呈现出显著的共时性。

　　第一，"一带一路"倡议的提出要求中国传统的丝绸之路研究更加深化。

　　丝绸之路是19世纪末由德国地理学家李希霍芬（Richthofen, Ferdinandvon, 1833~1905）提出来的一个描述性概念，它主要指陆上的中国与西方尤其是中东之间经过内陆亚洲的贸易路线。至今，世界范围内包括中国已然形成了一个有着深厚学术积淀、涉及多个传统基础学科的丝绸之路研究，主要涉及欧洲东方学、中西交通史等多个领域。从中国学界的基础研究领域来看，对传统丝路的研究更为发达，在国际性的学术竞争中也有一定的地位。

　　但放眼世界，无论是日本还是欧美的丝绸之路研究，他们的研究重点更多地转向了8世纪以来直到今天的时代范畴，也就是8世纪以来，出现了大量的高水平研究成果。打通丝绸之路历史研究的努力大部分也是由外国人做的。"一带一路"倡议提出后，很多优质、可读性强的丝绸之路研究成果陆续被翻译、引进，迅速赢得了中国读者的青睐，比如韩森的《丝绸之路新史》就是代表。另一个例子是国外学界围绕新疆 8 世纪以来的历史与现实，也产出了很多研究成果，根据濮培德（Peter C. Perdue）最近一篇评论文章的介绍，美国的新疆研究已经迎来了第三波浪潮。

此后的历史和现状研究，其意义在于，它跟我们所生活的当代世界息息相关。很多学者都讨论过中国与阿拉伯世界的关系，最大的共识似乎是"相互理解少、研究不足"，这正反映了我们的学术研究／传播与中国迅速发展的现实之间不相匹配的格局。当然，这可能也是一个发挥后发优势、推进中国丝绸之路研究的机遇。"一带一路"倡议的提出，犹如一束强光，重新为我们照亮了这个领域。

第二，"一带一路"倡议的提出，使传统丝绸之路研究的"过去之学"也成为"现实之学"，要求当代丝绸之路研究者不断地在历史与现实之间进行往复对话。

今天的丝绸之路研究，将成为过去与现在不断对话的学问。过去的丝绸之路研究可以是纯粹的关于逝去之过往的研究，可以和现实关系不大；当然，在西方，除了作为学院中的高深学问，它也是一种配合帝国主义策略的"东方学"之一部分，这是它在当时的某种现实意义。但与今天不同的是，"东方学"的丝绸之路研究与现实意义上"一带一路"建设关系不大。也就是说，过去的丝绸之路研究，不是为了重建丝绸之路，就算仅在象征的意义上也不是；而今天的丝绸之路研究，因为有了中国的"一带一路"倡议，从而变成了一门现实之学，而不再只是过去之学。

基础研究服务于民心相通，应用研究服务于倡议的具体落地，是与具体的项目、资金紧密结合的。所以说，我们进入了一个丝绸之路研究与建设同步进行、同时存在的时代，这是我们这一代学人丝绸之路研究的重要特征。

一两百年后，今天这个时代就成了可被研究的历史。后人研究我们这一段历史的时候"一带一路"可能是一个重要的研究主题，他们一定会发现"丝绸之路"这个词在一个历史时期内的出现率突然暴增。他们会问为什么，尤其是这个时代的中国人是怎么看待和建设"一带一路"的？这个时期的丝绸之路与更久远的过去有什么关系？

这样的一个视角使我们发现，我们在今天已经主要因为"一带一路"而把自身置于 2000 多年的丝绸之路历史之中。我们的研究和建设，将成为一系列绵延不断的丝路故事之中的一环或一幕。未来的叙述，或许还要从张骞凿空或更早开始，还会关心粟特商人的历史角色，会有怛逻斯之战、郑和，还有很多很多，一直延续到"一带一路"。21 世纪的这一代中国人，或许也会在未来的丝绸之路历史上占据一个篇章。如果说过去的人是丝绸之路历史的不自觉的工具，而我们这一代人可能是自觉的。

统计显示，新的丝绸之路研究在中国已起步，但学科建设有待于完善和加强。当代的丝路学，不只是面向过去的，也是立足现实、发掘过去、面向未来的。

在今天，丝绸之路研究既是学术，也是实践。在这个意义上，当代中国学者应该倍感这个时代丝绸之路研究人才培养的紧迫性。"一带一路"建设需要很多了解和懂得当地情况的人才，既要有语言基础，也要有历史、政治、文化和社会等多方面的学科支撑；不只是东方学家那种象牙塔式、不与本地社会发生实际关系的学术研究，更需要具有实地经验、具备当地常识性知识结构（也就是熟悉和研究当地）的区域研究型人才。

三 中国的区域研究

学者的实践就是做好"天下之公器"。接下来，笔者将重点讨论"一带一路"倡议下中国的区域研究。

现在，中国的高校和科研机构迎来了一个机会，"一带一路"倡议提出以后，在学术资源日益丰富的条件下，需要考虑如何做好中国的区域研究这一问题，也有对此的全称，即"区域与国别研究"。因为区域内包含国别，下面笔者只说区域研究（不是说不要做国别研究）。这个区域研究，首先是与丝绸之路沿线各国和地区有关的学术研究。

改革开放的意义，不仅在经济上，而且在法律、体制、教育、文化、思想等多个层面上，开始接触和尝试性地加入西方所主导的世界体系／秩序，从而开始产生新的自身意义和价值体系。改革开放即是这样一个过程，这个过程内含"合而不同"：在文明上，中国终将与世界合一；在文化上，中国当然还是自具特色。这是一个充满复杂性的趋势。

在这个历史背景下，我们该如何审视自我？一方面，承认中国是全球化秩序的受益者；另一方面，就是"自我"和"他者"之间的关系问题。

中国长期是西方的他者，这个他者是在后殖民批评的意义上来说的。这里，自我和他者之间不是一个平等的关系，而是一个主体－客体的关系。实际上，中国在西方的知识生产体系中属于被研究的客体／对象，这是一个从属关系，不是一个平等意义上的关系。所谓"他者"，从来如此。

中国承认自己是全球化秩序的受益者，就意味着不是这个秩序的革命者，而是积极的参与者、潜在的改革者。西方说中国正在成为引领者，中国有志于成为改革者，但终归不是一个革命者。从这个意义上说，西方不大可能成为前述意义上的中国的他者，西方不大可能——像中国作为西方的他者一样——成为中国的他者，至少从短期来看不会如此。

在这个意义上，笔者想说，中国的区域研究，重点应该在丝绸之路沿线地区。

近代以来，创造性地引领这个世界的思想、制度、文化的，当然也包括科学与技术，主要不是中国，现在也不是，未来一段时期也看不到中国的全面引领性地位的做实。这需要清醒认识，此亦为不同学科的学者需要认真考虑的。当下，中国在技术、科学、思想、制度、法律、文化等方面的世界性影响，与中国是世界第二大经济体这样一个地位还不相称。这是很现实的，无论是多么民粹主义的还是民族主义的煽动，也不应该使学人丧失理智。

当然，中国"一带一路"倡议的提出，以及中国如此巨大的经济体量和人口数量，给中国在加入既有世界秩序／体系的过程中带来了很大不确定性。国人从自身的角度意识到了这个不确定性，西方也意识到了这个不确定性。对国人来说，这种不确定性是一种谨慎的忧虑，比如官方的提法是"不要西化"，要有"中国特色"。为什么要提这一点，为什么要特别强调这一点？因为加入既有世界秩序／体系的过程，就是主动开放、融入全球化的过程，在制度、教育、法律、思想、文化包括科学与技术的创造上，很可能面临着被别人（主要是西方）"同化"的危险，这种危险带有很大的诱惑力，从而难免会产生某种忧虑意识。中国要加入而且也已经正在加入的这个世界秩序有着巨大的吸纳和同化能力，只不过由于中国自身体量巨大、文化根基过深，这个吸纳的过程不会很快。它将引发秩序某种充满不确定性的变革，但它潜在地也可能是中国内部失序的催化剂，因而，中国希望加入这个世界秩序的过程是缓慢、可控的，同时也不能自绝于其外。

基于以上思考，中国提出"一带一路"倡议，就是更积极地对外开放、参与全球化的过程，就是西方所主导的那样一个世界秩序的他者被逐步接纳的过程，同时也是其渐渐自我成长的过程。短期内，它不会完全被吸收，也不可能马上就出现一个中国所引领的新的世界秩序。所以，中国讲的"一带一路"，作为中国版本的全球化，是对原有世界秩序的一个补充，是一个潜在的改革，而不是一个革命的思路。现在参与"一带一路"的国家越来越多，其包容性越来越强，这就是表现。

在这个背景下，中国的区域研究，尤其是在高校，需要意识到，我们还很难让西方成为我们的他者，因为国人仍然在使用着几乎所有的由西方生产的知识框架、学科、理论和概念，这些都是现代科学（也包括社会科学）的体系。我们没有一个自主、不同于西方的知识和理论体系。从而，"一带一路"倡议下的中国区域研究，仍然是一个积极学习西方的过程，研究西方也会存在，但实事求是、谦虚地说，主要还是学习西方，力争使我们的研究达到西方的水平，还是要加入那个变化中的秩序，尚不可能出现大规模、他者意义上的对西方的研究。

"一带一路"沿线地区和国家，虽然不是西方，但与我们密切相关。这是当下中国区域研究的重点。由于我们提出了平等、多赢的价值观，又由于我们主要仰赖基于西方供给的知识体系，中国的区域研究具有双重使命，既要学习西方、加入近代以来由西方主导的世界秩序，又渴望有所不同，比如尽量避免西方意义上（东方主义式的）对非西方的他者化。当然，这是中国的区域研究在方法上、概念上、理论上有可能进行创新的地方。这也是我们现在能够提出中国的区域研究在世界历史上的位置的某种可能性，因为我们还在探索，才刚刚起步。

余　论

就研究对象看，中国传统的丝绸之路研究主要是中西交通史和唐中期（8世纪中期）之前的西域研究；就学科参与看，中国传统的丝绸之路研究主要是考古、历史、文献等学科唱主角。在新的时期，中国学者的丝绸之路研究或可在如下几个领域取得进展。

第一，对 8 世纪以来的丝绸之路进行深入研究（需要多语种资料和多学科及跨学科的方法）。

第二，在全球史的视域下同时研究海洋和陆地丝绸之路贸易。

第三，从区域 / 国别、经济、金融、国际法、国际关系等角度研究"一带一路"涉及的重大现实问题，做智库工作。

第四，在哲学 / 社会科学理论的高度上，研究"一带一路"倡议，赋予其能够为世界所理解和接受的学理内涵，服务于中国的软实力建设。

第五，近年来源于美国、在中国颇有市场的"新清史"研究，也与传统的丝绸之路研究密切相关，但显然学者们关心的都是非常近代的主题，比如族群、中国的特性和构成等，这也是它能够引发那么多国内争议和批评的原因之所在，当代中国的丝绸之路研究也需要探讨和回应类似的问题。

第六，在比较研究的意义上，通过探讨"一带一路"相关问题，最终回归到关于建构中国自身的认同 / 身份（identity）的问题上来。

建立中国周边学必要性与可行性的初步探索

陈奉林 *

中国与周边国家的关系，一直是中国历代执政者十分重视的问题，也是关系国家长治久安的大问题。从历史上的实践经验来看，中国对周边国家关系的处理无非就是抚伐二端。中国历史悠久，周边国家众多，在处理周边国家关系上积累了相当多的实践经验。但是，长期以来我们对这些经验缺乏系统的总结和理论升华，没有建立起有中国风格和特色的周边学理论体系。这不能不说是我国理论建设的缺失。有了处理周边国家关系的历史经验和思想，并不等于有了完备的理论体系。理论体系的建立需要一代人的努力。有学者指出："中国一脉相承的对外关系史，铸就了睦邻友好的优秀传统，体

* 陈奉林，北京师范大学历史学院。

现了中华民族大而不霸的民族风范。这种独特的民族风范具有三大
基本特征：止戈为武、兼容开放、协和万邦。"[1] 从这个意义上说，今
天提出建设新时代条件下中国周边学学科的这一艰巨课题，是有
其重大现实意义的，是为中国国家和平发展提供有益的理论支持
与精神力量，也是新时代中国知识分子积极参与社会变革、学以
致用传统的伟大实践，无论从何种意义上说都是一件不得不做的
基础工作。

一　围绕建立中国周边学学科的几个重大理论问题

在历史上，中国强调"和为贵""协和万邦"，可以说这是古
代版的"和平共处"原则。要建立中国的周边学，首先必须弄清周
边学的概念与内涵。既然要把它提升到"学"与"学科"的高度来
建设，就应该在相应的概念、理论、研究方法和分析模式上下功
夫，进行大胆地尝试和构建，说出一个道道来，不然就不能成为一
个"学"或一个"学科"。《新编现代汉语词典》将"学科"定义为
以学问的性质划分的门类。[2] 按照笔者的理解，学科是一门独立科学
的分支，是分化的科学领域，具有很强的专业性质与理论深度。具
体联系到周边学，就是中国处理与周边国家关系的一套概念、方法
与原则，以及相应的理论体系。这样理解不一定很准确，但基本上
已经触及它的实质性内容。长期以来，中国的学术传统是重实证而
轻虚理，造成科学研究上的理论不足。理论的不足是制约学科发展
的瓶颈。随着东方国家崛起和"一带一路"建设的向前推进，现实
的形势已经向中国社会科学理论工作者提出了建立周边学的紧迫任
务。我们现在已经具备开展这个艰巨课题研究的基础条件，应该从

1　刘宏煊主编《中国睦邻史——中国与周边国家关系》，世界知识出版社，2002，第 7 页。

2　《新编汉语词典》，湖南教育出版社，2016。

学科建设和国家战略需要的高度予以重视和筹划。

开辟任何一个新的研究领域，首先必须明确概念，从学理的角度考虑寻找构建的素材，找到相关的材料，笼而统之或大而化之是学术研究的大忌。周边学的创建也是如此。从科学建设出发，把周边学作为一个重大理论问题提出来加以建设，不仅是因为这个课题与现实有直接的联系，更为重要的是中国发展到今天这个程度需要认真地思考与世界的关系，特别是与周边国家的关系。到目前为止，中国与世界几个主要大国的关系已经基本定型，形成了比较稳定的力量结构。把对大国关系的关注适当转向对周边国家的关注是合适的，也是明智的，符合中国发展的重大战略需求。目前中国与14个国家接壤，领海面积广阔，而且存在领土领海争端，地缘关系之复杂远甚于欧洲或世界其他地区。季羡林先生说："中国立国亚洲，已经有几千年的历史了。在这漫长的时间内，我们同我们的邻国和比邻国更远的许多国家，一直在进行着经济、文化交流。这种交流，虽然时高时低，时断时续，在不同时期、不同地区，采取了不同的形式，但是总起来看，可以说一直没有完全断绝。这对我们彼此间的经济、文化的发展，包括物质和精神两个方面，都起了促进的作用，大大地丰富了我们彼此文化的内容，为我们的人民造了福利。"[1]近代欧洲在处理周边国家关系上乏善可陈，也没有留下太多可供参考的有益经验；中国与周边国家关系的历史经验亟须总结、概括和升华，去腐生新。所以，中国周边学已经到了需要总结、深化与建立学科的关键阶段。根据建立中国周边学的需要，拟提出几个理论问题进行探讨。

第一，周边学的理解问题。周边学不等于中国与周边国家双边或多边关系，也不同于按照民族与国家序列写出的外交史和国际关

1　北京大学历史系亚非拉史教研室、东语系亚非历史组编《中国与亚非国家关系史论丛》，"序"，江西人民出版社，1984。

系史，而是有它特定的研究对象、研究方法和体系，是一项高难度的学科建设，其内涵远比一般意义上的国际关系学深刻得多、具体得多。长期以来，人们对周边学的认识是不同的，甚至可以说是千差万别的，恐怕一直没有人能够把它说清楚。过去并非没有人注意到建设中国周边学问题，但是由于开辟这个新的学科在理论构建上所具有的难度，使许多人望而生畏，所以迟迟没有人完成这个艰巨课题。人们对周边学的看法主要有以下几个方面。（1）周边学就是处理中国与周边国家的关系学，主要研究如何与周边国家打交道。这是大多数人的看法，虽然不能说不对，但是无法涵盖中国周边学的广泛内涵。（2）周边学就是国际关系学，在本质上与国际关系学没有什么不同，或者说是周边视野下的国际关系。这种看法也存在问题，不能真正反映周边学的内涵，其局限是明显的。（3）周边学就是以中国为主导的传统的国家关系，其研究目的重塑历史上的中国大国地位。以现在的观点来看，这种观点也不完全正确。（4）周边学是缔造一个新的学科，是在中国发生历史性巨变的形势下对世界形势的重新审视，构建人类命运共同体的新型关系。这可能是对周边学的最合理的看法。在一定意义上说，中国的对外关系与交流，打破了长期以来以意识形态为中心的世界观，代之以新的利益观和发展观。面对新的世界潮流和不断出现的诸多挑战，我们根据国家提出的"亲、诚、惠、容"的周边外交理念，推进与周边国家合作，也是我们的应有之义。

第二，周边学的体系问题。周边学作为着手建设的一个新学科，除了要在学科性质、功能、结构与基本理论等方面进行学理性探讨外，还要在学科的体系上下功夫、说清楚。建立任何一个学科，首先要弄清体系问题，笼而统之或大而化之，无助于学科的发展。从这个意义上说，解决好周边学的体系问题就等于解决了周边学的科学性问题。按照笔者的理解，体系就是事物之间的有机联系，是主体与各个侧面之间的相互影响与制约。按照这个标准，并不是任何内容都可以构成周边学体系的，反过来也可以说，没有内在联系的内容也构不成周边学体系。因此，构建科学的周边学体系成为研究者必须考虑的问题。笔者在《东方外交史研究初探》一文中曾指出："不解决体系问题就容易陷入把历史写成零碎材料堆积的窠臼，把历史看作杂乱无章和令人眼花缭乱的发展过程，找不到历史发展的根本动力与总规律。就外交史而言，构成人类历史的主要内容就是各民族、各国家和各地区间的相互联系与交流，因此只有在对世界历史进程整体把握上开展研究才不至于陷于表面化，才能构成严谨、周密的编写体系。"[1]

周边学不等于国际关系学，也不是一般意义上的外交学。正因为如此，它有自己特定的内涵、发展规律与机理。它不仅要求研究者有全球视野、熟悉地区事务、合理的知识结构，还要为不断变化的国家关系指出发展的路径与方法，从时代的高处研究和处理问题。目前，建立中国周边学的倡议已经得到国内学者的积极回应，反映出大家对中国周边学学科建设的深切期待。中国与周边国家的关系现在已经不是一般意义上的发展中国家间的关系。以今天的视角来看，中国的国际地位、角色与作用已经发生根本性的变化，在国际舞台上的作用日益突出，目前世界上还没有哪一个国家能像中国这样日益走向国际舞台中心、发挥巨大作用。中国与周边国家关系有着特殊的内涵与逻辑，在一定意义上反映出中国周边学的特殊性和学科建设的复杂性。

第三，周边学的主线问题。习近平总书记在哲学社会科学工作座谈会上的讲话指出："哲学社会科学是人们认识世界、改造世界的重要工具，是推动历史发展和社会进步的重要力量，其发展水平反映了一个民族的思维能力、精神品格、文明素质，体现了一个国家的综合国力和国际竞争力。一个国家的发展水平，既取决于自然科

1　陈奉林：《东方外交史研究初探》，《世界历史》2010 年第 3 期，第 58 页。

学发展水平，也取决于哲学社会科学发展水平。一个没有发达的自然科学的国家不可能走在世界前列，一个没有繁荣的哲学社会科学的国家也不可能走在世界前列。"他还指出："中国特色哲学社会科学应该涵盖历史、经济、政治、文化、社会、生态、军事、党建等各领域，囊括传统学科、新兴学科、前沿学科、交叉学科、冷门学科等诸多学科，不断推进学科体系、学术体系、话语体系建设和创新，努力构建一个全方位、全领域、全要素的哲学社会科学体系。"[1]这个论断对于我们建立建设中国周边学有重要的启发意义。

任何一个学科的建立与发展都有自己的主线。不突出主线，就容易把周边学看成杂乱无章的问题的集合体，看不到它的发展总规律与总过程。根据中国周边学的任务与要求，我们拟提出以中国与周边国家关系的纵向发展为经、横向发展为纬的历史主线，一经一纬构成周边学的主体内容，以此来构建中国周边学的学科体系、学术体系和话语体系。早在 1984 年国内学者就已经推出了《中国与亚非国家关系史论丛》一书，集中探讨了中国与日本、越南、柬埔寨、泰国、缅甸、南亚各国、伊朗及阿拉伯国家的关系，是中国对外关系的总结，对于今天建立中国周边学有启示意义。该书在总结中国与南亚各国传统友好历史经验时写道："中国人民睦邻求友，谋致和平的高尚情操，得到了南亚各国人民的良好反应。"[2]构建周边学必须注意总结和借鉴中国与各国交往互动的历史经验，把国家间重大的政治、经济、科技、文化、外交、移民、安全等活动引入研究的视野，体现周边学的丰富性和时代性特征。这个提法是否妥当，可以进一步展开讨论，在讨论中逐步构建中国周边学的理论基础，形成对问题的清醒认识。

1　《习近平：在哲学社会科学工作座谈会上的讲话》，新华网，2016 年 5 月 18 日。http://www.xinhuanet.com//politics/2016-05/18/c_1118891128.htm，最后访问日期：2018 年 7 月 2 日。

2　北京大学历史系亚非拉史教研室、东语系亚非历史组编《中国与亚非国家关系史论丛》，第 124 页。

　　第四，周边学的编写原则。我们所说的编写原则，是指在研究过程中的具体操作问题。因此，确立什么样的编写原则直接关系研究的深度与广度。中国的周边国家虽然不是很多，但地域广阔，关系悠久复杂，几乎囊括了整个亚洲国家与地区，分散性的、断裂性的或支离破碎的研究显然是无法完成周边学面临的重大问题研究的。这就要求我们必须从本地区历史的、地理的和文化的视角出发，考虑编写原则，以中国人的史观撰写东方人的历史，从域内与域外的联系中形成对周边学的健全把握与构建，而不是过多地强调外来的影响。中国的周边国家处于东方，大部分国家又处于发展与崛起的过程中，这深刻地影响着国际关系及其展开。因此，进行整体性、连续性和包容性研究可能比断裂性、分散性研究更有意义，更符合当今人类社会发展的总趋势与总要求。

　　周边学建设的一个基本原则是它的整体性和联系性。在研究周边国家时必须把中国与周边国家看作一个有机联系的整体，既看到它们间的差异性，也要看到它们多样性的统一。长期以来，中国主导和影响的东亚国际关系，对周边各国的影响是巨大的，只是发展到近代以后被西方国家抛到世界的边缘。美国学者费正清曾经指出："中国人与其周围地区，以及与一般'非中国人'的关系，都带有中国中心主义和中国优越的色彩。中国人往往认为，外交关系就是向外示范中国国内体现于政治秩序和社会秩序的相同原则。因此，中国的外交关系也像中国社会一样，是等级制的和不平等的。久而久之，便在东亚形成一个大致相当于欧洲国际秩序的中外关系网络。"[1] 我国学者也指出："只有东亚外交圈，始终稳定地以中国的中原皇朝为中心，不论是在中国统一时期还是分裂时期都未曾改变。由于中国在整个古代世界中一直是东亚外交圈的中心，几千年来持

1　费正清编《中国的世界秩序——传统中国的对外关系》，杜继东译，中国社会科学出版社，2010，第 2 页。

续不断，加以有着相应的连绵不绝的史籍记载，积累了极为丰富的经
验，使得中国古代外交成为世界上体系最为恢弘、完备，而又独具东
方特色的古代外交典范。"[1] 今天，中国、东盟、印度面临着新的崛起
机遇，正处在一个空前伟大的变革时代。现在把周边学作为一个新
学科提出来加以建设，无疑拓展和开阔了我们的思维空间和眼界。

二　东方历史与现实中具有丰富的周边学构建材料

我国具有重视周边国家的历史传统，积累了大量的历史经验与
材料。中国正史当中一般都设有"外国传"，记载其历史及其与我
国的交往活动。被称为中国第一部正史的《史记》设有《大宛传》，
《后汉书》中的"西域传"、《旧唐书》中的"东夷传"以及《宋史》
《明史》中的"外国传"，记录的就是中国与东亚、东南亚、南亚以
及西亚中东地区各国的政治、经济与文化联系，足以说明中国对于
国家间交往的重视。中国外交以其农业文明时期特有的模式存在了
数千年，在世界上是独一无二的。中国是传统的农业文明国家，不
同于游牧和工业文明国家，其外交思想和行为多少带有某些农业文
明的乡土味特征。有人说过，中国古代的对外关系就是以中国王朝
正统观念来看待四夷发展变化的。费正清指出："以中国为中心的、
等级制的中国外交关系，所包括的其他民族和国家可以分为三个大
圈：第一个是汉字圈，由几个最邻近而文化相同的属国组成……第
二个是内亚圈，由亚洲内陆游牧或半游牧民族等属国和从属部落
组成……第三个是外圈，一般由关山阻绝、远隔重洋的'外夷'组
成。"[2] 因此，中国的对外关系仍然有重等级、重人伦和重秩序的特
点。日本学者宫崎市定有感于亚洲国家关系，认为："从这种意义上

1　黎虎：《汉唐外交制度史》，兰州大学出版社，1998，"前言"，第7页。
2　费正清编《中国的世界秩序——传统中国的对外关系》，第2页。

说，亚洲史也是一种乡土史。"[1] 进入近代国际社会以后，包括中国在内的所有东方国家都面临如何进入国际社会、适应世界潮流、与周边各国建立新型关系的问题。

找准自己在近代国际社会中的位置，对于各国来说既是生疏的，也是痛苦的，更是一个付出代价的过程。欧美国家的冲击打破了东方传统的国家关系行为与格局，在西方的武力冲击下东方国家普遍落伍，接受了他们的外交行为、理论与规则。外交受国际形势的影响很大，很少有一国外交不受国外政治影响的情况。这也就是我们经常看到的国外政治与政局的变化导致外交重大变动的情况；同样，外交也受国内政治、经济与舆论的影响。因此，研究周边外交就必须对国内外政治与经济有清晰的了解。这些问题都是建设周边学时需要认真总结和研究的问题。在很大程度上可以说这也是中国和周边国家面临的共同课题。这个课题所关注的重点，就是大范围、长时段的周边国家重大的外交活动，显然单一的学科、琐碎的研究是不能够完成这个艰巨课题的。

主权平等、国家独立和常驻外交代表机构制度传到东方，给东方的中国、日本、朝鲜、印度和阿拉伯等国家和地区带来前所未有的冲击与挑战。因为长期以来这些国家和地区一般都是君主、国王掌握外交权力，它的外交体制、行为模式、内容与近代西方迥异，对西方外交体制与理论还需要一个艰难的适应过程。近代以前，东亚、南亚和西亚各地，是以儒家文化、佛教文化、伊斯兰文化为中心的国际体系，西方是以基督教教义文化为中心的国际体系，基本上能相安无事地生活在各自的区域。进入近代以后，全球性的人口流动、贸易与殖民掠夺使东西方矛盾加剧，出现了许多重大问题，中国与周边国家关系亟须调整。有学者指出："惟自西力东渐后，以基督教文明为国际秩序原理的欧美国际体系，挟其船坚炮利的优

1　宫崎市定：《亚洲史概说》，谢辰译，民主与建设出版社，2017，"绪论"，第9页。

势，带来了规范其国际体系的近代西方《万国公法》，强迫信奉以儒家文化为中心之'中华世界原理'的东方国家改宗《国际法》。于是，东西国际秩序原理开始接触，因而爆发国际秩序原理的冲突。……这就是'宗藩体系'与'殖民体系'在国际体系相互冲撞下所爆发的统治原理管辖冲突。"[1]确实，西方国际秩序传入中国后，中国与周边各国的关系受到很大冲击，东亚传统的国家关系秩序面临新的调整与转换。

构建中国的周边学，必须站在时代的高处，汲取人类文明最优秀的思想精华，实现对东西方两种合理思想的继承与超越，吸收东西方之长，过分强调任何一方都是不妥当的。近代以来西方国际关系中奉行的更多的是"强权即公理"的实力原则，不顾国家间的平等与正义，把社会达尔文主义和弱肉强食原则应用到国际关系当中，充满黩武与血腥，少数国家掠夺压迫多数国家，造成了国际关系中的极端不公和世界发展的扭曲与失衡。亨利·基辛格在《世界秩序》中有这样的评论："在欧洲，威斯特伐利亚体系是在'三十年战争'结束时众多实际上独立的国家的基础上发展起来的。亚洲在进入近代时没有这样一套国家和国际组织，而是有几个文明中心，周边围绕着较小的王国，文明中心之间的互动靠的是微妙而不断变化的机制。"[2]中国传统思想文化中有糟粕的东西，但儒家的"和而不同"思想、《礼记·中庸》中"万物并育而不相害，道并行而不相悖"思想，墨子提倡的"兼相爱，交相利"思想，以及佛教宣扬的"众生平等"思想等在今天对构建新型国际关系仍具有重要的启示作用。构建周边学必须完成对传统思想的扬弃与超越。今天的国际社会是一个错综复杂的社会，继承什么，摒弃什么，应该根据时代需要进行取舍，最大限度地吸收东西方两种精神文明成果的精华。

1　张启雄：《中国国际秩序原理的转型》，五楠图书用品股份有限公司，2015，第 11 页。

2　亨利·基辛格：《世界秩序》，胡利平、林华、曹爱菊译，中信出版社，2015，第 285 页。

东方思想的最大特点是强调综合平衡，注意到整体与局部的关系。建立周边学可以考虑这个思想。这个思想的最大好处，就是重视整体协调，把一切相生相克的关系转化成共存共荣的协调关系，避免了军事征服、黩武和单方面攫取利益的此消彼长的利益争夺模式，以及"修昔底德陷阱"。中国政府倡导"人类命运共同体"思想，也给我们建立建设中国周边学以诸多启示。习近平总书记在党的十九大报告中提出："坚持推动构建人类命运共同体。中国人民的梦想同各国人民的梦想息息相通，实现中国梦离不开和平的国际环境和稳定的国际秩序。必须统筹国内国际两个大局，始终不渝走和平发展道路、奉行互利共赢的开放战略，坚持正确义利观，树立共同、综合、合作、可持续的新安全观，谋求开放创新、包容互惠的发展前景，促进和而不同、兼收并蓄的文明交流，构筑尊崇自然、绿色发展的生态体系，始终做世界和平的建设者、全球发展的贡献者、国际秩序的维护者。"[1]这个思想不仅是未来世界秩序的核心，也是中国处理与世界其他国家关系的指导思想，对建立周边学很有启发意义。中国周边学的目标就是在"人类命运共同体"的屋顶下实现共同发展，向新的文明演进升华。

在古代，由于自然的、技术的以及社会的多方面条件限制，中国与周边国家的关系相对松弛，基本上奉行"来者不拒，去者不追"的政策，或者把世界简单地划分为"夏"与"夷"，但只要和睦相处，不发生战争，大家都能相安无事地过日子，共享天下太平。明代朱元璋时期编纂的《皇明祖训》把周边的朝鲜、琉球、安南、日本、暹罗等国列为不征之国，以求得边境的安宁与稳定。他们懂得内忧与外患往往会互为因果，给国家造成政治经济危机。尽管今天人们对它有不同的看法，但是从中可以看到一个基本的事

---

1 《决胜全面建成小康社会 夺取新时代中国特色社会主义伟大胜利——在中国共产党第十九次全国代表大会上的报告》，《人民日报》2017 年 10 月 28 日。

实，即"和"一直是中国人基本的价值取向，梁漱溟先生甚至认为"中国人性好调和"，[1]可谓通人之言、见道之论。中国历史上的睦邻友好、协和万邦思想，虽然未必都为周边国家所理解，但是它所昭示的处理与其他国家关系的基本思想却是可贵的。我们不可小觑这些传统思想对于今天的积极意义与不朽价值。任何一个重大理论与学术范式的提出，都必须适应时代发展与社会的重大需求，反映的是理论为国家外交大局服务的一面。

三　中国周边学学科的新定位

周边学是一个内涵广泛、时代性鲜明的概念，面对的是一个极为复杂的不断变化的世界，既有历史上中国与亚洲其他国家的双边关系，也有今天中国与上海合作组织、东盟、俄罗斯、日本、蒙古国、朝鲜、韩国的关系，各种关系呈现出复杂多样的特征。由于历史的和现实的原因，中国面临的周边形势远比世界其他地区复杂，多种挑战和多种机遇并存。2013 年，中国政府提出"一带一路"倡议后，中国与各国的关系已经进入了一个新时代。新的时代需要新的理论思维，既要继承学术传统，又要不断地开辟新的发展道路。因为任何一项学术活动都不是凭空发展出来的，都有自己的历史传承性，都要反映时代要求。中国具有研究周边各国的历史传统，每个时代都留下不少的著作，但是遗憾的是始终没有发展出一个完整的周边学科。这不能不说是很大的遗憾。自 20 世纪 80 年代以来，国内已经出版了一些研究周边国家的著作，例如 1984 年江西人民出版社出版了《中国与亚非国家关系史论丛》，重点探讨了中国与亚非国家的关系问题，但是由于各种原因，当时还没有提升到建立建设周边学学科的高度。

1　梁漱溟:《东西文化及其哲学》，商务印书馆，2003，第 127 页。

突破传统国家关系的旧框架，将国家间重大的政治、经济、文化、科学与人员往来纳入周边学的研究视野是我们的想法。传统的国际关系史多是政治史的框架，关注的重点是上层政治人物的对外交往、交流活动，基本上是记述和叙事，缺少对事件的理论分析和深层次考察，这可能是它的最大不足。我们关注国家与地区间重大的政治、经济、文化、科技与人员往来，力图在编写体系、框架、内容与主线上有所突破。近年的国际关系史研究已经有了中国人的史观，研究内容空前地丰富起来。重新思考国家关系，是当前东西方关系发生变化以及东方国家主体意识进一步增强的体现，传统的国家关系已经无法适应今天的国际形势发展。现在世界大国关系已经发生根本性的变化，所有重大国际问题都有中国的参与和作用。中国正处于一个新的历史发展阶段，从理论到实践、从思想观念到外交决策机制都面临全新的课题。在历史上，西方国家对东方国家误解、曲解的地方太多了，也太久了，我们现在有能力也有责任为当今社会提供一部信史和良史，尽到中国学者的责任。

加强国际间的横向联系，从单一的国别研究走向对周边国家的整体研究，一直是我们努力的方向。我国的学术研究长期受苏联影响，除以阶级斗争观点作为分析问题的基本方法外，再就是对历史纵向发展关注较多，对国家间的横向联系关注较少，这恐怕与苏联所处长期孤岛状态的国际冷战大环境有关，更与苏联过分强调阶级斗争的意识形态特点有关。冷战结束后中国学者不满于这种状况，力图突出各国的相互联系与互动，从整体上把握东方各国，特别是周边各国的发展进程，既照顾到各国的纵向发展，也突出各国的横向联系、东西联系、南北贯通、古今结合。只有如此，才能反映当今人类社会的时代特征，撰写一部真正意义上的反映人类发展互动的周边学。

确立周边学编纂体系的基本框架，要重点解决好周边学构建的体系问题。在看待周边国家发展的动力方面，既要考察外部因素的作用，也要考察各国内部因素变动的作用以及外交活动的影响。在很大程度上可以说，周边学研究的是中国与周边国家关系的互动，有学者指出："对于历史的发展来说，最重要的要素是不同民族、不同地域之间的交通往来。"[1] 只有相互交往交流，才能使人类文明的成果实现共享，缩短各国之间的发展差距，"我们须知，当一个民族或国家打破沉默而开始有所行动时，常常是以与外界的接触为前提的，而世界史的发展契机也正在于此"。[2] 在视野上，我们将着眼于国家政治统一后的外交活动，如秦汉帝国建立后的外交活动范围及影响实非以前所能比拟。秦汉以来历代王朝都追求"大一统"，在这一观念下，所有的土地都是王土，所有的居民都是臣民，因此中国建立的外交模式也就是朝贡制度，形成了中国与外国关系的基本模式。这种模式一直持续到 19 世纪才逐渐为西方近代条约制度所取代。

　　就周边国家关系而言，构成人类历史的主要内容就是各民族、各地区与国家的相互联系与交流，因此只有在对世界历史进程的总体把握上开展研究，才能构成严谨、周密的编写体系。从周边学内涵而言，它不仅研究现状，也研究历史，涉及政治、经济、科技、文化、宗教、哲学、思想、考古、绘画、艺术以及当前的国际关系与世情、国情，单一的学科是无法完成这个艰巨任务的，既然建立周边学就应该从学术上建立完整的知识体系。所以，构建周边学体系可能要重新考虑以往外交史研究中的一些问题，其中包括对西方国际关系学理论、体系、研究方法的借鉴与反思，发挥中国学者的长处和各国材料丰富的优势，重视使用近年的解密材料和档案材料，以及摆脱周边学构建中欧洲中心论倾向的影响等。西方的国际关系学理论与方法并不能完全适合解释中国周边学的实践，但可以

1　宫崎市定:《亚洲史概说》，"绪论"，第 6 页。
2　宫崎市定:《亚洲史概说》，"绪论"，第 8 页。

适当地加以借鉴和有选择地吸收，经过抛光磨垢之后再应用于中国周边学的实践，以吞吐百家、汇通古今的胸怀从容处之。总之，在当前经济全球化和全球经济一体化加速发展的形势下，周边各国正面临着有史以来空前伟大的历史变革，应该以更为广阔的视野看待周边的形势，用全球视野撰写包括整个亚洲在内的统一的周边学。

以往的周边国家研究基本上属于中外交通史或东西交通史的范围。把周边学从中外交通史中独立出来，是周边学研究的深化与行动的具体展开。因为研究刚刚起步，从复杂众多的历史问题当中理出个头绪来实为不易，理论的不足，本土资源整理与挖掘上的困难，体系、理论以及分析模式的建立都可能对研究工作带来一些限制。对于复杂万千的学术研究来说，我们的态度是"任凭弱水三千，只取一瓢"而已，选择极有难度的周边学作为我们研究的课题。十几年来国内已有学者执戈前驱，开榛辟莽，终于在这块荆棘丛生的土地上拓展出一块园地，树起了一面旗帜，积累了大量的素材，为建立中国周边学学科提供了比较充分的物化条件，如上海复旦大学石源华教授出版的《中国周边国家概览》、《中国周边外交十四讲》、《中共十八大以来中国周边外交研究报告》、《中国周边外交研究报告》、《中国周边外交学刊》（主编）、《中华民国外交新著》等多部奠基性著作，作为前期的理论准备与学术积淀，为开辟中国周边学这一崭新学科敲响了晨钟，也使中国周边学进入了全面总结与创立阶段。任何一个新的学术范式的兴起都是以国家政治、经济发展作为深层次原动力的，反映国家急剧变革时代对理论的迫切需求。以此观之，组织力量对中国周边学进行总结与创建的主客观条件已经大体具备。现在的问题，是对周边学的编纂体系、框架、基本理论等进行理论升华，完成创造性的转换工作。

长期以来，国内的国际关系研究（包括外交史）对欧美日发达国家关注较多，对周边国家的关注较少，把周边研究作为大国研究的依附性的点缀，或者局限于分门别类的研究，或者局限于双边关系研究，始终没有向更高一级的梯级——建立中国周边学学科的高度升进，至于提出建设"中国周边学"的设想更是凤毛麟角。中国经过 40 年来的改革开放发展到今天这个程度，完全应该重新思考和建设同周边国家的新型关系，把对外关系的重点由大国转向周边，解决好周边问题。过去讲"远交近攻"，今天完全可以"远交近通"，把邻国关系这盘大棋搞活。只有如此，方能推进"一带一路"这项前无古人的伟大工程。多年前，中央提出过"大国是关键，周边是首要"的战略布局。从这个战略布局而言，提出建立周边学的设想可以看作国家战略的进一步实施。"中国周边学"作为一个崭新的概念提出来，不管现在人们对它认同与否，但是它作为中国和平崛起中的一项文化建设是有其重要现实意义的。

今天，我们主张返本开新，吞吐百家，吸取中外历史上处理与外国关系的成功经验，为我们国家的对外政策服务，倘不能真正科学地处理好历史与现实的关系，继承民族文化遗产中的思想精华，就容易走回历史的怪圈。当今世界不同于以往之处在于，各国之间的相互依存进一步加深，地区性重大问题和不确定因素增多，各种挑战空前集中，竞争加剧，许多问题具有国际性特征，如今天的朝鲜半岛问题、东海问题、南海问题、"一带一路"的建设与推进问题，还有复杂的历史因缘屡屡昭示于前的与北方俄罗斯、南面印度、东面日本关系问题，处理与这些国家的关系都需要建立一个新的分析视野与哲学理论，从国家安全、全球治理、大国担当的高度思考现实问题。"一带一路"是一个美好的愿景，可以为中国处理周边关系提供良好的合作机遇与典范，在利己、利人的过程中走向人类文明的高处，贡献中国的智慧。

四　在历史的传承中创建中国特色的周边学学科

以上对周边学问题的简要探讨，可以认为是对周边学学科建设的基本设想，有助于深化对周边学的作用与功能、迫切性和重要性的认识。中国历史上出现的"华夷秩序"思想、"四海之内皆兄弟"与"协和万邦"思想，以及划疆自守、不谋远图的思想都应该作为珍贵的精神遗产加以研究，经过剖垢磨光之后再应用于今天的治世实践，历史上中国不重视周边国家的说法是不准确的。"世界上任何国家都命中注定要与其他国家相处。不同国家之间的相处就形成了国际关系。有两个国家共存，彼此之间就有一种双边的关系；有多个国家并存，相互之间就是一种多边的国际关系，这些关系相互连接，从而形成了一种国际关系。相关的国家通常就在这种体系内处理相互关系。"[1]尽管当时还没有提出周边学这一明确概念，但它所涉及的内容恰恰都是今天周边学实质性的内容。历史发展不能随意曲解割断，也不能随意抹杀，尤其在像中国这样具有悠悠 5000 年文明历史的东方大国，历史经验的积淀极为深厚，思想的发展又极为复杂，因此梳理、借鉴与继承历史上处理周边国家关系的正反两方面的经验已是一项十分艰巨的摄取工作。传统思想中的一些惰性如何被克服，如何建立新的国家观、民族观和利益观，完全取决于我们的理性成长与发展的程度。现在的工作是克服历史中的一些惰性，去腐生新，把握发展的契机，不失时机地推进 21 世纪中国周边学建设。

历史的经验与教训值得注意。长期以来，中国与周边国家关系的研究一直从属于外交史学科，一直没有作为一个独立的学科存在。我们反思过去并不是割断历史，也不是忘记过去的教训，而是通过深入探讨彻底看清千百年来所走过的道路，为当前推进"一带一路"建设提供新的理论借鉴。经过千百年曲折发展之后，我们已经形成对周边国家重要性的清醒认识，进而将其上升为国家战略。

1　李伯重：《火枪与账簿：早期经济全球化时代的中国与东亚世界》，生活·读书·新知三联书店，2017，第 266 页。

因此，关注周边国家的国情研究和周边发展，营造和平、稳定的周边环境，建设 21 世纪海陆丝绸之路已经成为中国当前的重大课题。在中国历史上，既有视其他国家为"夷"的传统，也有向其他国家学习的传统；既有严"夏夷之防"的传统，也有天下一家的传统；因此，当务之急是吸收中外历史上的合理思想成分，结合当前形势发展创造周边学的中国学派。只有把我们的思维水平提高到世界先进者的地位，才能真正推进中国的周边学学科发展。

　　任何一项理论创新都是在继承和发展中向前迈进的，今天提出的中国周边学学科建设也必须从重新认识过去开始。中国崛起有利于建立建设中国的周边学学科。虽然这一课题提出较晚，但经过中国改革开放 40 年来的发展与学术积累，今天已经具备完成这一艰巨课题的主客观条件。在指导思想上，我们应该立足于东方国家崛起的现实，注意吸收中外历史上国家交往中成功的经验，摒弃原来以利益换和平的陈旧思维，在义、利、理、力的结合上下功夫，保持中国强大的战略定力，力图使周边学在体系、内容、框架和主线上有所创新，真正体现世界巨变形势下周边学的强大社会功能。根据这些设想可以设计出周边学的基本框架，这个框架的最大特色就是它的系统性和体系的严谨性，体现大变革时代中国周边学的书写特征。我们对此持有信心。

跨学科社会科学研究：理论创新和区域研究的新路径

罗卫东 *

一 社会科学和社会理论所面临的基本矛盾

无论我们如何来定义社会科学的性质和方法，都不应该将其与社会理论的功能分离开来加以讨论。近代社会科学自产生之日起都是既传承学统，又呼应时代要求的。任何性质的社会理论都应该面对和解决当代社会的实际问题。所谓方法的创新总是起因于旧理论不敷解决新问题的需要，因而出现了一种理论上的困难。所以，无论是在问题还是在方法的维度上，社会科学都应该是面向现实、面向其他知识体系开放的。唯其如此，社会科学才有可

* 罗卫东，浙江大学。

能获得前进的推动力，理论创新也才能得以实现。

如果说，社会科学前进的基本动力来自两个方面，即方法创新和问题拉动，那么，前者更多地得益于向其他知识体系的开放和借鉴，后者则是起源于向现实世界的开放。不过，从今天的情况看，在所有这两个方面，社会科学都应该进行必要的反思。

在经过了近两个世纪的飞速发展后以后，现代社会科学已经形成了庞大的学科系统。各个学科都形成了自己的问题域、研究范式以及方法系统。与此相伴随的是两个必然的副产品，首先是社会科学与现实社会之间的关系出现了疏离，任何现实问题不再是社会理论整体面对的问题，而是只有被转化成其中每个分析性学科各自单独面对才能解释和应对的问题；更有甚者，问题的分化并没有在学科门类和一级学科上停止下来，而是不断地分解成二级学科以下的更加专门的问题。在学科专家既定的思维模式决定下，今天，似乎已经不应该再有所谓的社会科学问题，有的只是学科性的问题，如经济学的问题、政治学的问题……甚至，在一个经济学专家眼里所看到的只有微观经济学、宏观经济学、发展经济学等的问题，经济学问题似乎也消失了，如此等等，不一而足。

众所周知，社会科学所面对的任何问题，都必然首先是存在于人及其相互关系之中的问题，人自身具有的复杂性，决定了社会问题的复杂性；人自身内涵的丰富性，决定了社会问题内涵的丰富性。由人及其彼此的关系构成的所谓"社会实在"，本质上是无数交互相关的事实（事件）的集合。

在大陆哲学传统中，研究者所面对的社会实在作为社会关系的集合，从来都是整体性和动态性地给予的。实证和分析即便不是完全不可能，其价值也是相当有限的。认识和把握社会实在，需要有超出实证科学以外的其他思维方式。马克思曾经说过，研究商品经济关系，既不能用化学试剂，也不能用显微镜，两者都必须用抽象力代替。从韦伯开始的一代社会科学家对社会实在的可分析性有着非常谨慎的态度，哲学家柏格森甚至完全否定了社会实在具有可分析性的一面。同样，社会问题从未使自己服从于某个学科的逻辑，或者按照某些专家的意图来呈现自己。如果哪门学科的专家敢于断言一种社会问题的性质，那么他必定高估了自己的神性，而低估了问题所具有的复杂性和"无限性"。总之，社会问题总是整体性地给予的，每一件事情都是联系的多个因素之中的一环，我们无法使现实问题按照学科来给予或者提出。

当整体性社会问题被分解成单学科问题以后，其性质很可能已经发生了转变，已经不再是本来意义上的问题了。由于对问题整体性的强行专门化乃至粗暴肢解，学科之间彼此应该有的互补关系转化为彼此独立甚至对立的关系。学科专门化赖以存在的方法专门化导致了不同学科的专家彼此缺乏基本的理论认同，其中最典型的当属经济学和社会学。这种专门化的一个必然后果就是，社会科学成果的用户也被专门化了。以民族国家为单位甚至以复数个民族国家为单位的整体性政治实践就无法指望得到社会科学知识系统的支持，就像大型工程技术系统得到科学系统的全面支持那样。这样一来，在现代社会，当政府的功能被要求必须提升和扩大的情况下，政治技术的科学基础则不断削弱，政治活动不确定性的方面没有减少反而进一步加剧了。现代社会由此而陷入某种巨大的潜在危险的威胁之下。这样，一方面，我们的社会科学活动通过其专业化有助于消解人类自我认识的盲目性，但与此同时，也在制造着某种新的盲目性。这一点颇类似于经济分工过程，它在导致单件物品生产效率提高的同时，可能也加剧了经济生活的盲目性。因此，协调是非常必要的。

从学术发展和现实之间关系的互动来看，我们似乎可以发现这样的情况：越是基础性问题越是具有整体性；越是重大问题越是具有综合性；越是关键问题越是具有集成性。因此，解决社会问题要求我们具有动员整体性知识的能力和机制，通过推进学科交叉和融合，发展社会科学的综合性和一体化范式具有越来越大的理论和现实意义。

二 国际跨学科社会科学研究的若干重要现象

在经历了胡塞尔、沃勒斯坦等人的批判性反思以及结构主义思潮的冲击之后，自 20 世纪 70 年代开始，社会科学各学科之间乃至社会科学与自然科学之间的关系开始进入一个整合和综合化的新阶段。

20 世纪 70 年代后，国际社会科学出现了较为明显的跨学科发展趋势。在若干重大的基础性社会理论问题上，来自各个学科的学者们开始合作研究。

例如，进入 20 世纪 90 年代以后，围绕心灵、意志、精神、人类合作与竞争、人类学习和决策等重大基础性问题，不仅社会科学家而且自然科学家也开展了彼此之间的合作，涉及包括经济学、哲学、语言学、心理学、社会学、人类学、生物学、生态学、神经科学、计算科学在内的多个学科。这一研究趋势打破了传统学科之间判然有别的格局，引进了计算机仿真、社会实验、虚拟现实等新的方法，以重大基础性整体性问题为导向，展开了多个领域的研究并取得了重大的突破。如通过跨学科的合作研究，科学家已经发现人类的利他行为具有神经科学的依据，道德感也是进化的产物等，这些研究一举解决了历代以来在学者之间争论不休的一些问题。

从原创性成果分布情况可以发现，社会科学跨学科领域的分布密度在迅速提高。法国国家科学研究中心的马太·多冈和加利福尼亚大学洛杉矶分校的罗伯特·帕尔合作撰写的一篇文章列举了社会科学的交叉研究而产生的丰硕理论成果。[1] 另据不完全统计，2000~2006 年，在《科学》和《自然》两大国际顶尖学术杂志上刊

---

1 马太·多冈、罗伯特·帕尔：《社会科学中的杂交领域》，王爵鸢译，《国际社会科学杂志》（中文版）1990 年第 3 期。后被编入中国社会科学杂志社编《社会科学与公共政策》，社会科学文献出版社，2000。

载的社会科学类跨学科研究的论文和评论已经多达百余项，主题大多集中在若干认识和理解人类行为的最困难的领域，如心智问题。

适应跨学科研究的内在要求，旨在打破学科体制禁锢、推进科学范式转型和促进文理大交叉的综合性前沿研究机构的异军突起。其中，地处美国新墨西哥州偏远地区的桑塔菲研究院具有突出的代表性。[1]一批关注自然和社会领域中复杂系统内在机理同构性的科学家聚集在这个原来人烟稀少的地区，潜心开展学术研究和交流，其影响迅速扩大到国际学术界。

在这样的学术发展内生性动力的强大影响下，国家学术体制也开始发生相应的变化。一批具有跨学科性质的研究机构在大学和其他国家资助的研究系统内部建立起来，瑞士苏黎世国家经济实验室、美国斯坦福大学语言与信息科学研究中心以及 MIT 的认知科学研究所等就是其中很有代表性的例子。

发达国家政府对学科交叉和跨学科研究的支持力度越来越大。美国国家科学基金会（National Science Foundation,NSF）和法国研究部都以递增的幅度加大了对相关领域的支持。在 2004 财政年度 NSF 向国会要求的 41.1 亿美元的研究及相关的活动（RR&RA）的预算中，7.65 亿美元用在学科交叉研究领域，比 2003 年增加了16.5％，这一比例显著高于基金总量的增长幅度，更是大大高于GDP 增长幅度。这些经费分配在 4 个优先领域：环境中的生物多样性；信息技术研究；纳米科学与工程；人类和社会的动力。

跨学科社会科学研究在经过了二三十年的探索和发展之后，已经形成了相当数量的创新成果，并且为统一社会科学的形成提供了某种可能。目前国际上比较有前景的新兴学科大多具有跨学科性质。近年来一大批使用跨学科方法或从事跨学科研究与合作的科学

1　对桑塔菲研究院的全面而生动介绍的最著名作品当属 Mitchell Waldrop 撰写的 *Complexity* 一书，该书已经于 1997 年被翻译成中文，由生活·读书·新知三联书店出版。

家陆续获得诺贝尔奖（据不完全统计，诺贝尔经济学奖的约 1/4 颁给了跨学科研究的成果），再次证明了这一点。

三 跨学科社会科学研究的基本内涵

跨学科社会科学研究虽然非常活跃，但是至今为止在国内外学术界尚未形成为大家所认可的概念域。

皮埃尔·德·拜认为，跨学科研究包含了多学科并置和学科间一体化的多种情况。从多学科到跨学科的过渡是渐进的，至少有五种情况。第一，分属于各门不同学科的研究者平行地研究同一个课题的不同方面，并阐述研究的不同关系；这种针对某一个共同问题的学科并行研究有助于人们更加全面地阐述问题的特征。第二，各门学科的研究者不仅同时研究同一个问题，还要对彼此研究的结果做出协调，试图将其整合成为一个共同的结果。这种共同研究在跨学科程度上要比第一种情况深。第三，研究者共同研究同一个问题，比较各自提出的假说，以批评方式互相评估各自的方法，并达成共识，形成一个共同的结果。第四，一门学科运用其他学科的分析方法或者技术，以为更好认识本学科的研究对象提供新的范式或者视角。第五，一门学科运用其他学科业已取得的成熟成果以便得出新的系统的创见。这五种情况中，前面三种以多学科并置为特色，更像是共同研究，后面两种才具有跨学科性质，因为存在着学科间的借鉴和相互渗透。[1]

拜所涉及的五种情况，就其未能将某种意义上的超学科研究纳入其中而言，内涵显然过窄了；但是他把形式上的共同研究纳入跨学科范畴，则又把跨学科研究定义得过宽了。在我们所接触的范

---

[1] 皮埃尔·德·拜：《定向研究》，联合国教科文组织编《当代学术通观：社会科学和人文科学研究的主要趋势》（社会科学卷），周昌忠等译，上海人民出版社，2004，第 542 页。

围内，从三个方面来定义跨学科社会科学研究的内涵是比较妥当的。首先是多学科的合作研究，这个研究一般以某类定向的问题作为对象，以两个以上学科门类的理论资源为依托开展解决同一问题的共同研究。任何以共同问题为对象的多学科定向研究都属于此种情况，典型的事例就是组织研究，不论是家庭或者是企业，都可以运用经济学或者社会学的知识来将其进行处理，而得出的结论是有利于形成关于组织的全面认识的。其次是狭义的跨学科研究，也就是不仅有学科之间的合作和互补，而且发生了相互之间的融合与渗透，尤其是在方法层次上的互相借鉴和综合。在这个方面，法学与经济学应该是具有代表性的领域，交易费用分析方法被引进法学之后，形成了具有内在整合性的系统理论框架。最后是超学科研究，这指的是已经形成了超越具体学科方法和问题的更加一般化的理论范式，任何具体的学科只是这种一般范式的体现。从多学科研究到超学科研究的整个跨学科研究链条，其递进关系的关键变量是方法的抽象性。近代以来，从亚当·斯密、马克斯·韦伯等的理论体系到莱维·斯特劳斯、福科、布尔迪厄等人的社会科学理论体系便具有明显的超学科特色。在这个方面，不同于分析哲学的理路，它们是问题和方法、历史和逻辑的高度统一。而在桑塔菲学派之后，社会的自然基础成为超学科研究的一个非常主要的组成部分。因为，非线性复杂系统动力学以及模拟社会实验方法被大量引进了社会研究。

　　严格意义上的跨学科社会研究既不应该包含多学科共同研究，也不应该包括单学科方法的扩散式的应用。它应该被理解为超学科社会研究，因此必然是基础性（不是学科性）问题、统一方法和"现象学"意义上的数据三者结合的产物。

　　多冈等人认为，从单学科研究到学科交叉或者跨学科研究的道路是由概念、数据、方法、理论、观点等多个元素网状的相互作用而开辟的。其中，概念的借用或交互使用，指的是发展水平相对较低的学科向水平较高的学科借用成熟的概念，或者两个水平接近的学科共用某些重要的概念。这种概念的借用和互用往往扩展了视野，并且拉动了低水平学科的分析水平。"资本"概念从经济学向社会学的借用，形成了"社会资本"这类极为重要的新概念，就是很好的例证；数据（证据）的借用也有助于推进学科之间的交叉和创新，弗农·史密斯和丹尼尔·卡尼曼等人长期从事的心理学实验所获取的数据对改进经济学若干基本的假设有着重要的作用是其中较为典型的事例；方法的借用被认为是交叉和跨学科研究最活跃的方面。此外，还有理论的借用和观点的借用等。[1]

四　跨学科社会科学研究的可能性

今天，除极少数持帝国主义态度的学科专家外，人们对推进跨学科社会科学研究必要性的认识都在不断加强、走向统一。与此同时，跨学科社会科学研究的各种内部整备工作也在加强，这使得跨学科研究的可能性大大加强。

从理论方面来看，跨学科社会科学研究的"合法性"不仅来自日益增强的现实需求和学术前进的要求，更有赖于相应科学范式和统一方法的确立。前者自不待言，后者呈现出了相当乐观的趋势。著名经济学家雅诺什·科尔奈指出了五种跨越传统学科界线的学术潮流和科学方法。这就是：理性选择理论、博弈论、国民统计数据的长时间序列多变量分析、运用软数据（民意测验、访谈和问卷调查）以及制度范式。[2]虽然科尔奈是基于一个经济学家的立场来对跨学科社会科学研究的方法基础进行评价的，但他指出的这五个方面在最近的一二十年里的学术影响确实不断扩大，尤其是理性选择模

1　马太·多冈、罗伯特·帕尔：《社会科学中的杂交领域》，中国社会科学杂志社编《社会科学与公共政策》。

2　雅诺什·科尔奈：《社会科学各学科分离还是融合？》，《比较》第 27 期，第 3~7 页。

型、博弈论方法和制度方法在各个学科之中的应用正在形成令人兴奋的成果。

　　进入 21 世纪以后，社会科学内部的跨学科研究在西方社会开始加速，而跨社会科学和自然科学两种知识体系的研究也在不断地产出新的理论成果。基于计算机技术的系统模拟、仿真和虚拟现实，基于电子科学的大脑扫描技术等先进研究手段的引入，使得人类对自身的心智和社会集体行动的宏观动力学机制得到不断深入的了解。在某种意义上，计算机运算速度和电子扫描速度的每一次跃升，都在为我们逼近人类自身和社会复杂系统的奥秘创造条件。自然科学实验手段正在以空前的规模被运用于人及其社会研究，不仅传统的描述性社会理论已经日显粗陋，即使基于数理方法的分析性社会科学所享有的统治地位也正在动摇，实验社会科学的兴起成为不可抗拒的潮流。不论人们对此持何种怀疑甚至否定的态度，我们都不应该轻视它所具有的方法论的意义。实际上，它是科尔奈所说的五种可能性之保障。没有实验的方法，这五种方法都缺乏在更大的范围内获得学科认同的可能。因此，所谓的跨学科社会科学研究的基本方法，正是这种融合了先进技术和突出社会问题意识的实验方法。

五　跨学科社会科学研究的主要困难及其对策

　　即使是在发达的国家，跨学科社会科学研究的进展无论是就解决现实问题对它提出的强烈而迫切的要求而言，还是就它自身蕴藏着的学术张力而言，都是显著滞后的，更不必说在中国了。导致这一状况的原因无疑是多方面的，这其中既有跨学科研究概念和内涵不清、缺乏统一范式和可操作的方法系统等自身的原因，也有观念、体制、投入等外部原因。

　　体制　目前我们的学科体制基本上还是沿用苏联模式，学科划分过细，彼此间的内在联系被强行割断。围绕学科目录来运作的管理体制显得非常僵化。学术职务晋升、学术成果的发表、科研奖励评审、科研项目申请以及各种科研拨款的审批都是以一级学科为轴心来运作的。在一级学科之间缺乏交流和沟通，对学科间公共论域的介入缺乏应有的激励。一些受过严格学术训练而又具有跨学科研究兴趣的专家因为得不到体制化的资源投入保障，很容易陷入进退维谷的境地，往往选择重新返回到学科内部。体制问题的关键在于目前尚未形成常规运行的激励机制。基于现行学科管理体制的跨学科社会研究，必然是不稳定的，因为它或者缺乏可持续的稳定的激励机制，或者是激励扭曲的。

学者 跨学科研究要求学者必须同时具备三个重要的条件：至少某一学科的专业训练、跨学科甚至超学科的视野和问题意识以及跨学科研究兴趣。要培养具备这样三个方面条件的跨学科人才，需要的投入更多、时间周期更长，同时风险也更大。与专业型学者的生产系统相比，投资于跨学科学者的生产体系是更有可能失败的。因此，没有相应的风险分担机制和激励机制，跨学科人才的培养将会出现严重的激励不足。事实上，在现行的人才培养体制和学科体制下，跨学科人才难以批量出现正是因为缺乏相应的保障和激励机制。在人才供给机制尚未建立和正常运行的情况下，目前国内的跨学科研究多半出于可遇不可求的状况之中。与专业性和学科性研究相比，跨学科研究面临的人才瓶颈最为严重。

学术组织模式 跨学科研究的学术组织方式与学科性研究存在着相当大的区别。这主要表现在学科性研究可以在科层制模式下有效运作，旨在动员学术资源的指挥、命令等机制可以畅行无阻。也就是说，学术权威的领导作用不仅可能而且必要。但是，跨学科研究的各种要素之间的合作更加类似于平行生产单位之间的战略合作关系，纯市场化的和纯计划方式都难以有效运作。这意味着在各学科之间建立起某种常规性的协调机制和共同的学术平台是非常重要的。适应跨学科研究要求的领导体制，要么应该是集体领导，要么应该是倾向以协调为主导功能的。但从目前大学和科研机构的科研组织模式看，科层制仍然占主导地位。研究所和科研团队内部通行权威服从关系，彼此之间又很难进行有效的协调。社会科学研究的情况尤其如此，实际科研组织模式在研究者单打独斗和准自然科学式的研究团队两极之间波动，而与跨学科研究的要求相适应的组织模式迄今为止尚未形成。缺乏有效的组织方式成为各学科之间难以开展跨学科社会研究合作的实际缘由。

资金投入　与学科性研究显著不同的一点是，跨学科社会科学研究由于其所面对的大多是整体性、基础性、综合性的社会问题，其所具有的高度复杂性是学科性研究无法胜任的。一般来说，跨学科研究都需要运用基于海量数据和现代实验条件的方法系统。在某种意义上说，这个方法系统具有一定程度的硬科学特征，其研究活动发生的费用不仅单项强度大而且发生面广，这意味着其需要的资金投入是远大于学科性研究活动的。目前，社会科学研究的资助模式和资助强度基本上无法满足跨学科社会研究的要求。

鉴于此，我们需要对现行社会科学乃至整个科学研究体制进行反思，要在借鉴先进国家推进跨学科社会科学研究已取得的有效经验的基础上设计对策。

我们发现，NSF 对跨学科研究的支持模式，表明美国的科学管理当局正在针对性地采取措施来消除前面所述的跨学科研究发展的瓶颈制约。

他们的主要经验主要有以下几方面。

第一，推动跨学科研究要有明确的指导思想、目标和长远的计划以及持续的支持。为此，国家资助机构应该把支持学科交叉研究放在一个战略位置，根据学科交叉研究的特点，采取相适应的方式，进行长期支持。NSF 支持学科交叉具有明确的目的：（1）瞄准解决国家需要的复杂问题，汇聚众多学科的视野；（2）激励知识在大学、公共部门和私营部门之间的转移；（3）促进不同领域的自然联系，因为相互联系对于成功是关键的。

第二，支持跨学科研究应该与优先资助领域结合起来。优先资助领域是科学发展的新机会、国家重大需求和学科间协调发展等因素的反映，这些领域与学科交叉有着内在联系和相互促进关系。优先领域集中在知识的前沿领域和具有重要国家利益的领域，在其中做出的发现和创新有可能会产生具有重要意义的进步。如 2004 年增加"人类与社会动力学"（Human and Social Dynamics），目的是更好地理解各个层次上人类和社会行为的动态变化，包括人类的智力和精神，增加对社会变化的复杂后果的预见能力。法国政府特别重视对人类语言生成以及进化机制的研究，也是基于语言问题所具有的综合性和基础性特点。

第三，对跨学科研究的支持应该与人才培养和教育相结合。促进学科交叉研究的关键是培养具有多学科知识、素质与合作精神的人才，而这种人才的培养需要紧紧地与研究活动结合在一起，采取新的教育手段和机制。NSF 整合研究生教育和研究教育津贴，其目的是资助科学和工程领域的博士研究生在完成博士学位论文时获得技术、职业和其他技能。它强调学科交叉的支持途径，研究计划力图为研究教育提供创新的模式。

第四，探索多种不同的资助机制。跨学科研究表现在不同的方向，有着不同的特点和发展方式，因此应该根据不同的领域和不同的主题，采取多种资助机制，探索新的资助模式。

第五，注重对研究中心的支持。不同于传统的研究所，研究中心可以会聚不同学科的研究人员、教师和学生，并可以与世界组织建立灵活的合作关系，是支持跨学科研究的一种有效的组织方式。科学技术中心（STC）作为一种新的资助模式进行试验探索，NSF于 1989 年和 1991 年分别支持第一、第二批中心，共 25 个。实践证明，它是很成功的模式。1997 年在经过评估后，NSF 决定继续支持

STC。2000 年和 2002 年又支持第三、第四批，共 11 个。2005 财年计划支持 6 个。

第六，积极支持促进学科交叉研究的平台建设（论坛、网络、研讨会等），促进学术交流，创造促进多学科交流与合作的氛围和环境。

六　推进我国跨学科社会科学研究的建议

1. 学科规划

一方面，由于现有跨学科社会科学研究的领域非常广泛和庞杂，新的领域层出不穷；另一方面，跨学科研究往往需要长时间、持续大规模的资源投入和要素支持，因此，几乎没有哪一个大学或研究机构具有覆盖全部跨学科研究问题域的资源保障。任何一个单位都必须对跨学科社会科学研究的重点和主攻方向做出选择，集中攻关，长期支持。为此，必须搞好学科规划，寻求跨学科研究领域的合理定位，寻求工作的突破口。前述美国国家科学基金会在资助跨学科研究的过程中所采取的领域遴选方式是值得我们认真学习和借鉴的。笔者认为，在从事跨学科社会科学研究规划工作方面，我们需要考虑四个非常重要的遴选标准：第一是现有资源和可得资源的状况，也就是现有学科自身的水平和持续发展能力；第二是成果需求的性质，即跨学科研究成果的用户，其需求水平、需求强度及其持续性；第三是学科连锁度，即跨学科研究能否得到相关学科的有力支撑，能否反过来对相关学科的发展产生强大的辐射和带动作用；第四是同行之间的竞争状况，即能否产生单位之间的良性的学术竞争和合作关系。除此以外，还要考虑的重要一点是对发展机遇的判断和把握。

2. 改革和完善现行学科体制

鉴于现行学科体制是发展跨学科研究的重大障碍，必须尽快予以改革和完善。学科制度自身具有路径以来的特点，全面取消并不现实，只能进行改良。可行的办法：一是取消申报表必须填写的"所属学科"一栏或者增加"跨学科"或"其他"一栏；二是压缩学科数量。前者要求设立与跨学科研究相适应的特别评审委员会，后者则要求对学科目录做出调整。我国目前实施的学科目录是1997年由国务院学位委员会和国家教育委员会联合下发的《授予博士、硕士学位和培养研究生的学科、专业目录》。虽然，与1990年的原目录相比，二级学科（学科、专业）由原来的654种调整为382种，但增加了管理学学科门类，授予学位的学科门类增加到12个；一级学科则由原来的72个增加到88个。该目录作为国务院学位委员会学科评议组审核授予学位的学科、专业范围划分的依据，也是学位授予单位授予相应的学位和制定培养研究生的规划，进行招生、培养工作的依据。这个新目录中学科门类和一级学科的增加，无疑进一步增加了跨学科研究的难度。21世纪的四大重要的研究领域，即生命科学、材料科学、信息科学和认知科学，没有一个可以归入其中任何一个一级学科甚至学科门类的。因此，按照科学研究发展的趋势重新调整学科设置，这已经成为当务之急。可行的办法是在现有的学科门类中，取消部分内容过窄、落后于时代发展的门类，增加包含了四大领域的综合学科领域。

3. 构建以研究中心为主要形式的跨学科开放研究平台

迄今为止，科学研究的各种组织类型，即中心（center）、实验室（lab）、研究所（institute）、项目（project）、论坛（forum）、计划（program）、研究组（group）中，研究中心是最适合开展跨学科研究的组织方式。正因为如此，美国国家科学基金会在最近一轮资助计划中，特别注重对研究中心的投入。研究中心的设立以及运作可参照斯坦福大学独立研究机构的模式。研究中心应该是以知名教授为品牌、重大项目为纽带、先进的科研服务体系（网络、资料、实验）为支撑、产出重大原创性成果为目标的开放式研究平台。

"十五"计划期间教育部人文社科重点研究基地建设计划，已经初步形成了这类研究中心的特色，但目前看来仍旧难脱学科体制的束缚，需要在此基础上进一步创新。

4. 设立跨学科社会研究专项基金

跨学科研究很容易受到学科研究的挤压，在按照专业申报项目的体制中，跨学科研究项目的中标率普遍较低。为此，应该采取相应的对策。可以考虑在现有基金资助框架内进一步明确招标研究指南，或者设立专项研究基金予以保证。前者存在一定的问题，因为跨学科研究的领域、方向和问题都是很难事先予以明确的，形成指南有一定的困难或者滞后性；后者当然也存在操作方面的问题，因为跨学科研究和学科研究两者之间的边界常常不是那么清晰，很难避免两种研究之间的混淆。美国的经验是确定优先资助的研究领域，一个研究领域一般包含了若干比较重要的方向和问题，这样既可以避免一般资助体系对跨学科研究的挤压，也可以相对减弱跨学科与学科研究边界不清带来的操作困难。几年前，中国科学院系统为自然和社会复杂性建立专项研究资助计划的做法与此类似。

5. 推动研究者的跨学科交叉学习

跨学科研究最大的障碍是研究者的学科观念和学科思维所导致的彼此隔阂，要消除这个隔阂就必须鼓励研究者学习其他学科的知识。例如，可以在大学启动跨学科课程的交叉学习计划，使教师对不同学科的基础知识、基本理论和研究方法以及该学科与其他学科之间的相关性，现有交叉结合情况，前瞻性问题和研究的热点、难点问题等都有系统性、综合性的了解，从而培养交叉研究的自觉意识，拓展教师的学科思维，开阔教师的研究视野。通过交叉学习计划的实施，还可以在机构内形成一种多学科交叉研究和交流的学术氛围，进一步促进自然科学领域学科之间、自然科学与社会科学领域学科之间的沟通、融合和渗透，推动不同学科间教师开展科研合作，提高协作攻关的能力，推进产生新的研究领域和研究亮点，促进学术创新和交叉性研究成果的涌现。但是，要推动研究者学习其他学科的知识，一方面是要提高这种学习的乐趣，另一方面还需提供一定的外部激励，例如，对某些具有跨学科特性的研究岗位的应聘者明确提出需要两门一级以上学科的教育背景等。

　　除以上几个方面之外，促进跨学科研究还需要重视举办各类跨学科论坛、学术沙龙以及创建相关网站等，要投资于必需的实验设备以及投资于跨学科研究必需的社会资本，发展各相关学科研究者之间的"有机团结"。

· 欧亚区域史 ·

中国出土粟特人墓志所见墓主的祖源追溯与入华记忆：中古入华粟特人中国化进程析论

杨晓春 *

入华粟特人引起现代中外研究者的高度注意，是和一批又一批的粟特人墓志及墓葬的考古发现紧密联系在一起的。

在华粟特人墓志资料的数量，已经公布的总数超过 100 种，颇具规模，值得做综合的研究。另外，这些资料的时间跨度也比较大，以墓主葬年显示的墓志时代而论，从北周至北宋初年，前后达 400 年（以所涉墓主先世、子孙而论，则达 500 年），正展现了变迁的过程。

在华粟特人的墓志资料，就资料公布而言，从早期的金石著作到晚近的考古报告、石刻资料集，形式多样；就研究而言，不管是单件的考释还是

* 杨晓春，南京大学历史学院。

综合的研究，都业已形成了非常丰富的研究文献。[1] 总的来说，在华粟特人的研究，基本形成了伴随新的粟特人墓志资料的公布，便会很快形成相应的考释论文的基本趋势。而最近十多年国内考古工作的蓬勃展开，又形成了粟特人墓志新资料的公布几乎是年年更新的研究现状。当然，对于在华粟特人的聚落、宗教信仰、接纳汉文化（通常用汉化一词来概括）等问题的研究，也是继续深化的，并在粟特人与乡团等新问题的展开方面，也不断有所突破。

就在华粟特人的中国化进程而言，中国学者通常用"汉化"一词来概括，程越先生较早给予了比较全面的关注，他利用石刻资料，从婚姻状况、丧葬习俗、宗教信仰三个主要的方面进行了探讨。[2] 陆庆夫先生则从职业分布、婚姻关系、社会组织、宗教信仰四方面考察了唐宋间敦煌粟特人的汉化，对敦煌粟特聚落从化乡的打破在汉化方面的促进作用的角度给予了重视。[3] 陈海涛、刘惠琴两位学者的《来自文明十字路口的民族——唐代入华粟特人研究》一书给予了最为集中的关注，从通婚、姓名、葬俗、家世渊源观念的变化四个方面展开讨论，研究中主要的依据也是粟特人的墓志资料。[4] 有关晚唐五代粟特人，则有高文文《唐河北藩镇粟特后裔汉化研究——以墓志材料为中心》一文。[5]

做粗略的归纳，可知关于入华粟特人的中国化进程的研究，主

1　研究史概况及最近的研究动态，可以参看程越《国内粟特研究综述》，《中国史研究动态》1995年第9期；榮新江著、森部豐翻訳解説「新出石刻史料から見たソグド人研究の动向」『関西大学東西学術研究所紀要』44，2011年4月，121~151页；荣新江《中古时期来华胡人墓志研究的新进展》，北京大学中国古文献研究中心编《北京大学中国古文献研究中心集刊》第11辑《中国典籍与文化国际学术研讨会专辑》，北京大学出版社，2011，第200~220页；车娟娟《2000年以来国内粟特研究综述》，《中国史研究动态》2012年第1期。

2　程越：《从石刻史料看入华粟特人的汉化》，《史学月刊》1994年第1期。

3　陆庆夫：《唐宋间敦煌粟特人之汉化》，《历史研究》1996年第6期。

4　陈海涛、刘惠琴：《来自文明十字路口的民族——唐代入华粟特人研究》，商务印书馆，2006，第377~425页。

5　高文文：《唐河北藩镇粟特后裔汉化研究——以墓志材料为中心》，博士学位论文，中央民族大学，2012。

要的观察角度如下：名字、祖源[1]追溯、通婚、丧葬习俗、宗教信仰，多数可以归纳为文化心理。其中名字、祖源追溯、通婚三个方面，在墓志资料中有集中的记载。此外，墓志中对于进入中国的过程也有较多的记载。

本文试图在比较全面地收集在华粟特人墓志资料的基础上，对粟特人墓志所展现的在华粟特人的祖源追溯和入华历史两个方面做集中的讨论，同时辅以时间因素的观察，考察入华粟特人及其后裔的中国化进程。

一　在华粟特人墓志概况

很早就有学者试图集中地收集已经公布的粟特人墓志资料，并展开综合的研究。如李鸿宾先生收集了《唐代墓志汇编》中公布的粟特人墓志 22 种。[2] 荣新江先生关于粟特人分布的研究，系统地利用了当时已公布的绝大多数粟特人墓志。[3] 陈海涛、刘惠琴所著《来自文明十字路口的民族——唐代入华粟特人研究》的相关研究，主要根据唐代粟特人的墓志资料，做了十分全面的收集。[4]

本文主要以《唐代墓志汇编》《唐代墓志汇编续集》《全唐文补遗》作为主要的粟特人墓志资料的来源库，同时参考荣新江的《北朝隋唐粟特人之迁徙及其聚落》，陈海涛、刘惠琴所著《来自文明十字路口的民族——唐代入华粟特人研究》已经做过的收集工作，

1　与"祖源"关联度很大的一个词是"族源"，前者强调个体的来源，后者强调群体的来源，但是两者又有交叉。就墓志本书所陈述的看来，有的描述偏重"祖源"，有的描述偏重"族源"，以下行文统一使用"祖源"。

2　李鸿宾：《唐代墓志中的昭武九姓粟特人》，《文献》1997 年第 1 期。

3　荣新江：《北朝隋唐粟特人之迁徙及其聚落》，《国学研究》第 6 卷，北京大学出版社，1999。收入荣新江《中古中国与外来文明》，生活·读书·新知三联书店，2001，第 37~110 页。

4　陈海涛、刘惠琴：《来自文明十字路口的民族——唐代入华粟特人研究》，第 426~437 页，附录"唐代墓志所见康、安两姓粟特人基本状况表"。

并增加近些年的新发现，获得在华粟特人墓志的资料表，[1] 作为后文分析的基础。除了墓主姓名、首题、卒葬年代、资料来源等常规项目，主要就墓志中有关墓主的名与字、籍贯、祖源追溯、父祖等先世状况、进入中国的方式等内容进行摘录，其他与中国化进程有关的内容也酌情进行摘录，通婚状况则做必要的说明。表格按照墓主葬年的时间先后进行排列。

在华粟特人墓志的收集，首先便面临着一个问题——什么样的人算作粟特人？

当然，有明确记载说明墓主出自中亚昭武九姓各国（或者用历史上的大夏、西国等更为宽泛的表述）的，是最明确、有效的标准。同时，入华粟特人以国为姓，常见的有康、安、史、何、米、石、曹等姓（尤其以康、安两姓最为主要），所以有时又以姓氏来判断；而在粟特人墓志的收集过程中，学者也往往是从粟特人姓氏入手的。但是入华粟特人的汉姓，与汉人等的姓氏多有雷同，所以在粟特姓氏的人物中，又常常要加上其他的具有特征性的名字、职官、婚姻等证据。名字如直接音译（"盘陀"等）和带

1　表格篇幅太大，作为附表附于文后。在此按照墓志时代先后简单记录墓主的姓名情况。

北周：康业、翟曹明、安伽。

隋：安备、史射勿、翟突娑、李陁、李吁典。

唐：康婆、康阿达、史索岩、史盘陀、史氏（女）、支茂、安延、何盛、安□（字万通）、安静、安度、史氏（女）、安师、安娘（女）、康达、史铁棒、史河耽、康敬本、康武通、康元敬、史氏（女）、何氏（女）、曹氏（女）、史道德、康续、安神俨、何摩诃、康枚、康留买、康磨伽、安元寿、康老师、康敦（女）、康宜德、安怀、康智、康氏（女）、康氏（女）、何□□、史善法、康郎、安令节、康哲、安菩、安思节、史多、康远、康固、史诺匹延、康威、曹明照（女）、安孝臣、康庭兰、史思礼、和守阳、康令恽、翟氏（女）、康仙昂、安思温、郑岩、何德、康氏（女）、康氏（女）、康晖、曹闰国、曹惠琳、康氏（女）、李国珍（安陁）、李元谅（安元光）、石崇俊、何澄、米继芬、史然、□（何）氏、石神福、康昭、石默啜、康志达、安氏（女）、石忠政、何文哲、米九娘（女）、何氏（女）、米文辩、安珍、何少直、安士和、何弘敬、曹弘立、安玄朗、石善达。

五代：石彦辞、康赞羡、安万金、何君政、安重遇。

宋：安崇礼。

有"延""芬"等后缀，[1] 职官如"萨宝""天主"等；婚姻则是根据夫妻双方都是粟特姓氏（少数是一个粟特姓、一个其他的胡姓）来判断，这一判断方法在研究中最常遇到。表格中的史善法等人被认定为粟特人，是考虑到史善法、康郎二人夫人为康氏，康哲夫人为安氏，翟氏丈夫为康国大首领，何氏丈夫为契必氏，康氏丈夫为康姓，又一康氏丈夫为安文光。除了夫妻双方的粟特姓氏作为辅助标准，还有根据粟特姓氏的原籍，如武威安氏，便认作粟特人了。但是，还有一些带有典型粟特姓氏的人物判断为粟特人是根据其他的因素，典型的如史道德族属的判断，根据的便是他的活动地点以及墓葬中的一些器物的特征。[2] 最近还有关于史孝章族属的争论。[3]

　　本文的收集，基本以上述各方面的某一项标准为依据。另外，空间上以甘肃及其以东的中国内地为限。

　　以上的标准选择，也便造成这么一种现象——没有足够的粟特人具有特征性的名字、职官、婚姻等证据，也就不能认定墓主为粟特人，这就先然把可能完全接纳汉文化而只留下特征性不明显的使用粟特汉姓的粟特后裔，剔除在研究对象之外了。这实在是方法论上的内在的矛盾，但是这个问题又无法克服，所以表中同时酌情收录了一些学者通常认为是粟特人但是还没有明确证据的少数的一些例子。但是可以估计，没有包含在内的应该更多。

　　我们都知道，粟特侨民在中国最终都融入了以汉人为主的其他民族，那么粟特人的后裔，到怎样的程度可以排斥在粟特人之外呢？特别是有一些粟特人的后裔虽然明确知道他源出粟特人，但是

1　蔡鸿生：《唐代九姓胡与突厥文化》，中华书局，1998，第 38~41 页。

2　赵超：《对史道德墓志及其族属的一点看法》，《文物》1986 年第 12 期；罗丰：《也谈史道德族属及相关问题——答赵超同志》，《文物》1988 年第 8 期；马驰：《史道德的族属、籍贯及后人》，《文物》1991 年第 5 期；李鸿宾：《史道德族属及中国境内的昭武九姓》，《中央民族学院学报》1992 年第 3 期。

3　郭茂育、赵振华：《唐〈史孝章墓志〉研究》，《中国边疆史地研究》2007 年第 4 期；高文文：《唐河北藩镇粟特后裔汉化研究——以墓志材料为中心》，博士学位论文，中央民族大学，2012。

又不能找到他们的"粟特人"的特征，该如何来对待呢？或者说，一个家族数代人中，发现其中有一人具有"粟特人"的特征，那么是否可以将其他的家族成员也看作粟特人呢？

这实在也是很不容易回答的问题。本文试着以郑岩家族和安重遇家族为例，对此做初步的回答。也许，这正是入华粟特人中国化进程讨论中不可或缺的一环。

在华粟特人墓志资料，可以按时间分布做一统计（见表1）。

表1　在华粟特人墓志时间分布统计

时间段	墓志数量（方）
北周（557~581）	3
隋（581~618）	5
唐高祖、太宗（618~649）	2
唐高宗、武周（650~704）	43
唐中宗至玄宗（705~755）	17
唐肃宗至德宗（756~804）	10
唐顺宗至武宗（805~846）	11
唐宣宗至哀帝（847~907）	9
五代（907~960）	5
北宋初年（960~）	1

表1的统计，考虑到历史时代的同时，大致以50年为一个间隔，目的是看出粟特身份的人物的活跃时期。时间分布，总体上呈纺锤状。显然，唐高宗、武周时期是最为集中的时期，远远超过其他的时段。考虑到各墓志的时间是以墓主的葬年为准的，多数人寿命超过60岁（明确记载卒年在60岁以上的占比达到50%以上），并考虑到几乎所有的墓主所记父祖两代均已在华，可以估计粟特人在社会上的活跃时期为550~650年的大约一个世纪。

墓志是具有鲜明中国文化特质的古代石刻之一，当然也便可以说墓志的采纳是入华粟特人接受中国文化的表现之一。墓志也是中国丧葬文化的一个重要的组成部分，粟特人采纳墓志是其采纳中国丧葬习俗的一个具体的方面。

20世纪90年代以来，中原北方地区集中发现了一批具有明显的祆教文化内涵石葬具（石棺椁、石室、石榻、石屏、石门楣等）的粟特人墓葬，如安伽墓、史君墓，引起学者的高度关注，也连带讨论了一批非发掘品的石葬具，形成了一大批论著。不过，杨泓先生就此指出，"强调所谓'粟特文化'特征，从而将无法全面地去观察这些墓葬所表露的完整的信息"，并以北周天和六年（571）康业墓、北周大象元年（579）安伽墓、北周大象二年（580）史君墓、隋开皇十二年（592）虞弘墓、唐永徽四年（653）至上元二年（675）阿史那忠墓、唐光宅元年（684）安元寿墓、唐景龙三年（709）安菩墓为对象（其中阿史那忠墓似可剔除），从墓葬形制、葬具、墓志或墓铭、石葬具的图像四个方面进行了综合的分析，认为："所有的墓葬形制均是北朝至唐时中国的典型样式，主要是前设带有天井和过洞的长斜坡墓道，设有石门的甬道，基本是方形的砖筑或土洞墓室……在墓葬最重要的墓葬形制方面，丝毫看不到这些来自西域的不同民族的死者，在构筑墓葬时显示出表明族属特征的任何暗示。""上列西域来华人士的葬具形制，一概为中国传统的葬具，无任何域外色彩。""（墓志）从形制到志文内容和写刻规范，完全按中国墓志通例。"有的石葬具带有西域图像特征，但分别选用不同的粉本，各有来源。[1] 杨泓先生的总体观察，给研究者以很好的启发。陈海涛、刘惠琴两位学者也设想由墓葬入手，从葬俗的变化来讨论入华粟特人的汉化问题。考虑到的墓葬个案有宁夏固原史索岩夫妇墓、史诃耽夫妇墓、史铁棒墓、史道德墓，宁夏盐池何姓粟特人墓，陕西西安何文哲墓，河北大名何弘敬

1　杨泓：《北朝至隋唐从西域来华人士墓葬概说》，饶宗颐主编《华学》第8辑，紫禁城出版社，2006。收入杨泓《中国古兵与美术考古论集》，文物出版社，2007，第297~314页。

墓，河南洛阳安菩墓，陕西安元寿墓、安宝墓、何刚墓，不过对墓葬本身的分析比较简单。他们主要从葬式由粟特本土之天葬向中原之土葬转变、墓葬中墓志铭的流行、夫妻合葬之风的盛行、家族墓地的存在和归葬先茔的流行、丧礼形式的表现五个方面进行了分析，得出了"唐代入华粟特人已逐渐摈弃了中亚本土的葬俗而开始接受中原传统的葬俗"的结论。[1]

通过墓志的采纳来总体上观察在华粟特人接受中国文化的历史过程，还需要分析采纳中国式样的墓志与粟特人入华代数之间的关系。如果以发现墓志的这一代作为开始使用墓志的一代，很可能有点偏晚了，毕竟不能排除此前的某一代使用了墓志的可能性；如果以墓志中记载的墓主父祖等在华的情况来确定墓主入华的代数，也很可能有点偏少了，毕竟没有记到的先祖也已经有可能已经入华。不过综合起来，两相抵消，一般就以墓志使用的一代作为采纳的一代，以墓志记载的墓主父祖等在华情况估计墓主入华的代数，应该还是可以反映基本的历史情况的。[2]

附表把至 8 世纪中叶为止比较明确记载了入华世代的状况和根据对父、祖等先世的记载而做的最低限度的入华代数的推测添加在备注栏中，现根据入华代数统计如下（见表 2）。

表 2　在华粟特人采纳墓志的入华代数统计

入华代数	墓志数量（方）	墓主姓名
入华第二代（？）	1	安伽
入华第三代	1	康业
至少为入华第三代	14	康阿达、安延、何盛、安静、安度、史氏、安娘、康武通、康元敬、何氏、安神俨、康枕、康宜德、康仙昂

1　陈海涛、刘惠琴：《来自文明十字路口的民族——唐代入华粟特人研究》，第 398~411 页。

2　已发现的墓志中，很少有不止一代在华粟特人的墓志，史射勿、史诃耽、史铁棒三代人的墓志都已经发现，是个难得的例外。这三方墓志都追溯到曾祖，则说明父祖等先世追溯一般比较有限。

入华代数	墓志数量（方）	墓主姓名
入华第四代	2	康老师、史多
至少为入华第四代	21	史射勿、安师、康达、史铁棒、史河耽、康敬本、史道德、康续、何摩诃、康留买、康磨伽、安元寿、安怀、康哲、安菩、安思节、康威、曹明照、康庭兰、史思礼、翟氏
入华第五代	2	康婆、安万通
至少为入华第五代	1	康智

由表 2 可知，多数在华粟特人采纳墓志是在入华三四代之后。也就是说，是经过了一段时间的适应之后，入华粟特人的后裔才采纳了墓志。其实，在华粟特人的名字中，也有不少反映了三四代之后还保留者粟特人名特点的。墓志中记载父、祖为最低限度，也可能不记曾祖、高祖的情况而曾祖、高祖已经入华，因此实际上入华的代数还会更久一些。

以上的粗略统计，也说明粟特人入华，主要在北朝时期，与表 1 通过现存墓志时代所做的统计结果是一致的。

在华粟特人采纳墓志的入华代数总体状况的揭示，有助于总体上说明入华粟特人后裔接纳汉文化可能没有我们一般想象的那么快。

二　在华粟特人墓志有关祖源追溯记载的分析

粟特人墓志有关祖源的叙述，分为两大类型：一是追溯祖源为华夏，一是记录源出西域的情况。[1] 追溯祖源为华夏的，或者追溯到

1　陈海涛、刘惠琴两位学者在唐代粟特人家世渊源观念变化的研究中，以康、安两姓墓志为例，将之分为自觉类型（明确讲述其家族为异族来源）、过渡类型（不再明确言其家族源于异域，但对家世的叙述亦可以看出异族特点，主观上向汉族传统渊源靠拢）、认同类型（完全没有异域特点，自觉不自觉地依附中原传统渊源）。参见陈海涛、刘惠琴《来自文明十字路口的民族——唐代入华粟特人研究》，第 411~422 页。

黄帝、炎帝等华夏先祖，或者追溯到具体的汉人家族，偶尔会有比较模糊的表述；记录源出西域的，或者写出源出西域某国，或者具体到源出西域某国的君主。表 3 则是把粟特人墓志有关祖源（先世）的叙述在时间上的分布作一展示。

表 3　在华粟特人墓志祖源追溯西域来源与华夏来源时代分布比较

时代	墓主	西域来源	华夏来源
天和六年（571）	康业	"其先康居国王之苗裔也"	
大成元年（579）	翟曹明	"西国人也"	
大象元年（579）	安伽		"其先黄帝之苗裔，分族因居命氏"
开皇九年（589）	安备	"其先出于安居耶尼国"	
大业六年（610）	史射勿	"其先出自西国"	
大业十一年（615）	翟突娑		"祖晋上卿之苗裔。翟雄汉献帝尚书令、司徒公文海之胤"
贞观廿一年（647）	康婆	"本康国王之裔也"	
贞观	康阿达	"西域康国人也"	"其先盖出自造化之初，藤苗大唐之始，公即皇帝之胄胤也"
永徽四年（653）	何盛	"其先出自大夏之后"	
永徽五年（654）	安万通	"先祖本生西域安息国"	
显庆二年（657）	安静		"昔夏后承天，派隆基于朔北；魏皇统历，胤华胄于周南"
龙朔三年（663）	安师	"十六代祖西华国君"	
麟德元年（664）	安娘	"安息王之苗裔也"	
总章二年（669）	康达	"十六代祖西华国君"	
咸亨元年（670）	史诃耽	"史国王之苗裔也"	
咸亨元年（670）	康敬本	"康居人也"	

续表

时代	墓主	西域来源	华夏来源
仪凤二年（677）	曹氏		“汉相曹参之后，实当涂之苗裔”
仪凤三年（678）	史道德		“正辞直道，史鱼謇谔于卫朝；补阙拾遗，史丹翼亮于汉代”
调露元年（679）	康续		“昔西周启祚，康王承累圣之基；东晋失图，康国跨全凉之地”
调露二年（680）	何摩诃		“原夫含章挺秀，振清规于汉朝；硕学标奇，展英声于魏阙”
永淳元年（682）	康磨伽	“其先发源于西海”	
光宅元年（684）	安元寿	“妫水导源，凉土开国”	
垂拱三年（687）	康老师	“其先康国人也”，“曾祖宝，康国王之第九子也”	
垂拱三年（687）	康敦	“其先康居国人也”	
天授三年（692）	康宜德	“西域康居人也”	
长寿三年（694）	康智		“本炎帝之苗裔，后有康叔，即其先也”
久视元年（700）	何□□	“大夏月氏人也”	
长安三年（703）	史善法		“肆拾三代祖霸，并□□□□大夫。叁拾捌祖良，后汉征南将军，封济北侯。故□□济北望族矣”
神龙元年（705）	安令节	“出自安息国，王子入侍于汉，因而家焉”	
景龙三年（709）	安菩	“其先安国大首领”	
开元四年（716）	安思节	“家世西土”	
开元七年（719）	史多	“西域人也”	
开元九年（721）	史诺匹延	“祖父西蕃史国人也”	

时代	墓主	西域来源	华夏来源
天宝三载（744）	史思礼		"其先辅周克殷，展九鼎之宝；佐魏理邺，绾百里之印。自是以来，含章间出，柔嘉挺生。西汉全盛之时，丹以外戚居宠；东京陵夷之日，弱以直臣见知"
天宝四载（745）	康令恽		"昔武王伐殷，康叔封卫，耿光烈以文著口绩，蔚其康兴。周之宗盟，异姓为后。世济其美，因而氏焉。汉、魏踵继，晋、宋肩仍，皆佩宠光，不剗堂构"
圣武二年（757）	曹公、康氏	"邾魋之系，康居之裔"	"曹氏之先，盖六终之别族，邾魋君之远裔也"
贞元十一年（795）	李元谅	"其先安息王之胄也"	"轩辕氏二十五子在四裔者，此其一也"
贞元十八年（802）	何澄		"粤若寻阳公源流自远，水部则词华于梁代，都尉则名重于汉朝。膳费齐于宰臣，风烈光于后嗣"
永贞元年（805）	米继芬	"其父米国人也，代为君长"	
太和四年（830）	何文哲	"公本何国王丕之五代孙"	
咸通七年（866）	何弘敬		"周唐叔虞之后，十代孙万食采于韩，封为韩氏，至韩王安，为秦所灭，子孙流散，吴音轻浅，呼韩为何，因以为氏。汉时比干于公为始祖。比干生嘉，为庐江郡长史，罢居瀍县南乡临贵里，遂以庐江为郡望"
咸通十二年（871）	曹弘立		"其先汉相之裔，口口大魏之后，令业清勋，不口口纪"
天复元年（901）	石善达		"承司徒口口口，口季伦之胤绪。是以宗族芳荣，枝连勋业"
天福二年（937）	安万金		"公本自稷契之苗裔也，始因周平王治国，六蕃来侵。将军奋剑一挥，万夫碎胆；操戈直指，八表晏清。上旌功劳，乃命氏焉，公即将军二千年后玄孙也"

　　以上记录祖源状况的粟特人墓志，约占所能收集到的粟特人墓志的 2/5，应该说已能比较充分地反映在华粟特人祖源认识的基本状况。不过，从另外一面来讲，也可以说祖源的认识不是构成粟特人墓志的必备内容。但是，考虑到一般的汉人墓志也并不都记述其华夏来源，仍然可以认为粟特人墓志的这一类记述是其比较明显的特点。

　　根据表 3，可以得到如下的几点认识。

　　第一，华夏来源和西域来源在粟特人墓志中是并存的。从数量上来讲，西域来源的叙述稍多，但并无某一种来源的叙述占据主导位置的迹象。

　　第二，除了两例同时叙述西域来源与华夏来源，其他的例子都是只叙述其中的一个方面。说明总体而言两方面的叙述是互相排斥的。

　　第三，西域来源与华夏来源并无时间上先后集中分布的规律，两类表述，几乎同时出现，并均衡分布在 6 世纪下半叶至 9 世纪上半叶的近 300 年间。

　　第四，9 世纪中叶之后，则不再见将祖源追溯到西域的例子。可以认为 9 世纪下半叶是在华粟特人中国化完成的时间。

　　具体追溯到汉人先祖，往往是攀附名门大族。例如曹氏便比附谯郡曹氏，或追溯到汉代的名相曹参；何氏便比附庐江何氏，典型的如何弘敬、何文哲称庐江人，何弘敬墓志还颇费笔墨来详述庐江何氏的来源——"周唐叔虞之后，十代孙万食采于韩，封为韩氏，至韩王安，为秦所灭，子孙流散，吴音轻浅，呼韩为何，因以为氏。汉时比干于公为始祖。比干生嘉，为庐江郡长史，罢居灊县南乡临贵里，遂以庐江为郡望"。中古时期流行郡望，一般汉人也多有比附的，粟特人的墓志应是受到了这一社会风气的影响。

　　值得注意的是，有一些墓志记载了墓主源出西域，不是汉人，但是同时对墓主倾慕华夏文化的情况也是直言不讳。如《安备墓志》载："其先出于安居耶尼国。"又载："君种类虽胡，入夏世久，与汉不殊。此即蓬生麻中，不扶自直者也。善于白圭之术，蕴而不为，玄、高之业，弃而不慕。讷言敏行，唯事安亲。室名龙驹，乡号指南。孝悌之响，闻于邦国。"白圭是战国时期著名的商人，《史记·货殖列传》《汉书·货殖列传》均有载，谓"天下言治生祖白圭"。[1] "玄、高"指东汉末年入华弘传佛法的安玄、安世高二人，普遍地被安姓粟特人认作入华的先祖。此处意为安备家族善于经商，但他放弃不为，先世则是弘传佛法的，他也不向慕，而是服从儒家的教导。《康宜德墓志》载："西域康居人也。"又载："然则贝玉柱基，必资于外域；虬龙鸾凤，亦□于中都。由是百代衣冠，变高胡之骨气；先王礼乐，嗣伯禹之家声。……王衍之洛中名士，自识胡雏；陈安之厖（陇）上健儿，实非汉种。精诚□日，已发迹于东南；骏足追风，即来仪于西北。""百代衣冠，变高胡之骨气；先王礼乐，嗣伯禹之家声"云云，说明其文化已经完全中国化了。"胡雏"即指十六国时的石勒，《晋书·石勒载记》云："年十四，随邑人行贩洛阳，倚啸上东门，王衍见而异之，顾谓左右曰：'向者胡雏，吾观其声视有奇志，恐将为天下之患。'"[2] 陈安为十六国时的秦州刺史，不但作战勇猛，还能与战士同甘共苦，死后陇上人思之，为之作《壮士之歌》。[3] 李白还作《杂歌谣辞·司马将军歌（代陇上健儿陈安）》来赞扬他。这两个例子，似乎说明族源上的西域认识并不与文化上的华夏认同相矛盾。

有的墓志明确对来源不是汉人的情况还做了详细描述。

---

1 《史记》卷 129《货殖列传》，中华书局，1982，第 3927 页。

2 《晋书》卷 104，中华书局，1974，第 2707 页。

3 崔鸿：《十六国春秋》卷 10《前赵录十·陈安传》，《景印文渊阁四库全书》第 463 册。按《陈安传》不载《十六国春秋辑补》（汤球辑《十六国春秋辑补》卷 10《前赵录十·陈安传》，《丛书集成初编》本）。按传世《十六国春秋》出自明代后期屠隆等人，历来对此本评价不一，但是现在多数学者认为其资料实有所本，并利用了当时尚见流传的《十六国春秋》的残本。参见王薇《〈十六国春秋〉考略》，《古籍整理研究学刊》1993 年第 3 期；汤勤福《关于屠本〈十六国春秋〉真伪的若干问题》，《求是学刊》2010 年第 1 期。

荣新江先生曾收集大量的在华粟特人墓志，研究了安史之乱前后粟特人墓志显示的祖先追溯的差异。他认为，"在安史之乱以前，粟特人是不讳言出身的，有些直接说是某国人，有些已经在中国入籍，但也在墓志中表示自己的本源"。"在安史之乱以前，也有一些我们认为是粟特人的墓志没有特别声明自己的胡人来历，这一般都是汉化较深的胡人，有的则是因为墓志较短，或有缺文，而不得其详。""安史之乱后，生活在中原的大多数粟特人的墓志有个明显的变化，即讳言出身，他们力图用改变自己的出身和郡望的做法，来与胡人划清界限。"对于安史之乱后仍然明言自己粟特人出身的三例墓志——《石崇俊墓志》《米继芬墓志》《何文哲墓志》，他则认为都有特殊的原因。[1]笔者觉得，这样的看法可能过分强调了安史之乱前后的差异，也许可以把安史之乱看作一个进一步促进在华粟特人在祖源追溯方面发生变化的因素。而且，李元谅墓志也记到了"其先安息王之胄也"。陈海涛、刘惠琴两位学者也通过康、安两姓粟特人墓志关于家世叙述的统计，认为安史之乱后绝大多数入华粟特人已经完成了汉化的转变。[2]不过，统计的安史之乱后的墓志只有 11 件，而因为以康、安两姓为对象恰恰把米姓、何姓反映保持西域来源认识的墓志摒弃在外了。

晚唐五代河北粟特人力量强大，但是并没有把自己的祖源追溯固定在西域，而是普遍地采纳华夏的说法，正说明其中国化已经完成。

三　在华粟特人墓志有关入华过程记载的分析

有一些在华粟特人的墓志，对于他们家族进入中国的历史，也

1　荣新江：《安史之乱后粟特胡人的动向》，纪宗安、汤开建主编《暨南史学》第 2 辑，暨南大学出版社，2003。

2　陈海涛、刘惠琴：《来自文明十字路口的民族——唐代入华粟特人研究》，第 422~423 页。

会有所陈述。

有的会具体陈述入华的史实，如《康敦墓志》载："晋太始年中奉表献真珠宝物，因留子孙，遂为河南洛阳人焉。"《安令节墓志》载："出自安息国，王子入侍于汉，因而家焉。"《安师墓志》载："十六代祖西华国君，东汉永平中，遣子仰入侍，求为属国，乃以仰为并州刺史，因家洛阳焉。"《康达墓志》载："十六代祖西华国君，东汉永平中遣子仰入侍，求为属国。"《康敬本墓志》载："元封内迁，家张掖郡。"《米继芬墓志》载："父讳突骑施，远慕皇化，来于王庭，邀质京师，永通国好。特承恩宠，累践班荣，历任辅国大将军、行左领军卫大将军。公承质子，身处禁军，孝以敬亲，忠以奉国。"《何文哲墓志》载："前祖以永徽初欸塞来质，附于王庭。"其中，《米继芬墓志》记载的是父辈的情况，离得很近，应该比较可信；《何文哲墓志》记载的是五代祖的情况，也相去不远，同样比较可信。《安令节墓志》《安师墓志》《康达墓志》所载时隔600年以上，《康敬本墓志》更时隔近800年，并不可信。安息王子入侍和永平中西华国君遣子入侍，可能说的都是一回事。据研究，唐朝的安姓粟特人出于伪托，往往说自己是安息王子安世高的后人。[1]《康敦墓志》的记载，也有明确的时间，但是像从中国史书中脱胎而来的，《晋书》载"泰始中，其王那鼻遣使上封事并献善马"。[2]

有的则是泛泛而言，如《翟曹明墓志》载："受命来朝，遂居恒夏。"《安备墓志》载："上世慕中夏之风，大魏入朝，名沾典客。"《史索岩墓志》载："其先从宦，因家原州。"《康婆墓志》载："举国内附，朝于洛阳，因而家焉，故为洛阳人。"《康磨伽墓志》载："其

1　吴玉贵：《凉州粟特胡人安氏家族研究》，《唐研究》第3卷，北京大学出版社，1997。荣新江：《安世高与武威安姓——评〈质子安世高及其后裔〉》，黄时鉴编《东西交流论谭》，上海文艺出版社，1998，第366~379页；收入荣新江《中古中国与外来文明》，第427~440页。
2　《晋书》卷97《四夷列传·西戎·康居》，第2544页。

先发源于西海，因官从邑，遂家于周之河南。"《史诺匹延墓志》载："本乡首望，总号达官，渴仰长安，来投朝化。"

综合起来，可知多数粟特人墓志中记载的入华历史，都与西域来华出使、入贡和入质等外交活动有关，使者和质子留居中国，也便成了活动在中国的粟特侨民。也有少数来中国做官，或者迁徙进入中国的。

粟特民族是丝绸之路上的经商民族，经商来华是他们进入中国的主要方式，墓志中却几乎不见相关的信息，是什么原因导致的呢？难道经商者就没有留下墓志吗？

笔者认为，比较合理的解释是，应该把墓志中出使、入贡和入质等进入中国的方式，多数看成入华三四代之后因为书写墓志的需要而重新寻找历史的结果。一般的史书中所载北朝隋唐与中亚的关系都是关于外交活动的记载，从中所得，也便如墓志所记述的那般了。《新唐书·宰相世系表》所载，"武威李氏本安氏，出自姬姓。黄帝生昌意，昌意次子安，居于西方，自号安息国。后汉末，遣子世高入朝，因居洛阳"，[1] 说明此类认识在唐代是非常流行的。

其实，也有墓志隐晦地表达了家族本来经商的情况。如前引《安备墓志》载："善于白圭之术，蕴而不为。"

但是不管怎么说，墓志中有关粟特人进入中国的记载，首先说明了这些粟特人对于自己的侨民后裔身份的认识是非常鲜明的。那么，不再出现此类记载，则可以看作中国化进程进入一个新阶段的表现。以上所列举的在华粟特人有关入华历史的记述，最晚的一例是太和四年（830）《何文哲墓志》，大致可以把 9 世纪下半叶看作入华粟特人中国化完成的时期。

---

1 《新唐书》卷 75 下，中华书局，1975，第 3445 页。

四　从郑岩家族和安重遇家族墓志看粟特侨民后裔"粟特身份"的消亡

中晚唐郑岩家族和晚唐五代安重遇家族，一文一武，都出土了数方墓志，且其中仅有的一两方墓志中显露出些微与粟特人关联的内容，生动地展现了粟特侨民后裔"粟特身份"的消亡过程，也即入华粟特人中国化的完成过程。

郑岩家族已出墓志有六方，[1] 据墓志和《新唐书·宰相世系表》可以列出郑岩家族世系（如图 1 所示，有墓志出土的以▲注后）。

墓志中能确定郑岩家族出自粟特人的，只有《郑岩墓志》中的"君六代曰盘陁"，盘陁是粟特人常用名。传世文献则仅有《新唐书·宰相世系表》载："行谌，萨宝果毅。"郑岩家族先世在北魏入华，至郑岩祖父郑行谌，还大致任职萨宝府，至郑岩一代则还存关于先世与粟特人相关的一点简单的记忆，而郑氏家族已经光明正大自认为荥阳郑氏，远溯周代，娶名相张说之女，此后则连此简单的记忆也没有了。

安重遇家族出土墓志两方，另有《旧五代史·安重诲传》《新五代史·安重诲传》可以参读，[2] 但是关于其家世的内容很少，据墓志可以列出安重遇家族世系（如图 2 所示，有墓志出土的以▲注后）。

学界普遍认为安重诲系出粟特，[3] 然而他的传记及其弟、侄的墓志中，除《安重遇墓志》所载"次女见侍康氏"似乎还有一点粟特

1　关于郑岩家族，参考赵振华《唐代少府监郑岩及其粟特人祖先》，《中国国家博物馆馆刊》2012 年第 5 期；赵振华《唐代湘乡县令郑钴及其八代祖盘陁——再论唐代少府监郑岩及其粟特人祖先》，《唐研究》第 19 卷，北京大学出版社，2013。

2　《旧五代史》卷 66，中华书局，1976，第 873~881 页；《新五代史》卷 24，中华书局，1974，第 251~257 页。

3　芮传明：《五代时期中原地区粟特人活动探讨》，《史林》1999 年第 3 期。

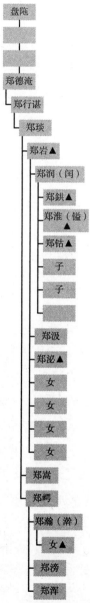

图 1　唐代郑岩家族世系

说明：空白栏为不详。

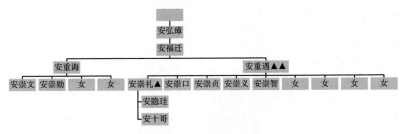

图 2　晚唐五代安重遇家族世系

说明：空白栏为不详。

人内部通婚的痕迹外（这一点尚不能完全肯定），已几乎不见出自粟特人的痕迹。

既然已经连粟特人的记忆也已了无痕迹，大概也便不能再称之为粟特人了。

小结与余论

在华粟特人墓志关于祖源追溯与入华过程的记载，是粟特人墓志中的主要内容之一。墓志的书写，绝大多数情况下是得到墓主家族成员认可的，是家族乃至民族群体的历史记忆与历史塑造的一种主要的表现方式。在华粟特人墓志的此类书写，事实与想象并存，既把祖源追溯到西域，也把祖源追溯到华夏，入华的历史也多出伪托，这都是中国化过程中主动应对的结果。

当然，作为丧葬准备工作的一环，一般人的墓志往往出自固定的写作者（撰志者）之手，墓志书写本身对于墓志文的内容也是有影响的，最明显的莫过于墓志用词的普遍雷同。这在在华粟特人墓志中也多有表现，其中也包括祖源追溯和入华历史两方面的叙述，如《史诃耽墓志》与《安娘墓志》、《康秖墓志》与《安神俨墓志》、《安师墓志》与《康达墓志》，也许这一现象更有助于说明墓志所展现的粟特人祖源追溯和入华历史的认识是当时社会中的普遍认识。

从祖源追溯与入华过程的一些迹象看，入华粟特侨民后裔中国化的完成在 9 世纪下半叶，郑岩家族的个案同样也显示了 9 世纪是发生本质变化的时期。

最后，就在华粟特人墓志所能反映的另外几个与接纳汉文化有关的问题做简略的说明。

第一，虽然在华粟特侨民往往经过三四代之后才会采纳中国的墓志，但是在两三代之前，就已经普遍采纳中国式样的名和字了。

第二，在华粟特人或保持源出西域的认识，或接受华夏来源，但都在较早的时期就入籍所居住的中国地方了。

第三，在华粟特人的通婚问题，也是学者关于粟特人中国化的研究中比较关注的一个问题。从粟特人汉化的角度，研究者可能会关注粟特人与汉人——特别是世家大族——之间的通婚关系。不过，我们根据表 1 也很容易发现另外两个现象：一是入华三代之后还多见粟特人内部、粟特与其他胡人之间的通婚；二是甚至直到晚唐五代时期，还多见粟特侨民后裔之间的互相通婚。[1] 这两个现象，该如何看待呢？笔者觉得粟特人内部通婚长时间的保持，并不意味着抵触汉文化，而是说明粟特群体作为活动圈子持续的保留。

1　关于粟特人内部通婚问题的研究，参见卢兆荫《何文哲墓志考释——兼谈隋唐时期在中国的中亚何国人》，《考古》1986 年第 9 期；程越《从石刻史料看入华粟特人的汉化》，《史学月刊》1994 年第 1 期；荣新江《北朝隋唐粟特聚落的内部形态》，荣新江《中古中国与外来文明》，第 111~168 页；刘惠琴、陈海涛《从通婚的变化看唐代入华粟特人的汉化——以墓志材料为中心》，《华夏考古》2003 年第 4 期；陈海涛、刘惠琴《来自文明十字路口的民族——唐代入华粟特人研究》，第 378~387 页。

附表　在华粟特人墓志有关祖源追溯、父祖世系、入华历史等叙述一览

序号	墓志主人	墓志首题	卒葬时间（按葬年先后排列）	出土地点	关于祖源等叙述	资料来源	备注
1	康业	无	天和六年（571）卒（春耳顺）天和六年（571）葬	陕西西安	君讳业，字元基，其先康居国王之苗裔也。父魏大天主、罗州使君，去魏大统十年、车骑大将军、雍州呼药瞿门及西国胡毫望等举为大天主云。祖世忠孝，积叶义仁，年德敦厚，祖世且慎，水清玉洁，堪为牧范，称允众望。乃降诏许至。大统十六年，尚书又奏性行廉平、勤敏职事，请除大天主。……大周保定三年正月薨。天和元年，蒙诏以君积代婵联，门传忠孝，授地掌大天主。……次子樂陁，次子樂……	西安市文物保护考古所：《西安北周康业墓发掘报告》，《文物》2008 年第 6 期　程林泉、张翔宇、山下将司：《北周康业墓志考略》，《文物》2008 年第 6 期　吕蒙、张利芹：《北周〈康业墓志〉释文校正》，《宜宾学院学报》2009 年第 2 期	入华第三代

续表

序号	墓志主人	墓志首题	卒葬时间（按葬年先后排列）	出土地点	关于祖源等叙述	资料来源	备注
2	翟曹明	大周大成元年岁次己亥三月癸未朔四日乙未夏州天水仪同翟君墓志	[春秋九（下缺）] 大成元年（579）葬	陕西靖边	君讳曹明，西国人也。祖宗忠烈，令誉家邦。受命来朝，遂居恒夏	荣新江:《中古中西交通史上的统万城》，载陕西师范大学西北环境中心编《统万城遗址综合研究》，三秦出版社，2004 荣新江著，森部豊翻訳解説「新出石刻史料から见たソグド人研究の动向」『関西大学東西学術研究所紀要』44，2011 年 4 月，121~151页（荣新江:《中古时期来华胡人墓志研究的新进展》，北京大学中国古文献研究中心编《北京大学中国古文献研究中心集刊》第 11 辑《中国典籍与文化国际学术研讨会专辑》，北京大学出版社，2011，第 200~220 页）	

续表

序号	墓志主人	墓志首题	卒葬时间（按葬年先后排列）	出土地点	关于祖源等叙述	资料来源	备注
3	安伽	大周大都督同州萨保安君墓志铭	大象元年（579）卒（春秋六十有二）大象元年（579）葬	陕西西安	君讳伽，字大伽，姑臧昌松人。其先黄帝之苗裔，分族因居命氏，代增家庆。父突建，冠军将军、眉州刺史，幼擅家声，长标望实，履仁蹈义，忠贞信友。母杜氏，昌松县君。婉兹四德，弘此三从，肃穆闺闱，师仪乡邑	陕西省考古研究所：《西安北周安伽墓》，文物出版社，2003	只记父亲的情况，姑且认为是入华第二代
4	安备	故开府长兼行参军安君墓志铭	开皇九年（589）葬（时年卅有四）	河南洛阳	君名备，字五相，阳城县龙口乡口曹刘里人。其先出于安居郎尼国，上世慕中夏之风，大魏入朝，名沾典客。父知识，齐车骑大将军、直荡都督，千乘县散男。君种类虽胡，入夏世久，与汉不殊。此即蓬生麻中，不扶自直者也。善于白主之术，蕴而不为，玄、高之业，弃而不慕。讷言敏行，唯事安亲，室名龙驹，乡号指南。孝悌之响，闻于邦国	王绣主编《洛阳民间收藏精品集》，解放军外语音像出版社，2009，第126页；毛阳光：《洛阳新出土隋〈安备墓志〉考释》，《考古与文物》2011年第5期	大魏入朝，记其父任北齐职官，姑且认为是入华第三代

续表

序号	墓志主人	墓志首题	卒葬时间（按葬年先后排列）	出土地点	关于祖源等叙述	资料来源	备注
5	史射勿	大隋正议大夫右领军骠骑将军故史府君之墓志铭	大业五年（609）卒（时年六十有六）大业六年（610）葬	宁夏固原	公讳射勿，字樊陀。平凉高平县人也，其先出自西国，祖波波匿，并仕本国。父讫愁，蹉跎年发，蚋此仕途	罗丰编著《固原南郊隋唐墓地》，文物出版社，1996，第17页	至少为入华第四代
6	翟突娑	无	大业十一年（615）卒		君讳突娑，字薄贺比多。父娑，摩诃大萨宝贺比多。日月以见勋效，右可除备武尉，拟通不出其年，右可除之苗裔。祖晋上卿之孙宁。瞿雄汉献帝司徒公汶海之胤	赵万里编《汉魏南北朝墓志集释》卷9，图版484，科学出版社，1956 赵力光编《鸳鸯七志斋藏石》，三秦出版社，1995，第218页	
7	李陁		开皇十九年（599）卒大业十二年（616）葬	河南洛阳	皇朝将军姓李讳陁，郡雒阳县归淳乡人也。……俎陁父，甘州刺史，诗婆	洛阳市第二文物工作队乔栋、李献奇、史家珍编著《洛阳新获墓志续编》，科学出版社，2008，第17、317页	夫人安氏，从其名作陁，名作婆，夫人安氏，疑为粟特人
8	李吁典		大业六年（610）卒大业十二年（616）葬	河南洛阳	皇朝将军姓李讳吁典，郡雒阳县归淳乡人也。……俎吁典祖为甘州刺使。父皇朝刺使。	《洛阳新获墓志续编》，第18、317~318页	李吁典为李陁子

续表

序号	墓志主人	墓志首题	卒葬时间（按卒年先后排列）	出土地点	关于祖源等叙述	资料来源	备注
9	康婆	大唐故洛阳康大夫墓志铭	贞观廿一年（647）卒 秋七十有五。贞观廿一年（647）葬	河南洛阳	君讳婆，字季大，博陵人也，本康国王之裔也。高祖罗，以魏孝文世，举国内附，朝于洛阳，因而家焉，故为洛阳人。祖陁，齐相府常侍。父和，隋定州萨宝，又迁奉御。率有方，并英风秀出，器局沉明，由余语秦，事君以礼。虽日嘻则忠贞，无以仰则忠贞，取体来观	《唐代墓志汇编》139，第96页《全唐文补遗》第3辑，第240页	长子须达 第入华第五代
10	康阿达	大唐上仪同故康莫量息阿达墓志铭	贞观	甘肃武威	公讳阿达，西域康国人也。其先盖出自造化之初，藤苗大唐之始，公即皇帝之胄胤也。盘根万领，王叶千寻，宗绪皇基，校连万达，梁使持节骠骑大将军，开府仪同三司，凉甘瓜三州诸军事，凉州萨宝。……父莫量，同葬安乐里	《唐代墓志汇编》182，第124页	至少是入华第三代
11	史索岩	唐故平凉郡都尉骠骑将军史公墓志铭并序	显庆元年（656）卒 秋七十有八。显庆三年（658）葬	宁夏固原	公讳索岩，字元贞，建康飞桥人也。其先从宦，因家原州	《固原南郊隋唐墓地》，第45页	

续表

序号	墓志主人	墓志首题	卒葬时间（按葬年先后排列）	出土地点	关于祖源等叙述	资料来源	备注
12	史盘陀	唐呼论县开国公新林府果毅墓志	贞观七年（633）卒 显庆四年（659）葬	河南洛阳	公讳盘陀，字景□，□会稽人□	榮新江著，森部豊翻訳解說「新出石刻史料から見たソグド人研究の動向」『関西大学東西学術研究所紀要』44，2011年4月，121-151頁	为安怀大人史氏，康君夫人史氏祖父
13	史氏（女）	大唐康氏故史夫人墓志铭并序	显庆六年（661）卒（春秋卅有六）显庆六年（661）葬	河南洛阳	夫人姓史，洛州洛阳人也。……祖□□，呼论县开国公、新林府果毅。父英，左卫郎将，袭封父邑	《唐代墓志汇编》显庆169，第335-336页	夫康氏
14	支茂	大唐故户曹骑都尉支文君墓志铭	永徽二年（651）卒（春秋七十有六）永徽二年（651）葬	陕西耀县？	君讳茂，字德荣，京兆华原人也。崇峦峻远，共东岳以俱高；陂水洪深，与南溟而齐淺。门传冠盖，代袭珪琅，史籍备诸，可略言矣。曾祖、祖和，父元集	《唐代墓志汇编》永徽016，第140页	夫人康氏，王氏

续表

序号	墓志主人	墓志首题	卒葬时间（按葬年先后排列）	出土地点	关于祖源等叙述	资料来源	备注
15	安延	唐故上开府上大将军安府君墓志铭并序	贞观十六年（642）卒（春秋八十有三）永徽四年（653）葬	河南洛阳	君讳延、字贵薛，河西武威人也。灵源浚沼、浪发昆峰。华敷积石、跃银躯而得保，飞白羽而称雄。故得冠冕酋豪，因家洛浊。祖真健，后周大都督，父比失、隋上仪同，平原将军	《唐代墓志汇编》永徽076，第180页 《全唐文补遗》第4辑，第328页	夫人刘氏 至少是入华第三代
16	何盛	大唐故处士何君墓志	永徽四年（653）卒（春秋八十）永徽四年（653）葬	河南洛阳	君讳盛、字多子，洛阳人也。其先出自大夏之后。物产珍奇、邑居填衍。自张骞杖节而往，班超旋旆以来、备诸国史，命氏开家，衣冠礼秩，齐仪同三司，祖德，北道朝野具瞻。人伦仰式、父刚、文武定筭，威恩允著和国大使，文武定筭，威恩允著	《唐代墓志汇编》永徽088，第187~188页	至少是入华第三代
17	安口（字万通）	缺	某年卒（春秋六十有九）永徽五年（654）葬	陕西西安	君姓安、名口，先祖本生西域安息国□□王。君讳安，雍州长安人也。先祖大热，同归一姓。……大魏初化内大然，帝恭其□□王，君高祖祖悉使入朝，位至摩诃萨宝，子孙频让冠带□□□□□华阴县开国公、鄯州□□□剌史。父巡，隋任上开府通议郎	《全唐文补遗》第2辑，第129页	墨书砖铭 入华第五代

续表

序号	墓志主人	墓志首题	卒葬时间（按葬年先后排列）	出土地点	关于祖源等叙述	资料来源	备注
18	安静	大唐故处士安君墓志铭并序	显庆二年（657）卒（春秋七十有七）显庆二年（657）葬	河南洛阳	君讳静，字处冲，河南洛阳人也。昔夏后承天，派隆基于朔北；魏皇统历，胤华胄于周南。或济俗康朝，功参微管；才同王佐，文宗令望，标映一时；忠规素范，胜芬百代。岂止金门七叶，杨代五公而已哉。祖巍，齐河阳镇将，口高口卢，气凌云甸。父逸，口高口甸，楷模人伦，师表雅俗。	《唐代墓志汇编》显庆058，第267~268页《全唐文补遗》第2辑，第149页	至少是入华第三代
19	安度	大唐故培戎副尉安君墓志铭	显庆四年（659）卒（春秋七十有八）显庆四年（659）葬	河南洛阳	君讳度，字善通，长沙人也。其先莽叶相承，根扶疏而不朽；洪源远派，等松竹而长荣。祖陁，齐任滕州青林府鹰击郎将。父定，隋任河阳郡镇将	《唐代墓志汇编》显庆116，第302~303页《全唐文补遗》第2辑，第161页	至少是入华第三代
20	史氏（女）	大唐康氏故史夫人墓志铭并序	显庆六年（661）卒（春秋卅有六）显庆六年（661）葬	河南洛阳	夫人姓史，洛州洛阳人也。家承缨冕，代袭珪璋，可略而言，新林府册。祖口口，呼论县开国公，左卫郎将，袭封父邑果毅。父英，新林县简	《唐代墓志汇编》显庆169，第335~336页	夫康氏 至少是入华第三代

续表

序号	墓志主人	墓志首题	卒葬时间（按葬年先后排列）	出土地点	关于祖源等叙述	资料来源	备注
21	安师	唐故蜀王府队正安君墓志铭	显庆二年（657）卒（春秋五十有七）龙朔三年（663）合葬	河南洛阳	原夫天关之右，金城之外，逾狼望而北走，越龙堆而西指，随水引弓之人，著土膊刀之域，俱立君长，并建王侯，控赏罚之权，执杀生之柄。天孙出降，侍子入朝，日磾隆于汉辰，由奈重于秦代，求之往古，备在继绳。君讳师，字文则，河南洛阳人也。十六代祖西华国君，东汉永平中，遣子仰入侍，求为属国，乃以仰为并州刺史，因家洛阳焉。祖仁，隋右骁卫鹰扬。父豹，隋任游骑果校尉	《唐代墓志汇编》龙朔075，第384~385页《全唐文补遗》第6辑，第294页	夫人康氏，隋三年川府督鹰扬，邢州都督康府君之女。龙朔三年（春秋五十有四），龙朔三年（663）合葬从明确的记录看，入华在东汉永平中；从有记录中的世代看，至少是入华第四代
22	安娘（女）	大唐故平凉郡都尉公史人安氏墓志铭并序	龙朔元年（661）卒（春秋七十有二）麟德元年（664）葬	宁夏固原	夫人讳娘，字白，岐州岐阳人，安息王之苗裔也。夫茅茅仙基，分荆台而肯胄；悠悠别派，掩勃水而流疆。从层构于天衢，道映中区。瓜瓞滋绵，芳菱于地绪，羽仪纷蔼，斯并焕平家牒传，刊夫固史。祖显，周上仪同，掌设府车骑。父石生，隋上开府，本州中正	《固原南郊隋唐墓地》，47~48页	安娘为史索岩夫人至少是入华第三代

续表

序号	墓志主人	墓志首题	卒葬时间（按葬年先后排列）	出土地点	关于祖源等叙述	资料来源	备注
23	康达	唐故上骑都尉康君墓志铭并序	总章二年（669）卒（春秋六十有一）总章二年（669）葬	河南洛阳	原夫王关之右，金城之外，逾狼望口口走，越龙堆而口指，随水引号之域，著土脾刀之域，口口君长，并建王侯，控贤讨之权，执煞生之柄。天孙外降，传子入朝，日磾隆于汉辰，由余重于秦代，求之往古，口在继绪。君诰远，河南伊阙人也。十六代祖西华国君，东汉永平中道子仲入侍，求为属国，口以口为并州刺史，因家河口焉。祖遗，曾祖勤，齐上柱国。父遗，隋任许州通远府鹰击郎将	《唐代墓志汇编》总章033，第503页《全唐文补遗》第5辑，第150页	夫人曹氏用词词安师志从明确的记录看，入华在东汉永平中；从有记录的世代看，至少是入华第四代
24	史铁棒	大唐故司驭寺右十七监史君墓志铭并序	乾封元年（666）卒（春秋卌有四）咸亨元年（670）葬	宁夏固原	君讳铁棒，字蕃集，原州高平县人也。若夫曾构巍峨，西峙昆仑之阜；遥源浩淼，东溯析木之津。云霏霞布，腾光华于汉至；叶茂条分，郁蒙密于河右。曾祖多思，河萨宝。祖樊陀，皇朝左领军。父大兴，皇朝左领军、骠骑将军、上骑都尉、左卫化府军头	《固原南郊隋唐墓地》，第82页	史诃耽子至少是入华第四代

续表

序号	墓志主人	墓志首题	卒葬时间（按葬年先后排列）	出土地点	关于祖源等叙述	资料来源	备注
25	史诃耽	唐故游击将军豳州刺史直中书省史公墓志铭并序	乾封二年（667）卒（春秋五十有四）咸亨元年（670）葬	宁夏固原	君讳诃耽，字说，原州高平县人，史国王之苗裔也。若夫浑崇基，分析丘而吐胄；悠悠远派，掩驷水而流疆。从层构于天街，族茂河右；系芳裘于地绪，遘映中区。瓜瓞滋绵，仪纷蔼，斯并焕乎家牒，刊夫国史。羽曾祖尼，魏摩诃大萨宝。张掖县令。祖思，周京左师府萨宝，酒泉县令。父陀，隋左领军、骠骑将军	《固原南郊隋唐墓地》，第69页	史射勿子志文与安娘墓志多有雷同之处 至少是入华第四代
26	康敬本	大唐故康敬本墓志铭	某年卒（春秋卅有八）咸亨元年（670）葬	河南洛阳	君讳敬本，字延宗，康居人也。元害内迁，家张掖郡。酋素望重，播美河西。因地绵氏，派流不绝。故幼乐荫擅竹箭之美，西北盈球琳之珍。莫不事金□□，兼耳望□。水德末□，五马跃而南浮，六龙炳而西坠。自皮居□，隋上柱国，左周甘州大中正，祖仁□，隋上柱国，左骁卫三川府鹰扬郎将。□□挺剑，栏□□清。戬鹗弯弓，钓弦外警。父虞，隋舍家右亲卫，加唐散大夫	《唐代墓志汇编》咸亨029，第530~531页（缺字较多）《全唐文补遗》第2辑，第234页	至少是入华第四代

续表

序号	墓志主人	墓志首题	卒葬时间（按葬年先后排列）	出土地点	关于祖源等叙述	资料来源	备注
27	康武通	唐故陪戎副尉康君墓志铭并序	贞观廿三年（649）卒（春秋六十有五）咸亨三年（672）合葬	河南洛阳	公讳武通，字宏达，太原祁县人也。远派洪流，导长澜于汉浦；崇基峻址，擢远条于邓林。芳声与图牒俱传，挂组与图绸并载。祖默，周任上开府仪同三司大将军。父仁，隋任左卫三川府鹰扬郎将	《唐代墓志汇编》咸亨051，第545页《全唐文补遗》第2辑，第243页	"夫人唐氏，即酒泉单王之之胤。"咸亨三年卒至少是入华第三代
28	康元敬	唐故处士康君墓志	某年卒（春秋六十有六）咸亨四年（673）迁葬	河南洛阳	君讳元敬，字留师，相州安阳人也。原夫吹律命氏，毕芳之后，因从孝文，遂居于邺。祖乐，魏骠骑大将军，父恽相，齐口州摩河大萨宝。寻改授龙骧将军，日輝归汉，流芳简牍，誉擅入秦，纓绅一时，彼乃同年而语	《唐代墓志汇编》咸亨085，第571~572页《全唐文补遗》第4辑，第371页	北魏孝文帝时入华，至少是入华第三代
29	史氏（女）	唐故夫人史氏墓志铭并序	咸亨五年（674）卒（春秋五十有三）咸亨五年（674）葬	河南洛阳	夫人史氏，邺人。…祖诃，隋陈州刺史。…父仁，朝议郎	《唐代墓志汇编》咸亨103，第584~585页	

续表

序号	墓志主人	墓志首题	卒葬时间（按葬年先后排列）	出土地点	关于祖源等叙述	资料来源	备注
30	何氏（女）	唐故夫人何氏墓志铭并序	咸亨五年（674）卒（春秋五十）咸亨五年（674）葬	河南洛阳	夫人太原郡人也。远祖因臣，今家洛阳焉。……祖湛，隋河内令。父乐，皇朝上柱国、朝散大夫，游击将军，鄜川府果毅	《唐代墓志汇编》咸亨104，第585页	"年甫十七，归□曹氏。"至少是入华第三代
31	曹氏（女）	大唐故康君夫人曹氏墓志铭并序	仪凤二年（677）卒（春秋八十有五）仪凤二年（677）葬	河南洛阳	夫人曹氏者，沛郡谯人也。汉相曹参之后，实当涂之苗裔。元功上将，晖映一时；代载羽仪，声流万叶。祖樊提，周上大将军。父毗沙，隋任胜州都督	《唐代墓志汇编》仪凤011，第633页	夫康君至少是入华第三代

续表

序号	墓志主人	墓志首题	卒葬时间（按葬年先后排列）	出土地点	关于祖源等叙述	资料来源	备注
32	史道德	唐给事郎兰池正监史府君墓志并序	仪凤三年（678）卒（春秋六十有六）仪凤三年（678）葬	宁夏固原	公讳道德，字万安，其先建康飞桥人氏。原夫金方列界，控绝地之长城；玉斗分墟，抗垂天之大昴。棱威边鄙，盟会著首，西旁月氪之野，疏襟太史，名流函夏。于是族茂中原，名流函夏。正辞直道，史鱼謇谔于汉代；朴喇拾遗，史丹翼亮于汉代。龙沈选袭，斯之谓矣。龟剑联华，绵庆绪基，来徙北平，其后子孙家焉，故今为县人也。曾祖度，河渭鄯三州诸军事；祖多，隋开府仪同，左卫大将军骠骑将军。并横陂万顷，直峰千仞，宅仁心境，垦义情田。气逸秦中，轻食金而重一诺；神交把上，降帧石而叶三期。阐化六条，鼓角决胜千里。降旗动而藏天外，平凉城覩逝，出玉塞以鹰扬，下金鸣而振地中。考皇朝正议大夫、平凉县开国侯，陶冶中和，发挥利气，壮赞叹逝。	《唐代墓志汇编续集》仪凤015，第238~239页《固原南郊隋唐墓地》，第93~95页宁夏固原博物馆：《宁夏固原唐史道德墓清理简报》，《文物》1985年第11期赵超：《对史道德墓志及其族属的一点看法》，《文物》1986年第12期罗丰：《也谈史道德族属及相关问题——答赵超同志》，《文物》1988年第8期马驰：《史道德的族属、籍贯及后人》，《文物》1991年第5期李鸿宾：《史道德族属及中央国境内的昭武九姓》，《中央民族学院学报》1992年第3期	至少是入华第四代

续表

序号	墓志人	墓志首题	卒葬时间（按葬年先后排列）	出土地点	关于祖源等叙述	资料来源	备注
32					志陵於寒水，劲节冠於严霜。利见龙飞，绩宣鳌极。遇千年之圣祚，应五百之贤人。砺岳带河，疏封食邑，鎣银章而照曜，响玉佩以锵锵。光通德之重扃，晈高阳之故里。英灵不绝，何期盛欤！		
33	康续	大唐故平□□□成主康君墓志铭并序	仪凤二年（677）卒（春秋五十有五）调露元年（679）葬	河南洛阳	公讳续，字善，河南人也。昔西周启祚，康王承绪圣之基；东晋失图，康国跨全凉之地。控弦飞驰，屯万骑于金城；辟干营于沙墓。月满尘惊，举葱岩而入款，宠写侯王。受茅土而开封，业（当作叶）传支胤。曾祖德，齐任凉州都督。祖逯，齐任京畿府大都督。父豳，皇朝左屯卫翊军	《唐代墓志汇编》调露008，第657~658页 《全唐文补遗》第3辑，第448页	至少是入华第四代
34	安神俨	唐故安君墓志铭并序	咸亨五年（674）卒（春秋卌有八）调露二年（680）葬	河南洛阳	君讳神俨，河南渐安人也。原天欧伟命系，肇迹妫藏；因土分枝，建号强魏。英贤接武，光备管弦。祖君敬，隋任永嘉府鹰扬。父德，左屯卫别将	《唐代墓志汇编》调露026，第669~670页 《全唐文补遗》第3辑，第449页	夫人史氏 至少是入华第三代

续表

序号	墓志主人	墓志首题	卒葬时间（按葬年先后排列）	出土地点	关于祖源等叙述	资料来源	备注
35	何摩诃	唐故何府君墓志铭并序	调露二年（680）卒（春秋五十有二）调露二年（680）葬	河南洛阳	君讳摩诃，字迦，其先东海剡人也，因官遂居姑臧太平之乡。原夫含章挺秀，振清规于汉朝；展英声于魏阙。其后挂璋叠映，槐棘骈阴，详诸家素，可略言矣。曾祖陀，七礼居心。祖陀，梁苑校尉，六奇任念。父底，隋授仪同，弯弧写月，娇矢飞星。惟君不以冠缨任念，轩冕留心，悲缠定水之前，栖志禅林之上	《唐代墓志汇编》调露025，第670页	至少是入华第四代
36	康枕	唐故康君墓志铭并序	显庆元年（656）卒（春秋六十有五）永隆二年（681）葬	河南洛阳	君讳枕，字仁德，河南巩县人也。原夫收律命系，肇迹东周；因土分枝，建祠西魏。英贤接武，光资管弦；祖安，翼赞周朝。父德，匡辅隋室	《唐代墓志汇编》永隆016，第680页《全唐文补遗》第3辑，第452页	夫人曹氏。永隆二年（681）卒（春秋六十有五）用词同安神伊墓志至少是入华第三代

续表

序号	墓志主人	墓志首题	卒葬时间（按葬年先后排列）	出土地点	关于祖源等叙述	资料来源	备注
37	康留买	大唐故游击将军守左清道率颍阳府长上果毅康府君墓志铭并序	永淳元年（682）卒 永淳元年（682）葬	河南洛阳	粤若汉图方运，西河称有地之君；晋祚中微，东洛窃非常之号。岂如声高十角，名位列常之边，冠冕列皇唐之代。欸！信康君之谓矣。公讳留买，本即西州之戊族，遂为河南人也。曾祖感，凉州刺史。祖延德，安西都护府果毅。父洛，皇朝上柱国	《唐代墓志汇编》永淳014，第694~695页《全唐文补遗》第3辑，第453页	与康磨伽为兄弟至少是入华第四代
38	康磨伽	大唐故游击将军康府君墓志铭并序	永淳元年（682）卒	河南洛阳	君讳磨伽，其先发源于西海，因官从邑，遂家于河南。簪缨累代，遂为雄族。启迹于西周东海。永言前古，君子无隔于华戎；详之今叶，英不殊于中外。遂使公侯继出，夏禹称贤；降灵于王作圣，自昔文华千祀，考绩无劳，玉塞以锡铜符，曾祖感，凉州刺史。祖延德，安西都护府果毅。……父洛，皇朝上柱国	《唐代墓志汇编》永淳014，第694~695页《全唐文补遗》第3辑，第454页	与康留买为兄弟至少是入华第四代

续表

序号	墓志主人	墓志首题	卒葬时间（按葬年先后排列）	出土地点	关于祖源等叙述	资料来源	备注
39	安元寿	大唐故右威卫将军上柱国安府君墓志铭并序	永淳二年（683）卒（春秋七十有七）光宅元年（684）葬	陕西礼县	君讳元寿，字茂龄，凉州姑臧人也。川横玉塞，人多刚悍之风；地枕金方，俗负坚贞之气。关西骑士，充国之门传剑术。曾祖婼，周朝服侯；幼挺人英，夙标时望。丹山绛羽，响振朝阳；紫阙腾鳞，光流下稷。祖罗，周开府仪同三司，隋石州刺史，贵乡县开国公；质表珪璋，器惟瑚琏。衣冠佐夏，道叶调梅。锺鼎正周，化口分竹。父兴贵，皇朝右骁卫将军，左武卫将军、冠军将军、上柱国、凉公，别食绵，归二州实封，六百户兑封，六百户兑施在躬，匪躬成节。以功诏褒，妥颁锡壤之荣。公庆载旌衔珠之秩。门贶社，华宗诞秀。践德信以立身，执恭谦而待物。博通才术，闲道艺	《唐代墓志汇编续集》光宅003，第271~273页《全唐文补遗》第1辑，第67页 昭陵博物馆：《唐安元寿夫妇墓发掘简报》，《文物》1988年第12期 陈志谦：《安元寿及夫人翟氏墓志考述》，《文博》1989年第2期 牛致功：《安元寿墓志铭》中的几个问题，《史学月刊》1999年第3期	夫人翟氏墓志同出（《全唐文补遗》第2册，第40页）至少是入华第四代

续表

序号	墓志主人	墓志首题	卒葬时间（按葬年先后排列）	出土地点	关于祖源等叙述	资料来源	备注
39					星飞楚剑，见水廞之浮收；月上燕弧，睹云衢之落雁。聚壤为阵，少怀军伍之心；裂帛成旗，早习兵戈之用。年始弱冠，时属经纶。效款河西，同宝融之归国；等葛亮之须期。……沕水导源，凉土开国，星垂兽象，地分龙勒		
40	康老师	大唐登仕郎康君墓志铭并序	垂拱二年（686）卒 垂拱三年（687）葬	河南洛阳	君讳老师，其先康国人也。以国为姓，燕齐赵魏之流；因官命族，司马司徒之号。况乎卅六国，当赤泉之东裔。金方辟境，万四千里，乌弋控于龙沙；玉胜临庭，槐江接于蒽岭。曾祖宝，周游诸古将军，以西诸国首领；祖和，周明威将军。父祗，隋鹰扬郎将	《洛阳新获墓志续编》，第54、343~344页	夫人史氏入华第四代

续表

序号	墓志主人	墓志首题	卒葬时间（按葬年先后排列）	出土地点	关于祖源等叙述	资料来源	备注
41	康敫（女）	大唐故处士安公康夫人墓志并序	垂拱二年（686）卒 垂拱三年（687）葬	河南洛阳	夫人讳敫，其先康居国人也。晋大始年中奉表献真珠宝物，因留子孙，遂为河南洛阳人焉。迩叶散而弥芳，长口委而遁浚。惟祖惟父，志笃忠贞。夫人禀秀芝田，含芬兰畹。体韵凝寂，襟神朗悟。进退合轨，析旋成则。闺闱允睦，蘋藻观修，试为善子。于施矜，励断机于废业。加以薰修净行，究眦梨之奥旨。专精内典，拔妒路之幽宗。不构俗尘。安公洁志山泉，证彼慧舟。转读大乘，夙夜匪懈。言谓徒闻预善，奄促遐龄	毛阳光：《新见四方唐代洛阳粟特人墓志考》，《中原文物》2009年第6期 吕建中：《从〈安公康夫人墓志〉看历史上的民族融合》，吕建中、胡戟主编《大唐西市博物馆藏墓志研究》，陕西师范大学出版社，2013	夫安公，亦粟特人 记载为晋太始中入华

续表

序号	墓志主人	墓志首题	卒葬时间（按葬年先后排列）	出土地点	关于祖源等叙述	资料来源	备注
42	康宜德	大周故右卫翊一府卫康府君墓志铭并序	天授三年（692）卒秋六十有六；天授三年（692）葬		君讳宜德，字有邻，西域康居人也。原夫天上图景宿，实列天街之野；口析物土，还分古月之城。然则贝王柱基，必资于外域；虬龙鸾凤，亦口于中都。由是百代衣冠，变高明之胄气；先王礼乐，嗣伯禹之家声。代有其人，可略言矣。祖良，定州刺史、上柱国。……父寿，上柱国、鄜州洛川府左军车骑将军。……君阗苑瑰琦，昆丘宝玉。王衍之洛中名士，自识明雏；陈安之陇（陇）上健儿，实非汉种。精诚口日，已发迹于东南；骏足追风，即来仪于西北	《全唐文补遗》第6辑，第336页	至少是入华第三代

续表

序号	墓志主人	墓志首题	卒葬时间（按葬年先后排列）	出土地点	关于祖源等叙述	资料来源	备注
43	安怀	口周故陪戎副尉安府君合葬夫人史氏墓志铭并序	永淳二年（683）卒（春秋五十有三）夫人长寿二年（693）卒（春秋六十有四）长寿二年（693）合葬	甘肃张掖	君讳怀，字道，河西张掖人也。祖隋朝因宦洛阳，遂即家焉。……祖智，前周代任甘州司马。……父显度，隋任洛川府左果数。……唐代任文林郎。……夫人史氏，陇西成纪人也。……祖盘陀，唐任扬州新林府车骑将军，呼仓县开国公。父珣口朝左口卫	《唐代墓志汇编》长寿019，第845~846页	至少是入华第四代
44	康智	大周故康府君墓志铭并序	长寿二年（693）卒（春秋七十有一）长寿三年（694年）葬	河南洛阳	君讳智，字感叔，本炎帝之苗裔，即其先也。后有康叔，以字因生，叶胤，厥有斯宗，公之谓矣。自后枝分，青州刺史风，即国史家牒备详焉。五代祖颍川都侯。祖仁基，陈宁远将军。……父玉，隋朝散大夫	《唐代墓志汇编》长寿031，第855~856页《全唐文补遗》第3辑，第449页	夫人支氏 至少是入华第五代

续表

序号	墓志主人	墓志首题	卒葬时间（按葬年先后排列）	出土地点	关于祖源等叙述	资料来源	备注
45	康氏（女）	洛州偃师县洛城乡白社里故翟公妻义丰县太君康氏之铭	证圣元年（695）葬	河南洛阳		《唐代墓志汇编续集》证圣 003	夫翟公内容极简略
46	康氏（女）	大周故□州□□□夫人□□□康氏墓志铭并序	万岁通天二年（697）卒 万岁通天二年（697）葬	河南洛阳	夫人康国人大首领之女也。以本国为氏。祖称英杰，雄据一捷，威惠相资，远近怀状。夫人早敷四德，夙奉三从，以桃李之芳姿，应凤皇之贞繇。辞父母之国，适夫子之家。岂只妇德内彰，固亦母仪闺外著。夫子即安国之首领，以皇风慓肩，帝道遐融，恐后越常，希先两慎，倾宗举族，稽颡来王。	《唐代墓志汇编续集》万岁通天 008，第 353 页 《全唐文补遗》第 5 辑，第 231~232 页	夫安国首领
47	何□□	大周□□□都尉何府君墓志铭并序	久视元年（700）卒（春秋八十有五） 久视元年（700）葬	宁夏盐池	君□□□，□□□，大夏月氏人也。……祖乙未，唐上柱国……父□□盐池□□	宁夏回族自治区博物馆：《宁夏盐池唐墓发掘简报》《文物》1988 年第 9 期	

续表

序号	墓志主人	墓志首题	卒葬时间（按葬年先后排列）	出土地点	关于祖源等叙述	资料来源	备注
48	史善法	唐故恒州中山县令史君墓志铭并序	长安二年（702）卒 秋七十有五 长安三年 合葬	甘肃泾川	君讳善法、字丑仁、济北郡人也。肆拾三代祖霸，并汉□□□大夫。叁拾捌祖良，后汉征南将军，封济北侯。故□□济北望族矣。祖、父咸任昭武校尉	《唐代墓志汇编》长安035，第1016页	夫人康氏（享年六十三）
49	康郎	大唐故同州□隆安府左果毅都尉康君墓志铭并□	长安二年（702）卒 秋卅有三 长安三年（703）	卒于冯翊县	君讳郎、字善庆、魏州贵乡人也。植性中鲠，立志清勤。或葱岭尘惊，唯欣逐鸟；蒲山雾起，情切鹰鹗	《唐代墓志汇编》长安036，第1016~1017页；《全唐文补遗》第6辑，第426页	夫人康氏
50	安令节	大唐故公士安君墓志铭并序	长安四年（704）卒 秋六十 神龙元年（705）葬	陕西西安	君讳令节、字令节、先武威姑藏人，出自安息国，王子入侍于汉，因而家焉。历后魏、周、隋，仕于洛京，故今为豳州宜禄人。……祖瞻，皇唐左卫豳川府左果毅。……父生，上柱国	《唐代墓志汇编》神龙004，第1045~1046页；《全唐文补遗》第3辑，第36页	大约北魏入华

续表

序号	墓志主人	墓志首题	卒葬时间（按葬年先后排列）	出土地点	关于祖源等叙述	资料来源	备注
51	康哲	大唐故处士康君墓志铭并序	神龙元年（705）卒 神龙元年（705）葬	河南安阳	君讳哲，字慧哲，其敦煌郡人也。昔因仕邺，今卜居焉。匡后魏而尽忠，辅周邦而赞嬾，故乃罪英绣豪，洒绚瑶图，门阀家风，可略言矣。曾祖瑶，北齐金紫光禄大夫。祖君政	《唐代墓志汇编》神龙016，第1052~1053页 《全唐文补遗》第5辑，第280页	夫人安氏 北魏入华 至少入华第四代
52	安菩	唐故陆胡州大首领安君墓志	麟德元年（664）卒 秋六十有四（四） 麟德元年（664）葬 景龙三年（709）合葬	河南洛阳	君讳菩，字萨，其先安国大首领。破匈奴高丽帐，百姓归中国。首领同京官五品，封定远将军，首领如故。曾祖讳达干。祖讳系利。君时莲北狄南下，奉敕追征，一以当千，独扫蜂飞之众，领衔帐部落，献馘西京	《唐代墓志汇编》景龙033，第1104~1105页 《全唐文补遗》第4辑，第402页 洛阳市文物工作队:《洛阳龙门唐安菩夫妇墓》，《中原文物》1982年第3期 赵振华、朱亮:《安菩墓志初探》，《中原文物》1982年第3期 赵超华、温玉成:《一通与唐史、中亚史有关的新出土墓志》，《西北史地》1986年第3期	"夫人何氏，其先何大将军之长女，封金山郡大夫人。"长安四年（704）卒（春秋八十有三），长安四年殡 安菩子安金藏《旧唐书》卷187上，《新唐书》卷191有传。叙述为汉代入户 至少是入华第四代

续表

序号	墓志主人	墓志首题	卒葬时间（按葬年先后排列）	出土地点	关于祖源等叙述	资料来源	备注
52						沈睿文：《重读安菩墓》，《故宫博物院院刊》2009年第4期 李鸿宾：《安菩墓志铭再考——一个胡人家族入居内地的案例分析》，《唐史论丛》第12辑（中国唐史学会第十届年会暨唐史国际学术研讨会专集），三秦出版社，2009	
53	安思节	故岐州岐山府果毅安府君墓志	开元四年卒（716）（时年五十有八）开元四年葬（716）	河南洛阳	府君讳思节，其先长沙人也。家世西土，后业东周，今为河南人也。……曾祖璞，隋左卫卫果军。……祖遗，皇左金吾卫弘仁府折冲。……皇上柱国㗻	《唐代墓志汇编》开元038，第1180页。《全唐文补遗》第2辑，第426页	至少是入华第四代

续表

序号	墓志主人	墓志首题	卒葬时间（按葬年先后排列）	出土地点	关于祖源等叙述	资料来源	备注
54	史多	大唐故冠军大将军史北勒墓志铭并序	开元六年卒（718）（春秋一百有一）墓志七年（719）葬		公讳多，字北勒，西域人也。建土鹿塞，代贵龙庭；书于襄襄，公其后也。本蕃城主，公共达官，不由自天纵知，晤曶古今，神明宏达，远钦文字，率彼附容，皇化。祖昧嫡袭，不坠忠贞。父曰，尻使玉夫，作镇金塞。乃礼遣长子削耗来赴，公之是也	赵振华：《唐代粟特人史多墓志初探》，《湖南科技学院学报》2009年第11期	入华第四代
55	康远	大唐故左监门校尉上柱国康君墓志铭并序	长寿元年（692）卒（春秋六十有二）开元九年（721）合葬	河南洛阳	君讳远，字正迪，其先卫康叔之门华，《风俗通》之叙述，祖宗累美，子胄光扬	毛阳光：《洛阳新出粟特人墓志考释》，《考古与文物》2009年第5期	夫人曹氏
56	康固	大唐故正议大夫易州遂城县令上柱国康公墓志铭并序	开元八年卒（720）开元九年（721）合葬	河南洛阳	君讳固，字义感	毛阳光：《洛阳新出粟特人墓志考释》，《考古与文物》2009年第5期	《从撒马尔干到长安》列作粟特人。毛阳光考为康远子，康固志中作贞固 夫人赵氏

续表

序号	墓志主人	墓志首题	卒葬时间（按葬年先后排列）	出土地点	关于祖源等叙述	资料来源	备注
57	史诺匹延	故游击将军史诺匹延字义本墓志铭并序	开元七年（719）卒（春秋五拾有八）开元九年（721）葬	河南洛阳	祖父西蕃史国人也。积代英贤，门称贵族，本乡首望，总号达官，渴仰长安，来投朝化。将军生在大唐，京兆人也	毛阳光：《两方唐代史姓墓志考略》《文博》2006年第2期	
58	康威	大唐故下管令上柱国康府君墓志铭	开元十年（722）卒（春秋六十）开元十一年（723）合葬	河南洛阳	君讳威，字宾，卫人也。昔八表浑中，元台鼎遂口，魏道武历通五运，爪牙同凑，今为河南人焉。曾祖讳远，后魏左龙相将军，寿阳县开国公。祖讳满，隋右卫郎将，寿阳侯。父讳达，皇朝金谷府统军	《唐代墓志汇编》开元164，第1269~1270页《全唐文补遗》第6辑，第399页	夫人韩氏。太极三年卒 至少是入华第四代
59	曹明照（女）	曹氏谯郡君夫人墓志铭并序	开元十一年（723）卒（春秋不或）开元十一年（723）葬	陕西西安	夫人曹氏，讳明照，河贵族，父兄归化，孝惟玉阶，恭惟惟忠，允文允武	《八琼室金石补正》卷52，《石刻史料新编》第1辑第7册，第4835~4836页	夫折氏。 至少是入华第四代

续表

序号	墓志主人	墓志首题	卒葬时间（按葬年先后排列）	出土地点	关于祖源等叙述	资料来源	备注
60	安孝臣	大唐故翊卫副尉泽州大行镇将骑都尉安府君之墓志铭并序	开元廿二年（734）卒（春秋卅有六）开元廿二年葬（734）	河南洛阳	夫三教之法，与天地合兴、圣演流传，俱当是一。君讳孝臣，大原郡人也。……惟灵生母茔内，敬造尊胜石幢，高二文五尺。又敕墓所写《花严经》一部。愿灵承坐沾影，往生净土	《唐代墓志汇编》开元401，第1433页《全唐文补遗》第2辑，第503页	
61	康庭兰	大唐故右威卫翊府左郎将康公墓志铭并序	开元廿八年（740）卒（春秋六十有五）开元廿八年葬（740）	河南洛阳	曾祖匡，皇朝游击将军守左卫翊府左郎将。……祖宁，归德将军行右领军卫将军，上柱国。……父颁陁，云麾将军。……暨平晚岁，犹思禅宗，勇施器于珍财，慧解穷于法要。冥冥府壑，同舍筏而不留；昧昧风林，烟飏凤林，焜之而共陨	《唐代墓志汇编》开元517，第1511页《全唐文补遗》第4辑，第438页	至少是入华第四代

续表

序号	墓志主人	墓志首题	卒葬时间（按葬年先后排列）	出土地点	关于祖源等叙述	资料来源	备注
62	史思礼	唐故壮武将军右龙武军翊府中朗将武威郡史府君墓志铭并序	天宝三载（744）卒 秋七十有七 天宝三载（744）葬	陕西西安	君讳思礼，字伯连，武威人也。其先辅周克殷，展九鼎之宝；佐魏理邺，绍百里之印。柔嘉祗生，西汉全盛之时，含章诞秀，东京陵夷之日，丹以外戚居宠，代不绝庆，门休厥德，以直臣见知。曾祖爽，皇任翊磨校尉，右卫中候。……祖感，皇任昭武副尉，右卫司戈。……父丈，皇赠青州司马。	《唐代墓志汇编续集》天宝019 《全唐文补遗》第3辑，第75—76页	夫人武功苏氏至少是入华第四代
63	和守阳	唐故中大夫持节汇华郡诸军事江华郡太守上柱国和君墓志铭	开元廿九年（741）卒 秋六十有五 天宝四载（745）葬	河南洛阳	君讳守阳，字守阳，扶风人也。始祖夏后氏之苗裔，曰淳维，尝居北地，逐丰水美草以自恣。适代为酋长，至突厥从后魏入都河南，拜龙骧将军，封日南公。其本为素和氏，后魏文帝分定氏族，因为和氏焉。高祖士开，北齐中书监、尚书左仆射，封谯阳郡王，谥曰文贞。曾祖士达，唐朝散大夫，尚舍奉御。祖侃，光禄丞。考礼，仆寺东宫使，广成监	《唐代墓志汇编》天宝071，第1580页 《全唐文补遗》第1辑，第158页	和守阳族属，或据素和氏一位系鲜卑，然据《北齐书》卷五十《和士开传》"和士开，清都临漳人也。其先西域商胡，本姓和"的记载，则可以认为是粟特人的可能性很大 夫人京兆杜氏

续表

序号	墓志主人	墓志首题	卒葬时间（按葬年先后排列）	出土地点	关于子祖源等叙述	资料来源	备注
64	康令恽	大唐范阳郡节度副使都知兵马使左威军将军上柱国山阴县开国子康府君墓志铭并序	天宝四载（745）葬	陕西西安	君讳令恽，字善厚，其先汉人也。昔武王伐殷，康叔封卫，耿光烈以文著口绩，蔚其康兴。周之宗盟，异姓为后。世济其美，因而氏焉。汉、晋，魏踵继，皆佩宠光，不剸堂怀。本枝百代，而漆祖周土，不忘岳秀，侯祖美京。虽三秦汉于长安。曾祖朝，王佐岳秀，侯度玉立。属随季天压，唐初日跻，天子龙飞于晋阴，诸侯骏弈奔于襄宇。亦犹汤祖自隅，成酬伊尹之效。以公折冲樽俎，必酬伊尹慈，孝廉罹骑将褐拜西平郡掾曹……解	王育龙：《唐长安城东出土的康令恽墓志跋》，《唐令恽等墓志研究》第6卷，北京大学出版社，2000	学者以为粟特人，大概考虑到康恽封为山阴县开国子，而粟特康姓多为伪托会稽康氏的缘故

续表

序号	墓志主人	墓志首题	卒葬时间（按葬年先后排列）	出土地点	关于祖源等叙述	资料来源	备注
65	翟氏（女）	大唐故曹长康国大首领因使入朝检校折冲都尉康公故夫人汝南上蔡郡翟氏墓志铭并序	天宝八载（749）卒（春秋七十有八）天宝八载（749）葬	河南洛阳	夫人翟氏，汝南上蔡郡人也。……曾祖琁，隋朝议郎，皇朝散马邑君司马。祖君德，皇朝散骑大夫、太常寺丞。父方裕，清河郡清河县尉	《唐代墓志汇编》天宝146，第1634页《全唐文补遗》第5辑，第382页	夫康国大首领至少是入华第四代
66	康仙昂	大唐故河南府果毅都尉副使魏郡康府君墓志铭并序	天宝八载（749）卒（春秋卌有八）天宝九载（750）葬	河南洛阳	公讳仙昂，字昂，魏郡昌乐人也。祖填，酒泉郡司马。父芬，兑郡无恤府果毅。皆代表名籍，弘器累践班荣。君乃砥节厉行，恭亲和弟，包量。敬亲必达，在邦必闻。浩浩焉，汪汪焉，奥子不可测也已。至道文标秘篆，武瑄韬钳。蕴德足以润身，奥德别将，擢才高而位卑，是鸣沙府别将，灵鸿渐之翼也	毛阳光：《新见四方唐代洛阳粟特人墓志考》，《中原文物》2009年第6期	至少是入华第三代

续表

序号	墓主人	墓志首题	卒葬时间（按葬年先后排列）	出土地点	关于祖源等叙述	资料来源	备注
67	安思温	大唐故安府君史夫人墓志铭并序	开元九载（721）卒 夫人天宝八载（749）卒 天宝十载（751）合葬	河南洛阳	府君讳思温，夫人并洛阳人也。……君德高亚广，风献众钦。孝友仁慈，淑善温克。博学聪惠，儒释二门，特加精意。遗物多能，篆录得迥莺之妙，庄周自天性之奇	毛阳光：《洛阳新出粟特人墓志考释》，《考古与文物》2009年第5期	
68	郑岩	唐故少府监郑君墓志铭并序	天宝十一载（752）卒（春秋六十有五）天宝十一载（752）葬	河南洛阳	君讳岩，字良石，河南荥阳人。周之胄系之胄，昔晋王封于子郑，氏之以国。自口武善袭职，兴众阐微言。英献荪绪，世为冠族。君六代曰盛，当后魏练次名宗，尤推北祖之盛。烈考齐州历城丞。……郑本周出，周迁郑依，延州识微	赵振华：《唐代少府监郑岩及其粟特人祖先》，《中国国家博物馆刊》2012年第5期 赵振华：《唐代湘乡县令郑盘陁——再论唐代少府监郑岩及其粟特人祖先》，《唐研究》第19卷，北京大学出版社，2013	第三子长安县尉郑泌墓志，二孙墓志，二孙金吾卫录事参军郑君墓志，京兆府三原县尉郑准墓志亦出土洛阳。另郑岩墓家族其他成员墓志还有出土。

续表

序号	墓志主人	墓志首题	卒葬时间（按葬年先后排列）	出土地点	关于祖源等叙述	资料来源	备注
69	何德	唐故云麾将军右龙武卫将军同正员庐江县开国伯上柱国何公墓志铭并序	天宝十三载（754）卒（春秋七十有一）天宝十三载葬	陕西西安	公讳德，字伏德，庐江潜人也。分邦命氏，韩何声近，授姓於韩。远祖避难江淮，韩何声近，因以命氏。故汉有武，魏有勰，晋有勖，宋有僙。衣冠锺鼎，奕叶蝉联。祖仙，谜释岳灵，冥心尘外，浮云世祿，贞吊丘园。父旻，义罗，贞口博豪，英明动俗；子道收长，义方盖荣	《唐代墓志汇编续集》第3辑，第宝094《全唐文补遗》97~98页	大夫人酒泉安氏
70	康氏（女）	大燕游击将军守左威卫翊府左郎将员外置同正员内供奉上柱国赐紫金鱼袋曹公故大夫人康氏墓志铭并序	圣武元年（756）卒（春秋八十有六）大夫人圣武二年（757）卒（享年七十有一）圣武二年（757）葬	河南洛阳	曹氏之先，盖六终之别族，邠魏君之远裔也。欧初禧迅图谋，或云郜有天下；尔后风云际会，果令魏建大名。子孙无穷，公侯必复，散在海内，列于士流。是生先考高禅师，肇锡灵均，始以仁贵命字，晚悟浮生大千，复以定住为名。岂唯禅林澹如以自得，释门宗之一二。每见大师趺坐，缁徒骈立，亦将深入不二，宴尔而听	《唐代墓志汇编续集》第6辑，第武003《全唐文补遗》88页	夫曹氏

续表

序号	墓志主人	墓志首题	卒葬时间（按葬年先后排列）	出土地点	关于祖源等叙述	资料来源	备注
70					虽演说无我，而雾露昏人。器世火风，生涯泡幻，以圣武元年八月廿六日遘疾灭度，春秋八十有六，僧腊卅余年。大夫人康氏，贞淑明懿，耶殊美色，积成五百之因；童子度心，长结一花之愿。……郑魏之系，康居之裔。		
71	康氏（女）	大唐故康夫人墓志并序	乾元元年（758）卒（春秋五十有七）乾元三年（760）葬	陕西西安	游击将军、上柱国、赏绯鱼袋康府君夫人康氏也。……夫人幼而明慧，长而温柔，平生交善、恭近凉懿，宣慈惠和，妇德母仪，克合古训，建国承家，其余凤聪叡，习康娥之灵迹，其始，则衣冠礼乐尽在是焉。常得法缘相户	《唐代墓志汇编续集》乾元009《全唐文补遗》第3辑，第107页	夫康君

续表

序号	墓志主人	墓志首题	卒葬时间（按葬年先后排列）	出土地点	关于祖源等叙述	资料来源	备注
72	康晖	大唐故左武卫翊府左郎将康府君墓志铭并序	上元二年（761）卒（享年七十有四）永泰元年（765）葬	陕西西安	公讳晖，字怀智，其先颍川人也。昔成武封康叔于卫，其后枝派，因为氏焉。故前燕有归义侯康征，从此则因官卜居，今为江州别驾，皇左领军。父弘哲，皇左领军卫将军。公即元子也	《唐代墓志汇编续集》永泰 001 《全唐文补遗》第 5 辑，第 408 页	夫人卫氏
73	曹国国	唐故武光禄卿曹府君墓志铭并序	大历十年（775）卒（春秋四十有七）大历十年（775）葬	河北灵寿行唐	公字国国，会州河曲人也。口铭钜镞，分支周后	《唐代墓志汇编》大历 043，第 1787~1788 页	夫人石氏、刘氏、韩氏
74	曹惠琳	唐故游击将军守左领军卫翊府郎将上柱国曹府君墓版文	（载五十四）大历十四年（779）葬	陕西西安	公讳惠琳，本望煌煌康氏也。曾祖锺，秦州清德府果毅。祖溶芝，居高不仕。考宁，游击将军，邠州嘉阳府折冲。……未齝龀，州刺史元裕见而奇之，舅氏赠绵，礼均天属，毓为后嗣。义毕恩终，遂称曹氏焉，宜归本族，君子悲之	《唐代墓志汇编续集》大历 041 《全唐文补遗》第 1 辑，第 209 页	

续表

序号	墓志主人	墓志首题	卒葬时间（按葬年先后排列）	出土地点	关于祖源等叙述	资料来源	备注
75	康氏（女）	唐故中散大夫河州别驾安公夫人康氏墓志铭并序	建中三年（782）卒（春秋七十有七）建中三年（782）葬	陕西西安	夫人姓康氏，其先会稽人也。祖校尉，隋朝左武卫大将军。父石，皇朝左金吾卫大将军、开国男，长州刺史。……夫人蠲缛膏沐，于兹十年。况归心释教，先于晨哭，而心弥诸缘	《全唐文补遗》第6辑，第466页	夫安文光
76	李国珍（安暐）	唐故兵应功臣开府仪同三司试太常卿上柱国陇西都开国公兼殿射生使李府君墓志铭并序	兴元元年（784）卒（春秋六十）兴元元年（784）葬	陕西西安	公将门令族，本姓安氏。讳暐，武威郡人也	《全唐文补遗》第2辑，第30页	夫人独孤氏、杨氏

续表

序号	墓志主人	墓志首题	卒葬时间（按葬年先后排列）	出土地点	关于祖源等叙述	资料来源	备注
77	李元谅（安元光）	唐故华州潼关镇国军陇右节度营田观察等使置临洮等处开府仪同三司检校尚书左仆射兼华州刺史御史大夫武康郡王赠司空李公墓志铭并序	贞元九年（793）卒（享年六十有七）贞元十一年（795）葬	陕西潼关	公本安姓，讳元光。其先安息王之胄也。轩辕氏二十五子在四裔者，此其一也。立国传祚，历祀绵远。及归中土，犹宅西垂，三明盛族，五凉霸图，累分圭组，……寻（贞元三年）又赐姓李氏，同属籍也，改名元谅，昭诚节也	陕西省文物局文物鉴定组，《唐李元谅墓志及其相关问题》，《文博》1998年第2期。《全唐文补遗》第3辑，第128页	并参《旧唐书·李元谅传》至少第四代夫人阿史那氏
78	石崇俊	唐故张掖郡石府君墓志铭并序	贞元十三年（797）卒（享年八十有一）贞元十三年（797）葬	陕西西安	府君石氏，讳崇俊，字孝德。其盛族懿烈，家谍著焉。府君以曾门奉使，至自西域，今为张掖郡人也。祖讳宁芬，本国大首领，泾州阳府左散将军，皇考讳思景，果毅	《唐代墓志汇编》078，第1892~1893页；《全唐文补遗》第4辑，第472页	"而后迥向释氏，克胜崇因转读真乘，冥合旨趣，了然悬解，觉性圆明。"夫人洛阳霍氏

续表

序号	墓志主人	墓志首题	卒葬时间（按葬年先后排列）	出土地点	关于祖源等叙述	资料来源	备注
79	何澄	有唐故寻阳郡阿府君墓志铭并序	贞元十八年（802）卒（享年六十有五）贞元十八年（802）葬	河南洛阳	夫房有达官，汉称盛族。但才生于世也，即命为贤。是以元主受玉玺之尊，日稗袭貂蝉之贵，岂人事之图哉。粤若寻阳公源流自远，水部则词华于梁代，都尉则名重于汉朝。膝费齐于辛臣，风烈则于后嗣。府君祖父承龙焉。公讳澄，正为洛阳人也。天假纯和，体资凝邈。礼冠千家想，空之繁想，修彼岸之真色。言涉忠信，谋当适时。仁慕青莲而攉质。睹白月以清心	毛阳光：《新见四方唐代洛阳粟特人墓志考》，《中原文物》2009年第6期	同出夫人墓志，夫人墓志载："有子男一人，名绍，婚康氏。"
80	米继芬	大唐左神策军故散副将游骑将军守左武卫大将军同正兼试太常卿上柱国京兆米府君墓志铭并序	永贞元年（805）卒（春秋九十有二）永贞元年（805）葬	陕西西安	公讳继芬，字继芬，其父米国人也。代为君长，家不乏贤。祖讳诃，任本国长史。父讳暾施，远慕皇化，来于王庭。邀质京师，爰践班荣，历通国好，特承恩宠，任辅国大将军，行左领军卫大将军。公事质子，身处紫门，孝以敬亲，忠以奉国	《唐代墓志汇编续集》永贞003 周文儒：《唐米继芬墓志考释》，《西北民族研究》1989年第2期 葛承雍：《唐代长安一个粟特家庭的景教信仰》，《历史研究》2001年第3期	夫人米氏

续表

序号	墓志主人	墓志首题	卒葬时间（按葬年先后排列）	出土地点	关于祖源等叙述	资料来源	备注
81	史然	大唐故云麾将军洛特进康城郡史氏墓志铭并序	元和六年（811）葬	河南洛阳	公康郡城人也。曾讳、祖讳、父讳，家不坠于良基，任洪州别驾，皆以孤廉清风，坚乎良基	毛阳光：《洛阳新出粟特人墓志考释》，《考古与文物》2009年第5期	毛阳光以为康城郡即河西西建康郡，此处多史姓粟特人，因此将史然作粟特人，也看作粟特人
82	囗（何）氏	唐故庐江郡夫人墓志铭并序	元和七年（812）卒（享年六十九）元和八年（813）葬	河南洛阳	夫人庐江人也。祖考青绪载于谱牒，此不繁述	毛阳光：《新见四方唐代洛阳粟特人墓志考》，《中原文物》2009年第6期	毛阳光据庐江人考为何氏
83	石神福	大唐故成德军节度下左金吾卫大将军试殿中监石府君墓志铭并序	元和八年（813）卒（春秋五十有五）元和八年（813）葬	河北获鹿	府君讳神福，字忠良，金合郡人也。曾祖试鸿胪少卿口用，祖授左翊府中郎将臣恩，父阿罗忠，武云磨军蔚州临前大总管	《唐代墓志汇编》元和061，第1991页；高文：《〈石神福墓志〉考释》，载李鸿宾主编《中古墓志胡汉问题研究》，宁夏人民出版社，2013，第309~320页	

续表

序号	墓志主人	墓志首题	卒葬时间（按葬年先后排列）	出土地点	关于祖源等叙述	资料来源	备注
84	康昭	大唐故康府君墓志铭并序	元和十年（815）卒（享年七十有一）元和十一年（816）葬	河南洛阳	公讳昭，字德明。自卫康叔初封于康，其后氏焉。曾祖讳藹，王父讳虑，并素有才行，高道不仕。烈考讳晋，信行修身，志性廉直，贞洁清慎，道业尤高。隐迹闲居，不求名位。结托朝要，往还荚庞。中外尊崇，悉皆顺遇。有三子，长曰珮，次曰晧，亦荣并前亡矣。至于德业才艺，各载其本志。此不求述。季子昭，即公也。丰行孝道，恒守义规，器度敦弘，性宽志直。言之与行，不妄不邪。智琭深沉，仁义并著，礼乐同身。交结义友，有终有始。至于父母未餐之物，辄不先尝。珍异之衣辄不先服。孝敬和顺，内外钦风。屏绝遗居，不乐荣贵。加以静心三业，广为胜福。自曾后门，持戒修斋，兄弟同居，衣服共飧，僕非两味，卑幼一等。痴骏无遗，亲族孤贫，亦皆分惠。	郑友甫著：《洛阳新出土唐代栗特人康昭墓志考释》，《河南科技大学学报》2014年第3期	郑友甫据康昭居嘉善里，而嘉善位于洛阳南市的正南面，附近里坊多栗特人居住，而认为康昭应是唐代洛阳栗特后裔民居夫人杨氏

续表

序号	墓志人	墓志首题	卒葬时间（按葬年先后排列）	出土地点	关于祖源等叙述	资料来源	备注
85	石默啜	唐义武军节度易州高阳军故马军都知兵马使银青光禄大夫兼监察御史乐陵郡石府君墓志铭并序	元和十二年（817）卒（享年七十有三）元和十二年（817）葬	河北易县	府君讳默啜、字默啜，得封氏子娲皇之时，振芳献于晋赵之代，富可以击破珊瑚树，贵何以建赵称至尊，史籍具列，读何匪虚	《唐代墓志汇编》元和106，第2024~2025页 尤李：《唐〈石默啜墓志〉考释》，载李鸿宾主编《中古墓志胡汉问题研究》，宁夏人民出版社，2013，第298~308页	夫人康氏
86	康志达	唐故幽州卢龙军节度衙前兵马使朝散大夫检校光禄卿兼监察御史赠莫州刺史康公墓志铭并序	长庆元年（821）卒（春秋五十四）长庆元年（821）葬	陕西西安	公讳志达、字志达，本会稽郡人也。自曾祖曰延庆，皇朝左威卫大将军，徙居于京兆长安人也。祖曰孝义，皇朝万安府折冲，累赠户部尚书。考曰日知，皇朝兵部尚书，左威卫上将军赠尚书左仆射，以忠信奉上竭诚	《唐代墓志汇编续集》长庆002 《全唐文补遗》第5辑，第431~432页	夫人元氏

续表

序号	墓志主人	墓志首题	卒葬时间（按葬年先后排列）	出土地点	关于祖源等叙述	资料来源	备注
87	安氏（女）	唐故安氏夫人墓志铭	长庆元年（821）卒（春秋五十有八）长庆元年（821）葬	河南洛阳	夫人安氏苗裔，安定郡人也。世祖讳晟之女也	毛阳光：《洛阳新出土唐代景教徒花献及其妻子安氏墓志初探》，《西域研究》2014年第2期	夫花献墓志亦出土，为景教徒，知为西域来华人士，但不知来自西域何国
88	石忠政	唐故石府君墓志铭并序	长庆二年（822）卒（寿年八十有二）长庆二年（822）葬宝历元年（825）合葬	陕西西安	府君曰忠政，字不邪，生于京兆府万年县人也	《唐代墓志汇编》宝历008，第2086页	夫人阿氏

续表

序号	墓志主人	墓志首题	卒葬时间（按葬年先后排列）	出土地点	关于祖源等叙述	资料来源	备注
89	何文哲	唐故银青光禄大夫检校工部尚书守右领军卫上将军兼御史大夫上柱国庐江郡开国公食邑二千户赠太子少保何公墓志铭并序	太和四年（830）卒年六十，太和四年（830）葬	陕西西安	葱岭崛秀于西陲，归邪耀芒于北极。应图而袖脱委质，诞粹而英鬐特生。……公讳文哲，治根柢长源，穷其发地，则又辉于我门矣。即祖以永徽初腾塞来质，附于王庭。翳婴因盛于本朝，爵贵由光于中叶。曾祖怀信，权兼六局，职备大朝。赐紫袋金鱼袋，皇中大夫守殿中少监。有唐无废于供储，劳绩共多于修举。祖彦，皇正议大夫行丹州别驾上柱国。王祥居别乘，诸葛效展良材。稽功尚袭于遗劳，积著果征于余庆。列考游仙，皇宝应元从大都督府长史上柱国赠尚书右仆射。禄山潜盗，肃宗幸边。毒志方肆于狼心，义勇堪于泉师。功均正始，褒典自颁于夏书；光被承家，追级犹高于汉长。公即仆射之第三子也	《全唐文补遗》第 1 辑，第 282 页 魏光：《何文哲墓志考略》，《西北史地》1984 年第 3 期 卢兆荫：《何文哲墓志考释——兼谈隋唐时期在中国的中亚何国人》，《考古》1986 年第 9 期 李鸿宾：《论唐代宫廷的朋人侍卫——从何文哲墓志铭谈起》，《中央民族大学学报》1996 年第 6 期	夫人康氏、康氏

续表

序号	墓志主人	墓志首题	卒葬时间（按葬年先后排列）	出土地点	关于祖源等叙述	资料来源	备注
90	米九娘（女）	唐故米氏（下缺）	会昌六年（846）卒 会昌六年（846）葬	江苏扬州	米氏九娘口，其先盖口口口郡人也。父讳宁。米氏即公之室女	《唐代墓志汇编》会昌047，第1244~1245页	
91	何氏（女）	唐左卫大将军兼御史中丞契苾必公妻何氏墓志并序	会昌六年（846）卒（享年五十有八）大中元年（847）葬	振武军（内蒙古和林格尔）	夫人何氏，望在庐江郡。曾、祖、考，皆不仕。祖，苏州法曹参军讳源。考单于府兵曹参军讳口甫	《唐代墓志汇编》大中012，第2260~2261页	夫契苾必
92	米文辩	大唐魏博节度故步兵左厢都知兵马使兼节度押衙银青光禄大夫检校太子宾客兼御史米公墓志铭并序	大中二年（848）卒（享年五十有五）大中三年（849）葬	河北大名	米氏源流，商分三水，胤起河东，为王为侯，轩盖不绝。至于王父品秩，家牒备诸。公讳文辩，即先后也。大父讳梓，皇宁远将军，上柱国。……烈考讳珍宝，皇军都知兵马使，马军博节度使，银青光禄大夫，兼御史大夫，检校国子祭酒，兼御史大夫、右散骑常侍，食邑三百户	《全唐文补遗》第9辑，第408~409页 孙继民、李伦、马小青：《新出唐米文辩墓志铭试释》，《文物》2004年第2期	夫人扶风马氏 高文文以为三水指中亚的三条河流

续表

序号	墓志主	墓志首题	卒葬时间（按葬年先后排列）	出土地点	关于祖源等叙述	资料来源	备注
93	安珍	唐故内五坊使押衙银青光禄大夫试鸿胪卿上柱国安府君墓志铭并序	大中四年（850）卒（享龄八十有四）大中四年（850）合葬	河南荥阳（广武）	府君讳珍。……先祖安，世为东平郡人也。曾祖、祖、父讳昌	《唐代墓志汇编》大中043，第2281页《全唐文补遗》第4辑，第186页	夫人费氏
94	何少直	唐右神策军押衙朝散大夫襄王府谘议参军上柱国何少直墓志铭并序	大中九年（855）卒 大中九年（855）葬	陕西西安	公讳少直，字子质，陈留郡人也。父惟升，任银青光禄大夫，检校太子宾客，试太常卿，陈留县开国侯，食邑一千户，赐紫金鱼袋	《全唐文补遗》第2辑，第581页 马洪路：《唐何少直墓志铭考释》，《考古与文物》1990年第3期 许自然、张蕴：《西安市周围出土的三合唐墓志》，《考古与文物》1990年第4期 李鸿宾：《唐兰氏夫人、何少直墓志再考》，《考古与文物》1993年第5期	李鸿宾考为粟特人

续表

序号	墓志主人	墓志首题	卒葬时间（按卒年先后排列）	出土地点	关于祖源等叙述	资料来源	备注
95	安士和	唐故车营十将定远将军武试太仆卿武威安公墓志铭	咸通七年（866）卒（春秋七十有三）咸通七年（866）葬	山西长治	公讳士和，上党潞城人也。祖以上衔讳，阙而不录。考讳良素，儒林鸿业，学富九经。实德长材，闻一知十。不越名利，不趋荣侯。公禄麋竭王侯，安闲乐道，时人号三教通玄先生	郭桂豪：《〈唐车营十将安士和墓志铭〉考释》，《北京大学研究生学志》2009年第4期	夫人赵氏、任氏
96	何弘敬	唐故魏博节度开府仪同三司检校太尉兼中书令魏州大都督府长史充魏博观察处置等使上柱国楚国公食邑三千户实封一百户赠太师赠庐江何公墓志	咸通七年（866）卒（享年六十）咸通七年（866）葬	河北大名	公讳弘敬，字子肃，庐江人也。周唐叔虞之后，十代孙万食采于韩，封为韩氏，至韩王安，为秦所灭，子孙流散，吴音轻浅，呼韩为何，因以为氏。汉时比干于江公为始祖。比干生嘉，为庐江郡长史，罢居潏县南乡临贵里，遂以庐江为郡望。至公九代祖，襄城公，仕隋为国子祭酒，冠绝当时，厥后因称襄城公房。又六代祖，文德晖赫，武艺绝伦，以中郎将统飞骑，破薛延陀于石堡城，	《唐代墓志汇编续集》，咸通032，第1057~1060页《全唐文补遗》第5辑，第39页邯郸市文管所：《河北大名县发现何弘敬墓志》，《考古》1984年第8期	夫人武威安氏

续表

序号	墓志主人	墓志首题	卒葬时间（按葬年先后排列）	出土地点	关于祖源等叙述	资料来源	备注
96					与将军乔执望失恩力，争功为叔望所诬，兼并部曲八百人，正于大魏相贝三州，功名震曜，代济其美。鲦是公家于魏。曾祖俊，赠左散骑常侍，生大保讳默，大保生大师讳进滔。公太师之嗣也，卫国太人康氏出焉。		
97	曹弘立	唐故□州押衙靖边将中大夫检校太子詹事□□曹郡公武威石夫人合祔墓	咸通五年（864）卒（享年五十有九）咸通十二年（871）葬	河北元氏	公讳弘立、字弘立、望族谯郡人也。其先汉相之裔，□□大魏之后，全业清勋，不□口纪。皇□州俑洽，皇□州俑将。祖玉，皇□州俑前兵马使，银青光禄大夫，检校太子宾客。烈考长，皇易州俑前将，试太仆卿	《唐代墓志汇编》咸通092，第2450页	夫人武威石氏

续表

序号	墓志主人	墓志首题	卒葬时间（按葬年先后排列）	出土地点	关于祖源等叙述	资料来源	备注
98	安玄朗	唐故容州经略押衙银青光禄大夫检校太子宾客上柱国武威安府君墓志铭	乾符二年（875）卒（享年四十有七）乾符二年（875）葬	广西容县	夫士之处世、各有其志、或艺文以取荣达、或讲武以建功名。然后移孝资忠、自家形国、积善余庆、岂□□哉！公讳玄朗、字子迈、其先武威人也。其命氏启胤、则国史家谍之所详焉、今可得而略也。曾祖咎、奉天定难功臣、华州镇国军同关镇遏使。大父靖、朝散大夫、检校秘书监、使持节潘州诸军事、守潘州刺史、兼监察御史。烈考贵言、守容州普宁县、又招讨巡察、知顺州军州事	《唐代墓志汇编续集》第7辑，第1122页《全唐文补遗》第7辑，第153~154页	夫人河东柳氏
99	石善达	大唐北京太原府朔州兴唐军石府君墓志	光化二年（899）卒（年六十八）天复元年（901）葬	山西应县	府君善达公。高皇本自凉州武威郡人也。承司徒□□□、□季伦之胤绪。是以宗族芳茅、枝连勋业。国官随□、□□□地	殷宪:《唐石善达墓志考》，《唐研究》第12卷，北京大学出版社，2006	夫人经州安定郡安氏。龙记（纪）元年（889）卒

续表

序号	墓志主人	墓志首题	卒葬时间（按葬年先后排列）	出土地点	关于祖源等叙述	资料来源	备注
100	石彦辞	梁故静难功臣金紫光禄大夫检校司空前守右金吾卫大将军充街使兼御史大夫上柱国武威县开国男食邑三百户石府君墓志铭并序	开平四年（910）卒（享年五十有八）开平四年（910）葬	河南洛阳	曾祖饶，唐左神策军司隶兼右威卫中郎将。缵戎前裔，起家之道忽兴；启迪后人，嗣世之光同出。祖贞，裘曾大父之职，累迁兼御史司宪。荣能选振，建邦将万石君同，荣有必谐，殖货与千侯等。皇考谋有必谐，殖货沉毅，雄略沉毅，首冠麾下，列土外盛，名级内升，累迁检校左散骑常荐，越州别驾，赠刑部尚书侍，	《全唐文补遗》第7辑，第170~173页；陈忠凯：《石彦辞墓志探疑》，《文博》1997年第5期；虞万里：《〈石彦辞墓志〉文句正读和史事索隐》，《史林》2009年第6期	夫人昌黎韩氏
101	康赞美	唐故金紫光禄大夫检校司空前金吾卫将军兼御史大夫太原郡康公府君墓志铭并序	天成元年（926）卒（享年三十有三）天成元年（926）卒葬	河南洛阳	曾祖口，检校工部尚书。祖琮，检校太尉徒。父怀表，检校大尉兼中书令。……康公请赞美，字颂圣	《全唐文补遗》第5辑，第60页	夫人卢氏

续表

序号	墓志主人	墓志首题	卒葬时间（按葬年先后排列）	出土地点	关于祖源等叙述	资料来源	备注
102	安万金	晋故均州刺史光禄大夫检校司徒兼御史大夫上柱国开国男食邑三百户安府君墓志	天福二年（937）卒（享年七十有六）天福二年（937）合葬	河南洛阳	公讳万金，字宝山。……曾讳德升，银青光禄大夫，检校太子宾客，故镇武马军指挥使，索葛府刺史……祖讳重僴，银青光禄大夫，检校工部尚书，静塞军内都游弈使，索葛府刺史。……皇讳进通，银青光禄大夫，检校右仆射，守应州别驾，索葛府刺史，长兴二年，赠司空。……公本自稷契之苗裔也，始因周平王冶国，六蕃来侵。将军备剑一挥，万夫碎胆；操戈直指，八表晏清。上陲功劳，乃命氏焉，公即坪将军二千年后玄孙也	《全唐文补遗》第5辑，第72页	夫人何氏、米氏、王氏、张氏、赵氏女一人事石家
103	何君政	大晋故鸡田府部落长史何公墓志铭并序	长兴三年（932）卒 夫人天祐年（904~907）卒 天福四年（939）葬	山西阳曲	公讳君政，家本大同人也。公主领部落，抚弱遏强，矜贫恤寡。家崇文武，世袭冠裳	《全唐文补遗》第7辑，第439~440页	夫人安氏新妇三人，长安氏，次康氏，次康氏

续表

序号	墓志主人	墓志首题	卒葬时间（按葬年先后排列）	出土地点	关于祖源等叙述	资料来源	备注
104	安重遇	大周故护国军节度行军司马金紫检校禄大夫检校司徒兼御史大夫上柱国武威县开国男食邑三百户安公墓志铭并序	广顺元年（951）卒（享年六十有一）显德元年（954）葬	河南洛阳	公讳重遇，字继荣，雁门人也。银青光禄大夫、检校尚书右仆射、兼御史大夫讳弘璋之孙也。金紫光禄大夫、检校司空、兼御史大夫讳福正之子也。推忠致理佐命保国功臣、河中护国军节度管内观察处置等使、开府仪同三司、检校太师、兼中书令、行河中尹、上柱国、沂国公，食邑二千五百户，实封三百户讳重遇之弟也	《全唐文补遗》第1辑，第450~451页	夫人彭城刘氏 次女见侍康氏
105	安崇礼	故郑州衙内指挥使银青光禄大夫检校工部尚书兼御史大夫上柱国安君墓志铭并序	开宝四年（971）卒（享年五十七）开宝四年（971）葬	河南洛阳	君讳崇礼，字同节，其先雁门人也。银青光禄大夫、检校尚书右仆射讳弘璋，君之曾祖也。金紫光禄大夫、检校司空兼御史大夫讳福正，君之王父也。推忠致理佐命保国功臣、河中护国军节度管内观察处置等使、开府仪同三司、检校太师兼中书令、行河中尹、上柱国、沂国公，赠尚书令、行河中尹、上柱国、沂国公，	河南省文物研究所、河南省洛阳地区文管处编《千唐志斋藏志》，图版1246，文物出版社，1989	安重遇子 夫人高氏、张氏

续表

序号	墓志主人	墓志首题	卒葬时间（按葬年先后排列）	出土地点	关于祖源等叙述	资料来源	备注
105					食邑二千五百户，食实封三百户诏重海，君之孟父也。郑州防御使、金紫光禄大夫、检校司徒兼御史大夫、上柱国讳重遇，君之烈考也		

义理与时势：澶渊之盟后辽圣宗对高丽政策探析 [*]

陶 莎 [**]

11 世纪伊始，伴随着辽宋"澶渊之盟"的缔结，双方战争、对立的状态也告一段落。随之而来的，是辽宋互称"南朝""北朝"，约以"兄弟之盟"的新局面。澶渊之盟的确立，令辽朝不得不终止南征计划，重新寻找主导东亚秩序的突破口，表面臣服、实则不驯的高丽便成了新的战略目标。

在中韩关系史领域，一般认为双方的宗藩关系确立于辽圣宗时期，并一直为后世王朝所延

---

* 本文系国家社科基金项目"汉族士人与辽代社会研究"（17BZS133）、广东省社科规划青年项目"辽帝国对高丽政策与东亚秩序研究"（GD18YLS01）阶段成果。

** 陶莎，中山大学国际关系学院。

续。[1] 深入探讨澶渊之盟后辽圣宗对高丽政策的转变，既可以加深我们对传统中国与朝鲜半岛关系以及东亚秩序的理性认识，也可以从另一个侧面描绘辽朝对"中国"身份的定位及追求。在此基础上，笔者拟就辽丽双方宗藩关系形成未稳的一段时间内，辽朝落实宗主权利的努力以及背后动因进行探讨，力争加深对古代中朝关系、东亚秩序的认识。

一　澶渊之盟后辽朝对高丽政策的变化

10 世纪晚期，在宋朝的协调下，自西向东，包括西域、漠北、宋朝、高丽等政权在内，一个环绕辽朝边疆的多政权反辽同盟渐趋形成。[2] 年幼的耶律隆绪在这种情况下即位，是为辽圣宗。政治经验丰富的承天太后奉遗诏执掌国事，在耶律斜轸、韩德让等人的尽力辅佐下，辽朝对反辽同盟各个击破，在外交困境中突出重围。在此过程中，为切断高丽同宋朝联系，以确保南征不被掣肘，辽朝采取恩威并施的政策，成功与高丽建立了宗藩关系。此后，辽便鲜少东顾，专意南征，直到澶渊之盟缔结后才又着手调整对高丽政策。

1. 讨逆宣威、欲正宗藩

统和二十八年（1010）五月，承天太后丧葬完毕 43 天后，辽圣宗下诏："高丽西京留守康肇弑其主诵，擅立诵从兄询。诏诸道缮甲兵，以备东征。"[3] 随后遣使高丽"问前王（穆宗）之故"，[4] 并以"自将伐高丽，遣使报宋"，[5] 又遣枢密直学士高正、引进使韩杞至高丽

1　参见魏志江《中韩关系史研究》，中山大学出版社，2006，第 26 页；杨军、王秋斌《中国与朝鲜半岛关系史论》，社会科学文献出版社，2006，第 163 页。

2　杨浣：《辽夏关系史》，人民出版社，2010，第 82 页。

3　《辽史》卷 15《圣宗本纪六》，中华书局，2016，第 184 页。

4　郑麟趾：《高丽史》卷 4《显宗世家一》，（韩）亚细亚文化社，1972 年影印本上册，第 88 页。

5　《辽史》卷 15《圣宗本纪六》，第 184 页。

"告兴师"。[1] 一系列动作在几月之间完成，并对高丽"乞罢师"[2] 不予理会，可见辽圣宗整理辽丽关系决心之坚定。

十一月，辽朝大军渡过鸭绿江，双方展开了历时近 60 日的交锋。具体战争细节《辽史》《高丽史》均有描述，前辈学人亦做过细致梳理，此不赘述。翻阅《高丽史》，发现在辽军推进过程中，一直伴随着双方关于"退兵"的交涉，本文便就几次交涉做一分析，从而厘清辽朝出兵的目的及其高丽政策。

（1）第一次交涉

辽朝大军渡过鸭绿江后，辽圣宗下谕降书与敕书明告兴化镇守军："逆臣康兆弑君立幼……汝等擒康兆送驾前，使即回兵，不然，直入开京，杀女妻孥。""朕将精锐来讨罪人，其余胁从，皆与原免。况汝等受前王抚绥之惠，知历代顺逆之由，当体朕怀，无贻后悔。"兴化镇守军不为所动，上书请求辽人撤兵。辽圣宗复又下敕书，重申出兵讨逆的目的，并导之以为臣之道，依旧无果。于是圣宗下旨："汝等慰安百姓而待之。"遂解兴化镇之围，移军铜山之下。[3] 辽丽双方关于退兵的交涉告一段落，交战正式拉开。

由双方互动交涉可以得出以下结论：首先，辽圣宗几番下诏均申明发兵旨在讨逆，希望高丽履行臣子义务，同时说明不予配合的后果；其次，诏书中屡次强调辽丽间宗藩关系，指出辽朝作为宗主国发兵讨逆的合法性，又点明显宗王询为逆臣所立，且此时未获辽册封，王位继承程序并未完成；再次，兴化镇守军上表之言多有不恭，然辽圣宗只是围而不打，尽力晓以君臣之道，告之以利害关系，证明辽朝大军压境确无占领国土之意。

（2）第二次交涉

如辽圣宗诏书所言，辽军擒获康兆后，一路进军，高丽西北城

1　郑麟趾：《高丽史》卷 4《世家·显宗一》，第 88 页。

2　《辽史》卷 15《圣宗本纪六》，第 184 页。

3　郑麟趾：《高丽史》卷 94《杨规传》，（韩）亚细亚文化社，1972 年影印本下册，第 103 页。

寨皆为辽军所下。[1]辽使刘经携檄文至西京谕降，为城中主战派智蔡文等暗中击杀。随后高丽显宗以"州郡陷没，上表请朝"，[2]辽圣宗遂"以政事舍人马保佑为开京留守，安州团练使王八为副留守。遣太子太师乙凛将骑兵一千，送保佑等赴京"。[3]此即为高丽第一次"请朝"。但西京守将智蔡文等人见韩杞询问刘经谕降一事，恐暗杀事发，于是击杀韩杞等人，又击退乙凛、马保佑。"请朝"遂成"诈降"。

由这一次交涉可以看出辽圣宗对于以高丽"请朝"作为退兵条件是满意的。此时不仅开京未遭兵戈，甚至西京也在固守顽抗，辽圣宗派出官员远赴开京的举动完全建立在相信高丽显宗"亲朝"承诺的基础上。[4]辽军挟大胜之势却并未拒绝退兵的请求，显然未将攻城略地作为主要目的，更多的是将兵威视作要求高丽履行臣下义务的手段。

（3）第三次交涉

高丽诈降令辽圣宗震怒，于是绕开西京，派兵直奔开京。高丽显宗王询听从姜邯赞"今日之事，罪在康兆，非所恤也。但寡不敌众，当避其锋，徐图复兴耳"[5]的建议，率众南行。观姜邯赞之言，显然高丽君臣中不乏对辽朝出兵有清醒认识之人，然而依旧不敢直

1　韩国学者曾有"既已诛杀康兆达成目的，理应撤军，却直向南攻，则其兴师的侵略行为已昭然若揭"之论断，不知是否有考虑到谕降书中所透露的信息。参见金渭显《契丹的东北政策——契丹与高丽女真关系之研究》，华世出版社，1981，第90页。

2　郑麟趾：《高丽史》卷94《智蔡文传》，第104页。

3　《辽史》卷15《圣宗本纪六》，第184页。

4　王民信先生认为此处开京应为西京之误，并且在王询未请降时，西京已经为辽军攻下。（王民信：《王民信高丽史研究论文集》，台北：台大出版中心，2010，第116页）但《辽史》《高丽史》均明确记载，在辽朝接受请降并派出马保佑等人后，才发生高丽西京守将杀害辽朝使者之事。且《高丽史·智蔡文传》中对之后辽丽双方围绕西京展开的交锋还有诸多记载，直至智蔡文逃奔开京，统军录事赵元依旧率众闭门固守，王民信先生此说似不成立。有韩国学者指出辽圣宗派出开京留守及副留守是在占领区建立了行政体制的一种表现。（卢启炫：《高丽外交史》，延边大学出版社，2002，第75页）此说同样值得商榷。无论此处所言确是开京，还是如王民信先生认为之西京，此时均未被辽军占领，则"占领区"一说便不攻自破了。

5　郑麟趾：《高丽史》卷94《姜邯赞传》，第100页。

面辽圣宗而南逃，除对诈降一事心怀忐忑外，亦难免有高丽显宗王询对辽圣宗另择他人而立的担忧。[1]"直入开京"本是辽圣宗于兴化镇谕降时做出的警告之言，如今高丽显宗王询避而不见更令圣宗坚定了决心，于是萧排押率兵入开京，"焚烧大庙宫阙"，[2]"大掠而还"。[3]

当此危急之际，河拱辰上奏："契丹本以讨贼为名，今已得康兆，若遣使请和，彼必班师。"[4]显宗遂令其赴辽军请和。"拱辰行至昌化县，以表状授郎将张旻、别将丁悦先往契丹军。……旻等未至，契丹先锋已至昌化，拱辰等俱陈前意。契丹问国王安在？答曰：'今向江南，不知所在。'又问远近。答曰：'江南太远，不知几万里。'追兵乃还。"[5]时至今日，有关"江南太远"这一说辞，学界大多抱相信的态度，认为河拱辰利用辽圣宗对高丽具体情况的无知，轻易骗其退兵。然细检史料，统和二十年，高丽曾"贡本国地里图"，[6]说明辽圣宗在出兵前便已获取了解朝鲜半岛地理环境的渠道。实际上辽军南下过程中遭遇的抵抗从未中断，且战线愈拉长，后勤补给愈吃紧。若坚持南下，则恐将陷入难以为继的局面。故辽圣宗借口"江南太远"，退兵还朝。

检讨三次关于"退兵"的交涉，辽圣宗始终站在宗主国立场上整理辽丽关系，无论是讨伐逆臣还是要求国王亲朝，都没有超出宗主国的权利范围。辽军深入高丽腹地，亦并非对高丽抱有领土要

1　王询母景宗妃皇甫氏，乃太祖王建孙女、戴宗之女。景宗去世后，皇甫氏与太祖子安宗王郁私通而生王询。虽然高丽王室从头到尾都维持族内婚制，并通过族内婚制维持嫡庶之身份制度，以确保王权（朴延华、李英子：《高丽王室族内婚制及其变化》，《东疆学刊》2003 年第 1 期），但王询私生子的身份仍然尴尬。穆宗无子，当时太祖后人可继承王位者仅有王询一人，故王询得以为穆宗及大臣所选择。康兆用事后，流落民间的孝隐太子之子王琳、王祯得以恢复宗籍。二人的出现，改变了王询作为高丽王室仅存硕果的局面，王询避辽军唯恐不及，恐怕更多的是担心辽圣宗另择他人而令自己无立足之地。

2　郑麟趾：《高丽史》卷 4《显宗世家一》，第 88 页。

3　《辽史》卷 88《萧排押传》，第 1476 页。

4　郑麟趾：《高丽史》卷 94《河拱辰传》，第 109 页。

5　郑麟趾：《高丽史》卷 94《河拱辰传》，第 109 页。

6　《辽史》卷 14《圣宗本纪五》，第 172 页。

求，主要还应归因于高丽对辽朝宗主国身份的不断挑战。

2. 兵并举、重塑宗藩

（1）"亲朝"的交涉

辽军班师后，高丽多次遣使，或谢班师，或贺冬至，或贺生辰，虽有示好之态，却丝毫不言"亲朝"。又兼前番征讨辽朝损失巨大，辽圣宗不满更甚。圣宗开泰元年（1012），高丽遣蔡忠顺"乞称臣如旧"，[1]仍不提"亲朝"，辽圣宗于是下诏明令高丽显宗亲朝。显然，此时"亲朝"已经成为辽丽双方继续宗藩关系的条件。

高丽随后"告王病，不能亲朝"，辽圣宗遂下诏"取兴化、通州、龙州、铁州、郭州、龟州等六城"。[2]六城是高丽于统和十一年（993）在辽圣宗所赐鸭绿江女真地上所建，赐地的条件是高丽必须向辽朝称臣纳贡，同时断绝与宋朝的联系。高丽日后并未履行承诺，不仅私下遣使如宋，后又"至者无时"。[3]前次辽圣宗大举征伐高丽，究其根本便在于此。

讨回六城可以看作辽圣宗对高丽的提醒与警告，其意在使高丽认识到辽丽间的宗藩关系及对应的权利、义务。申明"亲朝"乃双方宗藩存续的条件，宗藩关系破裂，则高丽必须交还辽朝赠予的六城之地。

（2）关于"六城"的交涉

高丽接到收回"六城"的要求后，数次遣使与辽朝进行交涉，试图使辽朝接受高丽言而无信的现实。辽圣宗亦"遣中丞耶律资忠使高丽，取六州旧地"。[4]伴随着使者的交涉，辽朝开启了新一轮军事征伐。开泰二年十月，详稳张马留献通晓高丽事的女真人，向辽圣宗介绍了高丽开京附近详情，并为辽军规划了前进路线。次年，

1　《辽史》卷 15《圣宗本纪六》，第 187 页。

2　郑麟趾:《高丽史》卷 4《显宗世家一》，第 91~92 页。

3　《辽史》卷 115《高丽传》，第 1672 页。

4　《辽史》卷 15《圣宗本纪六》，第 189 页。

辽朝又"造浮梁于鸭渌江，城保、宣义、定远等州"，[1]为出兵高丽做了充分准备。

值得一提的是，双方虽然剑拔弩张，但聘使往来并未断绝。《高丽史》记载高丽显宗四年（1013）五月，"契丹来告改统和为开泰"，六月，高丽"遣借尚书右丞金作宾如契丹贺改元"。[2]可见虽然纷争有愈演愈烈之象，但双方此时均未放弃宗藩关系。那么可以认为，辽圣宗对高丽战与和的抉择，其意仍在于在宗藩关系内部对辽丽双方的权利及义务进行调整。

（3）破而后立的宗藩关系

自开泰三年至开泰八年，辽朝对高丽发动的四次征伐均未有收效。这次大规模的征伐"历时六年，数易将帅，仍以契丹在军事上的失败而告终"。[3]外交上的情形同样不容乐观，索要"六城"屡次被拒，开泰四年，高丽甚至扣留了使者耶律资忠，其强硬态度可见一斑。

与此同时，为抵御来自辽朝外交、军事方面的压力，高丽寄希望于宋室方面的助力。开泰四年（宋大中祥符八年），高丽致表北宋"请求赐历日及尊号，且言契丹于其国西鸭绿江头创浮桥，又于江东筑寨"。[4]但宋自澶渊之盟以来已无与辽开战之意，故仅遗诏书以示安抚。面对辽方的巨大压力，高丽宣布"复行宋大中祥符年号"，[5]以示与辽决裂。此举更加激起辽圣宗的怒火，是以遣使愈频，屡败屡战。

旷日持久的战争是对国力的巨大考验，虽然在军事上取得优势，但作为主战场的高丽损失极为惨重，大有虽胜尤败之态。于是

1　《辽史》卷 15《圣宗本纪六》，第 191 页。

2　郑麟趾：《高丽史》卷 4《显宗世家一》，第 92 页。

3　魏志江：《中韩关系史研究》，第 26 页。

4　《续资治通鉴长编》卷 85，真宗大中祥符八年十一月，中华书局，1995，第 1957 页。

5　郑麟趾：《高丽史》卷 4《显宗世家一》，第 95 页。

开泰七年，高丽遣"元永如契丹请和"，希望结束战争状态，却同时又"行宋天禧年号"，显然没有恢复宗藩关系的意愿。[1]辽圣宗自然不能容忍高丽既不归还"六城"，复又重行宋朝年号的悖逆之举，于是再发大军，又一次尝试以兵威重整宗藩关系。是役辽军大败，高丽也再无力支撑战局。开泰八年辽朝先后遣使入高丽，随后高丽遣李仁泽如辽"乞贡方物"，[2]意味着一直态度强硬的高丽放弃与辽朝对抗。

高丽遣使令陷入战争困境的辽朝决定不再继续征伐，开泰八年八月，"遣郎君曷不吕等率诸部兵会大军讨高丽"[3]之举终未有下文。随后，高丽归还了被扣留六年之久的耶律资忠，并奉表称藩纳贡。辽遂释王询之罪，同意其称臣纳贡的请求。此后双方宗藩关系逐渐修复，但由于辽朝军事上未占上风，其所要求的"亲朝""六城"问题遂不了了之。

澶渊之盟后辽圣宗对高丽政策的调整给两个国家带来了深重的灾难，也让他背负了穷兵黩武的名声。如此巨大的代价却并未令高丽显宗亲朝，也未能收回江东六城，十年兵燹及外交博弈仅令双方回到刚刚缔结宗藩关系的状态。但经过十年纷争，高丽君臣深刻认识到辽圣宗规范宗藩关系的决心，此后终圣宗一朝始终与辽朝保持较为频繁的往来。双方重修旧好后，辽朝对高丽的政策强化了文化因素，其目的主要在于"德化"高丽。[4]随着辽圣宗转而实行较为和缓的对高丽政策，辽丽双方得以保持稳定的宗藩关系直至辽圣宗去世。

二　政策调整原因探究

元朝史官在修撰《辽史》时尝发"辽自神册而降，席富强之

1　郑麟趾：《高丽史》卷4《显宗世家一》，第99页。

2　《辽史》卷16《圣宗本纪七》，第209页。

3　《辽史》卷16《圣宗本纪七》，第208页。

4　姜维东：《辽使儒化现象研究》，《社会科学战线》2011年第5期。

势，内修法度，外事征伐，一时将帅震扬威灵，风行电扫，讨西夏，征党项，破阻卜，平敌烈。诸部震慑，闻鼙鼓而胆落股弁，斯可谓雄武之国矣。其战胜攻取，必有奇谋秘计神变莫测者，将前史所载，未足发邪？抑天之所授，众莫与争而能然邪？"[1]之疑问。吴凤霞先生对此进行了深入解读，认为元朝史官在未能找到辽朝战胜攻取原因的情况下，甚至将"众莫与争"归之于"天之所授"，同他们信奉"仁者无敌"，主张"兵者凶器也，可戢而不可玩；争者末节也，可遏而不可召"有很大关系。[2]元朝史官在《辽史·兵卫志》中也指出拥有强大军力的辽朝之所以"长世"，根源在于不轻易用兵。[3]

诚如史家所言，"耀德"胜于"观兵"。为何辽圣宗在澶渊之盟，确切地说是在萧太后去世后旋即改变对高丽政策，不顾萧敌烈"国家连年征讨，士卒抗敝。况陛下在谅阴，年谷不登，疮痍未复。岛夷小国，城垒完固，胜不为武，万一失利，恐贻后悔。不如遣一介之使，往问其故。彼若伏罪则已；不然，俟服除岁丰，举兵未晚"[4]的谏言，执意发兵？这不外两种原因，于内要树立个人威权，于外则要使高丽认同辽朝的正统地位。

1. 内立威权

（1）强化皇权

辽圣宗即位时年仅十二岁，其母承天太后"临朝称制凡二十七年"。[5]承天太后在景宗时期便已经开始参与政事，政治经验丰富。圣宗年幼时，"国事取决于其母"。[6]至其成年，遇事仍然"拱手"母

---

1 《辽史》卷95《耶律弘古、耶律马六等传》，第1532页。

2 吴凤霞：《辽朝何以"雄长二百余年"——〈辽史〉论赞相关议论探究》，《内蒙古社会科学》（汉文版）2013年第3期。

3 《辽史》卷36《兵卫制下》，第4889页。

4 《辽史》卷88《萧敌烈传》，第1473页。

5 叶隆礼：《契丹国志》卷7《圣宗天辅皇帝》，中华书局，2014，第71页。

6 《续资治通鉴长编》卷27，太宗雍熙三年春正月戊寅，第602页。

旁，聆听母训"略无怨辞"。[1] 学界基本上可以对承天太后在圣宗时期政治上的主导地位达成一致，认为其"执政前期，正是圣宗年幼之际，她当然要站在第一线，随着圣宗的成长，萧太后的作用要有所减少。但是根据情况，完全可以断定，她仍不失为当政者，这一时期的政绩和存在的问题，当然不能完全归于萧太后，但首先应写在她的名下"。[2] 承天太后作为"辽朝复兴的主要决策者"，[3] 圣宗成年以后，朝政亦多决于太后。

　　承天太后摄政的四十余年政绩斐然，圣宗长于其侧，"益习国事，锐意于治"，[4] 自然不甘心做一个守成之君。太后去世后，已即位二十八年、年过不惑却刚刚脱离太后视线的辽圣宗急切地想要提升权威，加强皇权。但承天太后虽然辞世，余威仍在，后族依然有着与皇族分庭抗礼的实力。辽圣宗欲在此时加强皇权必须创下足以服人的文治武功，才能在太后长久的政治影响中有所突破，进而对后族进行有效遏制。前文所述萧敌烈之谏言不可谓不客观务实，虽然《辽史》中将圣宗的不予采纳归因于命令已下，但其中亦难免有对其国舅详稳身份的疑忌。再观辽圣宗统和二十八年征高丽的阵容，主要将领中皇族耶律氏占去大半，除去少数几名汉臣与渤海臣，后族中仅萧排押一人而已，这与统和十年（992）征伐高丽时一应大事放心交于萧恒德的情形形成了鲜明对比，辽圣宗倚重皇族、削弱后族的意图已经初现端倪。

　　（2）效法英主

　　辽圣宗"好读唐《贞观事要》，至太宗、明皇实录则钦服"，并云"五百年来中国之英主，远则唐太宗，次则后唐明宗，近则今宋

1　叶隆礼：《契丹国志》卷 7《圣宗天辅皇帝》，第 80 页。

2　孟广耀：《肖太后考评——兼论〈澶渊之盟〉》，《内蒙古师大学报》（哲学社会科学版）1984 年第 4 期。

3　苗泼、曹显征：《论辽代的母后摄政》，《昭乌达蒙族师专学报》（汉文哲学社会科学版）1991 年第 3 期。

4　《辽史》卷 61《刑法志上》，第 1041 页。

太祖、太宗也"。[1]阅唐高祖、太宗、玄宗三《纪》时，亦令臣下"录
其行事可法者进之"。[2]鉴于《契丹国志》内容多来自《资治通鉴》
及《续资治通鉴长编》，二书皆为宋人所著，故辽圣宗赞宋太祖、
太宗之语未必可信，然对照《辽史》可知辽圣宗对唐太宗、唐玄宗
的钦佩乃是实情。

唐太宗、唐玄宗皆是对外强势的君主，对朝鲜半岛政权亦
然。辽圣宗常以唐太宗、唐玄宗行事为参考，且当时承天太后仍
在，政令多出于太后之手，那么将"'诏取女直鸭绿江东数百里地
赐之'的错误决定"[3]完全归因于辽圣宗显然不妥。考察承天太后去
世后辽圣宗对高丽政策的几番调整，可以看出其对高丽诸般表现不
满已久，甚至深以"鸭绿江东数百里地"割让一事为憾。当日将土
地赐予高丽实为利诱，目的在于建立辽丽间的宗藩关系，断绝宋朝
东部的羽翼。然事与愿违，高丽得此地后立即驱逐女真人，兴建城
池，在辽丽接壤之处更是着重防御。更有甚者，高丽违背承诺遣使
如宋，日后又"贡献不时至"，[4]与辽朝逐渐疏远。如此一来，辽朝赐
地可谓得不偿失。辽圣宗多次兴兵征伐，又屡屡遣使讨回"六城"，
初时不过是以"六城"相挟以使高丽显宗亲朝，后来不提"亲朝"
只索"六城"，似可以证明当日赐地一事辽圣宗其实并不认同。承
天太后去世后辽圣宗立即着手整理辽丽关系，或许就是对昔日自已
并不认可的政策进行修正。

2. 外正中华

辽自太祖开国，便已为日后辽朝发展奠定了"辽家遵汉制，孔
教祖宣尼"[5]的基调。欧洲著名学者沙畹认为在辽太宗时，辽朝已经

1　叶隆礼：《契丹国志》卷7《圣宗天辅皇帝》，第80页。

2　《辽史》卷80《马得臣传》，第1409页。

3　郑川水：《辽圣宗及辽与高丽藩交考略》，《辽宁大学学报》（哲学社会科学版）2003年第1期。

4　《辽史》卷88《耶律资忠》，第1478页。

5　耶律楚材：《湛然居士集》卷12《怀古一百韵寄张敏之》，中华书局，1986，第260页。

成为一个"真正的汉族王朝"，[1]此说或许尚存争议，但历经百年的发展，至圣宗时，辽朝疆域辽阔、势力强劲，儒化程度更深，已呈一片蔚然华风乃是不争的事实。辽太祖、太宗时期，皆以"中国"自居，待辽宋签订澶渊之盟，辽朝的"中国观"开始变化，产生了"中国正统"的思想。[2]在儒家文化的作用下，辽朝统治者意识到若天子至尊地位得不到外部承认，则其国内统治的合法性也将遭到挑战。[3]于是在辽朝内部对"中国"的身份已经确认无疑的情况下，其对于外部认同的需求便愈加迫切。这就可以解释为何辽朝帝王所努力追求的除现实意义上的"广土众民"之外，一直未曾放弃争取"中国"身份的外部认同。

清人赵翼曾言："义理之说与时势之论往往不能相符，则有不可全执义理者。盖义理必参以时势。"[4]受澶渊之盟所限不能继续筹谋南伐的现实，同不断壮大的国力、日益深入的"中国"意识以及在此基础上发展起来的"正统"观不断碰撞，在东亚范围内取得超越宋朝的地位并获得道统上的认同就变得十分迫切。高丽是东北亚地区少有的以儒治国的"礼仪之邦"，向来礼敬中原、恭奉正朔，若能令高丽承认辽朝为"中国正统"，则对于辽朝所追求的"中国认同"来说实在是一个很大的助力。

辽圣宗自幼接受儒家文化熏陶，好读《贞观政要》等书，可谓深谙汉唐盛世治边之法，为何不效法前贤"来则惩而御之，去则备而守之。其慕义而贡献，则接之以礼让，羁縻不绝，使曲在彼"之"圣王制御蛮夷之常道"，[5]而强行征伐？非不明义理，实乃时势使然。

1　魏特夫：《中国社会史——辽（907~1125）总论》，参见王承礼等《辽金契丹女真史译文集》，1990，第7页。

2　赵永春：《从复数"中国"到单数"中国"——中国历史疆域理论研究》，黑龙江教育出版社，2014，第393页。

3　赵汀阳：《天下体系——世界制度哲学导论》，江苏教育出版社，2005，第41~56页。

4　赵翼：《廿二史札记》，上海古籍出版社，2011，第489页。

5　《汉书》卷94下《匈奴传》，中华书局，1960，第3834页。

所谓"远人不服，则修文德以来之"，[1] 其所依靠的是包括文化影响力、意识影响力、制度安排的影响力等在内的软实力。[2] 而对于辽王朝来说，此时依靠"软实力"怀柔受儒家文化熏染日久的高丽，无异于缘木求鱼。是故欲达成祖辈构建"中央之国"的政治理想，建立一个以辽朝为中心的宗藩体系，唯有通过征伐使"强朝弱附"。[3]

结 语

辽圣宗对高丽的连番征伐以及屡屡遣使所进行的交涉，归根究底是希望得到高丽的认同，希望高丽对辽的臣服不是"畏威"而是"归心"。但持续十年之久的交锋，给两个国家及双方的百姓造成了巨大负担。在这场国力的比拼中，高丽率先妥协，也为辽朝结束战争提供了理由。双方重新建立宗藩关系之后，为了维护来之不易的和平，没有就"亲朝""六城"等问题再做过多交涉，这对高丽来讲自然求之不得，对辽圣宗来说却不得不说是一种遗憾。但无论如何，双方宗藩关系经此十年之役逐渐步入成熟。[4] 此后辽朝再未兴大兵讨伐高丽，盖因"时势"已经通过武力得以变化，遵循"义理"多修文德已经上升为主要任务。

---

1 《论语·季氏》，张燕婴译注，中华书局，2006，第 250 页。
2 方铁：《论中原王朝治边的文化软实力》，《中国边疆史地研究》2013 年第 2 期。
3 《辽史》卷 32《营卫志中》，第 427 页。
4 杨军、王秋斌：《中国与朝鲜半岛关系史论》，第 163 页。

蒙元史研究与蒙元历史叙事的构建

沈卫荣 *

一

20世纪90年代初，在德国波恩大学读书的时候，笔者曾经读到过一本书，它的主标题叫作《十三世纪西方蒙古形象的来源与影响》(*Ursprung und Ausprägung des Abendländischen Mongolenbildes im 13. Jahrhundert*)，而其副标题是《[欧洲]中世纪思想史的一个尝试》(*Ein Versuch zur Ideengeschichte des Mittelalters*)，这本书是亚琛(Achen)工业大学哲学系1990年的一篇博士学位论文，由德国著名的东方[亚洲]研究出版社 Harrassowitz Verlag 于1993年出版，作者是 Axel Klopprogge。记得这本

书出版后得了奖，获得了很多好评，故引起了笔者的注意，当时读了以后觉得很受触动和启发，至今记忆犹新。这本书的主题讲的是欧洲人是如何期待、理解和接受蒙古西征，或者那个被人称为"蒙古旋风"的历史事件的。蒙古对欧洲的征战发生在 1241 年，延续时间不长，蒙古西征最远点也不过是到达了波兰和德国边境地区的 Liegnitz 和 Schlesien，于此逗留的时间一共也不到两周，果真是一场转瞬即逝的风暴，可它在欧洲思想史上却留下了长期和深刻的影响。

这本书的作者提出对蒙古西征历史的研究应该分为两个不同的层面，一个层面是研究当时具体发生了什么，蒙古西征究竟是怎样的一个历史过程，但这显然不是作者这本书要关注的重点，对它的研究需要比他更专业的蒙古史学家来完成；而另外一个层面则是研究当时欧洲人是如何期待、理解、解释，甚至是设计了蒙古西征这一历史过程的，以及蒙古西征在欧洲思想史上带来过什么样的影响。这正是这本书的作者所要关注的重点。这个层面的"历史"研究跟作为一场军事行为的蒙古西征本身关系不大，它基本上属于欧洲思想史研究的范畴。作者的研究表明，令人觉得非常不可思议的是，早在蒙古西征这一历史事件实际发生以前，欧洲已经出现了各种各样有关蒙古人的传说，事实上欧洲人早已经期待着鞑靼人（蒙古人）哪天真的会在欧洲出现，并帮助基督徒们来惩罚和消灭异教徒，甚至征服全世界。所以，当时的欧洲人对这场旋风式的蒙古西征的历史的描述基本上是按照他们自己的期待、想象和设计来完成的；它们与那段实际发生的历史事件及其过程严重相脱离，这是在欧洲中世纪思想史的结构中来重现和讲述的一个蒙古西征的故事。

与欧洲人对蒙古西征的想象和设计紧密相关的另一个在中世纪欧洲思想史上具有深远影响的事情是自 12 世纪开始曾经在欧洲广泛流传的一个有关约翰长老的王国（The Kingdom of Prester John）的故事。这是一个纯粹由好事的基督教教士捏造出来的故事，表达的是他们希望联合来自东方的力量来消灭威胁到他们的异教徒穆斯林的愿望。这个故事说，在遥远的东方存在一个非常强大的基督教王国，它的领袖是约翰长老（Presbyter Johannes，或称 Prester John），他是 72 个国家的君主的君主，统治着东方所有广大的地方，有朝一日他将率领势不可当、强大无比的军队打回西方，以帮助他的西方基督教兄弟们去消灭异教徒穆斯林。这个传说在当时的欧洲流传非常广泛，所以，即使像马可波罗这样少小离家、没有多少文化的商人，显然也已经受到了这个故事的深刻影响。在由他叙述的东方游记中，马可波罗可以对他习以为常的那些真实的东方故事忽略不谈，却对约翰长老和他的王国念念不忘，曾经多次提到，因为他清楚地知道与他同时代的西方读者们大概不会对那些完全超越了他们想象范围的中国故事，如中国有万里长城或者中国女人裹小脚等，有很多的兴趣，却十分期待能够从他那里听到更多他们早已经耳熟能详却又亟待证实的事情，例如这个关于约翰长老的故事。以往曾有不少历史学家非常用心地去考证这位约翰长老到底是谁，他的王国到底应该是在印度、蒙古国、中亚还是在埃塞俄比亚等，而在专门研究《马可波罗游记》的中外学者中，也有一些人很关心马可波罗所说的这位国王到底是指成吉思汗还是指克烈部的王罕。考证来考证去，却不知道或者忘了这位约翰长老就像西方人一直觉得东方世界有他们所没有的一种"独角兽"（unicorn）一样，本来就是一位虚构出来的人物，子虚乌有。对约翰长老及其王国的研究与蒙古史或者东方史完全没有关系，它理所当然地也应该是中世纪欧洲思想史的一部分。[1]

　　读《十三世纪西方蒙古形象的来源与影响》这本书的时候，笔

---

[1] 关于"约翰长老的王国"的传说及其在欧洲历史上的影响的著作非常丰富，可谓不胜枚举，兹仅列蒙古学家 Igor de Rachewiltz（罗依果）教授的一部著作：*Prester John and Europe's Discovery of East Asia* (Australian National University Press, 1972)。此外，已故意大利小说家、学者 Umberto Eco 先生曾著作一部学究式的小说，题为 *Baudolino*，发表于 2000 年，专门讲述"约翰长老"这个传说如何被制造出来的经过，故事委婉曲折，引人入胜。

者正随导师 Klaus Sagaster 先生阅读德国学者整理出版的欧洲传教士们留下的多种蒙古行记，同时也正被"约翰长老的王国"这个故事深深地吸引，曾花了不少时间去搜罗有关这个传奇的各种学术的和非学术的作品，想彻底搞清楚这个故事的来龙去脉。而整个这段有趣的读书过程，使笔者对蒙元史研究的观念产生了很大的转变和影响，开始注意到蒙元史研究不管是论其内容，还是论其方法，原来都比笔者以前所理解的要丰富、广阔和复杂得多，它至少应该从两个或者多个不同的层面、维度或者视角来展开，同时也开始认识到蒙元史不只是中国古代历史的一个组成部分，蒙元王朝曾经是一个跨越欧亚的大帝国，它连接了东西方世界，打破了原有的以欧洲或者以汉文明为中心的世界格局，所以，它的历史既是中国古代历史的一个组成部分，同时也可以是欧洲历史或者世界历史的一个组成部分，对它的研究不只是一些被人认为是蒙元史学家们在做的事情，它甚至也可以是欧洲思想史学家们所研究的主题。还有，以前笔者觉得历史研究最基本和最重要的任务是对具体的历史事件和事实的考证和重建以及对历史事件发生的年代顺序的建构，而比较忽略如何对自己所研究的这段历史用某一种故事的形式作整体地叙述和再现（presentation and representation），现在则开始明白从揭露历史的事实（facts）到形成一种历史的叙事（historical narrative）之间有一个十分精致和微妙的转换过程，而历代史学家对历史的研究往往不是一个简单地寻找历史资料和发现历史事实的过程，而是一个不断地对它进行重塑的过程，他们采用哪一种叙事形式来表述和重现某一段历史，通常都与史家们当时所处时代的现实关心有关，体现出历史研究与当下现实社会和文化的联系，以及它对于当下的价值和意义。

二

有了前述这一段特殊的读书经历，再来回顾笔者自己此前在国内学习蒙元史的经历，不难发现笔者自己和国内的大部分学术同行们，至少在20世纪的八九十年代，显然主要是把蒙元史作为中国古代历史的一个部分来研究的，关注的更多的是考证和研究蒙元历史上的各种具体问题和具体史实，而较少在意如何整体地来讲述蒙元史，或者说采用哪一种视角、用哪一种故事形式（叙事模式）来构建一套关于蒙元王朝的历史叙事。特别是我们这些当年曾经在南京大学元史研究室学习过、工作过的师友们，大都是傅斯年先生的崇拜者，推崇他所主张的"史料即史学"的观点，认定研究历史最要紧的是要"上穷碧落下黄泉，动手动脚找东西"。或者说得更远一点，我们都是被伯希和先生等于汉学和中亚研究领域内发挥到了极致的西方历史语言学（语文学）传统的崇拜者，笔者的老师陈得芝先生和老师的老师韩儒林先生都是在这个传统下训练出来的优秀的蒙元史大家。韩先生有句流传极广的名言叫作"板凳要坐十年冷，文章莫写一字空"，显现了语文学家甘为学术做苦行僧的坚定不移的学术精神，这曾经是我们很多人的座右铭。值得一提的是，从20世纪80年代开始，中国的蒙元史研究在中国的各个断代史研究领域中曾经是一个很强、很特别的学科，与当时整个学界要拨乱反正、而历史研究则重点要反对以论代史的学术风气合拍，蒙元史研究的主流一直是站在历史语言学（语文学、考据学）这个高度，延续了韩儒林先生等老一辈蒙元史学家们所积极倡导的语文学传统，提倡十分细致、扎实的学风，强调蒙元史研究者必须要掌握汉语文以外的诸如蒙古、波斯、阿拉伯、西藏等语言文字，有能力充分利用多语种写成的历史文献资料，并重视吸收西方和日本学术同行们的研究成果，令自己的研究"预流"，具有国际化的水准。所以，中国的蒙元史研究在改革开放以来的几十年中，取得了令人瞩目的成绩。哪怕是从今天的"大元史"或者"新清史"的角度和主张来衡量，中国蒙元史研究的主流至少在利用非汉语文文献资料和具备国际学术视野这两个方面，均不落后于世界学术的水准，从事的也从来都是"大元史"的研究。

可是，最近这一二十年来，世界上先后出现了众多重新讲述蒙元史的著作，它们从世界史、全球史或者欧亚史的视角出发，建立了一套全新的关于蒙元王朝的历史叙事。在这一套新的历史叙事中，蒙古对世界的征服被当成近代世界新秩序之建立的开始，或者说它甚至是全球化的开始。与此同时，蒙元王朝的历史被从传统的中国古代王朝不断变换更迭这一历史框架中挪移了出来，蒙元王朝是一个跨越欧亚、连接东西方世界的大帝国，它的历史意义相应地得到了一种全新的认识和提升，人们普遍地认为蒙元帝国的崛起整个地改变了东西方世界的原有格局，它为整个世界史创造了一个"蒙古时代"（和一个与之相连接的"后蒙古时代"），这个时代不再由以欧洲为中心的西方世界和以中国为中心的东方世界两个互相分离的世界组成，而是合成了以横跨欧亚的蒙古帝国为中心的一个整体。蒙古时代对世界格局的这种改变影响巨大，它一直延续到了我们今天所生存的这个当代世界。这一套新的蒙元历史叙事，令人耳目一新，它既反对欧洲中心主义，也反对汉族中心主义，在这个全球化正如火如荼地进行中的大时代深得人心，故引起了超越学术界的世界性反响。[1] 即使是在今天的中国，这一套新的蒙元历史叙事也出人意外地受到了广大读者们的欢迎和欣赏，这一类重新讲述蒙元史的著作都十分畅销。颇为令人遗憾的是，中国的蒙元史学家们不但没有能够参与到这一套新的蒙元历史叙事的建构之中去，而且他们几十年来对蒙元史的研究和成果多少因为这一套新的历史叙事的出现而黯然失色，显得有点陈旧和落伍，甚至遭受忽视或者无视。用现在流行的一句俗话来说，中国学者似乎在蒙元史研究这一领域

1　这类著作很多，此仅列举其中几部比较有影响的作品，例如 Jack Weatherford, *Genghis Khan and the Making of the Modern World* (New York: Broadway Books, 2004); Michal Biran, *Chinggis Khan* (London: Oneworld Publications, 2007); Timothy May, *The Mongol Conquests in World History* (London: Reaktion Books, 2012)。

在世界范围内失去了"话语权"。

对于这一套新的蒙元历史叙事对于中国知识界带来的巨大震撼和影响，我们或可以从日本京都大学教授杉山正明先生的一系列关于蒙古史、元史和中国北方民族史的通俗类学术著作的引进、出版以及它们所产生的巨大反响作为一个典型例子来说明。杉山先生应该说是最早尝试从全球史、世界史的视角出发，将蒙元王朝作为一个横跨欧亚的大蒙古帝国而赋予其以新的历史定位和历史意义的一位著名的专业蒙元史家。他提出出现在中华本土北方的蒙古帝国本来是一个有着军事共同体传统的游牧部落，在成功征服和统治中华大地之后，拥有了人类史上罕见的一支强大的军事力量，它一方面将中华作为其统治的核心地区，另一方面活用中华本土的经济、产业和技术力量，实行对东亚、中亚和中东、欧亚地区的军事扩张，建立了一个人类历史上规模最大的帝国。所以，他认为，"'元并非中国王朝'这一观念或许可以说是对错各半。但作为接收中华领土的结果，蒙古政权进一步充实、扩大了中华本土，这一点却是明白无误的事实。也正因为这一点，蒙古以后的明清两代政权，才得以保持了辽阔的版图。而另一方面，蒙古帝国作为一个联合体，领土确实远远超过了中华国界，横跨了由四个属国构成的超大区域。或许可以说，在 13、14 世纪有关蒙古和中国的关系方面，呈现出一种二律背反的侧面"。[1]

因为杉山先生与中国的学术同行们有很深的学术渊源，所以，他的一系列宏观叙述蒙元历史的作品既激发了中国学者们的浓郁兴趣，同时也给他们造成了不小的刺激和挑战，故引发了很多的讨论

1　《杉山正明谈蒙元帝国》，《东方早报·上海书评》编辑部编《殊方未远：古代中国的疆域、民族与认同》，中华书局，2016，第 176~177 页。对杉山先生这种观点的评论参见吕正惠《杉山正明教授的中华文明观——〈疾驰的草原征服者〉〈游牧民的世界史〉读后感》，张志强主编《重新讲述蒙元史》，生活·读书·新知三联书店，2016。

和争议。[1] 杉山先生是中国蒙元史学界的老熟人，记得 1986 年秋在南京大学召开了首次国际蒙元史学术讨论会，当时的杉山先生风华正茂，不但外表年轻俊朗，而且他的远大的学术抱负也溢于言表，给人留下了深刻的印象，是当时国际蒙元史学界公认的后起之秀。作为日本蒙元史学界之青年一代的杰出代表，他受到了中国学术同行们热忱的欢迎和由衷的尊敬。当时大家对杉山先生肃然起敬的一个最重要的原因是，听说他已经搜集了波斯大史学家拉施特丁的历史巨著——《史集》的所有波斯文抄本，并正在着手整理和译注这部对于研究蒙古历史来说至关重要的波斯文历史文献。可以说，中国的蒙元史学者从清代学者洪钧注译《元史译文证补》开始，就已经具备"大元史"的学术眼光，一贯重视域外非汉语史料对于研究蒙元史的重要意义。但是，由于中国之学术与国际学术有了几十年的脱节，在当时中国的蒙元史家当中，还没有人能够直接利用波斯文文献，更没有自己去海外搜集所有现存《史集》波斯文抄本的可能性，所以，杉山先生当年所具备的这种卓越的学术能力和优越的

1　杉山先生的通俗类学术著作大部分已经被翻译成汉文于近年出版，它们是：《忽必烈的挑战——蒙古帝国与世界历史的大转向》，社会科学文献出版社，2013；《疾驰的草原征服者——辽西夏金元》，广西师范大学出版社，2014；《游牧民的世界史》，中国工商联合出版社，2014；《蒙古帝国的兴亡》（上、下），社会科学文献出版社，2015；《蒙古颠覆世界史》，生活·读书·新知三联书店，2016。杉山先生唯一的一本纯学术的专著是他的学术论文集，『モンゴル帝国と大元ウルス』東洋史研究叢刊、京都大学学术出版会、2004。这部论文集为杉山先生赢得了 2007 年日本学士院奖，这是日本学术界的最高荣誉之一，可他的这部著作在中国的学术界却并未得到重视，尚无汉译本出版。值得充分强调的是，杉山先生是一位十分有创造力，而且非常勤奋的优秀学者，进入 21 世纪以后，他的学术兴趣又转移到了对蒙古时代绘制的世界地图的研究，其中对包括汉文、阿拉伯文、拉丁文等多语种地图的研究；与此同时，他又参与了新成立的"日本地球环境研究所"的多个历史学与地球环境学研究的项目的前期规划和企划立案等工作，领导一批年轻学者参与该所所组织的绿洲项目、伊犁项目等大型研究课题，出版了一批高质量的学术成果，也因此而培养了一批年轻有为的学者，从事欧亚历史和人文、环境研究。他自己出版的成果也有很多种，例如，杉山正明「文明圈をこえて－モンゴル时代の世界像（特集 古典学研究——现代における古典学の役割）」『学術月報』53（11）、2000、1164-1168 頁；杉山正明「東西の世界図が语る人類最初の大地平」藤井讓治·金田章裕·杉山正明編集）『大地の肖像―絵図·地図が语る世界』京都大学学術出版会、2007。

学术条件令人望尘莫及，故格外受到中国学术同行们的推崇。令人想不到的是，近三十年过去了，杉山先生让人期待已久的《史集》的精校本和译注本至今未见出版，但他却以他所建立的一套对蒙元历史的十分独特的新的历史叙事而名满天下，其影响远远超出了中国的蒙元史学界，这让他的中国学术同行们多少有点感到错愕和不解。

如前所述，20世纪80年代以来的中国蒙元史研究可谓成绩斐然，其研究领域在不断地拓宽，对很多具体课题的研究也已经做得非常精细。几十年来，中国学者们也一直在追赶杉山先生的脚步，希望同样能够在利用多语种非汉语文献研究蒙元史这个领域内达到杉山先生这样高的学术水准，但这绝对不是一件轻而易举能够达到的事情。按照杉山先生自己的说法，"在研究蒙古、元朝史时，只能说学习多种语言是必要条件"。"在进行蒙古时代史研究时，汉语、波斯语不消说，阿拉伯语、突厥系语、俄语、梵语－巴利语、藏语、拉丁语、意大利语、德语、法语、英语、西班牙语等，都必不可少。坦率地说，如果想鼓足勇气进行蒙古时代及其前后的历史研究，那一生都得进行语言学习。同时，当然有必要从世界各地搜集蒙古时代以前的各种历史、语言文献。我自己从儿时开始一直到今日的大约四十年间，每天都纠结于此。"所以，他认为"挑战研究蒙古时代史，或许根本不是一个人所能做的事"。[1] 不知道这是不是杉山先生最终改弦更辙，从对学究式的语文学研究的专注中突围出来，而全身心地投入重构蒙元历史叙事的尝试之中的一个重要原因。而他在后一方面的成就和影响显然盖过了作为一名曾被世界蒙元史学界寄予了厚望的出色的语文学家、蒙元史家的成就和影响力。

---

1 《杉山正明谈蒙元帝国》，《东方早报·上海书评》编辑部编《殊方未远：古代中国的疆域、民族与认同》，第183页。

三

上述杉山先生于学术上的这种华丽转身，除让中国的同行们觉得惊讶外，同样也应该给人以启发，或许我们今天也应该把眼光放宽一些，或者也像杉山先生一样变换一下视角来重新审视和思考蒙元史，也来考虑一下在当下这个时代我们应当如何来讲述蒙元史，探讨一下蒙元史对于我们当今这个全球化了的世界的现实意义。

历史研究的进步与历史叙事的建构并不是同一回事，二者常常不是同步的。一种新的历史叙事或者话语的出现多半是与一个时代、社会的特殊的兴趣和关注相关，而并不见得一定要依靠优秀的历史学家的努力，也不见得一定是建立在优秀历史学家们所做出的扎实可靠的历史研究的基础之上的。在蒙元历史研究和蒙元历史叙事、话语建构这两者之间，并不存在一条直接的通道。就目前的情形来看，中国的蒙元史家或已经把蒙元历史研究得很好、很专深了，可是，他们好像没有像别人一样尝试去把蒙元史这个故事讲得更好，或者说根本就没有去努力把他们的研究成果转化成为一种可以让非专业读者也能听得进去的历史叙事。与此同时，别人却正在讲述这个故事，而且已经建立起了有关这个故事的一套有影响力的叙事和话语。尽管别人讲的这个故事不见得一定正确，它与我们的研究成果也不一定相符合，但是，他们说的故事讲得多了，流传广了，就会自然而然地形成某种权威意义，并演变成为一套固定的历史叙事，随之而产生巨大的话语霸权。这样，我们自己不但失去了有关蒙元史的"话语权"，而且还会时刻受到这套既定叙事和话语的强烈的压迫和限制。所以，任何蒙元史学者在认真研究蒙元历史的同时，也应该对目前全球化或者全球史背景下出现的种种有关蒙元历史的叙事予以更多的关注，也有必要用自己的研究成果来讲述这个故事，参与到全世界层面的有关蒙元史的叙事和话语的建构过程之中，从而建立起我们自己对蒙元史的历史叙事和话语。

如前所述，中国老一代的蒙元史学者都相信"史学就是史料学"，觉得研究历史的最终目的就是兰克（Leopold von Ranke，1795~1886）所说的，"就像它实际发生的那样"（Wie es eigentlich gewesen ist）来重构历史。我们曾经充分相信，只要我们把史料都找齐了、穷尽了，把事情的前因后果都弄清楚了，那么，这个我们所寻求的"历史的真实"就自然而然地摆在我们的面前了。所以，我们要学习各种各样的语言文字，想尽各种各样的办法尽可能地去寻找别人还没有利用过的新的文献资料，然后对这些资料进行仔细的整理和研究，从而对已经十分成熟了的蒙元史研究做出更新、更大的贡献。当笔者初学蒙元史的时候，笔者就知道洪钧的《元史译文证补》曾对蒙元史研究起了多大的推动作用，明白是大量域外的、非汉语文献资料的发现给元史研究带来了革命性的进步。但是，于今天看来，这个层次的历史研究固然十分重要，应该说它依然还是蒙元史研究中最重要的工作，但它不是历史研究的全部内容。史料总有一天会被穷尽的，但历史研究是不会停止的，对历史事实的重构不但本身永远难以达到十分理想和完美的境界，而且它也不足以完全满足一个历史学家的好奇心，并圆满地实现其从事历史研究这个职业的价值和意义。怎样从对历史事实的探求当中同时求得历史对于我们眼下所处的这个时代和文明的意义？怎样构建对这些历史事件的表述和再现，并通过这种叙述建立我们对于这段历史的理解和解释？这或许应该是历史研究的第二个重要步骤。至少具备了这两个步骤，我们的历史研究或方可达到司马迁所追求的"究天人之际，通古今之变，成一家之言"的境界。

毋庸讳言，能够从前述历史研究的第一个步骤跳跃到第二个步骤，或者说能够同时兼擅这两个步骤的历史学家并不多见，而杉山正明教授则是蒙元史研究领域内一个非常少有和典型的例子。他同时重视蒙元史研究的两个不同层面，从学术生涯前期对多种语文能力之训练的执着和成就，到后来对建构蒙元历史叙事所做出的创造性的发明，可以说他在语文学和理论两个领域都有很深的造诣，并都取得了出色的成就。这对于一位杰出的蒙元史学家来说，无疑是非常难能可贵的。在京都大学访学三年期间（2002~2005），笔者和杉山先生曾经非常熟悉，常有来往。记得有一次晚上和他一起喝酒喝得多了一点，几近半夜时被他拉到家里去喝茶。我很惊讶地发现他家里的藏书和他办公室的藏书完全不一样，可以说是两个完全不同的学术世界。他在京都大学的办公室以前为羽田亨先生所有，据说京大著名的学术前辈如佐藤长先生等，即使在他们晚年到了杉山先生这间办公室门口依然会情不自禁地肃然起敬起来，而它到了杉山先生这里则成了日本关于蒙元史或者说欧亚史研究的最好的图书馆之一，因为它收藏了波斯文《史集》的所有版本。有几次，我在京大图书馆没找到的书，在他的办公室却全找到了，可见其名不虚传。可是，在他家里我看到他也有一间很大的书屋，其中堆满的却全是"岩波文库"一类的普及性读物，以及各种各样的理论类书籍。看起来，杉山先生在学校和在家里从事的是两种完全不同的学术研究，他同时驰骋在两个完全不同的学术世界之中，而且皆得心应手、收放自如。

笔者曾经很冒昧地问杉山先生为什么他现在不专心做《史集》的研究了，他颇带自嘲和无奈的解释是，他目前已经和出版商签下了很多的出书合同，故暂时没法停下来做别的，他还必须继续写这一类面向大众读者的学术作品。但笔者猜想，杉山先生在学术取向上的这种巨大变化，很可能还有另外的一个原因，即他对我们以前信奉的学术理念——研究历史就是要把历史像它过去实际所发生的那样呈现出来——也产生了动摇。据说杉山先生给学生上课时，常常会毫不留情地批评像伯希和先生这样的一众超级学术权威，尖锐地指出这些权威们所犯的各种各样的错误。他大概觉得语文学的、实证性的历史研究最终还是很难达到十分精确和完美的理想境界的。即使是像伯希和这样不世出的伟大的语文学家、历史学家也难免会犯各种各样的低级的错误，所以，历史研究的科学性是很难得到完全的保证的。事实上，语文学研究本来就应该是一个前赴后继、不断进步的过程，后代学者依靠新的学术手段、凭借新发现的资料，可以不断地对其前代学者的研究和成果进行持续的更新和改进。一代人有一代人的学术，前一代人的学术正是后一代人学术之发展和进步的基础。但是，历史研究从根本上来说还是一种再现和构建，它必须要建立在一种叙述和解释的框架和范式之上，每一段历史必须借助这些框架和范式才能被讲述、重现出来。所以，哪怕你能做最好的考据，当你要把它讲述出来的时候，依然还会受到某一种观念或者历史叙事模式的影响，更不用说它也可能会受到政治、权力和利益等世俗因素的严重影响。从这个角度来讲，后现代史学对杉山先生或许曾经有过一定的影响，促使他实践了这种学术研究方向上的大跳跃。

四

　　几年前，笔者曾经在微博上看到有人在讨论本雅明（Walter Benjamin, 1892~1940）在《论历史概念》（*Über den Begriff der Geschichte*）这篇文章中的一句话的翻译问题。我查阅这句话的德文原文是"Die Geschichte ist Gegenstand einer Konstruktion"，相应的英文是"History is object of construction"，有人曾把它翻译成"历史是建构的客体"，另有人认为这译错了，正确的翻译应该是"历史是建构的主体"。实际上，德文的原意很简单，说的只是"历史是一种建构的东西"，"Gegenstand"指的就是一种东西，并没有所谓"主体"和"客体"的区分。按照本雅明的说法，历史或都是人为地建构出来的东西，没有纯粹客观的、不受任何观念影响的历史。这样的说法后来就成了后现代史学的一个主题思想，虽或被认为有点矫枉过正，但确实对史学家们有很大的启发意义，也对今世的史学研究产生过非常大的影响。不但作为一门人文学科的历史研究很难达到百分之百的精准、客观和科学，而且就是历史书写、叙事的范式、模式、框架等，它们也并不只是一种简单的学术工具，而是通常都连带着一种基本的历史观，它常常可以设定历史学家对他们所研究的基本历史事实的理解和解释。

多年前，笔者曾经读到过美国芝加哥大学宗教史教授 Christian Wedemeyer 先生的一篇讨论密乘佛教历史书写的文章，当时读来真的是振聋发聩，印象非常深刻，故以后常常会提到和用到它。这篇文章指出，我们一直长期在使用的一种历史叙事模式是黑格尔最早提出的所谓"有机的历史发展模式"，即认为任何一部历史就像是一个有机的发展过程（an organic process），它必须经历出生、成长、鼎盛到衰落、灭亡这样一个自然的过程。所以，不管是研究希腊、罗马史，还是研究中国古代史、城市史、宗教史等，大家都必须遵循这样的一个叙事模式。于是，开国君主无一例外都是英明伟大、雄才大略的，而末代皇帝必然是荒淫无度、腐朽堕落的，所以这个国家才会由兴盛走向灭亡，完成它从出生到死亡的一个完整的自然过程。在这种有机历史发展观的影响下，我们从事历史研究的目的无非就是要从我们手中所掌握的文献资料中找出这种具体而又有规律性的东西，以帮助我们来描述我们所研究的对象所经历的生、老、病、死这一个完整的历史过程。譬如说，我们讲述印度佛教的历史，那么释迦牟尼出生是佛教的诞生，小乘佛教是成长，大乘佛教是鼎盛，到了密乘佛教则一定是腐朽衰落，要走向灭亡了。可是，密乘佛教最晚至少也应该在9世纪就已经出现了，它的起源实际上远比人们所设想的要早得多，虽然它常常被人与佛教的腐朽、堕落挂上了钩，但它实际上是一种十分精致、复杂的宗教信仰和修习形式，而且即使到了今天它依然方兴未艾，丝毫没有要消亡的迹象。显然，这个有机发展的历史叙事模式在佛教史的构建和叙事中是不合适和无法令人信服的。但很不幸的是，长期以来研究佛教历史的学者们很少有人能够完全摆脱这种历史叙事模式的约束，所以即使是最好的语文学家也都难免不自觉地受到了这种叙事模式对他们的影响和限制，所以有意无意地要把密乘佛教的仪轨，如男女双修等，设想和规定为佛教进入腐朽、堕落之末路的象征。

Wedemeyer 先生这篇文章中批评了很多当今很有名气的佛教语文学家，包括笔者在京都大学工作时的合作导师、杰出的印藏佛学语文学家御牧克己先生。Wedemeyer 先生想借此说明的是，即使是像御牧先生这么优秀的语文学家，因为受到了这种有机历史观叙事模式的影响，严重影响了他的判断力，以致错误地认定了某部密教经典出现的年代。因为密教必须要到佛教衰落、灭亡的时候才会出现，所以它不可能出现得很早，如果这部经典出现早了就和这种既定的历史叙事不相吻合了。[1] 笔者想在其他任何历史研究领域里，我们也都会见到这类历史研究因受叙事模式的影响而出现种种类似的错误和问题的现象。

这种有机发展的历史叙事模式对于当代历史书写的影响，我们也可以在蒙元史研究中找到一个非常有典型意义的例子，它就是迄今为止中国古代历史书写传统中对藏传佛教于元朝蒙古宫廷传播历史的叙述。长期以来，人们习惯于把西番僧于元朝宫廷中所传的"秘密大喜乐禅定"、"演揲儿法"和"十六天魔舞"等藏传密教的修习仪轨，当成导致元朝末年急速败亡的罪魁祸首，认为正是西番僧所传的这些实际上不过就是淫戏、房中术的藏传密法，彻底蛊惑了元朝末代皇帝元顺帝及其亲信大臣们的心，导致了元末宫廷的极端

1　参见 Christian K. Wedemeyer, "Tropes, Typologies, and Turnarounds: A Brief Genealogy of the Historiography of Tantric Buddhism," *History of Religions*, Vol.40, No.3, 2001, pp. 223–259。此文的汉译文见沈卫荣主编《何谓密教？关于密教的定义、修习、符号和历史的诠释与争论》，中国藏学出版社，2013。

腐朽、堕落，最终使得蒙古人很快败亡漠北，失去了江山。显然，这样的历史叙事完全符合有机发展史观的叙事套路，与所有其他皇朝的末代君主一样，元顺帝的宫廷必然应该是腐朽、堕落的，而那些听起来很有异域情调的藏传密教修法不过是为历朝末代宫廷腐朽叙事提供了更让人觉得新奇、刺激的新材料。而把藏传密教修法巫化和色情化为淫戏、房中术，又完全符合这种有机发展史观下建构起来的佛教历史叙事，在这种叙事结构中，密教必然是腐朽、堕落的，它的出现即预示着佛教走向衰亡的开始。可是，我们近年对这段历史所做的文本研究却明确地告诉我们，上述"秘密大喜乐禅定"、"演揲儿法"和"十六天魔舞"等密教修法，根本不是在元朝末年才开始出现的，它们早在忽必烈汗建立元朝以前就已经由八思巴帝师亲传而在蒙古人中间传播开了，它们甚至早在蒙古帝国兴起以前就曾经在西夏王国内传播过，所以，这些密法的传播不应该是导致元朝骤亡的直接原因。而且，我们目前最新的研究成果还告诉我们，上述这些密教修法事实上大部分不涉及密教双修或者多修的内容，即是说，它们中的大部分与密教的双修法并无直接的关联，故不能将它们说成腐朽、堕落的代名词，并把它们作为佛教或者元朝走向衰亡的必然的原因。

　　显然，当我们表述和再现蒙元史的时候，我们有意无意地会受到各种历史叙事模式／范式的影响和限制，而当我们面对来自日本和西方的"大元史"历史叙事的冲击和影响时，我们面临的一个十分困难的问题是，我们到底应该选择怎样的一种历史叙事框架来叙述蒙元王朝的历史，或者说我们应该从哪个视角、哪个立场出发来叙述和理解这个由蒙古人所建立的元朝的历史以及它的历史地位和意义。迄今为止，更多人主张的是从中国王朝更迭史的视角来叙述蒙元史，但也有的人主张要从蒙古族历史这个视角来叙述蒙元史，而眼下则有很多人更倾向于从世界史、全球史的视角或者从欧亚史、帝国史的视角来叙述蒙元史，他们各有各的一套说法，使得蒙元史的研究和再现变得十分丰富多彩。但是，这些角度不同的叙事和说法每每各有侧重、各有利弊，以致彼此之间形成了很多的意见分歧、冲突和争论，甚至牵涉到了当今蒙古国、中国与世界的关系，牵涉到中国古代历史的定位和当代中国的边疆归属等敏感和难解的问题。

于蒙元史研究领域，笔者自己长期从事的是元代西藏历史的研究，对蒙元与西藏的关系有比较多的了解，也因此而深刻地体会到如何来叙述蒙元史，如何给蒙元史以一个合适的历史定位，对于研究和解释元代西藏历史具有何等重要的意义。对于蒙元时期西藏历史的研究，中外学界都已经取得了重大的学术成就，如意大利著名藏学家 Luciano Petech 先生对这段历史的精湛研究，理清了这段历史的基本线索，其成果绝对堪称世界一流。[1] 中国学者中，也有像笔者的业师陈得芝先生这样世界一流的蒙元史大家，对这段历史从对蒙元制度史的整体把握出发也做过一系列非常出色的研究。[2] 他们的研究明确表明，蒙元王朝有效地统治了西藏百余年，这是一个无可争议的历史事实。尽管如此，并非从此所有人都会服从上述中外学术权威们所得出的这一结论，能够自然地接受从元朝开始西藏成为中国领土之不可分割的一个组成部分这样的说法。相反，依然还常听有人问元史、蒙古史，跟"中国史""中国"有什么关系呀？二者难道就是一回事吗？因为蒙古人建立的元朝曾经统治了西藏，今天的西藏就应该是中国领土的一部分了吗？这些都是研究西藏历史的人在海外经常会被人问到的一些十分尖锐的问题。与它们相类似的问题也经常出现于最近对清史的讨论中，清代对西藏、蒙古和新疆等所谓内亚地区的统治

1　Luciano Petech, *Central Tibet and the Mongols, The Yüan-Sa-skya Period of Tibetan History* (Rom, 1990).

2　参见沈卫荣《陈得芝先生与蒙元时期西藏史研究》，《西域历史语言研究集刊》第6辑，科学出版社，2014。

也是一个学界所公认的历史事实，可是"清帝国史""大清帝国"
与"中国史""中国"又应该是一种什么样的关系呢？大清等同
于中国吗？这大概也是有关"新清史"的讨论和争议中，最让人
纠结和难以达成共识的一个问题。说到底，掩藏在这些争议背后
的一个更关键和重要的问题是：我们应该如何来定义"中国"的
问题，是一个如何来界定历史上的中国和当下现实的中国，如何
来认识今日作为一个民族—国家的中国的形成历史的问题。目前，
中国学界对"何谓／何为中国？"这样的问题的讨论层出不穷，这
在一定程度上就是对"大元史"或者"新清史"等对中国古代历
史上由非汉民族所建立的"征服王朝"的历史所建构的一套新的
历史叙事的回应和批评。

　　不难发现，杉山先生率先提出的对蒙元史的新的解读，在一
定程度上就是要把蒙古人建立的元朝从传统的"中国古代王朝历
史"的叙事框架中分离出来，转而把它放入全球史、欧亚史的叙事
框架中来叙述，形成一种可称为"大元史"的叙事模式，这和近年
来于中国学界引起了广泛讨论的"新清史"的观念大同小异，异曲
同工。"新清史"的特点之一就是要把清朝的历史从传统的基于汉
族中主义史观的中国古代王朝史的建构中解放出来，然后从一个同
时包括了一个"中国的帝国（汉人的帝国）"和一个"内亚的帝国"
的跨越欧亚的大帝国的视角来叙述它的历史，由此而超越了中国
古代历史的传统叙事方式。所以，同样从不同的视角、层面来看待
蒙元王朝的历史，或者换一种方式来重新讲述蒙元史、建立中国的
历史学家们自己的关于蒙元史的历史叙事，这是一个因海外"大元
史"和"新清史"的出现，而给中国的蒙元史研究者带来的一个必
须认真对待的学术挑战。毫无疑问，中国的蒙元史学家们现在或许
也应该从研究具体史实、具体问题的学术路径中暂时游走出来，大
家也一起来讨论一下我们应该如何来回应"大元史"和"新清史"
的挑战、如何来重新讲述蒙元史、如何来重新建构我们自己对蒙元

王朝的历史叙事。[1]但是，历史研究虽然需要，也难以摆脱今人的视角和关心，但它绝不能完全被今人的立场和观念所左右和支配，我们依然必须把历史上所发生的事情放回到它们原来那个时代的政治、社会、文化和历史的语境中去观察、分析和解释，而不能严格按照当下人们之政治、思想和利益的趋向和关注，把它们统统写成一部当代史，否则，历史学就必将失去其作为一门人文学科而存在的基础和必要。

五

　　前文已经提到，历史研究的进步与历史叙事的建构二者并不是同一回事，一种历史叙事或者话语的建构经常不是由优秀的历史学家们来完成的。于今日之世界，对成吉思汗和蒙古历史的叙述产生了最大影响的莫过于美国的人类学学者 Jack Weatherford 先生，他的那本《成吉思汗与今日世界之形成》[2]自 2004 年初版以来十余年间一直是一本世界级的畅销书，一版再版，至少已经发行了三十万册，具有十分持久的影响力，并且还被翻译成了各种文字，在世界各地持续畅销、流行。而且，在随后的这些年间，他又相继出版了另外两本世界级的畅销书，即《最后的蒙古女王：成吉思汗之女如何拯救蒙古帝国》和《成吉思汗：比武力更强大的是

1　近年来，陆续有一些中国学者已经开始回应海外"大元史"的讨论，参见罗新《元朝不是中国的王朝吗？》，《东方早报·上海书评》编辑部编《殊方未远：古代中国的疆域、民族与认同》，第 165~174 页；《张帆谈元朝对中国历史的影响》，《东方早报·上海书评》编辑部编《殊方未远：古代中国的疆域、民族与认同》，第 185~199 页；张志强主编《重新讲述蒙元史》，生活·读书·新知三联书店，2016。

2　Jack Weatherford, *Genghis Khan and the Making of the Modern World* (Broadway Books, 2004)。此书于 2004 年问世后已经被翻译成多种文字出版，并一版再版。迄今为止，它的英文本至少已经再版了五次，其汉译本见杰克·威泽弗德《成吉思汗与今日世界之形成》，温海清、姚建根译，重庆出版社，2006。

凝聚力》。[1] 今日任何人要谈论蒙古和蒙古的历史，大概谁也无法忽略他的这三部著作的存在。

可是，令人十分吃惊的是，这位 Weatherford 先生根本就不是一位专业的蒙古史学家，他甚至根本就不是一位历史学家。在他动手写作《成吉思汗与今日世界之形成》这部著作时，他是地处美国明尼苏达州圣保罗市的 Macalester 学院的人类学系的教授和主任，是一位十分著名的畅销书作家。21 世纪之初，笔者也曾在 Macalester 学院历史系教过一个学期的书，和 Weatherford 先生有过短暂的同事之谊。记得有一天，他专门邀请正在同州的 Carlton 学院人类学和社会学系教书的蒙古族学者纳日碧力戈先生和笔者一起吃晚饭，郑重地告诉我们他正在计划写作一本关于成吉思汗与现代世界的新书。当时我们听了以后觉得非常吃惊，问他以前研究过蒙古史吗，他说从来没研究过。笔者知道他写的前一本书是《钱的历史》，这是一本世界级的畅销书，笔者先前在学校橱窗里展出的在校教授优秀作品中见到过这本书，据说它已经被翻译成 12 种语言，后来他也曾经送给过笔者这本书的汉译本，读过之后对他汪洋恣肆的文笔有过极为深刻的印象，但书的内容基本没有进笔者的脑子。[2] 而他最初的成名之作是一部研究美国土著印第安人的著作，题为《印第安施主们：美国的印第安人是怎样改变了世界的》，据说也曾风行一时，是这个领域的经典之作。[3]

我们很好奇地问他怎么会突然想起来要写一本关于成吉思汗的

1　Jack Weatherford 先生在出版了《成吉思汗与今日世界之形成》并在世界范围内获得了巨大的成功之后，接连又出版了两部有关蒙古历史的著作，都是世界级的畅销书，它们是：*The Secret History of the Mongol Queens: How the Daughters of Genghis Khan Rescued His Empire* (Broadway Books, 2011); *Genghis Khan and the Quest for God: How the World's Greatest Conqueror Gave Us Religious Freedom* (Penguin Books, 2017)。

2　Jack Weatherford, *The History of Money* (Crown Business, reprint edition, 1998).

3　Jack Weatherford, *Indian Givers: How the Indians of the Americas Transformed the World* (Ballantine Books, 1989).

书呢，笔者还历数了我自己所知道的各种成吉思汗的传记，还特别提到了俄裔德国学者、曾任洪堡大学汉学教授的 Paul Ratchnevsky 最初用德文所写的那本经典的成吉思汗的传记。[1]Weatherford 很坦率和自信地告诉我们他想写这部书纯粹就是觉得成吉思汗这个人很有意思，而且蒙古人当年对世界的征服与近代世界秩序的形成有很大的关联，所以，这本书写出来就一定会很畅销。虽说他以前对蒙古史素无研究，但他计划花五年时间进行专心的研究，每个假期都去蒙古国做实地的调查，直接在蒙古人中间感受蒙古人的古代文化和习俗，五年以后就一定能够把它写出来。

　　虽然 Weatherford 先生当时说得很轻松，也很自信，而且他作为多部世界级畅销书的作者，他的出色的写作能力也是早已经得到了证明的，但笔者和纳日兄心里还是直犯嘀咕，觉得这位原先对蒙古史一窍不通的人类学家凭啥用五年时间就能写出一部让全世界都叫好的蒙古历史书来呢？因为笔者自己可以算是蒙元史研究领域的一个逃兵，当时正是觉得从事蒙元史研究太难、门槛太高而不得不改做西藏研究的。正如杉山先生所说，仅仅学习和掌握研究蒙元史必需的多种语文就会消耗掉一位学者大半辈子的时间和毅力，更何况还要利用这些多语种文本在吸收众多前辈大师们的优秀成果的基础上对它进行研究呢？而纳日兄则多次告诉笔者，他硕士毕业时曾去内蒙古大学求见中国蒙元史研究的神一级的大人物亦邻真先生，希望随他继续深造、工作，但亦邻真先生直言不讳地告诉他像他这样只有人类学背景而缺乏多语种语文学训练的人是做不了蒙古历史研究的。所以，我俩对能从事蒙元史研究的学者都坚守着一份特别崇高的敬意。万万没有想到的是，几年以后正是这位 Weatherford 先生成了世界上最有名的蒙古历史专家了。

　　2004 年的某一天笔者在美国的一个国际机场的书店里第一次看

1　Paul Ratchnevsky, *Genghis Khan: His Life and Legacy* (Blackwell Publishing, 1991).

到了 Weatherford 先生的这部新作《成吉思汗与今日世界之形成》，惊讶和佩服之情实在难以言表，他居然真的完全按照他的计划在五年不到的时间内完成了这部有关成吉思汗和现代世界之形成的世界级的畅销书。从那以后，笔者不止一次地开始阅读他的这部著作，但迄今为止一直未能平心静气地把它读完，心里似乎一直有个解不开的疙瘩：我认识那么多的蒙古史学家，可为什么偏偏是这位本来与蒙古史完全不搭界的人类学家 Weatherford 先生写出了这部目前世界上最畅销、最有影响力的蒙古历史著作呢？不得不说的是，与其说《成吉思汗与今日世界之形成》是一部优秀的历史著作，倒不如说它是专门为当代人量身打造的一部现代蒙古史诗。首先，这部书不是从书斋里产生出来的，它不是以文本研究的方法来研究蒙古历史的，而是以所谓的"运动考古学"（Archaeology of Movement）的方法所做的研究，是骑在马背上追随成吉思汗的脚步、行程万里而感悟出来的一部著作，它具有明显的人类学的性质；其次，这本书所讲述的故事中有一半并不是成吉思汗本人的故事，而是他的子孙、后裔们的作为，故说它是构建"成吉思汗与现代世界的形成"的历史是不恰当的；再次，作者于书中对成吉思汗的作为和个人品质做了能够完全满足当代读者之好奇和期待的设计和夸张，与历史上的那位成吉思汗本人的作为和品质相差很远。作者说成吉思汗在短短的 25 年内完成了比罗马帝国花了 400 年才完成的一项更伟大的征服事业，建立了一个于世界历史上举世无双、史无前例的伟大帝国，成吉思汗不但不是一位血腥、残暴的军事征服者，而是一位比欧洲或者亚洲历史上任何一位伟大的君主更加开明和进步的统治者、一位雄才大略的军事家，他不但废除了酷刑，摧毁了封建贵族特权制度，鼓励自由贸易，扩大了欧亚不同地区间的经济往来，准许彻底的宗教信仰自由，积极地推动跨文化的交流，促使了世界文明的繁荣，甚至他还是一位虔诚的基督徒、一位因为不够称职而常懊悔不已的好父亲、一位尽管多妻多妾但富有爱意的好丈夫等。这样的一位成吉思汗实在可以是后现代人十分渴望拥有的一位理想型的世界领袖、一位千古一遇的转轮圣王。可是，谁敢相信如此出类拔萃的雄才大略和如此众多的卓越品质竟然都曾集中于成吉思汗这一位前近代的蒙古部落领袖身上。Weatherford 先生在书中努力想说明，催生了文艺复兴、推动了近代世界之形成的很多观念和发明实际上都来自成吉思汗和他的后裔们，虽然这样的努力显然还不够成功，一时还很难为所有读者所接受，但至少从此人们将对成吉思汗及其所创立的大帝国、对他所留下的所有精神的和物质的遗产，以及对保留至今的蒙古民族文化刮目相看，并致以崇高的敬意。

　　Weatherford 先生的成功让笔者不得不承认，对于蒙元史的研究和历史叙事的建构而言，它不只是要求历史学家必须要具备"板凳要坐十年冷，文章莫写一字空"的语文学家精神，而且还需要他们具备更宽广的视角和维度，历史研究除了要从其原初的历史语境中来揭示其历史的真实，也必须从当下的视角和关心出发来考察其历史定位和其于现实世界的意义。总而言之，如果人们能够调整一下视角、变换一种研究方法，那么，即使不是训练有素的专业的蒙元历史学家，或许也能够写出一部给我们这些专业的蒙元史学家们以新知和启发的优秀历史作品。Weatherford 先生仅用五年时间就写出了一部世界级的畅销书，建构起他对蒙元历史的一种新的叙事，作为专业的蒙元史家，我们或也可以从他这里获得一些积极的启发。虽然我们绝不能把历史叙事与历史、历史叙事的建构与历史研究等而视之，但是，我们同样不能只研究历史而不关注历史叙事的建构，因为历史研究的目的不只是要揭露历史的真实，而且还要诠释历史的意义。

《混一疆理历代国都之图》的图本性质和绘制目的

杨雨蕾[*]

《混一疆理历代国都之图》是现存的朝鲜半岛最早的单幅世界地图，也是东亚地区留存下来的年代最早的单幅世界地图，集当时中国、伊斯兰世界和朝鲜半岛的地理知识而成，因为其确切的制作年代和丰富的内容备受关注。根据时为朝鲜议政府赞成事权近（字可远、思权，号阳村，1352~1409）所做的跋文，[1]可知该图制作于1402年，由朝鲜当

---

* 杨雨蕾，浙江大学历史系。

1 "天下至广也，内自中邦，外薄四海，不知其几千万里也。约而图之于数尺之幅，其致详难矣。故为图者皆率略。惟吴门李泽民《声教广被图》，颇为详备；而历代帝王国都沿革，则天台僧清浚《混一疆理图》备载焉。建文四年夏，左政丞上洛金公（即金士衡），右政丞丹阳李公（即李茂）燮理之暇，亦多缺略。今特增广本国地图，而附以日本，勒成新图。井然可观，诚可不出户而知天下也。观图籍而知地域之遐迩，亦为治之一助也。二公所以拳拳于此图者，（转下页注）

时一品大员左议政金士衡、右议政李茂主导，并由检校李荟负责，根据元代李泽民《声教广被图》和清浚《混一疆理图》，增加朝鲜图、日本图制作完成。

相关研究早在 20 世纪初就已展开，1910 年，小川琢治对龙谷大学藏本进行说明，这也是首次在学界公开并介绍这一地图。[1]之后随着其他藏本在日本陆续被发现，研究内容也越来越丰富。综合来看，迄今的讨论较多针对地图本身，涉及各图本的形式、来源、制作年代、制作特点、所载的地理信息等。近年来，该图的制作背景也引发了学界的关注，如日本宫纪子、中国汪前进、韩国林宗台等学者的一些讨论。[2]本文则基于相关研究成果，综合列述现存图本的情况，进一步分析图本的内容，并主要就该图的性质和绘制目的提出不同的看法，以期深化认识该图的特点，展现其在明代东亚国际秩序中所具有的象征意义，从周边的视角理解明代东亚社会的发展和变化。

一　图本的内容和性质

目前《混一疆理历代国都之图》的原本不知去向，今可知唯有日本现存有四幅摹本，均为彩绘：其一藏于京都龙谷大学图书馆，此本原藏于京都西本愿寺；其二藏于九州长崎本光寺；其三藏于九

（接上页注）其规模局量之大可知矣。近以不才，承乏参赞，以从二公之后，乐观此图之成而深幸之。既偿吾平日讲求方册而会观之志，又喜吾他日退处瓌外之中，而得遂其卧游之志也，故书此于图之下云。是年秋八月日志。"文字据龙谷大学图书馆藏本录出。参见权近《阳村先生文集》卷 22，跋语类，《历代帝王混一疆理图志》，《韩国历代文集丛刊》第 7 册，韩国民族文化推进会，1996，第 220 页。

1　小川琢治「近世西洋交通の以前支那地圖に就て」『地學雜誌』258 卷 160 号、1910。

2　宮紀子『モンゴル帝国が生んだ世界図』日本経済新聞出版社、2007，217-279 頁；汪前进：《〈混一疆理历代国都之图〉的绘制与朝鲜太宗迁都和地方行政制度改革》，《梨花史学研究》第 45 卷，2012；林宗台：《議政府의세계지도,〈混一疆理歷代國都之圖〉》,《문화역사지리》第 27 卷第 1 号，2015。

州熊本本妙寺；其四藏于奈良天理大学附属图书馆。其中前两本题有图名，图上部列出历代帝王国都，图下部有权近的跋文；后两本则无这些内容。一般认为，日本龙谷大学附属图书馆所藏本年代最早，为 16 世纪之前的摹绘本，当与原图最为接近；而本光寺藏本出现在龙谷大学藏本之后；本妙寺以及天理大学附属图书馆藏本的摹绘时间则在 1549 年之后（见表 1）。

表 1　现存《混一疆理历代国都之图》四本比较

		龙谷大学藏本	本光寺藏本	本妙寺藏本	天理大学藏本
制作时间（推测）		1480~1534 年	1480~1560 年	1549~1567 年	1549~1568 年
尺寸		153cm×163cm	219cm×277cm	136cm×170cm	136cm×174cm
制作材料		绢本彩绘	纸本彩绘	纸本彩绘	绢本彩绘
图题、权近跋文、历代帝王国都		有	有	无	无
标注国都	中国	燕都、皇都	燕都、皇都	北京、南京	北京、南京
	朝鲜	朝鲜	朝鲜	汉城	汉城
	日本	日本	日本	日本国都	日本国都
	琉球	无	琉球国都	琉球国都	琉球国都
整体内容的特点		日本位置颠倒；非洲南部没有绘制岛屿	对马岛和壹岐岛位置正确	大陆北部绘有海岸线；南部海上诸岛多数绘出	大陆北部绘有海岸线；南部海上诸岛多数绘出

资料来源：本表主要参照吴尚学《조선시대세계지도와세계인식》（坡州：창비，2011，第 102 页表 1-1）之成果，并根据相关研究做一定修改制作而成。

以龙谷大学藏本来看，这幅图的地理范围横跨亚非欧大陆，东部绘制出日本、朝鲜半岛，西部绘制出非洲大陆和欧洲地区，北部到大泽（今贝加尔湖）以北一线，大陆南部海域则绘出渤泥、古里门、雁答蛮、马八儿等诸多岛屿。该图的中国底本从权近的跋文中可知是李泽民的《声教广被图》和清浚的《混一疆理图》。关于李泽民及其《声教广被图》，元代乌斯道在《刻舆地图序》中论及李汝霖《声教被化图》，并称"舆地图"是在李汝霖图基础上绘制；[1] 明罗洪先《跋九边图》则提到李泽民之《舆地图》。[2] 有学者根据这些资料认为李泽民和李汝霖为同一人，泽民、汝霖盖一为名一为字，而上述《声教广被图》《声教被化图》《舆地图》也为同一图。[3] 然而因为没有其他的文献记录对证，也没有相关图本传世，目前情况难以明确。

　　至于清浚（1328~1392），元末明初天台僧人。根据宋濂《天渊禅师浚公还四明序》、南石文秀《增集续传灯录》等文献，可知道他出生于台州黄岩，俗姓李，别号随庵，法号天渊。明叶盛（1410~1474）《水东日记》收录有清浚《广轮疆理图》的摹本。[4] 从摹本作者严节的记载看，此图为清浚在元至正庚子年（1360）所绘，计里画方，原有"中界方格"，摹绘时删去，并修改了路府州的颜色和部分元代地名。[5]《广轮疆理图》东绘制出朝鲜半岛、

1　《春草斋集·文集》卷 3，影印文渊阁四库全书，集部，第 1232 册，第 226 页。

2　《念庵文集》卷 10，影印文渊阁四库全书，集部，第 1275 册，第 206 页。

3　参见高桥正「"混一疆理歴代国都之图"再考『龍谷史壇』56、57、1969；杨晓春《〈混一疆理历代国都之图〉相关诸图间的关系》，刘迎胜主编《〈大明混一图〉与〈混一疆理图〉研究》，凤凰出版社，2010，第 87 页；高桥正《元代地图的一个谱系——关于李泽民系地图的探讨》，朱敬译，载《国际汉学》第 7 辑，大象出版社，2002，第 386~399 页。

4　根据陈佳荣的调查，《水东日记》有 5 个较重要的版本系统：一是明弘治间（1488~1505）常熟徐氏刻本，38 卷；二是明嘉靖癸丑年（1553）叶盛玄孙叶恭焕以家藏本补刻本，40 卷；三是明万历间（1573~1619）昆山叶重华刊本，40 卷；四是叶重华赐书楼刻、清康熙十九年（1680）叶方蔚重修本，40 卷；五是清乾隆四十三年（1778）文渊阁《四库全书》本（标为两淮盐政采进本），38 卷。其中康熙版未收录地图，嘉靖版和万历版地图相同，弘治版刻略有不同，相比而言，乾隆版地图是简略摹本。宫纪子也论及明弘治间版、清康熙十九年版以及文渊阁《四库全书》本。参见陈佳荣《〈水东日记〉版本及载录清浚广轮疆里图情形》，南溟网，2013 年 12 月 22 日，http://www.world10k.com/blog/?p=1005，最后访问日期：2018 年 12 月 29 日；宫纪子『モンゴル帝国が生んだ世界図』、20 页。

5　参见陈佳荣《〈水东日记〉版本及载录清浚广轮疆里图情形》，http://www.world10k.com/blog/?p=1005。

日本，西南到通西、江头城，西北到阴山、瓜州以西，其西部所涵盖的地理范围远不及《混一疆理历代国都之图》。值得关注的是，该图还有对外交通的说明文字。[1]学者对于该图是否就是《混一疆理图》看法不一。[2]不过两图作者均为清浚，应该还是存有一定的关系。

就地图的主要内容而言，《混一疆理历代国都之图》参照的是元时期的地图，所绘制的主体是元代的行政内容，包括路、州、府，乃至部分县，图上部"历代帝王国都"后也是在元代行省体制下列出部分宣慰司及其治所。汪前进分析龙谷大学藏本中这些宣慰司和行省的内容，认为这些资料基本反映的是元至正十二年到十六年（1352~1356）的内容，但也使用了"福建行省""江东道""淮西道"等当时已经废止的行政地名。[3]宫纪子则通过分析认为该图大致绘制出了1329~1338年的地名内容，[4]同时也指出其中没有反映元仁宗时期（1311~1320）变更的一些地名。[5]总体来看，学者们基本认同该图主要绘制出了元后期的地方行政内容。

---

1 如在西南方面提到"自特摩（道站）入交趾界"，标出占城和（缅国的）江头城，提到由西南"北接西域天方诸国"。又，在东南的福建海岸外，明确标记有："自泉州风帆，六十日至爪哇，百二十八日至马八儿，二百余日至忽鲁没思。"

2 宫纪子认为两者当为一图，陈佳荣则以为非也。参见陈佳荣《现存最详尽、准确的元朝疆里总图——清浚〈广轮疆里图〉略析》，《海交史研究》2009年第2期，第1~27页；陈佳荣《清浚"疆图"今安在?》，《海交史研究》2007年第2期。

3 福建行省于至元十五年（1278）由福建道宣慰司改名而来，后经至元二十八年废省设司和二十九年废司立省，最终在大德三年（1299）确定为福建道宣慰司都元帅府，隶属江浙行省；江东道即江东道宣慰司，设立于至元十三年，1299年废罢；淮西道即淮西道宣慰司，设立于1275年，1299年废罢。参见李治安、薛磊《中国行政区划通史·元代卷》，复旦大学出版社，2009；汪前进《〈混一疆理历代国都之图〉的绘制与李朝太宗登基和迁都事件》，《梨花史学研究》第45卷，2012。

4 如洞庭湖以南的天临路、以北的中兴路是1329年分别由潭州路和江陵路改名而来；而位于大都北部的奉圣州和宣德州1338年8月已分别改为保安州和顺宁府，地图中依然是旧名。参见宫纪子『モンゴル帝国が生んだ世界図』、7-9页。

5 如1312年隆兴路改为兴和路、1316年元仁宗诞生地缙山改为龙庆州、1319年河南怀孟路改为怀庆路等在地图中都没有反映出来；而1322年陕西开城路降为开城州、1324年南宁路改名为邕州路则均有反映。参见宫纪子『モンゴル帝国が生んだ世界図』。

不过需要注意，除上述地名，该图还存在之前不受关注的较为特殊的内容。首先是专门绘出"皇都"和"燕都"。"皇都"在南京，是明初建时的首都；"燕都"为北京，是明成祖作为燕王时的封地所在。"靖难之役"（1399~1402）后，初时首都仍在南京，1421年迁都北京。此无疑是朝鲜绘制者所增绘。根据权近的跋文，《混一疆理历代国都之图》制作时间，正是在朱棣 7 月攻下南京废建文帝之后。所以特别标出"燕都"，可见朝鲜对此十分关注。其次东北地区标绘出金代的一些行政建置，如大金古都、女真南京、东京路等，尤其当为金上京的"大金古都"和"女真南京"，以与"燕都"同样的符号标绘。朝鲜半岛高丽时期（918~1368）奉行与宋、辽金同时朝贡的"二元"朝贡体制。而相对于之前的辽丽关系，金丽关系更为和谐稳定，双方的经济文化交流也十分频繁，[1]直到金为蒙古所破。地图中所出现的这些金地名应当并非中国底本所有，而是朝鲜绘制者所加绘的，显现出朝鲜对当时双方所存在的这种密切联系的认识。"燕都"也曾是金朝的中都，所以大金古都的标绘符号与燕都相同应该与此有关。

东北地区其他值得一提的是在东京路西部、两条大河之间的"五国城"。该地是"靖康之耻"后，金人囚系宋徽、钦二帝之处，遗址今人考证位于今黑龙江省东部松花江下游南岸、依兰县城北门外，是宋人心目中最著名的地名之一。元代虽有文人提及此地，但多为追念宋事的诗文，已全然无宋时期的情结。刘迎胜关注到图上这一地名的知识来源，探究后提出或与突厥语有关，[2]但这是基于此为元人绘制的认识。看《水东日记》所收录的元清俊《广轮疆理图》摹绘本，鸭绿江以北除了标出"女真"，并无金代的行政地名；又《大

1　参见魏志江《中韩关系史研究》，中山大学出版社，2006，第250~251 页。

2　刘迎胜：《〈混一疆理历代国都之图〉中的五国城等地》，刘迎胜等主编《〈大明混一图〉与〈混一疆理图〉研究》，凤凰出版社，2010，第51~75 页。

明混一图》此处仅有"奴儿干"和"兀者乞例迷"。[1] 所以"五国城"和前述金代的其他地名一样，应当均来源于朝鲜人的知识谱系和地理认识。实际上，15 世纪朝鲜对"五国城"的故事多有提及。例如成宗二十三年（1492）一次有关《中庸》"鬼神章"的御经筵中，侍读官强调崇佛老无益时，便提及了终死五国城的宋徽宗；[2] 燕山君三年（1497），有大臣台谏燕山君勿听信小人之言，以免造成国家混乱，为此特别提及宋代史事："崇、观以下，宰相以调停之说，援引熙宁小人，相继复起，其势既盛，君子皆退，国政坏乱，二帝见执，卒死五国城，可胜痛哉？"[3] 之后一直到 18 世纪对此的记载依然不断，可见"五国城"作为一个历史地名，对朝鲜所带有的政治警醒意义。

　　再次是在有关的地名附近标绘出"商都""尧都""舜都""禹都""秦都""汉都"等曾为都城的说明。这无疑是和地图上方"历代帝王国都"的有关文字相呼应，具体化一些古都城所在的位置。最后就是"雍""冀""豫""徐""唐高昌国""古西州"等历史地名。这部分地名除了雍、冀、豫、徐、梁等古九州名，西部大致从吐蕃之地和云南边外到印度河流域，唐代的地名尤为丰富，如唐瀚海军、[4] 古伊州、唐燕然都护府、[5] 古铁勒地、唐黑鲜卑等。姚大力认为这些地名的出现是因为该图绘制者对此地缺乏足够的认识，因而被迫使用基本来源于此前一个"国际时代"，即唐代的资料，来填补图上的空缺处。[6] 此说虽有一定的合理性，但是图中还

1　此处汉文地名根据满文发音转写"nu a gen""u je gi li mi"而来。兀者乞例迷为女直军民府，又被称为"兀者野人乞例迷"，洪武二十年（1387）十二月始设，与三万卫同治斡朵里，在今珲春地区。参见李治亭等《明代辽东都司及其卫的研究》，《社会科学辑刊》1980 年第 6 期。感谢中央民族大学王桂东博士在满文认读上的帮助。

2　《成宗实录》卷 261，成宗二十三年一月癸未。

3　《燕山君日记》卷 24，燕山君三年六月甲午。

4　684 年唐于庭州所设置。

5　647~663 年唐为管理铁勒诸族而设立的都护府，为安北都护府的前身。

6　姚大力：《混一疆理图〉中的南亚和东南亚，刘迎胜等主编《〈大明混一图〉与〈混一疆理图〉研究》，第 25 页。

能看到其他一些历史地名，如西南思陵州附近有"古环洲""古龙州"，镇远府西有"古夜郎且兰地"。这些地区同时还绘制有路府，不存在绘图者缺乏认识的情况。所以结合前面绘制历代国都的情况，再加上图中还绘出一些历史遗迹，如始皇庙、函谷故关等，应该说，该图具有一定的读史地图的性质，标绘出唐代地名实乃地图本身的性质使然。

　　该图的读史地图性质还可以从黄河河源以及洞庭湖的绘制中反映出来。作为最接近《混一疆理历代国都之图》原本的龙谷大学藏本所绘制的黄河河源和《大明混一图》以及清浚《广轮疆理图》摹绘本明显不同，并没有反映出元代潘昂霄《河源志》以及朱思本河源书等相关文献的最新成果，即表现出星宿海、阿剌脑儿、忽阑河等河源所在，[1]而是延续了过去"河出昆仑""导河积石"的观念。黄盛璋曾指出，中国唐以后古地图发展可以分为三个系统：贾耽系、朱思本系、清初测绘系。三系的分界恰恰都以黄河河源知识的发展为标识，判断古地图属于哪个系统，河源部分的鉴定是很好的一个标准。[2]若以此来看朝鲜古地图，与《混一历代国都疆理地图》以及之后的地图属于朱思本系不同，《混一疆理历代国都之图》更多属于贾耽系，反映出历史时期对黄河观念上的认识。至于洞庭湖，可以看到地图上湖体明显，其内的地名有洞庭、巴丘、云梦泽、君山、青草。洞庭湖虽然与江北的古云梦泽没有关系，但因为位置接近，所以常常会被看作早在西汉就逐渐解体的古云梦泽的延续；而巴丘本是江南洞庭湖之古名，君山是洞庭湖中的一小岛，青草则是原本独立的湖泊，后与洞庭湖相合。这些可以说都是历史时期洞庭湖曾有的称呼。

1　需要说明的是，本光寺藏本所绘制的黄河河源与之相同，但是本妙寺藏本和天理大学藏本则与之不同，反映出了当时的新认识。参见宫紀子『モンゴル帝国が生んだ世界図』、31-38 頁。

2　黄盛璋：《再论黄河河源问题》，《地理学报》第 22 卷第 1 期，1956 年 3 月，第 111~119 页。

二 "混一"概念之延续

前已述及，除了朝鲜半岛和日本的内容，《混一疆理历代国都之图》基本上反映的是中国元代的世界地理知识，继承的是元代的世界地图传统，同时标绘出一些包括历代帝王国都在内的历史地名，带有读史地图的性质，且部分内容来自朝鲜绘制者的知识谱系。"混一"意为统一。南宋时曾刊行过《混一内外疆域图》，该图和《历代地理职掌图》的制作颇类似，"汇列区析江，而淮襄而蜀，河之南北，山之东西，若关四州，若陕五路，以至不毛之地，穷发之乡，隐抉显披无所匿"。[1] 地图所反映出的南北一统局面，是时人面对宋室南渡现实的一种期盼。[2] 蒙元时期，成吉思汗、忽必烈东征西伐，最终兼并金、夏、西辽、宋、大理、吐蕃诸政权，完成前所未有之大一统，疆域得到很大扩展。《元史》中，"混一"通常用

---

1 姚勉：《雪坡集》卷38《混一内外疆域图序》，影印文渊阁四库全书，集部，第1184册，第262页。

2 "地之有图，尚矣。周司徒辨封域，知广轮。姑勿论鄅、高密二侯开东西两都，汉亦以秦府所收图城楼。所披之图，为图非直，为观美也。伏波聚米而画山川，文饶建楼而筹险要，意类是。仆尝爱坡翁作《指掌图》，自分野画州。至我朝《元丰九域》，靡不载古今疆域之广狭，南北形势之分合。皆具一览四海，一日万古，盖天下奇书也。虽然此图建炎以前，可也。中更丙午、丁未之厄，龙渡江而南之，我艺祖皇帝与赵韩王雪炉之。所经营如高祖鄅侯之规者，已非复前日旧。而我高宗皇帝与魏沂诸公克意恢复，如光武高密之为者有指疆土，亦政有望于后之人也。士有志于天下国家，岂容诿曰度外事。仆尝过程君瀹于西山，酒间出书一编，视其目，则曰《混一内外疆域图》。问其自，则曰，得之蜀，爱而刊之。其法如坡翁《指掌图》，汇列区析江，而淮襄而蜀，河之南北，山之东西，若关四州，若陕五路，以至不毛之地，穷发之乡，隐抉显披无所匿。伏历而阅之，某险可据，某罅可且，敌情不可以遁也。某郡我境，某县我疆，故物不可以委也。仆于是可以续坡翁图，为二书，任人家国者，当人置一编几案。程君与仆同中癸丑南宫试，今兹行且入对上。方考图数页，冀兴复于君。宜进之，一览概发睿衷。近之，则聚伏波之米，吾蜀可收奚扼吭之忧；筹文饶之楼，吾广可定奚干腹之病。大之，则鄅侯以一图而开赤帝之火德，高密以一图而启白水真人之中兴，皆分内事也。是图岂直为观美哉。图之首编曰，禹迹六合掌运，必能运天下于掌。复禹之迹，而后可汉唐。四子，吾犹小之。宝祐四年，岁在丙辰二月初吉同年生姚某序。"姚勉：《雪坡集》卷38《混一内外疆域图序》，影印文渊阁四库全书本，集部，第1184册，第261~262页。

于元世祖，如《仁宗本纪》记元仁宗曾对侍臣说："朕惟太祖创业艰难，世祖混一疆宇，兢业守成……"[1]《祭祀志》载："自世祖混一六合，至文宗凡七世，而南郊亲祀之礼始克举焉，盖器物仪注至是益加详慎矣。"[2]《舆服》则有记："元初立国，庶事草创，冠服车舆，并从旧俗。世祖混一天下，近取金、宋，远法汉、唐。"[3]由此彰显其最终一统不同制度和文化之力。

元代的地图似乎也多用到"混一"，除前述清浚的《混一疆理图》之外，还有《事林广记》中的《大元混一图》。该图为示意性质，标绘出 37 道，以及天竺、交趾、吐蕃界、鞑靼界等，右下角有"泛海之外，日出日没之地，小国万余见，今并皆混一"字。又，《翰墨全书》收录有《大元混一方舆胜览》，其中有《混一诸道之图》。以上种种均显现元代的"混一"概念。明初一些地图采用"混一"之名，无疑是对元代这一用词的延续。

现存的同样具有元代世界地图特征的还有现藏中国第一历史档案馆的《大明混一图》以及罗洪先《广舆图》中的《东南海夷图》、《西南海夷图》。《大明混一图》绢本彩绘，纵长 347cm，横宽 453cm，所绘的地理范围与《混一疆理历代国都之图》类似，东至日本、朝鲜，西至西欧、非洲西海岸，北至贝加尔湖以南。关于该图的成图时间，汪前进、刘若芳等依据中国部分政区地名的情况考证为 1389 年。[4]图上的地名原来均为汉文，清康熙年间贴上了对应的满文红签。至于《广舆图》中的《东南海夷图》《西南海夷图》，这两幅图连起来就是一幅东南亚群岛和印度洋沿岸地区的地图，东起朝鲜半岛、日本，西面绘出三角形的非洲大陆，南部海域绘制出

---

1 《元史·仁宗本纪》，延祐六年春正月己卯，中华书局，1976，第 588 页。

2 《元史·祭祀志·郊祀上》，第 1781 页。

3 《元史·舆服·仪卫附》，第 1929 页。

4 参见汪前进、胡启松、刘若芳《绢本彩绘大明混一图研究》，曹婉如等编《中国古代地图集明代》，文物出版社，1995，第 51~55 页；刘若芳、汪前进《〈大明混一图〉绘制时间再探讨》，《明史研究》第 10 辑，2007，第 329~355 页。

麻逸、三屿、浡泥、三佛齐、满剌加、马八儿等岛屿。

　　比较《混一疆理历代国都之图》和《大明混一图》，整体上两者很相近，尤其是传统中国以外各区域的地理形态（除了朝鲜半岛和日本），无论是非洲、地中海部分，还是欧洲、中亚，虽然细节上存在差异，但基本的图形轮廓类同，只是《大明混一图》将印度绘成形状突出的半岛，《混一疆理历代国都之图》则不明显。而《广舆图》的《东南海夷图》、《西南海夷图》和《混一疆理历代国都之图》、《大明混一图》南半部的图形轮廓和内容也基本相似。由此这些地图存在一定的同源性，有学者也因此将之都归在"李泽民图系"中，认为它们继承了受伊斯兰地理学知识影响的李泽民图的描绘特点。[1] 随着清浚《广轮疆理图》的发现，因为《广轮疆理图》在地理范围、内容表现方法等方面不同于《混一疆理历代国都之图》，这种观点似乎进一步得到肯定，[2] 学者还推测《混一疆理历代国都之图》更接近李泽民之《声教广被图》。[3] 然而，前已述及，有关李泽民的文献甚少，而且其所绘制的地图散佚，至今未见流传，所以其实很难做出确定的相关结论。但是很明显的是，《混一疆理历代国都之图》与《大明混一图》等明初地图一样，延续着元代"混一"的概念。当然，此时的"混一"已更多超越王朝直接统辖之地的含义，而是在明朝建立朝贡体制的基础上将"天下"的观念纳入其中，扩展大一统的观念，展现出当时所了解的世界景象，因此也就成为那个时期的所谓世界地图。

　　再说《混一疆理历代国都之图》上方"历代帝王国都"的文字，根据龙谷大学藏本的记录内容，可知分为两个部分：一是在元

1　参见高桥正《元代地图的一个谱系——关于李泽民系地图的探讨》，朱敬译，《国际汉学》第7辑，第386~399页。

2　参见宫紀子『モンゴル帝国が生んだ世界図』、65-68頁。

3　参见姚大力《"混一图"与元代域外地理知识》，复旦大学历史地理研究中心编《跨越空间的文化：16~19世纪中西文化的相遇与调适》，东方出版社，2010，第458~465页。

代政区下列出各朝各代的都城，二是在元代行省体制下列出宣慰司及其治所。所以实际上只有前一部分才属"历代帝王国都"，而后一部分只是当时的地方行政区划。汪前进考证后发现"历代帝王国都"的部分和《事林广记》中"历代国都"内容基本相同，他指出其内容强调了王朝正统的史观，[1]这种看法不无道理。至于之所以列出元代行省、宣慰司等地方行政区划的内容，笔者以为很大程度上也是强调反映元代大一统之局面。

三　绘制目的

关于《混一疆理历代国都之图》绘制的目的，宫纪子强调其具有彰显朝鲜王权的作用，汪前进认为是为太宗李芳远建立新政权而献礼，同时也为朝鲜王朝迁都汉城提供历史与理论依据。虽然该图的制作无疑具有称颂朝鲜王朝之本意，但是笔者以为这并非主要的目的。早在高丽恭愍王时代（1352~1374），罗兴儒曾"撰中原及本国地图，叙开辟以来帝王兴废、疆理离合之迹"，以为"好古博雅君子览之，胸臆间一天地也"，[2]并将地图进献给恭愍王。罗兴儒所撰之图并未有留存，从上述文献可知此图具有历史地图的特征，将此进献给恭愍王，供其一览天地，自颇有颂赞之意，不过更重要的恐怕还在"叙开辟以来帝王兴废、疆理离合之迹"，强调元代的兴盛和其疆理统合无疑是其应有之意。

《混一疆理历代国都之图》制作在1402年，正是朝鲜王朝建立后的第10年。尽管朝鲜王朝建立之初，太祖李成桂积极推行亲明事大政策，多次派遣使臣出使明朝，希望获得明朝的支持和信任，但是这10年，朝鲜和明朝的关系却多有波折。先是明太祖严厉诘责朝

1　汪前进：《〈混一疆理历代国都之图〉的绘制与李朝太宗登基和迁都事件》，《梨花史学研究》第
　　45卷，2012，第25~29页。
2　《高丽史》卷114《列传第二十七罗兴儒》，第27页。

鲜延续高丽末期诏谕女真的政策，并不惜以东征相威胁，后因朝鲜所上表笺用词而发生所谓"表笺风波"。[1] 洪武年间，朝鲜一直没有得到明朝的正式册封。直到 1398 年，两国当朝的最高统治者先后退出政治舞台，双方的关系才开始出现转机。

这一年 6 月明太祖朱元璋去世，其孙朱允炆登基，年号建文；9 月，朝鲜李成桂逊位，让国于其次子李芳果，是为定宗。建文帝即位后，面对国内藩王林立的复杂局势和朝鲜的多次请求，开始积极促进和朝鲜关系正常化，不仅表示遵循太祖旧旨，让朝鲜"仪从本俗，法守旧章，听其自为声教"，而且表示"今后彼国事务，亦听自为"。[2] 建文二年（1400），礼部主事陆颙、鸿胪行人林士民等人受命出使朝鲜，不仅对朝鲜礼义及事大之举称赞有加，还特别"赍赐建文三年《大统历》一卷，文绮纱罗四十匹"。[3] 建文三年正月，建文帝打算向朝鲜"遣使赍印诰往正其名"。[4] 然而朝鲜已在建文二年十一月，李芳远代其兄成为朝鲜国王，是为太宗。考虑到朝鲜国君易位，"印诰则立者未定，未可轻付"。[5] 于是直到陆颙、林士民使行回国，朝廷确定相关情况后，才又派出通政寺丞章谨、文渊阁待诏端木礼持节入朝，宣布诰命，赐以金印，册封李芳远为朝鲜国王。[6] 至此明和朝鲜终于正式建立册封朝贡关系。此次的册封活动，太宗两次宴请明朝使臣，前后礼节甚备，气氛也极其庄重，可以说是朝鲜开国以来的首次盛事。因为在朝鲜看来，得到明朝的册封才算真正完成了立国事业。

这应该才是朝鲜之所以绘制《混一疆理历代国都之图》的重要原因。事实上，就在双方正式建立册封朝贡关系的第二年（1402）五月太宗诞辰日，朝鲜举行了颇为隆重的庆贺典礼，"各道观察使、

---

1 参见朴元熇《明初朝鲜关系史研究》，一潮阁，2002，第5~61 页。

2 《定宗实录》卷1，定宗元年六月甲寅。

3 《太宗实录》卷1，太宗元年二月乙未。

4 《太宗实录》卷1，太宗元年三月乙丑。

5 《太宗实录》卷1，太宗元年三月乙丑。

6 《太宗实录》卷1，太宗元年六月己巳。

节制使、巡问使进贺笺方物。议政府献本国地图"。[1] 议政府进献朝鲜图无疑是表达对太宗治国的称颂之意。《混一疆理历代国都之图》是具有一定读史性质的地图。朝鲜制图者以之前所能获得的颇能体现大一统格局和天下观念的李泽民《声教广被图》和清浚的《混一疆理图》为底图，列出强调中原王朝正统和大一统局面的历代国都及相关行政区划，增加内容十分详细且形状与中原颇为类似的朝鲜地图，同时附以日本地图，不仅彰显明代以中国为中心的天下秩序，所谓"天下至广也，内自中邦，外薄四海"，[2] 而且尤其反映出朝鲜在此中的重要地位，强调其和明朝的紧密关系。权近在跋文中写道："井然可观，诚可不出户而知天下也。观图籍而知地域之遐迩，亦为治之一助也。"[3] 由此亦可见该图的绘制很大程度上带有对明代天下秩序的称颂，是朝鲜王朝对以中国为中心的东亚国际秩序历史和现实的展现。

　　这幅地图之后传入日本，从前述现存的彩绘本可知该图在 15 世纪末到 16 世纪中叶被多次摹绘。摹绘过程中，制作者陆续对日本、琉球等地做出增补修正，同时对一些旧有的地理知识也做出一些修改，尤其是本妙寺藏本和天理大学藏本这两幅 16 世纪中叶的摹绘本明显详细化对海洋世界的描绘，即绘出大陆北部的海岸线以及多数南部海上诸岛。日本为何多次摹绘这幅地图迄今并没有发现具体的文字描述，过去也少有讨论。不过我们知道，就明代中国、日本、朝鲜东亚三国内部而言，虽然 15 世纪后半室町幕府已恢复和明代的外交关系，但是"应仁之乱"[4] 后，日本与明朝的勘合贸易为不

1　《太宗实录》卷 3，太宗二年五月戊戌。

2　权近：《阳村先生文集》卷 22，跋语类，《历代帝王混一疆理图志》，《韩国历代文集丛刊》第 7 册，第 220 页。

3　权近：《阳村先生文集》卷 22，跋语类，《历代帝王混一疆理图志》，《韩国历代文集丛刊》第 7 册，第 220 页。

4　是 1467~1477 年室町幕府管领细川胜元和守护大名山名持丰等为将军继嗣问题发生争斗，结果细川得胜，日本自此进入战国时代。

同势力集团所争夺，部分导致了 1523 年的"宁波争贡"事件，日本和明朝的外交关系和贸易活动因此受到极大的影响。不仅如此，这一时期日本和朝鲜之间的贸易活动经常出现争端，如 1510 年的"三浦之乱"，[1] 两国的外交往来和贸易活动也是日益衰落。

　　至于东亚地区外部，15 世纪末 16 世纪初西方的大航海时代开启，1510 年葡萄牙人占领印度西海岸的果阿，之后占领马来半岛西南端的马六甲，在整个东方商业活动中居有利地位，到 1543 年，一艘葡萄牙商船被吹至日本南部的种子岛，双方的直接交往和贸易活动渐次展开。1570 年，长崎领主大村纯忠实行了港口的对外开放，日本与西方的交流越来越频繁。所以在这样的社会背景下，《混一疆理历代国都之图》作为当时东亚社会能提供最大范围世界地理知识的地图，在 1570 年前之所以被多次摹绘，且绘制时特别关注到海洋世界，极有可能就是日本面对与明朝、朝鲜不断紧张的外交关系和日趋衰落的贸易活动，意欲广泛了解世界，进一步拓展对外关系和海上贸易活动的举措。如果说朝鲜王朝制作《混一疆理历代国都之图》是出于其对明初以中国为中心的东亚国际秩序的认同以及对自我所据重要地位的强调，那么西方大航海前后，日本对《混一疆理历代国都之图》的多次摹绘则在某种程度上可以反映这一时期东亚国际关系出现的部分内在变化。

1　三浦指朝鲜半岛熊川的乃而浦（济浦）、东莱的富山浦（釜山浦）和蔚山的盐浦。15 世纪上半叶，朝鲜开放此三浦为对马岛和日本其他各地倭人来往贸易之地。到 15 世纪末，随着此三地聚居倭人数量的增加和私贸易的盛行，与当地朝鲜人时常发生冲突，为此朝鲜开始禁止倭人的私贸易行为，从而引发三浦倭人不满，于 1510 年得到对马岛岛主的支持发动叛乱，朝鲜史称"三浦倭乱"。因这一年为庚午年，又有"庚午倭乱"之称。"三浦倭乱"后为朝鲜军队平定，之后，朝鲜关闭了这三个贸易场所，两国一度断交。

认识偏差，态度摇摆：以壬辰战争时期为中心看朝鲜外交政策的变化及其特性

刘永连 *

16~17 世纪，伴随东亚国际关系的复杂变化，朝鲜外交政策亦充满变数。特别在壬辰战争前后，朝鲜王廷由于对当时国际关系环境产生了认识偏差，对明、日两国态度摇摆不定，政策一度严重失误，结果造成其本身损失惨重，亦导致东亚国际秩序动荡。深入探讨这一问题，既可增进我们对传统中韩和东亚国际关系的理性认识，又能对我们认识和把握当前中韩关系和国际秩序产生借鉴意义。不过，关于这一时段的朝鲜外交至今尚待全面和深入的研究。在中韩关系史领域，人们一般比较关注两国友好的一面，多称道朝鲜对明"事大至诚"，并将两国关系评价为"典型性的朝贡贸易制度"，而

* 刘永连，暨南大学历史系。

忽视其丰富多样的层面和复杂多变的发展特点。正是从此出发，笔者专就壬辰战争前后朝鲜外交态度和政策问题进行探研，力图增进对古代中韩关系乃至东亚国际秩序的认识。[1]

一　壬辰战争前后朝鲜外交政策的变化

经 14 世纪末与明短期磨合之后，朝鲜在东亚国际秩序中的地位再度明确，对明、日亦形成稳定的交往政策。在此后近二百年里，朝鲜王朝作为明帝国的藩臣对明大致能尽"事大至诚"，同时遵守"臣子无外交"的宗藩关系原则，与日本等国保持一定距离。然而到 16 世纪末期，这一态势悄然发生变化。特别在壬辰战争爆发前后几年时间里，朝鲜先是出现了"背明通倭"的离心异动，后来遭遇战争威胁转而走向"事大抗倭"路线。由此，出现以下两个阶段、几个节点的政策变化。

1. 沿"背明通倭"离心倾向的异动

本来明廷并不顾忌朝鲜与日本交往，有时反而鼓励有加，因为长时期内朝鲜与日本同是以明朝为核心的东亚朝贡贸易圈内的藩国成员。然而，自 1546 年起日本退出了这个朝贡贸易圈，朝鲜与日交往就变成了与圈外国家之间的外交。如果此时朝鲜仍与日通使，那就违反了"臣子无外交"的原则。16 世纪末，朝鲜非但接纳并厚待倭使，而且瞒着明廷报聘日本，构成严重的离心倾向。

（1）倭使初来，贸然接纳

1587 年，丰臣秀吉在统一日本之后，阴谋对外扩张，派遣使节试探朝鲜的对日态度。令人意想不到的是，朝鲜王廷竟然在对日本国情和外交意图未做任何了解的情况下就贸然接待了日本使节。该年十一月倭使橘康广等泛海而至，通报丰臣秀吉统一日本的消

1　本文主要考察 1587~1592 年这一时段，亦涉及 17 世纪早期光海君至仁祖朝。

息，并要求与朝鲜通使。由于丰臣秀吉取代织田家族而立，弑其幼主，违反礼制，最初朝鲜国王尚能谨慎处事，认为"不可接待其来使，当以大义开谕入送"。然而在随后的廷议过程中，不少人却以为"化外之国不可责以礼义，使臣出来则依例接待为当"。[1]

这时有人提醒当政者提防日本阴谋。如侍读洪麟祥、参赞黄暹分析，丰臣秀吉刚刚建立政权，派人来使不过是想借重朝鲜巩固其权位。别坐李命生认为，丰臣秀吉"兽心难测，将来之患，未知如何，宜拘留来使，告于天朝"。[2]公州提督赵宪则指出："以其君则凌暴而无忌，以其邻则修睦之永远者，自古及今必无之理。"如果接纳倭使，"其心必以为吾之兵力可以胁服上下，而朝鲜亦有南北丧师之虞"。"若因（秀吉）革命之威交使相贺，则国家亦必屈意从之，而矫诬天人之助，以骄于彼此，内掩放弑之迹，外索征求之渐，以为兴兵做贼之衅者也。"[3]另外，日本国书自称"东皇"，自署年号，分明欲与明帝国抗衡，而"天无二日"，朝鲜不可能同时尊奉两个宗主，与日通使属于违礼。为此，赵宪劝诫国王谨守侯度，奏报明廷，并指出遵礼之益，"若今具故显绝，而上告天王，则皇上亦必悦豫之深，以为圣主事大之诚，常谨于不睹不闻之地，宗系之改必促史馆印颁，不劳更烦陈请矣"。[4]

不过当政大臣又提出所谓疑虑：如果拒绝与其交往，将会"绝物而生乱"。还有人认为拒绝倭使为时已晚，因为其已"发轫向国，不可峻拒"。结果始终"未闻有倡议告绝之谋"，[5]朝鲜王廷决定接待倭使。

---

1 《朝鲜王朝宣祖实录》卷21，宣祖二十年十一月丁亥，韩国国史编纂委员会影印，1968，第21册，第439页。
2 《朝鲜王朝宣祖实录》卷21，宣祖二十年十一月丁亥，第21册，第439页。
3 赵宪：《重峰先生文集》卷6，韩国文集编纂委员会《韩国历代文集丛书》第221册，景仁文化社，1990，第550~551页。
4 赵宪：《重峰先生文集》卷6，《韩国历代文集丛书》第221册，第555页。
5 赵宪：《重峰先生文集》卷6，《韩国历代文集丛书》第221册，第553~554页。

（2）瞒报倭情，厚待倭使

同年十二月，朝鲜王廷将倭使迎入汉城，安置在"东平馆"内，而且加以厚待；同时对赵宪、李命生等人的呼吁置若罔闻，反倒打定主意瞒报倭情，把明廷撇在一边。

据赵宪奏疏和实录资料记述，自倭使入境以来，朝鲜接待规格不亚于明朝使节，当局和接待官员也一概曲意逢迎，不敢稍有怠慢。倭使经过闻清县界时，有桥梁突然崩塌而致其落水。当政者连忙将闻清县监赵宗道及尚州判官赵希澈等罢职。[1]星州八莒县惧倭使来，"色吏皆为逃散不现"，当局叱令宣慰使将其"拿致严拘"。[2]再后，日本使团中有猛平镰者在忠州被杂役小吏打伤，王廷又将忠州牧官、判官罢职，涉案人员一律严惩。

然而，朝鲜的一味厚待反使得倭使骄纵起来。例如，倭使在宴席之上故意抛洒胡椒等稀罕之物让朝鲜伎工争抢，导致宴席一度陷入混乱，随而猖言"此国纲纪已毁，几亡矣"，[3]对朝鲜国情冷嘲热讽。"今其馆待极厚，请宴之日（倭使）又问固要通价，而后乃始赴阙，不惟不能责其无礼，而方将为彼所制"，结果"道路供意，屡闻州县之竭；罍爵不丰，恐将行旅之伤"，朝鲜已出现供应疲敝现象。更有甚者，倭使"少不称意，怒形于色，以至杀我（此指朝鲜）市人，激我边患"，给朝鲜带来恐怖气氛。[4]

对于朝鲜王廷这种态度，赵宪颇不理解，"乃徒步诣阙，又裁一疏"，[5]深刻论述对日政策失误及其严重后果。他指出，"日本素称反复而无信义之国"，现在王廷厚待倭使，反而为彼所制，必将后患

1　《朝鲜王朝宣祖实录》卷22，宣祖二十一年四月癸亥，第21册，第446页。

2　《朝鲜王朝宣祖实录》卷22，宣祖二十一年四月乙亥，第21册，第446页。

3　《朝鲜王朝宣祖修正实录》卷21，宣祖二十一年九月丁亥，韩国国史编纂委员会影印，1968，第25册，第570页。

4　赵宪：《重峰先生文集》卷6，《韩国历代文集丛书》第221册，第558~559页。

5　金集：《慎独斋先生遗稿》卷1，韩国民族文化推进会《韩国文集丛刊》第82册，景仁文化社，1989，第426页。

无穷。当务之急是处置倭使一行，须"亟发铺马而止之"，"如其不可，则继援之将，就差申恪、李宗仁等从事行阵者，分伏于归路要害处，以为万一援活之计"。[1]

对于这次倭使通使要求，朝鲜决定"但答其书契，而称以水路迷昧，不许送使"。[2] 尽管尚未答应与日通使，但是朝鲜背着明朝接纳并厚待倭使，而且答复了丰臣秀吉国书，显然已经背离明朝，违反了宗藩礼制。同时当政者严厉打击持不同意见者，尤其将呼吁拒绝倭使和奏报倭情的赵宪流放到东北偏远的吉州之地，可见当政者已经听不进不同意见，在"背明通倭"的迷境中愈陷愈深。

（3）有意报聘，私自通倭

戊子至己丑年（1588~1589），丰臣秀吉又两次遣使朝鲜，以出兵相威胁，强使朝鲜通好。特别是乙丑（1589）倭使入境，留馆半年之久，不但窥探朝鲜兵力虚实，而且因见朝鲜可欺而屡施恐吓，动辄以"兴兵犯境为辞"。[3] 此时朝鲜当政者为倭人威胁所吓倒，担心"万一凶逆躁骄之竖，自知不容于礼义之邦，惭恨羞耻，一朝绝和，侵轶疆场，以释其憾，则他日边患有不可当"。[4]

在这种情况下，朝鲜国王李昖召集大臣边协等人讨论日本军情，惶恐追问倭船是否"有数三万出来之势乎？"[5] 这时有人倡议："我国近有旱贼之忧，民力疲尽，备御无策，须议通信之事可弭一方之兵。"[6] 经筵官许篈认为，从为生灵安危、边境安全考虑，鲜日交聘"亦无不可"。[7] 于是，王廷决定有条件地答应与日本通使：要求日本惩办前不久骚扰竹岛沿海的倭寇头目，并归还朝鲜被掳边民以及

1　赵宪：《重峰先生文集》卷6，《韩国历代文集丛书》第221册，第577~578页。

2　《朝鲜王朝宣祖修正实录》卷21，宣祖二十年九月丁亥，第25册，第570页。

3　赵宪：《重峰先生文集》卷7，《韩国历代文集丛书》第222册，第53页。

4　《朝鲜王朝宣祖实录》卷23，宣祖二十二年八月己卯，第21册，460页。

5　《朝鲜王朝宣祖实录》卷23，宣祖二十二年八月丙子，第21册，459页。

6　赵宪：《重峰先生文集》卷7，《韩国历代文集丛书》第222册，第56页。

7　《朝鲜王朝宣祖实录》卷23，宣祖二十二年八月丙子，第21册，459页。

叛贼。

恰巧这次日本使者平义智正为维护对马岛利益而极力斡旋。见两国通交有望，随即痛快答应朝鲜条件，并说服丰臣秀吉将朝鲜叛民沙火同和几名倭寇押来，交给朝鲜处置。朝鲜以为取得了外交胜利，"朝廷动色相贺"，"赏义智内厩马一匹，又引见一行赐宴，义智、玄苏等皆入殿内，以次进酌而罢"。[1] 左相李山海、右相郑彦信以及大提学柳成龙等趁机倡议与日通使，"启请速定，勿致生衅"。[2]次日朝会，众臣随声附和，建议借机观察日本动向。己丑（1589）六月，教令"黄允吉、金诚一差日本通信上、副使，许筬差书状官"；[3] 庚寅（1590）三月，通信使一行启程。朝鲜私通日本遂成定局。

然而形势发展并非如朝鲜王廷所料。由于抱定对外扩张的野心，丰臣秀吉通使本来意在将朝鲜驯服为藩国，故而对其通信使刻意慢待，制造各种"违礼"事件，最后回复一封措辞傲慢、野心毕露的国书。辛卯（1591）三月，通信使黄允吉、金诚一还朝复命，使得形势明朗。这时赵宪再次上疏，强调"（日本）狼贪之欲实不在于一个使命，不过欲知山川险易、道路远近以为蹂躏我土之计"，[4]呼吁斩杀倭使，积极备战。

然而，朝鲜王廷企望侥幸避祸，照旧款待跟随而来的倭使玄苏等人，毫无备战之心。通信使复命时，尽管皆已明了日本侵略野心，但是出于党争动机金诚一竟然浪称丰臣秀吉"其目如鼠，不足畏也"，[5]谅其必不敢来。结果受其影响当政者随便派遣一二庸将巡视全罗道地方，弃庆尚道等战略要地而不顾，全无周密布置和准备。

1　申炅：《再造藩邦志》卷35，韩国古典数据库，http://db.itke.or.kr/index.jsp。

2　柳成龙：《惩毖录》卷1，第273页。

3　《朝鲜王朝宣祖实录》卷23，宣祖二十二年十一月壬戌，第21册，第466页。

4　赵宪：《重峯集》卷8，第95页。

5　《朝鲜王朝宣祖修正实录》卷25，宣祖二十四年三月丁酉，第25册，第601页。

在"事大"问题上，朝鲜王廷仍然执迷不悟。辛卯（1591）三月，朝鲜从倭使玄苏等人处证实了丰臣秀吉的侵略计划，然又担心向明廷奏报倭情一会开罪于日本，二会暴露通倭隐情，结果主流意见坚持继续瞒报或观势缓报。可见，朝鲜"背明通倭"已经到了非常严重的地步。

2. 向"事大抗倭"政策的转化

朝鲜这种政策被日本利用。丰臣秀吉看到朝鲜背离明廷甚远，一时难以得到宗主国的武力保护，于是悍然出兵，击溃其军，焚荡其都，俘虏王子，践踏八道，在短短数月之内几乎灭亡其国。与此同时，朝鲜"背明通倭"之举给鲜、明之间造成隔阂，关于朝鲜通倭的各种消息真真假假地传入中国境内，使得明朝上下对朝鲜产生各种猜疑。面对这一灭顶之灾，朝鲜王廷幡然悔悟，一方面迅速再向明帝国靠近，修复关系，请兵援救，另一方面与日本决裂，积极抗倭。这是朝鲜向其"以诚事大"政策的回归。

（1）议报倭情，恢复沟通

辛卯（1591）三至五月，由于战争危险业已逼近，主流态度出现反转。大司宪尹斗寿首先倡议，朝鲜历来"事大至诚"，倭情一事关系明朝安危，不该隐瞒，"当直上闻为是"。[1] 副提学金晬认为丰臣秀吉乃狂悖之人，"其言出于恐动，未得实状"，如果以其不实之言上奏明朝，恐怕会引起日的仇恨和侵犯。兵曹判书黄廷彧则驳斥金的看法，认为只要陈奏倭情，提前准备必定无害，况朝鲜事大明朝二百年，一直"忠勤至矣"，焉有不报之理！[2]

不过，承旨柳根认为事情颇难处理，稍有不慎则"惊动天朝，致怨邻国"，照实禀奏恐怕会产生很多不利因素，"从轻奏闻似当"。这一建议获得领议政李山海、右议政柳成龙等人的赞同，遂决定借

---

1 《朝鲜王朝宣祖修正实录》卷25，宣祖二十四年四月丙申，第25册，第605页。

2 《朝鲜王朝宣祖修正实录》卷25，宣祖二十四年五月乙丑，第25册，第606页。

口收到逃自日本的朝鲜百姓金大玑的报告，将日本计划发兵外侵的情报通报给明廷。同时强调措辞一定要谨慎，不要让日本方面产生"狠怒"情绪。[1]

五月初，朝鲜决定派遣圣节使金应南出使明朝，相机奏报倭情。临行前，备边司官员告诫金应南，如果明廷无所觉察，就"停止咨文，切勿宣泄"。[2]这一举动显示出朝鲜态度仍有模棱两可之处，实乃观望时局，以求利好。不过四月朝鲜已在国书中规劝日本"交邻以义"，不要"假道入明"。这时平义智又提议"日本欲通大明，若朝鲜为之转奏，则岂不幸甚？不然则两国失和，民兵多死"，[3]朝鲜亦断然拒绝回书。可见朝鲜态度和做法还是有了一定转变。

（2）前后辩诬，澄清谣言

就在金应南出使前夕，关于朝鲜"通倭"的各种消息已经传入中国。朝鲜史料记载："辽东八站民，一日无故相惊曰：有寇从朝鲜至，朝鲜王子十亭轿子到鸭，传相告语。老弱登山，数日乃定。我国使臣，自北京还宿金石山河姓人家，其主人言：有朝鲜译官谓我曰，尔有三年酒五年酒，毋惜为也，不久兵且至矣，尔辈虽有好酒，谁与共饮之。以此辽人疑朝鲜有异志，多所荧惑矣。"[4]朝鲜已有人泄露了倭情，使辽东首先警觉起来。金应南一入辽东，当地民众"一路哗言朝鲜谋导倭人入犯"，对朝鲜使节充满警惕和敌意。金应南见势不妙，"即答以为委奏倭情来"，才使"华人喜闻，延款如旧"。[5]

辛卯（1591）七月，金应南到达北京。恰有中国商人陈申的情报传来，声称倭寇"令朝鲜为之向导"，将要侵入北京。琉球则报

1　黄廷彧：《芝川先生文集》卷3，《韩国历代文集丛书》第122册，第91页。

2　《朝鲜王朝宣祖修正实录》卷25，宣祖二十四年五月乙丑，第25册，第606页。

3　《朝鲜王朝宣祖修正实录》卷25，宣祖二十四年五月乙丑，第25册，第606页。

4　申炅：《再造藩邦志》卷1。

5　《朝鲜王朝宣祖修正实录》卷25，宣祖二十四年五月乙丑，第25册，第606页。

告："朝鲜亦已屈伏，三百人来降，方造船为向导。"[1]明境瞬间"国言喧藉"，疑云密布。见事危急，金应男迅即递交准备好的倭情咨文，并阐明朝鲜立场。在其解释之后，方得"群疑稍释"。[2]

九月，又有旅日华人许仪后向福建督抚传递了一份关于日本谋划侵略战争的情报，披露了朝、日交通和日本外犯的诸多细节，如云"今秋七月初一日，高丽国遣使入贡为质，催关白速行"[3]等。明廷为之震惊，迅即质问朝鲜通倭之事。朝鲜王廷狼狈之至，被迫于十月再派陈奏使韩应寅入京辩解。由于通倭隐情已无法掩饰，朝鲜辩称为了刷还人口或者侦探倭情而不得不偶尔派人赴日；继而诉冤："自臣祖先有国，世笃忠顺敬畏。""乃以向导之名归之，言亦丑辱，臣何不幸！"[4]基于二百年友好关系，明廷宁信其真，反过来对朝鲜慰奖有加。朝鲜遂加派谢恩使申点入明，"令奏倭情，比前加详"。[5]朝鲜态度大有转变，双方关系亦趋融洽。

壬辰年（1592）四月，壬辰战争爆发，朝鲜在倭寇凌厉攻势下官兵一触即溃，国土迅速失陷，但其王廷担心明军入境不好控制，迟迟不向明廷求援。这时传言又起："朝鲜与日本连结，诡言被兵。国王与本国猛士避入北道，以他人为假王，托言被兵，实为日本向导。"[6]五月底明廷派崔世臣等入鲜勘查，朝鲜本想将其敷衍过去，但风言日炽，舆论汹汹，已经逃至平壤的国王不得不接待明使当面辟谣。

六月中旬，朝鲜八道尽失，国王向明朝请求内附避难。当时辽

---

1 《近报倭警》，侯继高：《全浙兵制考》，《四库全书存目丛书》子部第31册，齐鲁书社，1955，第174页。

2 《明神宗实录》卷238，万历十九年八月癸卯，中研院历史语言研究所，1962，第56册，第4423页。

3 《许仪后陈机密事情》，《全浙兵制考》，《四库全书存目丛书》子部第31册，第180~181页。

4 崔岦：《简易集》卷1，《韩国文集丛刊》第49册，第16页。

5 《朝鲜王朝宣祖修正实录》卷25，宣祖二十四年五月乙丑，第25册，第606页。

6 《朝鲜王朝宣祖实录》卷26，宣祖二十五年五月戊子，第21册，第489页。

东都司率先起疑，"朝鲜号称大国，世作东藩，一遇倭贼，至望风而逃"，怎么这种败法？再者，"倭奴谲诈异常，华人多为向导，若携诈阑入，贻害非常，则作何处置？"[1]兵部尚书石星亦曾质问朝鲜使臣："你国乃天下强兵处，何以旬日之内，王京遽陷乎？"[2]为此，辽东都司和明廷兵部先后派遣专人勘查朝鲜国王真伪。至此危难时刻，朝鲜不得不真正郑重应对，让明朝彻底了解实情，乃至国王面对明使哭诉遭难实情，终于洗清了导倭入犯的嫌疑。

在这一年多的时间里，关于朝鲜通倭的各种谣言一波未平一波又起，在明、朝两国之间形成严重的隔阂，这都是朝鲜背明通倭的恶果。不过，朝鲜当局由被动敷衍辩解到主动澄清事实，明朝亦屡次询问勘查，在一定程度上修复了宗藩关系，为明、朝联合抗倭铺平了道路。

（3）诚心请兵，佐谋抗倭

由于亡国危机袭来，朝鲜不得不派使求援。在李恒福、李德馨大力倡议下，朝鲜王廷被迫排除顾虑，于五月初"遣人移咨辽东，告急请兵。此请援天朝之始也"，[3]同时派出圣节使柳梦寅，兼向明廷告急。

查清倭寇入侵实情后，五月十五日辽东都司就已派出参将戴朝弁、先锋游击史儒带兵1029名、马1093匹渡江入朝，着手支援。不过由于屡受假王导倭等传言干扰，明廷对于是否大规模派兵援朝争议激烈。于是，明廷派人勘查虚实，朝鲜亦再派两拨使臣，一由李德馨到辽东都司，一派郑崐寿到北京，算是专门请援。这段时期朝鲜"请援之使络绎于道"，[4]不过最为主要的是郑崐寿的请兵活动。

九月二十日，郑崐寿到达北京，迅即通过与石星"相厚"的玉河馆副使施允济求见兵部尚书石星。石是主战派领袖，亦主动通过

---

1 《朝鲜王朝宣祖修正实录》卷26，宣祖二十五年六月己丑，第25册，620页。

2 《朝鲜王朝宣祖实录》卷28，宣祖二十五年七月戊午，第21册，第512页。

3 《朝鲜王朝宣祖修正实录》卷26，宣祖二十五年五月庚申，第25册，616页。

4 《明史》卷320。

施允济索求朝鲜陈奏草本，并招通事李海龙询问战况。廿八日，郑得见石，"痛哭一场，恳乞兵马"，而石亦为之动容，"泣下沾襟"。然而反战派气势正盛，强烈抨击主战言论。石星遭到弹劾，以至于无法坐堂办公。直到十月中下旬，明廷通过多次派使勘察朝鲜战况和听取朝鲜奏报倭情，对倭兵来犯的情况有了准确的把握，同时阁臣赵志皋等强力主战，石星亦"自请东征，词直义壮"，明廷遂决定大举东征。郑崐寿趁机再见石星，为其指点朝鲜地理，佐助谋划战略，而朝鲜王廷亦开始尽力筹措粮饷，使得明廷很快做好出兵准备。

　　至此，朝鲜为了抗倭大计最终又与明朝走到一起，修复了宗藩关系，回归到"忠诚事大"的轨道上来。

二　朝鲜外交的摇摆性特征及其背后因素

　　考察这一时期朝鲜的对外交往，可知其态度和政策变化巨大，呈现出"摇摆性"特征。

　　1. 何谓"摇摆性"特征？

　　首先，它在内涵上包括了复杂的两面性：一方面，朝鲜在宗藩关系和朝贡贸易体制内固守本分，显示其遵循"事大"礼仪，同时与日本保持一定距离的向心态势；另一方面，则力图摆脱朝贡贸易体制和宗藩关系向外游离，显示出其笼络日本、背离明廷的离心倾向。

　　之所以言其复杂，是由于这两个极端对立的层面经常纠缠在一起，难解难分。例如，在面对日本通使要求时，朝鲜王廷一边在其欲纳日本为藩国的企图促动下毫不犹豫地接待了倭使，一边则在华夷观念的影响下认为日本是不可交往的篡弑之国。再如，在明确丰臣秀吉外犯企图和计划、商讨准备向明廷奏报倭情时，它一方面重拾对明"事大"的基本礼仪，决定派出使节奏报倭情；另一方面又不打算明确和彻底地说明实情，生怕泄露其通倭内情，暴露其经营秩序圈的隐情，而妨碍其发展大计。

其次，它在时间上表现出朝鲜在两个极端之间游走的变化特性：在与明、日关系正常化的时段特别是 15 世纪和 16 世纪早期，其向心态势稳定，由此号称"事大至诚"；然而至 16 世纪末，它则明显朝离心方向游走；与日关系破裂、壬辰倭乱爆发使其面临亡国危险之际，则又迅速回归，向宗主国靠拢。

比较突出的是，朝鲜的外交态度经常是首鼠两端，频繁摇摆。例如，从最初朝鲜国王打算拒绝倭使入境，到王廷决定接待倭使，巨变竟在一天之内；从很多人反对而不打算与日本通使，到王廷决定派出通信使，前后也是很短的时间。再如，辛卯（1591）五月朝鲜委任圣节使金应南奏报倭情，金出发时备边司又嘱其先观察形势，不到明人发觉就干脆隐瞒不报。

如果扩大范围来看，我们会发现朝鲜外交摇摆的态势并非仅限壬辰战争时期。在 17 世纪早期建立起来的光海君政权，尽管刚得明廷再造之恩，但推行背离明朝通款后金的两端外交。十几年后仁祖反正，则转化为表面上屈服于金（清）而内心亲近明朝的外交策略。如果再远一点看，王氏高丽末期就曾在亲近北元或投靠明朝之间数次游移。在前后其他诸多时段，朝鲜处理诸多外交事件也曾呈现出不断摇摆的态势。

因此，"摇摆性"亦算是整个朝鲜外交政策的明显特征。

2. 朝鲜外交为何摇摆？

在朝鲜外交摇摆的背后，深藏着多种影响因素，主要可由以下三点来认识。

（1）经营自身华夷秩序圈的潜在动机使其"背明通倭"

关于朝鲜经营自身小型华夷秩序圈问题，学界成果已多。其中刘永连等曾将其与具体的朝鲜外交活动和政策结合起来研究，如以庚寅通信为例考察壬辰战争前夕朝、日之间矛盾激化的背后原因，认为朝鲜以改使号等方式继续与日本私自往来，暴露了其不甘于藩国地位，而力图建立自身小型华夷秩序圈的内在动机。[1] 如果考察壬辰战争前夕朝鲜对日政策及其一系列活动、措施，我们就可发现其背后一直隐藏着这种动机。

当倭使初次入境之时，朝鲜当政者认为"化外之国不可责以礼义"。这颇类似中华帝国看待四夷的态度，俨然一副宗主国的高姿态。考察朝鲜发展史，可知其在自视为中国藩臣的同时，亦视其周边民族或政权为蛮夷，女真、对马乃至日本、琉球在其眼里都是"野人"或野蛮国家。在日本游离出明朝主导的"册封—朝贡"体制之后，朝鲜认为日本"自甘为夷狄"，自然亦视其为"化外之国"，不能与自己同等地位。有些人反对接纳倭使，认为"日本臣逐其君而我受之"，是"侮辱我礼仪之君臣"。尽管其主张与当政者相左，但其自视甚高的心态并无二致。正是基于这种自以为宗主国的心态，朝鲜内心充满将包括日本在内的周边民族或政权纳入以自己为核心的小型华夷秩序圈的冲动和欲望。

后来朝鲜报聘日本，则是将其冲动和欲望付诸实施的重要表现了。兹有直接证据可见，如对于庚寅（1590）之行，朝鲜王廷自称"传命"。"传命"何意？传达王命也。朝鲜把日本当藩属，意甚明了。之前刷还之事，本属朝鲜要挟，而在平义智周旋下得到日本积极奉行，在朝鲜看来日本已经屈节，认同了藩属身份。因此朝鲜王廷倍觉体面，痛快遣使。再如，朝鲜使节到达日本国都后拒绝观光丰臣秀吉凯旋仪式，拒绝为日方活动派出乐队演奏，拒绝以贿赂途径早见丰臣秀吉，亦完全以"传达王命"的姿态与日交涉。通信副使金诚一明确表示："堂堂大国之使，奉圣主明命，不能宣扬威德，使之稽颡于朝台之下，其屈辱亦已大矣。"[2] 可见朝鲜使臣亦以传命姿

1　参见刘永连、解祥伟《华夷秩序扩大化与朝鲜日本之间相互认识的偏差》，《世界历史》2015年第 2 期。

2　金诚一：《鹤峰先生文集》卷 6《客难说答上使》，《韩国历代文集丛书》第 1902 册，第 5 页。

态出使日本，期望使得日本俯首归化，经营其华夷秩序圈的意图表露无遗。

不过，朝鲜毕竟处在以明朝为核心的东亚华夷秩序圈内，而其自身也一直把自身小型华夷秩序圈置于东亚华夷秩序圈框架之下，因而朝鲜不敢将其经营华夷秩序圈的努力表露出来，而一直暗藏于内心，或私下里实施。庚寅通信过去之后，朝鲜王廷一直隐晦不露。即使面临明朝上下各种和多次质疑，而自己到了亡国关头需要紧急救援，甚至在请来大军而需要协同抗倭的时候，朝鲜王廷也不肯坦白出来。

（2）认识偏差导致朝鲜自招祸乱，迫使其回归"事大"

刘永连等曾就庚寅通信事件初步分析了朝鲜与日本之间相互认识的偏差，认为朝鲜和日本都存在经营自身华夷秩序圈的企图，在外交过程中各自抱定政治和文化上的优越感，而意欲将对方纳入自身的华夷秩序圈，由此导致庚寅通信过程中发生多次的礼仪冲突。[1]同时从赵宪五篇奏疏来考察，刘永连指出，朝鲜王朝多年执念于这一企图，在"背明通倭"道路上愈走愈远，使日本赢得了出兵侵略朝鲜的机会。[2]如果进一步深究这一时期朝鲜在外交上的认识偏差问题，则可以从以下三点来分析。

一是对日本国情的认识不足。从全国上下将日本视为"化外之国"等表现可知，朝鲜对日本同样上千年来大力吸收中华文明成果而不断进步的国情认识不足，更不了解华夷秩序扩大化在日本的重大影响及其态势和性质。其实日本早就私以"中国"自称，而视虾夷、奄美等为夷狄，视新罗、渤海等为藩国，并尝试从制度上构造

1　参见刘永连、解祥伟《华夷秩序扩大化与朝鲜日本之间相互认识的偏差》，《世界历史》2015年第2期。

2　参见刘永连《朝鲜招祸论——从赵宪五疏看壬辰战争的成因》，壬辰战争工作坊"战争史料和历史记忆"研讨会论文，济南，2017。

以自己为核心的小型华夷秩序圈。[1]特别是在与朝鲜关系上，认为朝鲜历来臣属日本已成观念。如川口长儒《征韩伟略》开篇即引《日本书纪》云："往古朝廷之盛，三韩朝贡。其服也，绥怀抚安；其叛也，征讨声罪。或置日本府其地以统驭，遇之以藩国之礼。"而朝鲜最难意料的是日本经营自身秩序圈的野心更强，力度更大，而且方式不同。在日本所谓中华概念里，不仅仅吸取了汉文化和儒家思想的成分，而且以其神道思想为基础，宣扬日本中心主义，崇尚武力征服。[2]到16世纪末，重新统一起来的日本已打算挑战明帝国建立起来的庞大华夷秩序圈，出兵朝鲜是其计划中既定方针和必要环节。

二是对丰臣秀吉的错误评价。在壬辰战争前夕，朝鲜对丰臣秀吉个性知之甚少。赵宪等少数人蔑视其为弑君贼子，觉察其可能武力外犯，然对其战国枭雄之个性、野心以及掌握的军事实力缺乏准确考量。而作为使者曾亲眼见到丰臣秀吉的金诚一等，竟然浪称"其目如鼠，不足畏也"，可见会给朝鲜造成多么严重的误导。由此可以理解，朝鲜王廷为什么即使在获悉丰臣秀吉出兵计划之后仍然未予以足够重视，而只是派遣一二庸将到全罗道巡查，弃庆尚道等更为重要的关口而不顾；而当遭遇倭寇凌厉攻势的时候又是如何惊慌失措，望风溃散，短短数月之内几近亡国。

三是对"背明"后果缺乏估量。在经营自身秩序圈的过程中，朝鲜除因私纳女真部落受到明朝边将和使者的一些质问外，长时期内并未引起明廷的激烈反应。这给朝鲜意识造成某种惯性，私下通倭时未能预料其严重后果。然而，尽管自嘉靖年间起中日两国中断

1　参见朱云影《中国文化对日韩越的影响》（广西师范大学出版社，2007，第202页）、罗丽馨《日本型华夷观——七至九世纪日本的外交和礼仪》（《台湾师大历史学报》第35期，2006年6月）、谷庆涛《日本华夷思想与华夷秩序体系》（硕士学位论文，东北师范大学，2006，第6~16页）等。

2　参见罗丽馨《十九世纪以前日本人的朝鲜观》，《台大历史学报》第38期，2006年12月，第159~218页。

了朝贡关系，但借助密切的民间往来仍然分享着同一个"世界"。朝鲜通倭尽管做得隐秘，然而还是很快就通过辽东、福建、琉球等地民间往来风传到北京。加上各种传播者的各种理解和摹写，类似朝鲜"导倭入寇"的信息不断涌入明境，结果使得明朝上下震动，猜疑重重，引发明朝"信任危机"。[1] 这一危机严重妨碍了中朝沟通协调，使得御倭反应迟钝；而同时倭寇乘机猛进，摧残八道，几乎占领整个朝鲜。

正是这些认识偏差和政策失误，使得朝鲜自招祸乱，堕入危难。为了挽救国家，朝鲜不得不转变态度和政策，积极向明廷靠拢，重返"事大"轨道。

（3）国家利益是朝鲜外交摇摆变化的始终轴心

陈尚胜曾从明朝对壬辰倭乱的反应出发，指出明朝大举东援更多是出于对自身国家安全的考虑，国家利益重于"字小"情怀。[2] 孙卫国、解祥伟在分析明鲜信任危机根源时指出朝鲜决策将"国家利害"置于"事大大义"之上。[3] 如果审视朝鲜从背明通倭到回归"事大"的摇摆变化，那么国家利益就是朝鲜外交政策变化的始终轴心。

朝鲜王朝的国家利益因其个体特征而复杂。作为长期处在大国强国夹缝中的弱小国家，一方面其发展欲望比之其他国家强烈得多，另一方面其危机意识也比其他国家严重。可以说，生存和发展是其最为主要而且至高无上的利益。因此，尽管它由于处在宗藩关系体制中而不得不行"事大"之礼，但是在发展欲望驱动下更为重视经营其自身华夷秩序圈的目标。这就是朝鲜背明通倭的最深动

1　参见解祥伟《壬辰之前明鲜的"信任危机"及其处置》，《前沿》2014 年第 2 期。

2　参见陈尚胜《字小与国家利益：对于明朝就朝鲜壬辰倭乱所做反应的透视》，《社会科学辑刊》2008 年第 1 期。

3　参见孙卫国、解祥伟《明抗倭援朝战争初期中朝宗藩间之"信任危机"及其根源》，《古代文明》2017 年第 1 期。

机。不过，当其发现根本无法实现将日本纳为藩国的目标，相反招来日本武装侵略而面临亡国之灾的时候，为了获取明帝国靠山之力，它不得不重新回归到认真"事大"的轨道上来。由此看，无论私下通倭，还是回归"事大"，都是为了更为重要的国家利益，无论外交政策怎么摇摆，都离不开其国家利益这一轴心。

余论：重新认识 16~17 世纪明朝关系及东亚华夷秩序

　　考察壬辰战争前夕朝鲜外交之变化，我们获得了比前人研究更为丰富的认识。进而探讨东亚政治秩序下的朝鲜外交之常态和规律，笔者认为以下问题值得思考。

1. 全面看待 16~17 世纪明朝关系

　　关于中朝国家关系研究今天可谓硕果累累，对于 16~17 世纪的明朝与朝鲜关系论述尤其之多。该时段是中国与朝鲜宗藩关系最为稳定和友好的时期，以至于学界主流认为朝鲜王朝对明帝国"事大至诚"，将其朝贡关系称为"典型性朝贡关系"。不过，历史问题客观上的内容往往远比我们的主观认识更为丰富，认识上失之全面就会导致以偏概全而无法准确把握问题实质。为此，在了解朝鲜王朝对明帝国"事大至诚"的一面后，我们不应疏忽其"事大"不诚的一面，由此可看到朝鲜外交以自身国家利益为最高原则和标准，无论对明、日态度和政策如何变化都不会偏离这一轴心。这样，我们看待其朝贡关系也不会简单化，即使相比之下这种朝贡关系更为密切和友好，但是仍然存在矛盾、隔阂，有时不乏猜疑、背离乃至激烈冲突。这一朝贡关系好像也不是册封、入贡等内容所能概括的。在遵守册封、贡赐这些常规礼仪之外，也需要其他手段来解决诸多负面问题。例如，当朝鲜"假王""导倭"等谣言风传的时候，明廷会主动派出使节质问、勘疑；而当明廷误会和猜疑的时候，朝鲜也会想方设法辩诬或谢罪。

2. 对传统东亚华夷秩序的再认识

进一步看传统东亚政治秩序，可知在以中国为核心的华夷秩序圈框架之下，朝鲜、日本等国也在分别经营以其自身为核心的各种小型秩序圈，并且伴随华夷观念影响加深和其发展欲望的强化华夷秩序扩大化现象亦愈加突出。如果从内容结构上看，传统的东亚政治秩序其实是多圈层的，只不过这些小的圈层特别是朝鲜所要构建的秩序圈有许多想象成分。由于其主观与现实的距离有时相差甚远，导致其认识偏差、政策失误，结果带来壬辰倭乱等巨大的祸患。如果从时间脉络上看，16~17 世纪华夷秩序扩大化态势逐步严重化，出现了日本脱离朝贡贸易、朝鲜背明通倭等离心乃至解体现象。那么，传统的东亚华夷秩序圈并不是一成不变的，也不是到了19 世纪晚期才瞬间解体的，而是有着一个相当长时间的变化过程。这一变化过程接续着近代东亚国际关系的发展，并予以深远的影响。日本构建所谓"大东亚共荣圈"，朝鲜遭到日本吞并和殖民统治，这些变化背后都有华夷秩序扩大化与朝鲜外交认识和态度的习惯之影响。

为此，我们有必要充分认识传统明朝关系及东亚秩序的复杂性和变化特征。

从交通枢纽到避暑胜地

——晚清花鸟山的兴衰变迁

薛理禹 *

花鸟山，亦称花脑山，[1]是长江口外的一座小岛，据大陆最近点 66 千米。岛形似鸟，头东尾西，东西长 3.7 千米，南北宽 2.2 千米，陆域面积 3.617 平方千米，当下是浙江最北端的有居民海岛，行政上属于浙江省嵊泗县花鸟乡。[2]由于特殊的地理位置，这个今日舟山群岛中一座普通的海岛，在清代晚期一度成为中外各方势力关注的热点，也引发了诸多的国际争端与涉外交涉，而在当下仍具有研究

---

* 薛理禹，上海师范大学都市文化研究中心。

1　如"而崇明上锁长江，下扼吴淞，东有洋山、马迹、花脑、陈钱诸山"，见陈伦炯《〈海国闻见录〉校注》，李长傅校注，陈代光整理，中州古籍出版社，1985，第 20 页。乾隆《崇明县志》载："花鸟山，亦名花脑。"

2　参见《中国海岛志》编纂委员会编《中国海岛志·浙江卷》第 1 册《舟山群岛北部》，海洋出版社，2014，第 207 页。

关注的价值。

花鸟山清初原属定海县，康熙二十九年（1690）浙江分洋汛，划归江苏崇明县管辖。[1] 在传统的中央集权统治下，花鸟山乃是远离行政中心的荒僻岛屿，定居者寥寥，主要发展捕鱼业，浙江沿海渔民在渔汛时前来捕捞乌贼等海产，"在四月、五月和六月上半月，群岛一片繁忙景象，满是来自宁波和温州海岸的渔民。各处可见数以千计的舢板和渔船，展现了生动热闹的活动场景。遍布这一海域的大量乌贼（墨鱼）是主要的渔获物，它们被晒干后运往大陆"。[2] 政府除实施海防、海禁与征收渔税外，对其未加重视。[3] 鸦片战争后，随着上海、宁波及长江内河港口陆续开埠，国际航线日益繁忙，花鸟山地处航运要道，且靠近大陆，无形中成为上海出洋的第一道门户，同时也是通往日本、美国等地远洋航线的途经要冲，随即受到外部势力的关注。鸦片战争中航海到此的英国人，因岛上山形似马鞍，称其为"北马鞍岛"（North Saddle Island）。在以往国内的史籍文献中，涉及花鸟山的记载寥若晨星，而在 19 世纪以来的英文著述、报刊中，却时常论及北马鞍岛，本文的研究，即极大得益于当时外文文献的相关记述。

一　花鸟山灯塔的修建

上海开埠不久，一篇为 1850 年 6 月 17 日《旧金山先驱报》（*San Francisco Herald*）所撰写的报道所述，"航路上有件事亟待解决以确保安全——应当在荒岛（Barren）或西北马鞍岛建造一座灯塔，作

1　《中国海岛志·浙江卷》第 1 册《舟山群岛北部》，第 208 页。

2　Edward S. Little, "The Saddle Islands，Shanghai," *The East of Asia Magazine*, Vol.4 (1905).

3　在清末外国人眼中，"中国的浩繁史籍对这一群岛从未实质性提及，甚至其当归属何省亦存疑问。其看来是由江苏和浙江两省分别管辖。厘金局的吏役无处不在，在每年渔汛时前往捕鱼的各处地点征收税金"。见 Edward S. Little, "The Saddle Islands, Shanghai," *The East of Asia Magazine*, Vol.4 (1905)。

为扬子江的导航标。无疑英国政府将承担部分建造费用，而如果没有政府支援，为确保航线建成，上海的美国、英国和中国商人将捐款修建"。[1] 可见，在花鸟山修建灯塔的设想由来已久。

而花鸟山北端灯塔的建成，则在 20 年之后。晚清的海关由英国人罗伯特·赫德（Robert Hart）长期担任总税务司，在其治下，一系列重大工程付诸实施，包括在重要海港、航运枢纽等处修建灯塔，维护航行。花鸟山地处远洋航运要冲，故此花鸟山灯塔成为首批建设项目之一。

根据文献记载，"花鸟山灯塔，为护卫扬子江口三大灯塔之一。距大戢山东偏北约二十六浬，对于取道近海航线，经由舟山群岛而南驶之船只，虽无直接功用，然其指导由上海直达日本以及经过太平洋之远海航路，厥功则伟，而为绝不可少之标识也。且该灯适居航路分野交叉之地，北往船只固得恃以测定航行正路，以避鸡骨礁（英文作 Amherst Rocks——引者注）之险。即驶入扬子江口之船舶，亦可藉以照耀于后焉"。[2] 这一灯塔在茫茫海上非常引人注目。"一个强有力的旋转灯屹立于岛的最北端，将其强光投向海上，达 20 英里之远。所有来自日本和美国海岸的船舶在抵达中国海岸时都能看到此光。有时浓雾笼罩这一海域，灯塔配备两门炮，向船只发炮以避免其触礁。"[3] 花鸟山灯塔给往来海上的中外船舶提供了巨大便利。

花鸟山灯塔自建成后，一直由中国海关管理维护。"该站建于同治九年（1870），亦为海关海务科筹设灯塔计划中首先所筑之一也。该灯设置之初，即具特殊优点。原为旋转镜机，每一分钟旋转一周，且用四芯灯头，燃以植物油，烛力 38000 枝。迨光绪二十五年（1899）改置十二加仑压油灯，并配以六芯灯头，烛力增为

1　*The San Francisco Commercial Press on a Steam Mail Across the Pacific* (San Francisco: Towne & Bacon, Printers, Excelsior Office, 1860)，p.92.

2　班思德：《中国沿海灯塔志》，李廷元译，海关总税务司署统计科，1933，第 211 页。

3　Edward S. Little, "The Saddle Islands，Shanghai," *The East of Asia Magazine*, Vol.4 (1905).

45000 枝。洎民国五年（1916），复改置头等镜机，旋转于水银浮槽之上，并装置煤气灯头，配以五十五公厘白炽纱罩，每十五秒钟闪光一次，烛力增至五十万枝。嗣于民国十七年，又将所用之微小纱罩三个撤销，而易以 110 公厘'自燃式'大纱罩一个，于是烛力增为 74 万枝矣。该站建筑，异常坚固，自成立以迄宣统二年（1910），越四十载，始行大加修茸。"[1] 这一灯塔至今仍发挥着重要的航运导向功能，同时也是花鸟山上首屈一指的历史人文景观。

二　花鸟山电缆的接通和电报站的设置

1885 年，在中法战争尚未平息之际，英国与俄罗斯因争夺远东利益，引发国际外交争端。当年 4 月，英国出兵占领朝鲜南端的巨文岛（英文文献中称汉密尔顿港，Port Hamilton），进一步加剧了与俄国的军事对峙局面。与此同时，出于战略考虑，"英署使拟在扬子江外大七山（即'大戢山'——引者注）相近之花鸟山北岛接线上岸"。[2] 英国的举动引起了时任直隶总督兼北洋大臣李鸿章的重视，立即就英国连接电缆线的目的向英国使节做出询问。"查阅海图，花鸟山距洋子角约一百二十里左右，不通陆路。今英使忽有此请，似非为侵夺利权起见。虽驻津英领事璧利南来谒，询其花鸟山设线之意是否出于英廷，抑系（英商）大东公司所为。该领事称系外部主意，大约为英、俄如有战事，俄则有大七山丹（麦）线为之传电，俄、丹素昵，大北公司向由俄保护，恐临时不肯代英传电，英亦必预备一处，以通兵船消息。"

无疑英国指使本国企业大东电报公司在中国领土上连接电缆线，是对中国主权的侵犯，但当时清政府内外交困，同法国的冲突

1　班思德：《中国沿海灯塔志》，第 211 页。

2　李鸿章：《复总署议花鸟山接海线》，光绪十一年三月二十三日，《李鸿章全集》（33），第 487~488 页。本段与下一段引注均出于此。

早已使其疲于应对，唯恐再生事端。出于列强势力制衡的考虑，李鸿章认为："今春大七山丹线屡为法国传电，即饬盛道电属 [嘱] 上海邵道派员往诘，该公司不肯遵阻。鄙见大七山既有丹线上岸，则花鸟山英线上岸势难驳斥。该岛孤悬海中，不通陆路，于华北局权利无损，彼既为俄事请设，殷勤询商，似应暂准其海线展至花鸟山北岛，设一电房，以示敦睦。但与议明，俟俄事了结，仍行拆去，庶于通融之中稍有限制。"

因清政府未做出任何抗议或干涉，大东电报公司得以顺利将电缆接上花鸟山，除此以外，"在北马鞍岛上英国人修筑一些平房，建立一处电报站，若干名电报生在此驻扎。大东电报公司连通欧洲的电缆比邻岛屿经过，其时一根电缆于东南海湾处接上岸。国际争端解决后，岛上的电报站撤除，但此地仍由电报公司占有，可在任何时候重新架接电缆"。[1] 英国的举措一方面使中国的主权受到侵犯，而另一方面则进一步提升了花鸟山的战略地位，使这一原本少有瞩目的荒僻岛屿越发受到世人的关注，进而引发了游览业的兴起和有关中国主权的交涉争端。

三　花鸟山外侨游览业的兴起与主权之争

1. 外侨度假地的构想

英国在花鸟山连接电缆线 3 年之后，上海英美外侨中最具影响力的英文报纸《字林西报》登载了一篇题为"搭乘'仙女'号轮船游览北马鞍岛"的较长篇幅的文章。作者一行乘坐轮船，周五晚间9 点从上海出发，周六早上 10 点多到达北马鞍岛，周日晚间 9 点开始回程，周一早晨 5 点半回到上海。在两天多的旅行中，作者领略了花鸟山的优美景色和风土人情。作者对花鸟山景致做了有声有色

1　Edward S. Little, "The Saddle Islands, Shanghai," *The East of Asia Magazine*, Vol.4 (1905).

的描绘。

> ……风光美丽，蔚蓝色的海水使人惬意，与滚滚东流、长达一二哩的长江泥泞水纹形成明显对比。在我们右侧，是 780 英尺高的高耸山丘，覆盖着碧绿油亮的青草，左侧则是花岗石覆盖的荒山——一块孤立的巨石，看上去稍一推动足以将它沿着旁边险峻的沟谷抛下。[1]

在奇山丽水之间，作者一行开展了海水浴、攀山等运动。游玩之余，作者亦留意观察岛上的生产活动与风土人情。

> 山的两侧处处栽种岛上的主要谷物——玉米，还有御谷、芋头、甜薯、南瓜、花生等作物。山上有四五条清澈的小溪流下，在其中之一的溪口，可看到小块的稻田。有三个定居点，居民共约 150 至 200 人，主营渔业，兼营种植业，他们对我们非常客气。这一季节初始，人们把墨鱼放在裸露的花岗石块上晒干，但在七月的第三周都收走了。常年的鱼腥味使岛的北端成为不适宜外国人居住的地方。我们很容易就买到味道鲜美的鱼类。我们看到四英尺长的巨大鳕鱼，重达三四十磅，但我们更喜欢小些的幼鱼。……岛上没有官员，牲畜仅限于一些猪、几十只山羊和家禽，没有马和牛。每个村落有一间小庙，屋舍都是泥地的简陋棚屋。

当时岛上"有两座西式建筑可眺望沙湾，如果我们能进入，那就更好，然而我们获悉钥匙在上海"，由此可见似乎已有上海的外

---

1 "A Trip in the S. S. 'Fairy' to the North Saddle Island," Shanghai: *The North China Daily News*, Aug. 1, 1888, Col. 107. 后几段引注亦出于此。

国侨民在岛上短期居住。作者从中意识到岛上发展度假观光产业的
潜在价值。

　　　炎热、疲乏中的上海居民，其假期或偏好不能使之前往烟
　　台或日本度假，难道不能有机会去这个宜人的小岛做一次难得
　　的暑期旅行吗？偶尔的从周六到周一，从上海炎热压抑的氛围
　　到上述清新富氧的环境，对于诸多疲乏虚弱的躯体，将有巨大
　　价值。有一处悬崖可眺望两个邻近的海湾间的分水岭，它可以
　　微不足道的价格租下，于此建造价格适中的石木材质的房屋。
　　可以租一艘小轮船来做一周一度的岛屿旅行，有闲暇的人士可
　　以耽搁一周或数周。我敢肯定，比起烟台，许多人会更喜欢这
　　里。如有人能联手筹集款项，无疑此事就能得以筹办。

尽管这篇文章将花鸟山描绘得自然迷人，但其刊登之后，并未
产生明显影响，在此后相当长的时期岛上观光业也并无进展，5 年
后《字林西报》有了关于花鸟山的新报道，在岛上兴建度假疗养地
的计划方才提上日程。

　　　R.E.C. Fittock 在最近的考察中拍摄了北马鞍岛的迷人照
　　片，这次考察与在当地建立一处疗养地有关。这些山丘、港
　　口、海滩的照片，充分印证了这一目的的适当。我们殷切期待
　　明年夏天计划能付诸实施。[1]

2. 外侨避暑度假的黄金时期

上海的外国侨民组织较大规模的花鸟山度假观光始于 1904 年夏
季。当年 6 月及 8 月，《字林西报》均有周末前往花鸟山度假的报道，

1　Shanghai: *The North China Daily News*, Aug. 24, 1893, Col. 3.

游客周五夜间或周六中午出发，周一白天返回。6 月那次旅行每人的全程资费为 40 元。[1]

1905 年，上海的英文期刊《亚东杂志》刊登了一篇详细探讨花鸟山各方面情况的文章，这篇文章近乎该岛的地方志，从地形地貌、历史沿革、自然气候、风土民情、生产方式、岛屿景观等方面对岛情加以叙述，重点亦是描绘该岛的迷人景致和避暑度假的优越性。

> 岛上有肥沃的土壤，广植红薯，遍生芳草，景色多样而美丽。有些地方能看到硕大的石洞；不断变化的海岸线上，礁石被潮水冲刷成天然的海湾。有些地方 200 英尺多高的陡峭悬崖矗立海边，其下朵朵白浪冲刷翻腾。当攀登到岛的高处，可以看到山脊和溪谷交替，以海水为绝佳背景，呈现变化的景致，将许多迷人的图景展示于眼前。
>
> 岛上的气候非常理想。从气象局的数据看，夏季北马鞍岛和上海有 15~20 度的温差。海上经常凉风习习，给岛上带来凉爽的影响，而在上海及周边的低平大陆则不明显。冬季岛上温度较上海高，也就是在寒冷的季节较大陆气候更温和。岛上夏季更凉爽，冬季更温暖，可能归结为这里完全为大海包围，从而使全年都有更为平和的气候。
>
> 岛上没有蚊子，苍蝇是最大的害虫，尽管它们并不比上海的情形恶劣，且仅在五六两个月，也就是鱼汛期间为害。六月后，大部分的苍蝇随着渔民一同离开。
>
> 我们的图片和说明旨在展示这个岛屿的自然特征，但如要欣赏，那就必需在六月到八月离开上海酷热的街道，沉醉于这海陆美景带来的欢愉中。吸引游客之处众多，攀山、海水浴、

1　Shanghai: *The North China Daily News*, Jun. 7, 1904, Col. 5. & Aug. 5, 1904, Col. 5.

钓鱼、航海以及其他极具自然特色的诸多娱乐活动提供给疲惫的城市居民，或许会在碧海中的气垫船上心驰神往。避开酷暑，妇孺的脸上绽放健康之花，而病患则能重归生命和力量。

这一疗养地将是上海和沿海居民的福音。中国其他著名的疗养地都相隔太远，多数居民难以受惠。有个把月闲适的人可以从容拣选地方，而多数辛勤忙碌的人至多挤出一个周末或数日的闲暇，故此去不成什么地方。而现在在八小时内，就能来到美丽的海滨、清新的气候，如同家乡最佳度假地的自然景观和类似家乡的气候。男人们可把家眷送到这一胜地，利用周末探访他们，在周六中午离开工作，在周一早上及时回到岗位。一次海上航行，气候与环境的全然改变，周末的海水浴，恢复一周体力消耗的远足，使一年的剩余时间保持健康良好的状态。几年后，如果没有马鞍列岛的避暑胜地，上海人恐怕将不知如何应对酷暑。孩童以往抱怨呆在上海闷热的街道上和花园里，面色苍白，无精打采，今后将在如同故乡的环境中茁壮成长，获得健康和蓬勃生机。[1]

这篇文章的作者李德立（Edward S. Little）是英国来华传教士，同时也是成功的地产开发商。19世纪晚期，他作为一位外国人，在江西庐山购置土地，修建别墅，进而发展成为华中地区闻名遐迩的外侨避暑度假胜地——牯岭镇。李德立颇具商业眼光，他认为花鸟山毗邻上海、地理位置优越、气候宜人、环境优美，且远离中国政府统治中心，中国官府在岛上的行政控制力薄弱，极其适合成为上海及周边地域外侨的避暑度假地。

与十余年前不同，李德立的构想并非单纯的空中楼阁，他与一批外侨，将其积极付诸实践。李德立在庐山等处积累了丰富的经

1　Edward S. Little, "The Saddle Islands,Shanghai," *The East of Asia Magazine*, Vol.4 (1905).

验，擅长规避中国官府的法规禁令。由于花鸟山并非通商口岸，中国政府不允许外侨在此租地、购地，故此他们不经中国政府批准，在花鸟山私下同当地居民订立土地转让契约（为躲避政府干涉制裁，外侨往往隐匿身份，以华人名义签约交易），修建房屋，营造避暑地。《字林西报》报道："北马鞍岛明年将成为上海居民喜爱的避暑胜地，游客规模会大大超过今年。我们获悉八项于明年春季在岛上建造平房的契约已经订立。"[1]

次年 5 月，上海至花鸟山之间开通定期班轮"山水"（Samshui）号，该轮船拟"夏季一周航行两次，可载客 30 人，安装电灯，设施完善"。[2] 1906 年 5 月 26 日，该轮花鸟山之旅首航，因时值圣灵降临节，乘客为数不多，票价为每人 25 元（含船上伙食）。[3]

从现有资料看，"山水"号班轮的营运时间似乎不长，未能持续。两年后，《字林西报》刊登报道，表明将把花鸟山到上海的接驳交通定期化与常态化，"北马鞍岛与上海间需要定期持续的运输交通，我们满意地得知这一目标已在规划实施中"。另一项重要的举措是在岛上修建一座较大规模的旅馆，供避暑游客居住。"将成立一家公司来提供这一服务，并在分隔西北和南部海湾的狭窄地峡处建造一栋大型旅馆。亨利·莫里斯（Henry Morris）先生将把靠近海岸的 100 亩土地，连同所有建筑物，无偿（除常规地税外）移交给公司。该公司资本将达 15 万元，每 10 元作为一股，其中 50000 元用于新旅馆建造，16000 元用于维修、修路、建造浮码头及其他适宜工程。有关本地轮船公司的资金筹备将提供一艘头等舱的轮船，在一年中的三四个月提供运输。如这一计划得以完全实施，北马鞍岛将成为一处更好的疗养与避暑之地。"[4] 按照李德立等在沪外

1 Shanghai: *The North China Daily News*, Sept. 26, 1905, Col. 5.

2 Shanghai: *The North China Daily News*, May 18, 1906, Col. 7.

3 Shanghai: *The North China Daily News*, May 30, 1906, Col. 7.

4 Shanghai: *The North China Daily News*, May 26, 1908, Col. 7.

侨（尤其是英侨）的筹划，花鸟山将继牯岭、莫干山等地后，成为华东地区（尤其是江南一带）深受旅华外侨群体喜欢的独具海洋特色的热门避暑胜地。

3. 有关主权的争端与交涉

在外侨着力打造花鸟山避暑胜地的同时，国人也意识到这一举动对于中国主权的现实影响和日后的潜在威胁。庐山牯岭、莫干山等地，自外侨大规模地购产、建造屋宇，建成避暑胜地以来，中国官府在当地的行政管辖权不断被外侨攫取，进而外侨自行设立管理机构，在当地实施"自治"，最终成为法外"飞地"，对中国领土主权造成侵犯。花鸟山孤悬外海，人口稀少，中国官府在岛上的行政力量原本就相当薄弱，如若听任外侨置产建屋，营造避暑基地，势必将迅速步牯岭、莫干山等处的后尘。更重要的是，与牯岭、莫干山等内地山区不同，花鸟山地处国际航道要冲，具有灯塔等重要交通设施，既是重要的交通枢纽，也是上海的一道海上门户。门户若失，全局震动。晚清国势疲弱，领土日渐丧失，主权不断为列强削夺，图存救亡、维护主权的民族意识日渐深入人心，官府也无法坐视外侨在花鸟山的行径而不管。外侨在花鸟山的举动很快引起中国官府的关注与交涉。

1906 年 9 月，官府获悉了外侨在花鸟山营建避暑基地之事，"前由领袖领事照会江督、苏抚转札上海道瑞观察照准，观察于初二日（9 月 19 日——引者注）札委崇明县魏大令并咨苏松镇陈军门请委熟悉沙岛之守备黄吉三同往勘查，以凭上复"。[1] 经调查，"崇明县属之马鞍山，前被该处居民盗卖与洋人建造房屋，以为避暑之地。兹因洋人来往较前愈多，崇明县魏大令以该处系属内地，自应设法禁止。爰于昨日禀请沪道转禀江督、苏抚咨请外务部照会驻京公使设法禁止"。[2]

1　《纪委勘马鞍山租与洋人》，《申报》1906 年 9 月 23 日，第 4 版。

2　《禀禁马鞍山民人盗卖山地于洋人事》，《申报》1906 年 9 月 21 日，第 3 版。

外侨在花鸟山置产建屋属于非法，然而鉴于当时国际地位不平等，西方国民享有领事裁判权，中国官府无法直接对外侨施加处分之情况，只得采取两项措施：一是惩处私自向外侨出卖土地的国民，二是将卖出土地设法赎回，"责成该县（即崇明县——引者注）勒令原业户退价赎回，将契注销，并由江督札行苏松、狼山、福山三镇台查禁沿海各山岛不准私售在案"。[1]

从资料上看，惩处卖地国民的行动并不顺利。晚清的封建官府官僚作风盛行，行政效率低下。次年，官府查获倒卖土地给外侨的浙江人李召南，李召南供出同案犯鲍五水，随即"所有供出之鲍五水即鲍宝钟，曾由沪道移请宁绍台道提解崇明县。经魏大令讯明，鲍五水并非鲍宝钟，鲍宝钟另有其人，家住宁波陈家埠朱家湾地方，当即饬令李召南指认，据称亦非鲍宝钟。前日魏大令禀请道台拟将鲍五水交保释放，瑞观察以鲍宝钟既未逮案，应先将鲍五水保释，以免拖累，昨已批饬魏大令遵办，一面移请宁绍台道饬再查拿鲍宝钟解崇讯究矣"。[2]这成为一桩令人啼笑皆非的乌龙事件。另外，官府又查获犯罪嫌疑人黄仁林，但此人迟迟"尚未获案，无凭讯究"。[3]惩处私卖土地国民之事不了了之，私卖土地的赃款也大都无法追回。

赎回卖出土地的行动更是举步维艰。州县官府因循苟且，赎回土地的行动长年毫无进展。主管官员甚至敷衍推说"本年春季沿海各山岛基地查无私售情事，惟只有各国洋人前来游猎，亦均时来时往，并不久驻"。[4]而其时，外侨在花鸟山开通班轮、营建旅馆之举正如火如荼地开展。这件事为《字林西报》披露后，"沪道蔡观察以崇明县之马鞍山前被乡民盗卖与洋人李德立建造避暑房屋，经瑞前

---

1 《查复并无售卖山岛情事》，《申报》1908年7月1日，第18版。
2 《沪道批准省释无辜》，《申报》1906年5月17日，第19版。
3 《道批二则·李孙氏禀批》，《申报》1906年10月17日，第19版。
4 《查复并无售卖山岛情事》，《申报》1908年7月1日，第18版。

升道札饬该县勒令退价追缴原契在案，迄今多年，曾否将契追回，
未据禀报，爰于日前札行崇明县，饬令迅即查复"，[1]赎买私卖土地的
举措在耽搁长达三年后方才展开。

　　另一方当事人——以李德立为代表的外侨，为维护自身利益，
对于中国官府的举措自然百般抵制，英国方面也诸般推诿。"迭经
沪道勒令赎回，（李德立）迄未就范。兹又照会英领，将原立契据送
道查阅。昨据复称，此项印契早经该商人寄回本国，无从检交。蔡
观察以该处究非通商口岸，洋人照章不得置产因，又函商英领迅饬
收回原价，将契注销。"[2]

　　在中国官方的压力下，李德立表示"既奉道宪一再商劝，愿为
和平了结，惟所出地价及造屋等费均须偿还"。"兹由沪道饬据崇明
县何大令查复，谓黄仁林所售之花岛山地八亩，计得价银一百二十
两，又鲍宝宗即鲍五水售卖之璧下山、陈钱山渔地二方，共得价银
一百九十两，此皆税契所填之价。"[3]加上建房费用，"兹崇明县何大
令查得该洋商共卖山地及造房原价计有一万二千余两，业已会同绅
董筹款赎回，禀陈沪道转致该洋商收价退还，以免纠葛"。[4]

　　然而此事可谓一波三折，李德立并不打算放弃到手的利益，因
而拒绝将花鸟山土地由中方按价赎回，原本的旅馆和班轮项目也照
旧开展。上海道员蔡乃煌不得不就此再度进行交涉："今该洋商不
知华官体恤外人，反欲在该山开设公司、旅馆，实属有意违约，因
特函致该洋商，嘱勿前往营业，以免交涉。"[5]针对李德立来函抗辩，
上海道员两度依法依理公开予以驳回："乃该县早已查报（原租地价
及房屋造价），而贵商迄未将实价开示，亦不将税契取回送道，反

1　《追回洋人买地契据》，《申报》1908 年 7 月 11 日，第 18 版。
2　《沪道坚请收回地价》，《申报》1908 年 10 月 4 日，第 19 版。
3　《批饬崇明官绅筹还地价》，《申报》1908 年 10 月 13 日，第 18 版。
4　《崇明官绅筹还地价》，《申报》1908 年 12 月 29 日，第 19 版。
5　《函阻洋商违约营业》，《申报》1908 年 12 月 29 日，第 19 版。

谓本道未将办法示悉。试问凭何而定办法，且该处租地造屋既为约所不准，法当充公。贵商乃不谅本道前拟估价偿还系属出于格外通融，贸然再租轮船，再设旅馆，置产为要索重价地步，竟置两国钦定约章于不顾，此岂愿于和平商办者所应出此？"[1] "若欲仍归旧议，情愿和平商结，则地价房价及贵商贴与乡民迁费，早据崇明县会绅确切查明，为数仅银一万三百十两，洋二千余元，似尚可会商地方公正绅士筹款付给，或收回之后能否租与避暑，照纳例捐，详请上宪核示。如仍不顾约章公理，意外滥案，本道实属万难照办，纵便来函晓渎，本道亦不再作复函，惟有按照条约听候贵国领事行文交涉而已。"[2]

从行文措辞不难看到官方就此事的坚决立场，最终李德立等迫于压力，不得不接受官方的意见，将土地由中方照价赎回，度假地的营建工作也随之中止。从此外侨不复再来，其留在岛上的建筑物也日益坍坏。待到民国中叶，除灯塔依旧屹立，花鸟山已完全重归荒僻萧条的渔村景象，"清光绪二十七八年间，英人马立司（似即上文提及的亨利·莫里斯——引者注）建洋房四座，利德立（即李德立——引者注）建二座，戴先生建一座，分布于龙舌嘴、黄胖嘴、外山嘴等山沿，现只存沙滩埂中部中冲角马立司洋房一座，余均湮灭，无迹可寻。马氏房八间，东南向，整方石块叠砌成墙，亦以年久失修，屋顶已损毁。如再任其朽败，二三年后恐将空存圈墙矣。马氏死已十余年，七八年前马子曾到山视察一过，与就地卢姓订立委托照管之约……花鸟地瘠民贫，岁收丰歉，全视墨鱼汛之鱼获。去岁墨鱼渔荒，今年鱼价倾跌，他岛贮鲞以待善价，而花鸟之渔民则已鲞罄易食矣。长日漫漫，民生可虑"。[3] 喧嚣一时的花鸟山在外侨离开之后，又逐渐重归荒凉沉寂。

1 《沪道为马鞍山事复李德立函》，《申报》1909 年 8 月 11 日，第 18 版。

2 《沪道对于马鞍山交涉之复函》，《申报》1909 年 8 月 18 日，第 18 版。

3 程梯云：《江苏外海山岛志·花鸟山》，《江苏研究》第 1 卷第 6 期，1935，第 9 页。

结　论

　　花鸟山的兴起，得益于近代以后国际交往的不断增加和全球化的日益紧密。鸦片战争之前，清代统治者长期推行海禁政策，花鸟山虽毗邻江南繁盛之乡，但始终是地处外洋的荒僻岛屿，人烟稀少，更无开发建设可言。鸦片战争之后，随着国门打开，尤其是远洋航路的开辟，花鸟山以其得天独厚的地理位置，备受外来势力关注，地位瞬间发生重大改变。一方面，花鸟山成为重要的海上交通枢纽：一者，以其地当航运要冲，是上海通往外洋的必经门户，成为修筑航道灯塔的首选之地；再者，花鸟山成为越洋电缆的转接地。另一方面，花鸟山以其凉爽宜人的夏季气候，加之地理优势，吸引上海及周边地域的外侨乘船前来消夏度假，发展成为避暑观光胜地。不可否认，晚清花鸟山的繁荣，与西方势力的渗透以及对中国的主权侵犯存在密切的联系。近代中国不自觉地步入全球化，积极的意义和负面的后果兼而有之，花鸟山这一小岛经历的兴衰变迁，便是具体的印证。而随着外来势力的离开和主权的恢复，花鸟山一度拥有的潜在发展机遇迅速消失，重归萧索沉寂，又不得不令后人为之深思。

巴黎和会上的赤道以北德属太平洋岛屿问题研究

彭　鹏 *

　　巴黎和会是第一次世界大战后的媾和会议，也是决定一战后世界格局的重要会议。其中，在赤道以北德属太平洋岛屿[1]的归属问题上，日本提出将该群岛交由日本管辖。日本之所以提出这一要求，一方面是因为这些岛屿本身具有经济交通价值，另一方面也是因为日本作为海洋国家，太平洋地区的

* 彭鹏，中国社会科学院近代史研究所。

1　赤道以北德属太平洋岛屿：日文中又称为"南洋群岛"或"南洋诸岛"，指的是位于太平洋中部地区的密克罗尼西亚群岛，也就是今密克罗尼西亚联邦所在地，主要包括马里亚纳群岛、马绍尔群岛、加罗林群岛等。该地区先后被西班牙、德国、日本、美国所占领。1979年密克罗尼西亚联邦成立，1990年联合国安理会终止了部分太平洋托管领土协定的决议，正式结束了密克罗尼西亚联邦的托管地位，1991年9月17日，密克罗尼西亚联邦成为联合国正式成员国。本文主要论述的时间段为日本对该群岛的占领时期，为了表述方便起见，文中使用"南洋群岛"来代指这片区域。

力量对比变化对日本十分重要。因此日本也是不遗余力地想要争取南洋群岛的合法统治权。

关于一战前后日本对海洋的扩张，国内学术界已有的相关研究，主要来说有两个研究方向：一是对日本"南进论"的探讨；[1] 二是从国际关系的角度，对近代日本海洋政策的研究。[2] 但是针对日本对南洋群岛的占领，目前国内学者关于这一问题的研究并不是很多。日本学者对这一问题有相关探讨，[3] 但是主要是从微观方面进行论述，对史料的发掘比较多，但是宏观方面的研究有限。

本文试图从微观视角切入，将微观与宏观相结合，来论述日本为何对南洋群岛十分重视，又如何通过第一次世界大战的战争方式

---

1 对南进论的研究，可参见李小白、周颂伦《日本北进、南进战略演进过程述考》，《抗日战争研究》2010 年第 1 期；周俊《二战前日本南进政策形成的历史脉络》，《长沙理工大学学报》（社会科学版）2016 年第 7 期；胡德坤《中国战场与日本的北进、南进政策》，《世界历史》1982 年第 6 期；王启生《关于日本南进与北进扩张战略的几个问题》，《厦门大学学报》（哲学社会科学版）1983 年第 2 期。这些研究主要将日本的南进政策锁定在中国台湾以及东南亚地区，没有关注到日本对太平洋岛屿的占领问题。事实上，日本占领南洋群岛也是其南进政策的重要组成部分，在这一问题上国内学者的研究还不充分。此外，在日本南进战略的确立时间上也存在争议，有的学者认为是明治初期日本就已经确立了南进的战略，也有学者认为南进战略是确立于 1936 年前后，即日本发动法西斯战争以后。因此，关于这一问题还值得进一步探索研究。

2 从现代国际关系角度出发，关于日本海洋政策的研究，可参见康德瑰、金永明《日本海洋战略研究》，时事出版社，2016；修斌《日本海洋战略研究》，中国社会科学出版社，2016；王键《日本海洋战略与东亚海洋安全》，《东北亚学刊》2015 年第 6 期；高兰《日本海洋战略的发展及其国际影响》，《外交评论》2012 年第 6 期。这些研究的时间段主要集中在冷战以后，更多的是对现实问题的研究，属于现代国际关系的范畴，对二战前日本的海洋政策论述比较少。

3 相关研究专著类：等松春夫『日本帝国と委任統治——南洋群島をめぐる国際政治 1914-1947』名古屋大学出版會、2011；矢野暢『「南進」の系譜——日本の南洋史観』千倉書房、2009；浅野豊美『南洋群島と帝国・国際秩序』慈学社、2007、平間洋一『第一次世界大戰と日本海軍——外交と軍事の連接』慶應義塾大学出版會、1998。論文類：今泉裕美子「日本軍政期南洋群島統治（1914～1922）」『国際学研究』第 17 号付録、1990；酒井一臣「南洋群島委任統治制度の形成——日豪関係の視点から」『二十世紀研究』第 7 号、2006 年 12 月；高原秀介「ウイルソン政権と旧ドイツ領南洋群島委任統治問題——米・英・日・英自治領の認識と政策的対応をめぐって」『アメリカ史研究』第 27 号、2004。

和巴黎和会的谈判方式获得了南洋群岛的委任统治权，以及日本获得该群岛委任统治权对日本及东亚到底意味着什么。

一 南洋群岛的经济及交通通信价值

南洋群岛有种植橡胶的自然优势，并且蕴含丰富的矿产资源，具有很高的经济价值。另外，这一地区地理位置重要，是太平洋地区的交通枢纽，也是海运和空运的中转站，并且有海底电缆经过这一地区，对世界尤其是美国的通信十分重要。

其一，南洋群岛有着橡胶种植及矿产开发等经济价值。日本《神户新又日报》中报道了一篇关于日本政府欲在南洋群岛种植橡胶的文章。文章首先肯定了这些岛屿的经济价值，"在我国委任统治之下的南洋诸岛包括八百余岛屿，其经济价值有目共睹，贵族院方面想要增进这些岛屿的经济开发，南洋厅[1]长官横田乡助提出了南洋经济价值开发增进计划"。[2]为了发展南洋经济，日本政府决定在南洋诸岛开展橡胶种植，其中在《神户新又日报》中提到了"需要七千万元日币来帮助南洋诸岛的橡胶栽培事业"。[3]从以上的报道可以看出，日本十分重视南洋群岛的经济开发，并且结合该地区的热带气候，采取了发展橡胶种植经济的措施。

1914年日本《时事新报》[4]曾刊登过关于南洋群岛的矿产资源优

---

1 南洋厅（なんようちょう）是日本1922年根据巴黎和会的《凡尔赛合约》设立，主要负责日本委任统治下的赤道以北太平洋岛屿事务。该厅所在地设在帕劳群岛的科罗尔岛。南洋厅在1945年因为日本二战的失败而被取消。

2 《神户新又日报》1923年（大正12年）5月1号，神户大学经济经营研究所新闻纪事文库经济政策（10-061）。

3 《神户新又日报》1923年（大正12年）5月1号，神户大学经济经营研究所新闻纪事文库经济政策（10-061）。

4 《时事新报》创刊于1882年，是明治维新以后福泽谕吉为了在日本普及西方文化从而创办的杂志。中国也有《时事新报》，前身是1907年创刊的《时事报》，以及1908年创刊的《舆论日报》，1909年合并，定名为《舆论时事报》，1911年5月18日改名为《时事新报》。

势的报道，其中指出南洋群岛"地域广袤，物产丰富，这是世界最富饶的地区，只可惜很多土著人还处在未开化的状态。马里亚纳群岛中的瑙鲁岛磷矿石品质好产量高，每年出口达到四五百万吨，比德属新几内亚和俾斯麦群岛的出口总额还高"。[1]

　　无论是出于发展橡胶种植的考量，还是基于矿产业的价值，南洋群岛对于日本来说，都是一块风水宝地。日本在明治维新之后，试图大力发展本国经济，而经济的发展需要大量的资源做后盾，日本国土面积狭小，矿产资源不丰富，耕地资源匮乏，缺少热带气候区，很多热带生长的植物都无法在日本本土实现种植。因此，日本非常希望扩大自己的势力范围，寻找陆地资源，发展本国的渔业经济。南洋群岛不仅可以为日本提供丰富的热带气候区，而且还有很多未开垦的土地。"南洋诸岛在地理位置上与日本有着天然的地缘优势"，[2]距离日本较近。所以，无论从地理位置，还是从经济价值的角度出发，日本对南洋群岛都十分有野心。

　　其二，南洋群岛位于太平洋海运航路的交通枢纽位置。在南洋群岛中有很多适合船舶靠岸的港口，如马绍尔群岛和加罗林群岛，另外还有特鲁克岛、帕劳群岛等。这些岛屿都有优良的港口，能够容纳大型舰队。在对美国方面，马绍尔群岛处于日本与美国海上联络的中转站位置；在对澳大利亚和新西兰方面，穿越特鲁克岛可以缩短日本到澳大利亚和新西兰航线。获得南洋群岛的统治权可以方便日本与世界其他国家进行海上联络。因此，这一地区对于日本来说，无疑是在太平洋海域的重要根据地。获得这一地区，有利于日本打开对外交流的窗口，便于日本的出口贸易，也有利于进口原材料。

　　海运航路与贸易紧密相连。"交通运输的便利与否直接决定了物资的价格，贸易与交通运输唇齿相依。南洋群岛交通便利，拥有

1　「南洋（1-11）」（一、膨大なる地域天産甚だ豊富）『時事新報』1914 年（大正 3 年）11 月 3-5 日。
2　等松春夫『日本帝国と委任統治——南洋群島をめぐる国際政治 1914-1947』、120 頁。

世界商圈活动的船舶交通系统，以群岛或以特定地点为中心的船舶交通系统，各群岛路上的交通设备，如汽车电车等。南洋群岛位于澳洲与世界的航路、荷属东印度与世界的航路、菲律宾群岛与世界的航路、夏威夷与世界的航路以及德属新几内亚及其所属岛屿与世界航路的交通枢纽位置。"[1] 南洋群岛正好位于这五大航路的中间位置，表1所列是这五大航路 1911~1913 年入港和出港的轮船数量和吨数。

表 1　五大航路 1911~1913 年入港和出港的轮船数量和吨数

航路	时间	入港	出港
澳洲	1912 年度	2035 艘、5163357 吨	2017 艘、5111957 吨
荷属东印度	1911 年度	6519 艘、4480742 吨	不详
菲律宾	1912 年 6 月至 1913 年 6 月	794 艘、1831212 吨	781 艘、1868811 吨
夏威夷	1913 年度	483 艘、1582255 吨	476 艘、1577102 吨
德属新几内亚	不详	980 艘、848182 吨	不详

　　资料来源：由「南洋（1-11）」（六、南洋の五大交通系各特殊の関係あり）『時事新報』1914 年（大正 3 年）11 月 3-5 日上的信息整理制作而成。

　　从表1中可以看出，澳洲的贸易往来是在五条航线中最多的，日本控制了南洋群岛，就相当于掌握了澳洲与外界的联络通道。在环太平洋地区，澳大利亚和日本分别占据南北两个位置，对于日本来说，控制了南洋群岛，会使自己在太平洋地区的势力大增，从而增强对澳大利亚的控制力。另外，在第一次世界大战前后，澳大利亚还属于英国的自治领，因此澳大利亚对英国也有重要意义。"澳洲的对外交通航路包括澳洲到欧洲、日本、中国香港、新加坡、北美（美国、加拿大）以及澳洲各群岛之间共六大航路。其中澳洲到

1　「南洋（1-11）」（六、南洋の五大交通系各特殊の関係あり）『時事新報』1914 年（大正 3 年）11 月 3-5 日。

英国的贸易输入大约占英国总输入量的一半。"[1] 由此可以看出，澳大利亚与英国往来十分密切，并且对英国贸易有着至关重要的作用。日本控制了南洋群岛，在一定程度上对英国也有牵制作用。

此外，表 1 中菲律宾航线也是出入港较多的航线之一，在五条航路当中排名第三。"菲律宾群岛的马尼拉港口是外国以及沿岸航路的重要港口，日本邮船、东澳线、北美线、澳洲香港之间往来的澳洲东洋船等均在此停靠。此外，与美国本土联络的日本邮船、东洋汽船、大阪商船、太平洋汽船，以及加拿大太平洋等美国航路和东洋汽船的南美航路均在马尼拉港口停靠。"[2]

其三，南洋群岛是空中航运的中转站。与海上航运相似，日本与美国方面的空中联系，必然要经过这一地区的上空，这是日本与美国之间最近距离的航空路线，而且取得南洋群岛的统治权后，日本便可以建立海上中转站，这样一方面可以给飞机提供燃料和维修服务，并且能够建立通信基地、提供往来人员的食宿，以及进行气象观测等。另一方面可以加强自身的海上防卫力量。在对澳大利亚方面，经过这些岛屿的空中航线是日本到达澳大利亚的最优航线。此外，在对欧洲方面，日本也可以通过穿越太平洋岛屿，实现与欧洲更近距离的接触。

因此可以看出，南洋群岛的地理位置对于日本十分重要，无论是海运还是空运，这一地区都是优良的中转站。并且，在国防防御方面，日本可以通过控制这一地区来加强自己本国的海上防御能力，日本的舰队可以直接驶入太平洋各岛屿的港口。"如果南洋诸岛没有交由日本统治，那么对于日本来说太平洋地区就会成为重要

---

1 「南洋（1-11）」（七、濠洲対外航路発達蘭領群島間の航路）『時事新報』1914 年（大正 3 年）11 月 3-5 日。

2 「南洋（1-11）」（八、巴運河と南洋航路——大変化来らん）『時事新報』1914 年（大正 3 年）11 月 3-5 日。

的安全威胁据点。"[1] 因此，在第一次世界大战期间，日本趁机获取了南洋群岛的统治权，这也是日本为日后争取南洋群岛委任统治做的铺垫。巴黎和会成为日本争取这一地区统治权合法化的竞技场，因此，日本代表团不遗余力地想要争取到南洋群岛的委任统治权。

　　其四，在通信方面，日本占领的加罗林群岛中的雅浦岛位于海底电缆的中间枢纽位置，是连接关岛、上海和荷属东印度群岛的中继站。在一战以前，德荷电信公司[2]控制着关岛与雅浦岛、雅浦岛与荷属西里伯斯岛[3]以及雅浦岛与上海之间的海底电缆线，美国通商太平洋公司则控制着马尼拉到上海之间的海底电缆线。一般来说，从美国本土到菲律宾和中国的通信是通过旧金山到夏威夷，再转到中途岛和关岛，经马尼拉到达上海的。但是，在这段通信传播路线中，因为海底地震等原因，如果关岛到马尼拉之间的电缆线中断，那么美国就会改用德荷电信公司所控制的雅浦岛到上海之间的电缆，也就是说通过关岛到雅浦岛，再由雅浦岛到上海。如果美国到菲律宾以及中国的电信业务繁忙，也会启用经由雅浦岛的这段海底电缆线。所以雅浦岛对于美国来说，占据重要的地理位置。

　　在第一次世界大战爆发后，1914 年 10 月，日本占领了雅浦岛，"一度中断了德荷电信公司所控制的以雅浦岛为中心的三条海底电缆线"。[4] 这也给美国造成了极大的不便，并且使美国意识到，日本控制南洋群岛对于美国来说，是巨大的通信威胁，如果日本在与美国的贸易竞争中也采取类似的手段，那么美国将会产生大量的经济损失。在战争期间，这一通信渠道就更为重要，一旦丧失可能会直接切断美国与菲律宾及中国的联系，而菲律宾作为美国的军事重

1　等松春夫『日本帝国と委任統治——南洋群島をめぐる国際政治 1914-1947』、87 頁。

2　德荷电信公司，全称是 Deutsch-Niederlandische Telegraphengesellschaft，该公司是由德国政府和荷兰政府主导，属于德国企业。

3　西里伯斯岛（Celebes），是现今印度尼西亚的苏拉威西岛（Sulawesi）旧称，该岛位于印度尼西亚中部。

4　日本外务省『日本外交文書』、大正 10 年第三冊上卷第二六七文書。

地，失去通信联系将会给美国造成致命的打击。正是因为地理位置的重要性，所以雅浦岛成为日后巴黎和会美日争夺的重点地区。

二　日本对南洋群岛的占领

一战爆发以后，日本迅速占领了南洋群岛，1914 年 10 月 3 日，占领马绍尔群岛，10 月 5 日进入加罗林群岛，10 月 8 日占领雅浦岛，4 日之后又占领了特鲁克群岛。到 10 月 19 日，日军便全部占领了赤道以北原德属太平洋诸岛。12 月 1 日，日本政府向英国政府发出秘密备忘录，"要求永远占有赤道以北的德属上述岛屿"。[1] 但是英法要求日本出兵欧洲时，却被日本拒绝了。日本大隈内阁面对英国政府要求给予军需品支援的请求，表示日本的军事行动只针对东亚及太平洋区域内，如对山东以及德属太平洋岛屿的占领，超出这一范围日本不会再使用兵力，因此拒绝了英国的要求。"1914 年 9 月 2 日，英国格雷外相对日本驻英大使井上表示，希望日本派遣军舰到地中海地区，日本加藤外相致电井上拒绝了英国政府的要求。同年 11 月 15 日，驻日的英国大使致电加藤外相，因为德国的舰队封锁了达达尼尔海峡，希望日本派遣一舰队给予支援，但也被日本拒绝了。"[2]

在战争初期，日本一再拒绝英国的派兵要求，由此可以看出，在一战开始初期，日本虽然以英日同盟为借口对德宣战，但是并不是真心想帮助英国打败德国。日本以迅雷不及掩耳之势占领了中国山东，以及德属赤道以北太平洋岛屿，这与一战前日本的"大陆政策"和"海洋政策"密切相关，而欧洲战场之形势发展，并不在日本的切实关心范围之内。

1　外務省編纂『日本外交年表並主要文書（上）』原書房、1989、"年表"、203 頁。
2　鹿島守之助『日本外交史（第十卷）』鹿島研究所出版會、1971、173 頁。

随着战争局势的发展，英国方面不断要求日本出兵地中海，俄国方面也要求日本提供大炮等军需物品。1916 年 11 月，日本的本野外相上任，面对协约国方对日本的战争要求，本野认为应该改变以往的外交策略。他在提交政府的报告书中详细分析了当时战争的情况，认为战争的结局无外乎三种情况，一种是战争双方打成平手，第二种情况是同盟国的胜利，第三种情况是协约国的胜利。而针对第三种情况，他分析道："如果是第三种情况，那么日本取得山东及南洋群岛的控制权相对容易，但是也应看到，如果是协约国方面胜利，在战后的媾和会议上，协约国成员之间肯定会就某些问题做出让步，而这时对战争贡献最小的国家就会成为让步最多的国家。"[1]因此他认为，"日本应该对协约国提供军需品，并且在财政方面给予援助，以表达日本的诚意，与协约国保持良好的感情，为快速取得战争的胜利做最大的努力"。[2]

本野的这一报告对战后的局势做了较为正确的分析，他认为日本应该未雨绸缪，早点为战争结束后的媾和会议做准备，而如何使日本在太平洋岛屿的控制权得到国际社会的认可，尤其是其他协约国成员国的认可十分重要。因此，日本改变了一战初期的外交策略，打破了只向东亚及太平洋派兵的地域界限，向地中海派出舰队，并且在印度洋、南非、地中海和澳大利亚一带护航，作为交换条件，英国承认了日本在太平洋地区的既得权益。对于英国来说，之所以做出这种选择，一方面是因为意识到自己的实力已经很难控制太平洋的各岛屿，另一方面则是因为他们也希望在远东寻找自己的盟友。

在战争期间日本出兵地中海就是考虑到了战后德属太平洋岛屿的瓜分问题。"寺内正毅内阁 1917 年 2 月 10 日在内阁会议上，以承

1　鹿島守之助『日本外交史（第十卷）』、175 頁。

2　鹿島守之助『日本外交史（第十卷）』、175 頁。

认日本在南洋群岛的权益为条件，决定向地中海派遣海军，派遣巡
洋舰 1 艘，驱逐舰 12 艘，以马耳他岛为基地，担任输送护卫任务。
英、法、俄、意作为交换条件，承认日本在南洋诸岛领有权的既成
事实。"[1]

　　日本利用英国要求日本向地中海派遣舰队的机会，提出英国政
府要保证支持日本在中国山东省及南洋群岛的权益。1917 年 1 月 27
日，日本驻英大使珍田在对英报告中写道："对于日本政府来说有直
接利益关系的是山东省及已经在日本占领下的南洋诸岛，日本政府
在对敌国政府提出控制这些地区的要求时，希望英国政府能够保证
站在支持日本利益的一方。"[2]针对日本的这一外交请求，2 月 13 日，
英国政府回复了珍田，回复中写道："在媾和会议的时候，英国政
府将按照日本所期待的那样，支持日本在山东省以及南洋诸岛的权
益，对日本提出的要求表示欣然同意。"[3]

三　巴黎和会上日本与英美的协商

　　日英的关系早在一战前就已经非常密切了，1902 年 1 月 30 日，
日英两国在伦敦缔结了第一次同盟条约，接下来在 1905 年和 1911
年又相继签订了同盟条约，英日同盟一直维持到 1921 年，在华盛
顿会议上，因为《四国条约》的签订，英日同盟解散。英国之所以
与日本结成同盟，就是因为在英帝国的扩张过程中，日本在远东的
优势地位明显增强，为了在远东建立盟友，英国需要与日本缔结同
盟，"德国在太平洋及印度洋的海军，很大方面受日本海军牵制，故
英国欲与日本达成同盟"。[4]而日本方面，希望自己在远东的权益能

1　季武嘉也『大正社会と改造の潮流』吉川弘文館、2004、106 頁。

2　日本外務省『日本外交文書』、大正六年第三册第六六八文書。

3　日本外務省『日本外交文書』、大正六年第三册第六七一文書。

4　季武嘉也『大正社会と改造の潮流』、101 頁。

够得到国际社会的认可，也需要英国的支持。这种同盟的关系在巴黎和会上表现得淋漓尽致，在山东问题、德属太平洋岛屿归属等问题上，英国同日本站在了同一立场。

一战中关于中国是否参战问题，英日发生过争论，起初日本反对中国参战，认为中国一旦参战会影响日本在中国扩张势力。由于欧洲战场交战十分激烈，为了尽快结束战争，英国方面则希望中国参战，以便达到遏制德国的目的。于是，日本向英国提出了同意中国参战的条件，即要求英国承认日本在中国山东的权益。

1917 年 2 月 16 日，英国驻日公使奉英国政府之令照会日本外向本野一郎，表示英国在战后的和平会议上支持日本继承德国在中国山东的权益，并且满足日本对南洋群岛的领土要求，"上个月（1917 年 1 月）在与阁下（本野一郎）会谈之际，阁下要求在媾和会议上，英国能够支持日本在中国山东以及南洋群岛的权益，我已经将日本政府的要求呈交给英国政府，现在英国政府方面已经给了答复，我非常荣幸向阁下传达这一决议：关于日本在中国山东以及南洋群岛的权益，英国政府同意在媾和会议上支持日本。同时，也希望日本能够以同样的精神支持英国在赤道以南德属岛屿的权益"。[1]不久，日本方面也回复英国公使，表示日本同意英国的要求，同样支持英国对赤道以南德属岛屿的占领要求。

针对英国与日本之间的秘密协定，美国方面在事后也得到了消息，威尔逊总统在巴黎和会上声明"知道日本已经与欧洲某些大国签订条约，要求他们支持日本占有南洋群岛以及在山东的特殊权益，兰辛也声称他已经获得了这些协约的内容"。[2]威尔逊总统提出了针对巴黎和会的"十四点"原则，也就是呼吁各国摒弃以前签署秘密协定的外交手段，本着平等、公正的原则召开巴黎和会，这也

1　鹿岛守之助『日本外交史（第十卷）』、431 頁。

2　United States Government Printing Office, *Papers Relating to the Foreign Relations of the United States 1919-the Paris Peace Conference* Vol. Ⅱ (Washington D.C., 1952),p.79.

被称作"新外交"。

　　关于太平洋岛屿的问题，美国与日本一直存在争夺。一战中日本趁机扩张自己在太平洋地区的势力范围，这威胁到了美国在太平洋地区的利益。从地理位置上看，日本对太平洋岛屿的占领对美国在太平洋地区的通信是一大威胁。"原德属北太平洋地区的岛屿在一战中被日本所占领，这些岛屿包括科洛、玛丽安娜、雅浦岛等，主要集中在东经 130°~170°、北纬 1°~21° 之间，其中还有一个很重要的岛屿就是关岛，关岛北部是玛丽安娜岛，南部是科洛岛，东南是雅浦岛，美国在太平洋的通信连接是通过马尼拉到关岛，然后由关岛连接旧金山、中途岛和夏威夷，而且美国与日本横滨之间的联系也要通过关岛北部。""这些岛屿对美国来说有很大的价值，一旦战争，日本很容易就能切断关岛的通信，那么美国在整个菲律宾地区的通信也就终止了，任何船只想要进入菲律宾群岛，也会受到日本方面的阻拦。"[1]

　　在贸易方面，日本对关岛的占领使美国忧心忡忡，"关岛这个被众多岛屿所包围的地方，现在被日本所占领，这对美国来说是极大的威胁，悬挂着美国国旗的船只在原德属太平洋群岛上有大量的椰子贸易，现在这些岛屿属于日本，在经过日本占领地区时会阻碍美国船只的靠岸以及贸易"。[2]

　　对此，美国方面希望在巴黎和会期间，不要瓜分德国在太平洋地区的岛屿和权利，让德国保留一些岛屿的控制权，这样在和会以后，美国可以单方面与德国方面协商，将这些岛屿的权利让与美国。"在和会期间，美国要坚持将太平洋上部分或是全部岛屿归还德国，在会议结束后，美国与德国单独订立协约，将萨摩、加罗

---

[1]　United States Government Printing Office, *Papers Relating to the Foreign Relations of the United States 1919-the Paris Peace Conference*, Vol. Ⅱ, p.513.

[2]　United States Government Printing Office, *Papers Relating to the Foreign Relations of the United States 1919-the Paris Peace Conference*, Vol. Ⅱ, p.514.

林、玛丽安娜等岛屿的权利让与美国，来抵消德国对美的赔偿。"[1]

美国之所以有这样的想法，是因为在当时的局势下，美国认为德国的海军力量在一战中已经被摧毁，在短时间内无法与美国相抗衡，即使将这些岛屿归还给德国，德国由于失去了海上优势，也无法控制住这些岛屿，这时美国就可以乘虚而入。而英国和日本，有与美国相抗衡的海军势力，尤其是日本的海军，在一战中得到大大的加强，已经成为美国在太平洋地区新的竞争对手，美国希望通过巴黎和会，来抑制日本在太平洋地区的势力增长。"英国和日本有强大的海军力量，他们会在太平洋地区的岛屿上建立海军基地，这是对美国极大的威胁。"[2]

针对美国的想法，日本提出了不同的意见，认为不应该把德国的海外殖民地归还德国，理由是德国对殖民地的统治十分失败，他们虐待岛屿上的土著居民，为了德国的利益榨取当地人的血汗，这也引起了当地人的反抗，如果把殖民地归还德国，那么不仅违反当地居民的意志，也将为德国建立军事基地、再次成为战争策源地提供便利，因此坚决不能将德国的海外殖民地归还给德国。在这一点上英国与日本站在同一立场。

日美之间的矛盾一直延续到了巴黎和会。在十人会议上，日本作为协约国的五强之一，提出"要求吞并太平洋上前德国所属岛屿，其中包括对美国具有特殊权益的关岛，寸步不让"。威尔逊总统则坚持"将原德属太平洋岛屿转让日本时，必须把关岛除外，并且认为这一条件必不可少"。[3]最终德属太平洋岛屿问题通过国际联盟的委任统治得以解决。

1　United States Government Printing Office, *Papers Relating to the Foreign Relations of the United States 1919-the Paris Peace Conference*, Vol. Ⅱ, p.515.

2　United States Government Printing Office, *Papers Relating to the Foreign Relations of the United States 1919-the Paris Peace Conference*, Vol. Ⅱ, p.515.

3　顾维钧:《顾维钧回忆录》第一分册，中华书局，1983，第195页。

四　国际联盟的委任统治

1919 年 1 月 24 日，五大国会议决定剥夺德国对海外殖民地的控制权。日本代表于 1 月 27 日提出，将赤道以北的德属太平洋岛屿交给日本，同时，英帝国也提出了自治领的要求，法国提出了合并殖民地的要求，但是这些都被美国总统威尔逊所否决。为了防止谈判陷入僵局，1 月 29 日英国驻国联代表对美做出了妥协，在承认国际联盟委任统治的前提下，提出了 A、B、C 三种委任统治的等级，太平洋岛屿问题被划分到 C 类，即委任国权限最大的一种情况，一旦被授予委任统治权，岛屿就属于被委任国的领土组成部分。1 月 30 日，这一方案经五大国会议讨论后，威尔逊也做出了让步，日本全权代表牧野虽然在会议上一再强调要完全获得太平洋岛屿的统治权，但是由于大国已经基本达成了一致，牧野认为已经没有了讨价还价的余地，于是同意了这一主张，但同时也表示最终的决定要征得日本政府的同意才可以。

日方代表很快将委任统治的方案传达给了日本政府，日本国内完全没有预想到"委任统治"方案的提出，因此 2 月 3 日，日本国内的外交调查委员会召开紧急会议就这一方案展开了讨论，最终政府给在巴黎和会的代表团发出的决定是"日本政府为了避免使日本在和会上陷入孤立地位，同意了英国方面提出的委任统治方案，但是要确保日本对南洋群岛的委任统治权"。[1]

此后关于委任统治的问题，国际联盟委员会展开了讨论。2 月 8 日，英国方面又提出了委任统治的修正案，将原案中的"as integral portions"改为了"as if integral portions"，原案的意思是把德属岛屿以国际联盟的名义交给日本统治，并且将这些岛屿作为日本领土的一部

1　外務省百年史編纂委員會『外務省の百年』原書房、1979、723 頁。

分，修正案中是把这些岛屿"临时"作为日本领土的构成部分。日本方面强烈反对英国的这一修正案，牧野提出"原来的方案是五大国会议上的决议，日本方面已经一再让步，既然是各国之间商议的结果，那么这一结果就不可以随意修改，况且这样的修改完全改变了原来的意思"，因此日本方面要求维持原案。美国方面，威尔逊认为如果将岛屿作为日本领土的一部分，那么与领土合并没有本质的区别，因此比较倾向于支持修正案。但是牧野坚决反对，认为"日本作为国际联盟的委任统治国，已经在行政方面面临种种限制，而且还背负了很多义务，完全区别于领土合并"。[1] 在日本的坚持下，美国的威尔逊和英国的塞西尔商议后决定接受日本的要求，维持原来的方案。

英国方面起草了关于德属殖民地问题的解决方案。5月7日，将此方案予以公布，即赤道以北地区交给日本统治，赤道以南的地区归属澳大利亚，这两个国家都是以国际联盟委任统治的名义对这些岛屿进行统治。但是由于当时的国际联盟还没有完全成型，法律、规章方面还不健全，所以国际联盟的委任统治只是一个名义上的统治，实际上还是按照日本的模式进行。关于日本要在太平洋岛屿建立军事基地的问题，当时日本众议院议员尾崎行雄表示，"传言日本要在太平洋地区建立军事基地，并且对美国和澳大利亚造成军事威胁，这是荒唐的，尤其是在其他大国努力消除军事协定的时候"。[2] 但是，当南洋群岛真正落入日本手中时，这一传言便成为了事实。

关于南洋群岛问题，最终以国际联盟委任统治的方式交给日本管理，"受委任国对委任统治地有行政和立法的全权。该领土应按照受委任国的法律予以管理，作为受委任国领土的构成部分，因此受委任国有权在委任统治地区使用日本法律"[3]。由此可见，日本方面虽然名义上还是国际联盟的受委任国，但是实际上在赤道以北太平

1　外務省百年史編纂委員會『外務省の百年』、724頁。

2　*British Documents of Foreign Affairs-the Paris Peace Conference of 1919*，Vol. 12，p.4.

3　《国际条约集——1917–1923》，世界知识出版社，1961，第556页。

洋岛屿的权益已经得到了认可。但是，由于日本在对南洋诸岛实施"委任统治"期间，与美国在雅浦岛问题上发生过争执，而且美国国会没有批准《凡尔赛和约》，美国也未加入国际联盟，因此巴黎和会上日本的"委任统治"并没有得到美国方面的认可。巴黎和会后，日本与美国进行交涉，1922 年 2 月 11 日，日本币原喜重郎和美国国务卿休斯在华盛顿签署了《关于雅浦岛及其他赤道以北太平洋委任统治岛屿条约》，根据条约"美国不再质疑日本对赤道以北的原德属北太平洋岛屿的委任统治权，换取了日本对美国在雅浦岛的自由出入权、居住权、财产权、电缆通讯权、无线通讯权以及其他特权的认可"。[1]

从整个德属太平洋岛屿的归属问题谈判来看，日本方面通过外交协商，尤其是跟英国、美国的协调，使日本在一战中占领的德属太平洋岛屿权益合法化，对日本来说这是在巴黎和会上的一次成功外交。另外，关于这些岛屿的归属问题，完全没有征求岛屿居民的意见，他们的声音已经被完全忽略，虽然日本打着尊重原住民意愿的旗号，但是实际上与其他资本主义国家的殖民一样，都是对殖民地人民的剥削和压迫。

结　语

对南洋群岛统治权的争夺，实际上是对太平洋地区控制权的争夺。一战后的美国，势力大增，希望在世界范围内建立其霸权地位，太平洋地区是美国的必争之地。而日本因为在一战中发挥的作用，国际地位得到了很大的提升，虽然还没有办法跟美国、英国这种老牌资本主义国家相抗争，但是在太平洋地区，日本有着美国无法比拟的地缘优势，对南洋群岛的争夺，不仅是日本势力扩张的需

1　外務省編纂『日本外交年表並主要文書（上）』、19 頁。

要，更是扩大自身国防安全的需要。因此，日本趁着一战期间德国势力衰落，率先出兵，夺取了南洋群岛的控制权。

因为一战中日本对南洋群岛的占领以及一战后巴黎和会上的外交博弈，南洋群岛的归属权发生了改变，由德国统治变为日本管辖，这同时也使太平洋地区的势力格局发生了变化。这主要表现为以下两方面。

其一，英国在太平洋地区的势力衰退，日本在太平洋地区的实力增强。英国在一战后势力衰落，已经无力再与日美争夺太平洋地区的权益。一战中英国需要远东的盟友来牵制德国，因此与日本签订了英日同盟，在条约中也承诺，会在战争胜利后将南洋群岛的权利交由日本。所以在巴黎和会上，英国站在了日本方面。会议最后，虽然是以国际联盟委任统治的方式将南洋群岛交由日本管辖，但日本获得了这一地区的实际统治权，这对日本来说，实现了其外交目的。

其二，美日矛盾激化，使美国与日本在太平洋地区的争夺日趋激烈。日本通过巴黎和会确定了对南洋群岛的控制权，虽然在委任统治的条款中规定了不得在这些岛屿进行军事方面的部署，但是日本在一战后并没有遵循该约定，当日本法西斯势力上台之后，赤道以北太平洋岛屿变成了日本发动战争的根据地之一，为第二次世界大战中日本发动太平洋战争埋下了伏笔。

近代朝鲜民族的人口流动
——以中国东北延边地区的社会变迁为中心

朴敬玉 *

前 言

  战前，中国东北地区产出的农产品对日本来说是极为重要的。东北生产的豆粕在日本的农村被作为一种肥料广泛使用，其产出的杂粮则成为满足在日本维持低米价政策的朝鲜大米的饥饿出口以及缓和朝鲜国内粮食紧张的情况而使用的重要物资。伪满洲国成立之后，东北的农产品在关东军推进重工业开发过程中，成了不可缺少的外汇创汇源。而且，在太平洋战争时期，日本本国的粮食产量骤减，东北的大豆、杂粮成为日本国民的宝贵粮食。另外，大米、小麦、棉花这些军需农产品，作为在

* 朴敬玉，日本一桥大学。

东北日军的自用农产品也有着非常重要的地位。

与朝鲜半岛相邻、中俄边境地带的延边地区（现在的吉林省延边朝鲜族自治州一带）的农业以 1909 年日本领事馆的开设以及 1910 年韩国合并为界，急速发展起来。第一次世界大战与 1925 年旧天图轻便铁路的开通，导致了当地社会急剧的商品市场化。

延边地区是中国、朝鲜、俄罗斯接壤的国际上非常重要的地区，作为中国东北的一部分，成为日本战前侵略亚洲的据点。因此关于延边地区的各领域有着诸多研究成果。在抗日运动史、教育史领域，可以列举出金美花、许寿童的研究。[1]金美花以延边地区杨城村为例，阐明了农村学校教育的变迁过程；许寿童阐明了围绕着朝鲜人的教育，维护民族教育的朝鲜人与日中两国，以及欧美基督教传教士的传教活动之间利害冲突不断发生的事实。

此外，关于农村和城市等地区社会的研究成果也逐渐增加。其中，具有代表性的先行研究者有金周溶、王国臣、权哲男等。[2]在韩国，作为抗日运动根据地的延边地区受到了极大的关注，因此对于农村社会和农民生活、城市基础社会也产生了诸多研究成果。金周溶将在东北朝鲜人的主要居住地延边地区作为研究对象，分析了当地通信体制的建立、农业金融机关的设置和运营，同时论述了近代延边地区的经济被日本从属化的演变过程；通过朝鲜人的日货排斥运动和青年团体的活动来考察了当时的对日经济斗争；同时，对直接影响朝鲜人生活基础的金融问题进行了探讨，列举分析当时的各种金融机关，其分析内容对于考察在东北朝鲜人的生活史具有很大意义。王国臣从人口、农业、工商业、金融、贸易等方面，利用统

---

1 金美花『中国東北農村社会と朝鮮人教育——吉林省延吉県楊城村の事例を中心として（1930 - 49 年）』お茶の水書房、2007；許寿童『近代中国東北教育の研究——間島における朝鮮人中等教育と反日運動』明石書店、2009。

2 金周溶『日帝の間島経済侵略と韓人社会』先人出版社、2008；王国臣『近代延邊経済発展史』延邊大学出版會、2010。权哲男：《伪满洲国农业经济分析》，延边大学出版社，2012。

计资料分析了近代延边地区的变迁过程。另外，权哲男关于伪满洲国时期农业方面的研究也有了一定的成果。他详细分析了农业相关的数据，包括劳动力、营养学等领域的内容，阐明了伪满洲国时期农业停滞的状况。但是，由于其研究对象是整个东北地区，所以无法深入地探讨地域性特征。另外，在考察东北粮食流通时，中国商人所掌握的粮栈作为重要的研究对象也受到了关注。[1]但是，由于约占在东北朝鲜人 70% 的延边地区并没有存在粮栈，因此对于从民国前期至伪满洲国时期的延边地区农业结构以及粮食流通过程的分析，是为了阐明在东北农村社会里，应当如何定位延边地区这一研究内容是不可缺少的工作。

本文以上述先行研究为基础，概述了从朝鲜半岛移居到延边地区的朝鲜移民的状况，分析了从民国前期到伪满洲国时期，延边地区以旱田农业为主的农业结构所发生的变化。并且，通过对粮食流通过程中主要承担人的分析，考察了延边地区的特殊性，揭示了近代日本对外政策的一个侧面。

一　延边地区朝鲜移民的移居趋势

（一）九一八事变以前的朝鲜移民

1883 年，清朝政府废止了长期以来一直奉行的"封禁政策"，开始鼓励朝鲜移民。1894 年，移居到东北地区的朝鲜人有 6.5 万人，1904 年增加到 7.8 万人。针对这些朝鲜人，李朝（朝鲜王朝）从 1870 年开始到 1907 年为止，在鸭绿江对岸实施朝鲜的面里制。[2]这些朝鲜人虽然持有出外做活的性质，也有很多人再次回到朝鲜，但是定居者从第四年开始就必须缴纳 40%~50% 的地租，成为佃农，同

1　風間秀人『満州民族資本の研究——日本帝国主義と土着流通資本』緑蔭書房、1993。

2　玄奎煥『韓国流移民史（上巻）』語文閣、1967、139-140 頁。

时被纳入当地地主的管理之下。在当时已经形成了中国人地主—朝鲜人佃农这一民族别租佃关系。

另外，根据1909年的《图们江中韩界务条款》（韩国称"间岛协约"），朝鲜人的土地所有权得到了保障。因此，延边地区在东北社会里形成了朝鲜人约占70%的特殊的朝鲜移民社会。[1] 因土地所有权得到了保障，所以在延边地区以归化朝鲜人的名义，几个人或者十几个人能够拿到一张地券，这就是所谓的佃民制度。[2] 20世纪20年代，虽然延边地区的朝鲜移民的增加率有所下降，但是移民数却持续增加。1930年，东北地区的朝鲜移民人口数量达到583403人，其中居住在延边地区的有388366人，约占全体人数的66%以上（见表1）。[3]

因为延边地区交通不便，加之东北其他地区人口稀薄，相比较之下从山东等地迁徙而来的中国人移民数就比较少。但是20世纪20年代之后，由于吉敦铁路的开通，交通的便利化再加上军阀战争，来自山东等地的流民逐渐增加。

表1　延边地区的人口推移

单位：人

年份	中国人	朝鲜人	日本人	合计
1907	23500	71000	100	94600
1908	27800	89000	250	117050
1909	31900	98500	270	130670

1　根据日本统监府间岛派出所当时的调查，当地人约有2800户，1.8万人。与之相对比，朝鲜移民有1.47万户，7.25万人。玄奎焕『韩国流移民史（上卷）』、171頁。

2　東洋拓殖株式会社『間島事情』、1918、255頁。根据1926年的调查，间岛地区的地主占7%、自耕农占37%、自耕兼佃农占23%、佃农占32%，自耕农的比例是最大的。东洋协会编『满蒙の米作と移住鲜农问题』、1927、62頁。

3　「在满各领事馆内鲜人人口调查（1930年度末）」船桥治编『満洲移民関系资料集成』第13卷、307頁。

续表

年份	中国人	朝鲜人	日本人	合计
1910	33500	109500	200	143200
1911	35200	126000	170	161370
1912	36000	143000	200	179200
1913	36900	161500	240	198640
1914	38100	178000	230	216330
1915	38500	182500	295	221295
1916	43896	183426	551	227873
1917	48466	195611	619	244696
1918	56247	214500	823	271570
1921	72746	307806	—	—
1922	70698	323806	—	—
1923	77709	323011	1942	402662
1924	82730	329391	1956	414077
1925	82470	346194	1978	430642
1926	86347	356016	1950	444313
1927	94960	368827	1965	465752
1928	100165	382930	2115	485210
1929	116666	381561	2083	500310
1930	117902	388366	2256	508524
1931	120394	395847	2436	518677
1932	112135	406341	3882	522358
1933	116083	408887	6922	531892
1934	118479	454977	10969	584425
1939	173334	548331	15749	737414
1940	171004	585214	18963	775181
1941	191893	612989	24077	828959

资料来源：崔昌来等『延邊人口研究』、8 頁（1907-18 年）；天野元之助『間島に于ける朝鮮人問題に就いて』、4-5 頁（1921-22 年）；中谷忠治『間島に于ける農業机构の變迁』、16-17 頁（1922-34 年）；『間島省概况』（1939 年）『昭和 13.14 年滿洲農产統計』南滿洲鉄道株式会社調査部、1940 年;『間島省統計年報』（1940-41 年）。

（二）九一八事变以后的朝鲜移民

九一八事变以后，延边地区朝鲜人人口持续增加，1934 年末激增到 454977 人。从出生地来看，咸镜北道出身的人占大多数，共有 325377 人（占延边地区朝鲜移民总数的 71.5%），其次是咸镜南道有 44091 人（9.7%），之后是江原道（4.5%）、平安南道（3.3%）、平安北道（2.2%）、黄海道（1.8%）、京畿道（1.7%）、庆尚北道、庆尚南道、忠清北道、全罗南道、忠清南道，按照这样的顺序，延边地区朝鲜移民中全罗北道的人口数是最少的。这些朝鲜人居住在延吉、和龙两县的人口高达 70%，居住在汪清县的朝鲜人口是最少的。[1]

延边地区的朝鲜移民 1933 年时约为 6.1 万户、408887 人，到了 1942 年增加到 11.4 万户、622627 人。

二 延边地区的农业结构

（一）民国前期的农业构造

延边地区的主要农作物为大豆、小米、玉米、高粱、小麦和其他一些杂粮，但是与其他地方相比，高粱的产量比较少，小米的产量较多。将 1910 年延边地区栽培的农作物，按照其面积排序如下：谷子（32%）、大豆（14%）、大麦（11%）、高粱（8.6%）、小麦（8%）、水稻（约为 100 町）。[2] 也就是说，朝鲜移民移居的初期，小米的种植面积最大。那是因为，延边农民的大部分是朝鲜农民，而他们的常粮就是小米。

在咸镜北道的移民占大多数的延边地区，大豆是第二大农作物。

1　中谷忠治「間島に于ける农业机构の概要」『满铁调查月報』第 15 卷第 11 号、116-117 頁。

2　統監府間島临時派出所編輯『間島产业调查报告』、1910、181-188 頁。

大豆的产量在 20 世纪 20 年代中后期虽然有所变动，但总体上看呈现逐渐增加态势。1926 年到 1930 年的大豆生产量，从 763100 石（27.7%）增加到 784655 石（30%），在整个农作物生产中所占的比例，超过了小米（1930 年占 26.6%）从而跃居第一位。其中，88.9% 的大豆上市销售，具有很高的商品价值（东北地区的平均剩余率为 82.1%）。

　　如上所述，在延边地区旱田农作物占绝大多数。水稻作为一种新的农作物在 20 世纪 10 年代中期开始受到人们的关注。[1]1915 年，从朝鲜水原实验农场引进了一批适应气候的早熟品种——青森县的"小田代"被引进到龙井村。第一次世界大战之后大米价格的暴涨，使得水田面积急剧扩大。[2]1926 年前后，随着延边珲春地区的朝鲜移民的增加，且设法改进灌溉方式，水田耕作得到了很大的发展。[3]因此，延边地区的水田面积，在 1908 年为 98 町，1912 年为 185 町，1915 年增加为 334 町，但从 20 世纪 10 年代后半期开始急剧增加，到 1925 年增长到 7537 町。但是，水田占耕作总面积的比率只有 4%，到 1929 年也只占 6.7%。[4]

（二）伪满洲国时期的农业结构

　　东北的农业以大豆为中心实现了高度商品化，而且农产品的消

1　清末民国初期聚居在延边地区的移民，大多为没有稻作经验的朝鲜北部的移民，因此当时的农作以旱田农业为主。后来，来自咸镜南道定平郡的有稻作经验的朝鲜移民利用低洼地进行水田耕作并获得了良好的收益，以此为契机延边地区的水田耕作开始盛行。但是，由于寒冷的气候条件等自然因素的制约，收成并不多。而且，水稻的价格和陆稻的价格基本差不多，因此水田耕作并没有广泛普及。上家司『間島に于ける水稻』南満洲鉄道株式会社、1914、5 頁。

2　水原试验农场是朝鲜总督府的劝业模范农场，1929 年改称为朝鲜总督府农事试验场。朴京洙：《延边农业经济史》，第 6~12 页。《在延边地区的初期水田开发》，朴昌昱主编《中国朝鲜民族历史足迹丛书 1　开拓》（朝文），民族出版社，1999，第 335~339 页。

3　在間島末松警稿「朝鮮人ノ間島・琿春同接壌地方移住ニ関スル調査」、1926（金正柱編『朝鮮統治史料』第 10 卷、1971、351-352 頁）。

4　『満蒙の米作と移住鮮農問題』、62 頁。《延边农业经济史》，第 8~9 页。「間島ニ于ケル朝鮮人所有（小作ノモノヲ含ム）水田ト畑地トノ步合調（1929 年 10 月 30 日）」外務省外交史料館蔵『満蒙各地ニ于ケル朝鮮人ノ農業関係雑件（1）』、1927-1930 年、E-4-3-1-6。

费对于国外市场的依存度也非常高。因此，由于世界恐慌导致的国外市场的狭隘化，在导致了农产品出口不振的同时也使得农产品价格暴跌。[1]

九一八事变之后，由满铁调查会制定的农产品增产政策以从大豆到各种特殊作物的转化为基调。[2]另外，遵从"日满经济一体化"的确立与国防经济建设的基本方针对东北的农业进行了调整，同时制定了有助于摆脱恐慌、主导农业以及农作物增产的法案。虽然实施了农产品增产计划，但是由于从1932年至1936年的农业投资金额微小，农产品增产计划的推进受到了限制。[3]

从延边主要农作物播种面积构成比例来看，大豆从1931年的32%下降到1943年的26.9%；与之相反的是，玉米从6.9%上升到12%，水稻从5.9%上升到8.2%（见表2、表3）。水稻所占比例的增加是由于日本和朝鲜移民的增加，如果将水稻所占比例的变化作为一个例外，那么剩下的构成比例的变化则是从商品作物向自给作物的转变的表现，尤其是主要商品作物的大豆由于价格暴跌导致了播种比例的下降，取而代之的是作为农家自家消费作物的玉米的播种比例的上升。

伪满洲国成立之后的1934年，将延边地区命名为间岛省。间岛省的《农业振兴计划》的重点是大豆和水稻的品种改良。农业试验场的水稻品种改良进展顺利，栽培品种也随之多样化。延边地区地形复杂，山岳地带多，即使在同一个县里，不同地方的气温以及无霜期的差异也很大，所以因地制宜，平原地区一般种植小田代5号·津轻早生，山间地带则种植井越早生·北海之类的品种。到

1　饭冢靖·风间秀人「农业资源の収夺」浅田乔二·小林英夫『日本帝国主义の満州支配—15年戦争期を中心に』时潮社、1986、429頁。

2　饭冢靖·风间秀人「农业资源の収夺」浅田乔二·小林英夫『日本帝国主义の満州支配—15年戦争期を中心に』、441頁。

3　饭冢靖·风间秀人「农业资源の収夺」浅田乔二·小林英夫『日本帝国主义の満州支配—15年戦争期を中心に』、441頁。

1941 年，大豆品种的改良率已经达到 65%，水稻品种的改良率则达到了 80%。农村的追肥场也陆续建设起来，自给肥料的利用率也增加了。同时根据计划，马铃薯以及麻和烟草的种植面积也不断扩大。尤其是根据军事工业发展的需求，烟草种植面积扩大了两倍以上，并给予技术指导。[1]

表 2　延边地区耕地面积累年指数

年份	大豆	水田	粟	小麦	玉米	高粱	其他合计
1924	100.0	100.0	100.0	100.0	100.0	100.0	100.0
1925	110.5	110.0	106.0	88.5	104.0	102.3	105.3
1926	131.8	118.0	105.7	77.5	93.1	93.0	108.9
1927	139.0	115.0	109.3	193.1	145.7	92.3	111.5
1928	171.1	122.0	116.5	77.0	88.7	91.5	123.1
1929	183.2	142.0	114.6	68.9	92.0	86.9	128.1
1930	189.7	151.0	114.1	64.3	92.0	83.0	131.0
1931	194.2	168.0	116.3	62.0	94.3	83.4	134.1

资料来源：广漱『間島及東邊道地方に于ける鮮農の特殊性』、124 頁。

表 3　主要农作物播种面积变化

单位：%，町

指标		1931 年	1938 年	1939 年	1940 年	1941 年	1942 年	1943 年
大豆	面积	77575	72152	78395	87954	76110	72929	65949
	占比	32.0	29.6	29.8	31.5	28.4	27.9	26.9
粟	面积	65084	59471	57579	58120	57238	58501	47980
	占比	26.9	24.4	21.9	20.8	21.4	22.4	19.6
玉米	面积	16736	25466	30071	29907	30391	30169	29419
	占比	6.9	10.4	11.4	10.7	11.4	11.5	12.0

1　朴京洙：《延边农业经济史》，延边人民出版社，1987，第 105、107 页。『間島省烟草作地帯の农业经营事情』满洲烟草株式会社、1942。

续表

指标		1931 年	1938 年	1939 年	1940 年	1941 年	1942 年	1943 年
稻	面积	14284	23634	25326	25944	24505	22072	20084
	占比	5.9	9.7	9.6	9.3	9.2	8.4	8.2
麦	面积	10730	14030	17633	15569	16620	17688	18093
	占比	4.4	5.8	5.9	5.6	6.2	6.8	7.4
土豆	面积	10872	13238	13614	13952	15519	16266	17666
	占比	4.5	5.4	4.6	5.0	5.8	6.2	7.2
黍	面积	7332	4218	6544	9506	10056	7320	6734
	占比	3.0	3.7	2.2	3.4	3.7	2.8	2.7
麻	面积	—	85	761	2463	2579	2490	3563
	占比	—	—	0.26	0.88	0.96	0.95	1.50
烟草	面积		753	1136	1247	1600	2626	2727
	占比	—	0.3	0.38	0.4	0.6	1.0	1.1
其他	面积	39597	—	56113	34486	32933	31552	32994
	占比	16.3	—	18.9	12.4	12.3	12.1	13.5
总播种面积		242210	243769	263071	279148	267148	261613	245209

资料来源：吉林省延边行政督察专员公署建设课『延边地区农业关系统计表』、1943 年。『昭和 13.14 年　满洲农产统计』南满洲铁道株式会社调查部、1940（1938 年）。

三　粮食的流通

（一）农产品的流通过程

在延边地区的总生产额中，农产品的比例达到 95% 左右。其中，小米、玉米、高粱成为农民主要的粮食，在市场上的流通率较低；相反，大豆的消费量很少，大部分大豆销往国外。对于延边的农民来说，特产大豆的销售是生活在货币经济当中的主要的营生手段。

表 4　延边地区农作物输出金额占比

单位：%

	大豆	栗	小麦	玉米	高粱	秕
1925	82.9	4.9	0.0	0.0	0.0	0.0
1926	63.2	22.6	0.0	0.1	0.0	0.6
1927	74.0	13.0	0.0	0.0	0.7	0.8
1928	76.7	12.3	0.1	0.0	0.2	0.0
1929	76.5	6.6	0.0	0.0	0.0	0.0
1930	71.5	6.3	0.1	0.0	0.1	0.7

资料来源：广漱『間島及東邊道地方に于ける鮮農の特殊性』、125 頁。

在延边地区的局子街、龙井村，每个月大约有 6 次集市，近乡农民拿着杂粮谷类或者家畜来交换必要的生活物资。[1]农民的农作物（大豆）销售路线，大致存在两种主要的方式。（1）农民自行进行销售。在市场或集散地向特产商销售或者直接到油坊去销售。（2）特产商的收购。特产商去农家的院子里，或者到集市，或者在前往集散地的路上进行收购。也有生产者带进的方式，但是最常见的收购方式是特产商在集市上的收买（见图 1 ）。

　　　　生产者→地方特产商→集散地特产商→输出商
　　　　生产者→集散地特产商→输出商
　　　　生产者→输出商
　　　　生产者→油坊
　　　　　　图 1　延边产大豆的流通路线

1　上冢司『間島事情』南満洲鉄道株式会社総務部調査课、51-52 頁。

在东北其他地方，粮栈具有农产品的收集、储藏以及金融功能，在农产品的流通过程中发挥了重要的作用。不过，在朝鲜移民占大多数的延边地区，是不存在粮栈的。延边产大豆的交易，主要是作为生产者的农民和作为产地批发商的日本特产商之间进行的市场交易或者直接交易。产地的地方特产商通常是小规模经营，其交易并不以自己的计划去收购，反而是受到集散地特产商或出口根据地特产商的委托而进行购买的情况是最多的。[1]延边地区的特产商主要为三井物产、三菱商事等日本的商业资本与以清津、雄基为根据地的朝鲜北部商人。

伪满洲国初期，由于农业恐慌的影响，生产力大大降低，导致农村社会贫穷化的状况更甚。在九一八事变之后的战祸之下，社会治安状况明显得恶化，同时大豆出货量也减少，因此导致了东北农村极为疲敝的情况。为了对应这样的状况，伪满洲国、关东军着手制定农产品增产政策以及农产品流通过程的控制、合理化政策。伪满洲国凭借增产政策，设法恢复东北的农业，同时通过控制以及合理化流通过程减少其中间费用，且增加销售农产品的农民收入，最终实现农民生活的稳定。

1934 年 12 月，间岛省公署成立，省公署与向来有联系的日本领事馆方面合作，决定在 1935 年实施大豆共同销售计划。但是，汪清县为了尽量提高共同销售业绩强制性地发表了告示，结果导致农民们心怀恐惧。[2]

抗日战争全面爆发之后，伪满洲国开始了对农产品的严格控制。1938 年成立了满洲制粉联合会（小麦·小麦粉控制）和满洲粮谷公司（米谷·粮食控制），1939 年设立了满洲特产专管公司。1941 年，上述三个控制机构实现了统一，成立了满洲农产公司，实

---

1 中谷忠治「間島に于ける农业机构の概要」『满铁调查月报』第 15 卷第 11 号、87 頁。
2 池田和夫「間島に于ける特产物配给组织の特殊性」『满铁调查月报』第 16 卷第 7 号、1936、96-99 頁。

现了对大豆、小麦、大米以及包括杂粮在内的农产品的统一管理。太平洋战争爆发之后，农产品的收购成为伪满洲国重要的政策，甚至成为在战争体制下必须完成的至上命令。

（二）商业资本

1908 年在龙井村里设置的邮局具有金融和通信功能。1917 年 3 月 20 日，朝鲜银行办事处在龙井村开设，与之相伴的是延边出入口贸易的繁荣，1918 年总存款额为 6785417 日元，总贷款数为 1925744 日元。

20 世纪 20 年代，延边地区主要的特产商多为日本的商业资本，尤其是三井物产、三菱商事持有最大的资本。他们将本部设置在龙井村以联结各地，收购各地的粮食。

农产品的收集销售是在东北的三井物产的主要经商活动。1937 年，农业合作社成立，并在农产品的金融贸易方面发挥了重大作用。由此，三井物产这样的商社向内地发展变得极为容易。

1941 年成立的满洲农产公司将 19 个公司指定为特约收购人，并分配了各自的收购地区和收购量。在满洲农产公司的收购人当中，三井物产依旧占据着绝对性地位。三井物产与其子公司三泰产业一起收购了东北农产品总收购额五成的产品。到了 1944 年，满洲农产公司废除了特约收购制度，在农产品收购上三井物产被排除在外。[1]

（三）贸易

根据 1909 年的《图们江中韩界务条款》，龙井村、局子街、头道沟、百草沟等地被开放为商埠地。1910 年之前，延边地区的商品流通有三种途径：（1）通过吉林的进出口贸易路径；（2）

1　坂本雅子『財閥と帝国主義——三井物産と中国』ミネルヴァ書房、2003、374-376 頁。

通过符拉迪沃斯托克（海参崴）和珲春的路径；（3）通过清津—会宁的路径。贸易量到 1909 年为止，通过吉林的占 60%，通过符拉迪沃斯托克（海参崴）的占 35%，通过会宁—清津的占 5%。

1917 年 12 月，清津—会宁铁路建成后，通过会宁、清津到延边贸易达到了八成。天宝山轻铁开通缩短了货物运输的时间。当时，清津被认为是连接延边与日本的重要的海上通道。扩大的交通路线促进了商品的流通，成为商业发展的原动力。

延边地区生产的大豆被运输到朝鲜，作为朝鲜产或者咸镜北道产的大豆再次被运输到日本。并且，在延边地区的贸易中，对朝进出口贸易占绝对多数。延边地区将朝鲜作为中转地，形成了对日的原料供给市场。

进出口商品中，农产品占据了绝大部分，仅次于农产品的林产品也只占 6%。农产品中，大豆占总数的 90% 以上，对总出口额而言也占 77% 的比例。因此，延边地区不是作为粮食供应地而是作为原料供应地发挥了重要作用。

进入 20 世纪 30 年代之后，延边地区特产物的出口有两种途径：（1）经过京图线（新京—图们）、朝开线（朝阳川—开山屯）、图佳线（图们—佳木斯）往北朝鲜南回线延伸向清津港的路线，延吉县、和龙县、汪清县、安图县的特产主要利用这个路线；（2）往北朝鲜北回线延伸，向雄基港的路线，珲春县的特产品利用此路线。前者的路径与后者相比，具有更重要的意义。

1936 年，东北从朝鲜的进口额为 363 万日元，出口额为 960 万日元。在进口产品中，主要的商品大米其价值达 149 万日元，苹果及其他水果达 187 万日元，但出口产品中主要的商品小米其价值达 1749 万日元，大豆达 508 万日元。进口品中的大米基本都是朝鲜生产的，但是水果中除 61 万日元的朝鲜产的苹果以外基本都是日本产的柑橘类产品，出口产品中的大豆是往日本出口的，而小米则全部都在朝鲜境内被消费。[1]

结　语

九一八事变以前，延边地区的水田面积极少，主要是以小米、大豆为主的旱田农业。在朝鲜移民移居的初期，小米是最重要的农作物，但是第一次世界大战之后，大米的生产引起了关注，水田面积也随之增加。随着农业经济商品化的发展，20 世纪 20 年代大豆的商品化也急速发展。

九一八事变以后，延边地区作为原料供给地的作用进一步强化。在进出口贸易总额中占 70% 的延边对朝鲜的贸易，揭示了延边地区将朝鲜作为中转市场，完全隶属于日本帝国经济圈的这一事实。

与朝鲜接壤、居住人口 70% 以上为朝鲜人的延边地区很早就被日本的商权所渗透，在农产品的流通过程中日本的商业资本（三井物产、三菱商事）或者是朝鲜北部的商人（日本人、朝鲜人）发挥了重要的作用。这与以粮栈为媒介进行农产品流通的东北其他地区相比，具有很大的区别。随着侵略战争的扩大，农产品的流通受到了控制，同时还实施了强制性的粮食出货政策。从日本进行的亚洲侵略的整体来看，确保粮食流通、掠夺农产品等物资是战争的中心课题。在确保物资方面，军部依赖于日本的商社——尤其是三井物产。具体解明三井物产和三菱商事等公司，在延边地区的大豆流通过程中所起到的作用，将是今后的研究课题。

1　朝鲜银行調查科『朝鲜对満洲贸易の推移と其の将来』1937、6-7 頁。

整体史观下的历史书写：安东尼·瑞德的东南亚史研究及其启示

宋婉贞　张振江 *

在《历史是什么？》中，爱德华·卡尔告诫读者：在你研究事实之前，先要研究撰写这些事实的历史学家，这对于你更深入地把握和理解事实极为重要。[1]因此，在国内外东南亚区域研究日趋加紧之际，除对具体史实事例进行分析以外，对东南亚区域研究中独特而杰出的历史学家所秉持的史学研究方法和理念的梳理和探讨也是一个重要的研究方向。中国的东南亚研究要发展进步，必然要充分了解国外的东南亚研究动态，以希借鉴国外学者的不同方法与思想。基于此，本文选取澳大利亚著名的

* 宋婉贞，暨南大学文学院；张振江，暨南大学国际关系学院/华侨华人研究院。

[1] 参见爱德华·霍列特·卡尔《历史是什么？》，吴柱存译，商务印书馆，1981，第19~21页。

东南亚史学家安东尼·瑞德（Anthony John Stanhope Reid, 1939~）的东南亚区域史研究作为研究对象，希冀在这一方面做出些微尝试性研究，抛砖引玉，以求引起国内学界对此议题的重视。

一　概念阐释及研究综述

不论关注于地区国别的研究，还是立足于整体探寻东南亚的发展理路，瑞德在 50 余载的治史生涯中同东南亚历史研究紧密结合在了一起。与其他学者依循传统政治史，聚焦政治进程、政治事件、政治人物的研究路径不同，他服膺年鉴学派提倡的综合研究整体的"人"的历史的学术宗旨，集中关注那些最能影响一般平民百姓生活的特征与变迁。[1]因此，对瑞德研究史观与方法的梳理与分析对依然侧重传统史研究的中国学术界有着特别的意义。

清晰的概念是一切讨论的前提。[2]因此，在正式论述之前，有必要对本文所涉及的核心术语即整体史观进行阐述和界定。作为一种史学观念，整体史观的概念是由法国年鉴学派（Annals School）创立者之一的马克·布洛赫最先提出的，后经费尔南·布罗代尔（Braudel）得到了充分发展。布罗代尔曾指出："整体性并不是要写出完整的世界史 [historie totale du monde]……而只是当人们面对一个问题时，一种有系统地超越局限的愿望。"[3]此即意味着，不论是从宏观上考察历史，还是从经济、政治、社会生活、思想文化和科技、民族交往等微观方面去研究，历史学者都需要持有整体的眼界与关怀。换个角度说，整体史是布罗代尔史学写作的指导原则：只有总

1　周鑫：《〈东南亚的贸易时代：1450~1680 年〉评介》，李庆新主编《海洋史研究》第 2 辑，社会科学文献出版社，2011，第 325~362 页。

2　郭小凌：《西方史学史》，北京师范大学出版社，2016，第 410 页。

3　彼得·伯克：《法国史学革命：年鉴学派：1929~2014》，刘永华译，北京大学出版社，2016，第 204 页。

体性地分析叙述研究对象，才是有意义的历史理解。[1]

　　系统来看，整体史这一理念包括三个方面：一是不断扩大历史研究内容的全面史；二是以整体史观指导具体或碎片研究；三是宏观史学是整体史的最高追求。这三个层次之间不是互相排斥，而是共生共存的。全面的、综合的研究，就是最大限度地将历史的各个方面加以综合考察。[2]法国学者乔治·赛代斯、英国学者 D. G. E. 霍尔、美国学者约翰·F. 卡迪，以及法国学者德尼·隆巴德等都尝试从整体史的角度探寻东南亚，相比之下，瑞德不但依循整体史观的理念指导，而且更进一步拓展了整体史的研究领域，并且将"人"尤其是日常生活中的平民百姓置于其研究重心，这一做法更推动和提升了整体史观的发展。本文所述的整体史观即是以此为基点。

　　近年来，国内外学术界对瑞德的关注度日益提高，并取得了一定的研究成果，值得借鉴。国外有关瑞德的研究成果中，最为重要的一项当属由新加坡东南亚研究院那烂陀—室利佛逝国中心[3]（Nalanda–Sriwijaya Centre）的高级研究员杰夫·韦德（Geoff Wade）和澳大利亚国立大学亚太研究院研究员李塔娜（Li Tana）合编的《安东尼·瑞德及东南亚研究》（*Anthony Reid and the Study of the Southeast Asia Past*）[4]一书。该书是由瑞德的学生、同事及学界同仁为肯定和庆祝瑞德在东南亚史各个领域所做出的杰出贡献而就其研究的某一方面进行学术探讨的论文集。国外对瑞德的研究还集中体现在一些访谈资料上，以不同的形式和内容展现了瑞德在生活、学术

1　赖建诚：《布罗代尔的史学解析》，浙江大学出版社，2009，第 2 页。

2　李金铮：《以整体史观统摄碎片研究》，《北京日报》2012 年 11 月 12 日，第 23 版。

3　此翻译参照《新加坡东南亚研究所那烂陀室利佛逝国中心落成启用》一文中的翻译，详见佛缘网，http://www.foyuan.net/article-18896-1.html，最后访问日期：2017 年 1 月 10 日。

4　Geoff Wade and Li Tana eds., *Anthony Reid and the Study of the Southeast Asia Past*(Singapore: Mainland Press Pte. Ltd., 2012).

工作等方面的发展历程。[1] 另外一部分有关瑞德的研究则糅合在各学者对其著作的评介中，以其学术研究为主，此方面成果最为丰厚。各学者在肯定瑞德在各领域的学术贡献的同时，也就相关问题指出了不同的见解。[2]

总体来看，国外对瑞德的相关研究成果较多，也较为全面，但研究相对较为分散，较多是单方面地论述其整体性的研究思想及其整体史观，但对于瑞德这一史观是如何形成以及如何运用到实际研究之中的这一问题尚未有人涉及，且对这一研究的基础——印尼史研究——很少有人触及。

相比国外，由于国内的相关资料较少，学者主要围绕瑞德的整体史观进行评述。相关研究主要分散于学者著作的篇章之中，而且以书评和论文形式居多。贺圣达主要从文化角度对瑞德有关东南亚的整体性研究进行了详细的论述，"尽管我很赞赏瑞德的名著《东南亚的贸易时代：1450~1680 年》中对东南亚 15~17 世纪经济发展、对外交往和社会生活的深入研究，却不能认同他对东南亚文化特质以及以这些文化特质来确定东南亚文化整体性的观点，尤其是从文化史的角度，不能认同他对于东南亚整体性的看法"。[3] 针对这一问

1　参见 Blusse and Carolien Stolte, "Studying Southeast Asia in and for Southeast Asia, an Interview with Anthony Reid," *Itinerario* 34, No. 2 (2010), pp. 7-18; Claire, "Interview Anthony Reid," *Lettre d' Afrase*, No. 78 (2011), pp. 3-6; Azis Anwar Fachrudin, "Tracing the Roots of Pluralism in Indonesia: An Interview with Professor Anthony Reid," 8 March 2016.

2　此部分文献较多，因篇幅有限，此处仅选取以下几篇较具代表性评述：M. C. Ricklefs, "Reviewed Work (s): The Contest for North Sumatra: Atjeh, the Netherlands and Britian, 1858-1898 by Anthony Reid," *Bulletin of the School of Oriental and African Studies*, Vol. 34, No. 2 (1971), pp. 437-438；William H. Fredrick, "Reviewed Work (s): Indonesian National Revolution 1945-1950 by Anthony Reid," *The Journal of Asian Studies*, Vol. 35, No. 1 (Nov., 1975), pp. 173-174; C van Dijk, *Reviewed Work (s): The Blood of the People: Revolution and the end of Traditional Rule in Northern Sumatra by Anthony Reid*（Kuala Lumpur etc., Oxford University Press, 1979）, p.288; Victor Lieberman, "Reviewe: An Age of Commerce in Southeast Asia? Problems of Regional Coherene—A Review Article," *The Journal of Asian Studies*, Vol. 54, No. 3(1995), pp. 796-807。

3　贺圣达：《东南亚历史重大问题研究——东南亚历史和文化：从原始社会到 19 世纪初》（上），云南人民出版社，2015，第 18 页。

题，庄礼伟则提出了不同看法："安东尼·瑞德教授和贺圣达教授强调的是不同的层面，并未有直接的交锋。瑞德当然知道东南亚那些宗教'大传统'之间的鲜明差异，但他关注的是东南亚的'民间信仰与社会实践'，尝试探索东南亚社会形态的一般特质，从而为贸易时代的东南亚诸态势、事件提供一个整体性（但不是一致性）的结构背景。东南亚文化（包括宗教信仰）诚然不存在文化一致性，但具有（大范围的）社会形态的相似性与（某个长时段中）历史发展的整体性。"[1]此外，广东省社会科学院历史与孙中山研究所、广东海洋史研究中心助理研究员周鑫对瑞德的整体史观也有一定的研究。[2]整体而言，国内学者对瑞德的研究与国外学者存在的不足类似，除此之外，对瑞德整体史观缺乏集中关注，更罕有对瑞德这一史学观念的发展路径的研究。

认识瑞德整体史观的学术价值固然重要，但仅停留于相关概念的界定还很不够。深入剖析整体史观在其学术思想中的发展历程，即如何从印尼史研究中萌生并被运用到印尼史及东南亚史研究之中的这一心路历程具有重要的价值和意义。因此，在结合业已掌握的较为全面的资料和中外视角的比较，以及对瑞德及其学生、同事的直接访谈等基础上，本文拟通过对瑞德的东南亚区域史学研究方法与史学观念进行系统剖析，旨在将其学术思想与史学训练方法引介到国内学界，希冀促进历史研究的革新。

二　瑞德东南亚史研究的基础：印尼史研究

学界对于瑞德整体史观的认识和分析多是从他的《东南亚的

1　庄礼伟：《年鉴学派与世界体系理论视角下东南亚的"贸易时代"》，《东南亚研究》2016 年第 6 期。

2　周鑫：《〈东南亚的贸易时代：1450~1680 年〉评介》，李庆新主编《海洋史研究》第 2 辑。

贸易时代：1450~1680 年》[1] 一书开始的，但这并不代表瑞德在此时才发展出了这一史观。他在学术初期并非直接关注整体东南亚，而是最先聚焦于亚齐地方问题，随后关注点逐步扩展到印尼，最后才扩至整个东南亚，其中印尼史研究一直是他研究的重心所在。正是由于已掌握的扎实的国别地区研究，使他具备了研究区域整体的基础以及从世界格局审视东南亚发展的治史理念，由此发展出了重要的整体史观，并将国别史与区域史研究紧密结合在了一起，相互贯通，融为一体。因此，将瑞德关于印尼国别史的研究作为考察基础十分必要且重要。

（一）安东尼·瑞德印度尼西亚史研究的主要方法

根据传统认知，史学研究方法通常是在历史认识和研究这一特定活动中形成的，并由人们自觉提炼，为实现一定认识和研究目的而采用的调整和建构主题认识与客体历史关系和活动的范式。[2] 此部分对研究方法的概括与分析也是基于这一基本概念，但又不完全相同于惯常的文献分析法、历史比较法等几种方法，而是在对瑞德印尼史研究文本的综合性分析基础上，依据其独特的视角和整体史观的指导而概括出的相应的研究方法。因此，对此处所提方法的理解需要具体分析。

1. 微观研究法

年鉴学派推崇的"整体史"视角下的微观分析，在一定程度上与随后在 20 世纪七八十年代兴起的微观史学有一些相似之处，即均把研究视线投向了历史中特定的时间和空间内的个人和群体，主

1　参见安东尼·瑞德《东南亚的贸易时代：1450~1680 年》第一卷《季风吹拂下的土地》，吴小安、孙来臣译，商务印书馆，2013；第二卷《扩张与危机》，孙来臣、李塔娜、吴小安译，商务印书馆，2013。

2　马卫东主编《历史学理论与方法》，北京师范大学出版社，2009，第 112 页。

张"大处着眼，小处入手"，贴近生活，深入观察人类历史。[1] 瑞德在研究印度尼西亚史的过程中所使用的微观研究法主要表现在以下几点。

关注小国历史，给小社会以大话语权。给小国历史以充分的自主权，这一点在瑞德对亚齐的研究上表现得最为突出。瑞德在剑桥大学所完成的博士学位论文的写作对象是北苏门答腊的亚齐，论述了北苏门答腊从一系列的独立国家过渡到荷属印度统辖的一部分的艰难过程。[2] 他对亚齐史书写的关键在于他以亚齐为视角分析了外域势力竞争形态下亚齐社会的发展变化，而非以欧洲视角将亚齐视为西方殖民大国相互角逐的产物，以该国本身的困境和对抗斗争来说明纵然是小国，其在自身的历史发展过程中也具有充分的参与权和塑造历史的责任。这种微观研究法有助于人们进一步了解亚齐历史的发展脉络，更为充分地理解欧洲帝国主义的整体历史。

挖掘被人忽视的历史细节，还原发展的整体性。瑞德所擅长的联动性思考和发散性思维使其得以更为准确地抓住不易被他者所注意到的环节，丰富历史书写，并使之变得愈加具有趣味性。这是他的一个研究特色，使其在研究具体问题时能够更好地运用其整体史意识。在研究 1945~1950 年的印度尼西亚民族革命的过程中，瑞德关注到了该时期的学校教育这一议题。他指出，对于该时期的印尼民众而言，地位和成功的关键在于具有荷兰式教育背景，而这一背景反之推动了当地的民族主义发展。在荷兰教育的影响下，印尼人的受教育机会有了很大的提升。在荷兰政权结束之际，仍有约 7000 名印尼人青睐于选择荷兰中级教育。第一代接受荷兰教育并顺利在 20 世纪 20 年代从中学或大学毕业的印尼人在随后的 40 年代成了主要的政治家，他们深感自己似乎因一种独特的自由和特殊的责任而

1　参见周兵《微观史学与新文化史》，《学术研究》2006 年第 6 期，第 89~95 页。

2　Anthony Reid, *The Contest for North Sumatra: Atjeh, the Netherlands and Britain 1858-1898* (Kuala Lumpur: University of Malaya Press; New York: Oxford University Press, 1969).

受到了种族分离，因此成了民族主义运动的坚决支持者。瑞德从这一角度出发，论证了荷兰殖民统治所带来的殖民教育在另一个层面推动了印尼本土自我意识的觉醒。[1]

寻求被忽视主题，编织历史整体画面。瑞德有关印尼史的研究选题部分偏非主流性，他摆脱传统主题的束缚，挖掘被主流历史所忽略的主题，以广阔的研究视野关注印尼社会的不同层次和领域，进而使得其历史研究更加全面化和整体化。在研究过程中他注意到，印尼一直有咀嚼槟榔的传统，直至 17 世纪，吸食香烟逐渐取代了这一传统方式。根据 20 世纪的相关研究，此时有 85% 的成年印尼男性吸食香烟，而仅有不到 1.5% 的印尼女性选择该方式。这一社会行为的变化引起了注意，由此开始探究印尼消费方式的重大转变，以作为对热带亚洲整体研究的一个案例研究。通过考察咀嚼槟榔这一方式在印尼几近所有仪式中的向心性作用以及在社会中的重要地位，他意识到健康、消费模式以及社会和仪式互动的大规模转变所具有的重要意义。[2]

2. 文化考察法

"历史本身就是一种文化现象"，是"广义的文化史"，它着力于从社会变迁中探讨整个文化的发展进程，给人们以发展的和整体的观念。[3] 随着二战后史学的进一步发展，对新兴国家和地区文化的研究引起了越来越多学者的关注，东南亚即为实例之一。瑞德在马来西亚、印尼等东南亚各地的长期考察和生活也使他切身感受到了这一地区深远的文化历史和丰富的文化形式，并以文化为视角分析印尼历史——主要为前殖民时期即 13~17 世纪的历史。

物质文化考察法。瑞德对印尼各地物质文化的考察主要集中于

1　参见 Anthony Reid, *Indonesian National Revolution: 1945-1950* (Hawthorn Longman, 1974), pp. 1-3。

2　参见 Anthony Reid, "From Betel-chewing to Tobacco-smoking in Indonesia," *The journal of Asian Studies*, Vol. 44, No. 3, pp. 529-547。

3　张广智、张广勇：《史学：文化中的文化》，上海社会科学院出版社，2003，第 11、335 页。

前殖民时期，即 13~17 世纪，探究房屋寺庙等建筑、家具与照明、经济产生与交易等方面的发展。[1]瑞德另外还注意到该时期印尼各地的经济生产和贸易往来这一问题，称该地区乃至整个东南亚主要以消费者而非生产者著称于世。尽管有高度发达的专业技能，但由于受制于社会的特殊条件，这些专业工匠们最终未能发展成资本雄厚的大规模制造商。[2]

制度文化考察法。瑞德对前殖民时期印尼的制度文化研究主要集中于社会制度、家庭制度等方面。他提到，在印尼乃至整个东南亚地区，等级森严的社会组织与表面松散的政治结构相吻合，这种体制造就了强势的国王，但他们对广大地区的统治是通过非凡的人格力量和繁荣港口的财富进行的，其中最基本的模式是各个继嗣集团之间为了获取权力而对依附人所进行的永无休止的争夺。尽管如此，用于维护王权的司法制度在印尼仍具有一定影响力，《摩奴法典》等法律典籍被尊崇为解释自然法则的权威文献。[3]

心理文化考察法。瑞德主要以此来分析印度尼西亚社会中的宗教问题。伊斯兰教和基督教的并行发展，使得印尼当地的宗教问题相对复杂，并启发我们要从更为广阔的视角去理解这一现象。在他看来，这种宗教多元主义早已植根于亚洲传统，更确切地说就是南亚、东亚和东南亚的传统，印度尼西亚的多元化主义依赖于一个非常安全的历史基础和意识形态。[4]此外，他还关注到印尼当地所信奉的原始宗教，主要表现在祭葬和巫术方面，并由研究得出，东南亚

1　参见安东尼·瑞德《东南亚的贸易时代：1450~1680 年》第一卷《季风吹拂下的土地》，第　93~105 页。

2　安东尼·瑞德：《东南亚的贸易时代：1450~1680 年》第一卷《季风吹拂下的土地》，第　146~147 页。

3　安东尼·瑞德：《东南亚的贸易时代：1450~1680 年》第一卷《季风吹拂下的土地》，第　173~205 页。

4　Anthony Reid,"Introduction: Muslims and Power in A Plural Asia," in Anthony Reid and Michael　Gilsenan, eds., *Islamic Legitimacy in A Plural Aisa* (Abingdon: Routledge, 2007), pp. 1–13.

的传统宗教很有可能为多神论或一神论的神秘推论提供了温床。[1]

由以上简述可见，瑞德对印尼史的诸考察法是在其整体理念的框架下进行的，不论是关注被主流历史忽视的历史，还是注重文化因素的研究，都遵循其整体史意识的指导。毋庸置疑，瑞德研究中对这种方法的运用不仅仅局限在以上所具实例中，此处但求以有限篇幅探究一二。

（二）安东尼·瑞德印度尼西亚史研究中的主要史学理念

由对瑞德在印度尼西亚史研究中所使用的主要研究方法的梳理可知，他推崇自下而上的历史书写法，主张对社会各方面各领域进行整体性、全面性的研究，这也是对其整体史观的切实实践。[2]因篇幅受限，在此遴选较为重要的理念做简短阐述。

1. 整体理念

在年鉴学派整体史研究的影响下，瑞德形成了自身的整体研究理念，并贯穿其对印度尼西亚史研究的始末。从研究内容来看，首先，瑞德对印度尼西亚史的研究正式开始于其博士选题，即分析 19 世纪亚齐与英荷的权力角逐之缘由。在这一过程中，他意识到研究对象的复杂性，因此不仅关注荷兰人以及荷兰和印度的军事机构的变幻无常，还深入考察英国方面的资料，以分析英国的态度及其在东南亚的贸易利益、印尼和马来在这些事件中的观点和利益、土耳其的地位等。在构建了事件的大体框架后，瑞德开始陆续将一些局部元素"填充"进去，以充实整体性。[3]

从他对印尼社会其他领域的研究来看，他不仅仅关注传统的政

1 　参见安东尼·瑞德《东南亚的贸易时代：1450~1680 年》第二卷《扩张与危机》，第 189~200 页。

2 　在此需说明的是，本节所涉及的"史学理念"是基于史观的传统定义而对瑞德学术观念的概括性论述，因而不同于一般意义上所述的范式史观。

3 　参见 Anthony Reid, *The Contest for North Sumatra: Atjeh, the Netherlands and Britain 1858-1898* (Kuala Lumpur: University of Malaya Press; New York: Oxford University Press, 1969)。

治、经济层面，对宗教、地理环境、女性、宗族、社会贫困及诸行为方式的转变等问题也都进行了研究，以求全方位地理解和认知印尼历史。其中，对环境和女性的研究最具代表性，在印尼史的研究中也最具特色。[1]另外，瑞德还注重运用经济学、人类学、社会学等多学科的相关学者的研究资料来辅助研究，以使研究更加具有整体性，同时使得结论更有说服力和可信性。[2]

由此可见，瑞德的整体研究理念早在其正式从事历史研究之际便已萌芽，并随着对印尼历史研究的不断深入而日渐发展和巩固。这种理念使得他既有立足于世界的开阔视野，又有深入社会底层体察风土人情、感知人文环境的细微关照，致力于将爪哇外部的事件和个人的历史也视为整体历史，因而从小到大而又从大到小地全面思考历史的演进变革，规避了片面性、狭隘性的历史理解。

2. 女性理念

对女性历史角色的研究也是瑞德有关印度尼西亚史研究的一大特色，在他看来，政治、经济等传统题材下的历史书写大多数是男性历史，因此女性史是补足整体史的必要研究部分。另外，同时代的一代人通常对书写社会史更感兴趣，因此他们不得不寻找一种不仅仅关乎以男性为主的国王和强者的方式来谈论历史。基于此，瑞

1　参见 Anthony Reid, "The Origins of Poverty in Indonesia," in J. J. Fox, J. A. C. Mackie & Peter Mccawley, eds., *Indonesia-Australian Perspectives* (Canberra, RSPacS, ANU, 1981); Anthony Reid, "Shiraishi Saya, Rural Unrest in Sumatra, 1942: A Japanese Report," *Indonesia* 21, pp. 115-133; "A Great 17th Indonesian Family: Matoaya and Pattingalloang of Makassar, "*Masyarakat Indonesia 8: 1*, pp. 1-28; "History and Seismology in the Ring of Fire: Punctuating the Indonesian Past," in David Henley and Henk Schulte Nordholt, eds., *Environment, Trade and Society in Southeast Asia: A Longue Duree Perspective* (Brill, Leiden), pp. 62-77; "From Betel-chewing to Tobacco-smoking in Indonesia," *The journal of Asian Studies*, Vol. 44, No. 3, pp. 529-547; "Charismatic Queens of Southeast Asia," *History Today* 53, vi, pp. 30-35; Asian Studies in Honour of Professor C. R. Boxer, Genevieve Bouchon and Pierre-Yves Manguin, "Female Roles in Pre-colonial Southeast Asia," *Modern Asian Studies* Vol.22，No.3, pp. 629-665。

2　这一点几乎在瑞德有关印尼史研究的所有著述中都有所涉及，此处不再一一列举。

德意识到十分有必要给予女性历史以充分的关注。

在 20 世纪 70 年代末，瑞德受一位同事即从事马来西亚女性史研究的丽诺尔·曼德森（Lenore Manderson）的影响，开始进一步思考女性史研究的重要性。随后在写第一篇关于亚齐的文章时他发现，早在 17 世纪该国便有了女王。他逐渐意识到女性统治时代是最好的时代，这一制度也是最好的制度，因为女王所统辖的政府更加追求协商一致性。此外，他还发现在传统上女性多控制着贸易：在亚齐和东南亚其他地区，管控贸易资金通常是女性的工作。因此，鉴于她们以投资来促进贸易的方式，他开始视女王为更为务实的重要人物。[1] 在 2000 年以后，通过进一步的研究他发现女王也是伊斯兰教的一个调节因素。他通过具体案例指出，女性统治似乎也是解决伊斯兰教分裂问题的一个途径——在女王的统治下，他们发展出了一种更易为人们所接受的妥协性的伊斯兰教。[2]

瑞德在研究印尼史中的这种女性观念使得他以不同于其他学者的视角去探究该地区的历史脉络，进而挣脱了传统史学对历史书写的禁锢，进而为他更扎实地走向整体史观奠定了基础。

瑞德以印尼史研究为学术研究之起点并持续关注了 50 余年，由此在国别史研究领域积累了丰厚的基础和研究经验。他以广阔的视野连通性地将印尼置于整个东南亚乃至全球的历史发展链条中进行思考和探究，书写了一种非常不同的历史，使人能够深受鼓舞并深入其中，由此所得的更为全面整体的印尼史书写体系也凸显了他对历史研究的造诣之深厚。

1　根据笔者对瑞德教授的采访:《从"贸易时代"到"风云交汇之地"：东南亚史的续写与传承》。

2　参见 Anthony Reid, "Female Roles in Pre-colonial Southeast Asia," in *Asian Studies in Honour of Professor C. R. Boxer*, Genevieve Bouchon and Pierre-Yves Manguin, *Modern Asian Studies* 22: 3, pp. 629-665; Charismatic queens of Southeast Asia, *History Today* 53, VI, pp. 30-35; 笔者对瑞德教授的采访:《从"贸易时代"到"风云交汇之地"：东南亚史的续写与传承》。

三　安东尼·瑞德印尼史研究背景下的东南亚史研究

从对安东尼·瑞德有关印度尼西亚史方面的著述的分析可知，他擅长书写一种在内容和方法上均有所不同于传统领域的本地历史，关照研究对象的自我意识。在 20 世纪 80 年代逐渐探索东南亚整体史的研究过程中，印尼史研究仍是其研究的基础和重心，而这一扎实的国别史研究无疑进一步塑造和延伸了其宏观的区域史研究。因此，在印尼史的研究背景下探究瑞德东南亚史研究的具体表现和发展对于全面地把握其学术思想的演变历程具有重要的意义。

（一）从印尼到东南亚：国别研究与区域整体研究的互通性

二战以来，受汤因比（Arnold J. Toynbee）"文明史观"以及后殖民理论与现代性批判思潮的影响，注重全球视野的"全球史"成了历史研究领域的大潮流。在这一趋势下，国别史研究与区域史研究的重要性仍不可小觑。瑞德基于二者的异同性与互通性，从印尼史研究到东南亚史研究的治史理路在很大程度上以实例印证了国别史研究与区域史研究在全球史思潮中的重要性，同时在其自身的研究中也具体阐释了二者互通性的表现。这种区域与国别的互通性研究也正是在他的整体理念的大框架下进行的，二者的联动性过程无疑成为其对整体史观娴熟运用的具体写照。

1. 国别研究为区域研究提供扎实的实证基础和本土意识的关照

历史叙述是可以被用来培养人们的归属意识的，这在 19~20 世纪主权民族国家成立的历程中已得到充分证明。[1] 瑞德的国别研究并非单对某一国别的整体研究，而是具有循序渐进的特点。在瑞德的

1　羽田正：《新的世界史和地区史》，复旦大学文史研究院编《全球史、区域史与国别史：复旦、东大、普林斯顿三校合作会议论文集》，中华书局，2016，第 27 页。

研究界定中，地区是隶属于国别之下的较小分析单位，同理，次地区则是位于地区内的地理称谓。他有意识地遵循从小到大、由次地区到地区再到国别的分析层次，依次推进研究。

　　需说明的是，瑞德在国别史研究中所运用的从次地区到地区再到国别的层次分析方式并不是孤立出现并存在的，而是在一个整体分析框架中进行交叉和融合，且相互影响和互动，由此才得以使其国别史研究显得越发具有层次性和整体综合性。他的国别史研究为其日后的东南亚区域史研究提供了扎实的实证基础，同时，对自主的本土意识的关照的延续性思考和发展也使得他在区域研究中更注重"在东南亚研究东南亚，为东南亚人研究东南亚"的情怀和理念。

　　2. 区域研究为国别研究提供范式的验证和整体视角下的理解

　　跨越国界的区域史研究突破了国别史的边界，不仅使跨越国境的区域性特征得到凸显，而且也使国别史研究多了一种区域视角，即把国别史置于区域的背景中加以考察。[1]

　　对区域整体史的探究和思考，又进一步促进了他对国别史研究中的相关议题进行反思和重新理解，如革命问题、民族主义问题和宗教问题。就革命问题而言，经过十年的思考，他意识到了印度尼西亚的理念在本质上是革命性的，追求毫不妥协和绝对化。由此，他将革命界定为暴力手段所带来的深刻的社会变革，其中寓意着与过去的彻底决裂，这从某种意义上说，就像苏加诺所说的"埋葬过去，构筑未来"一样，同时注意到了印度尼西亚与马来西亚的不同和革命后的法国与英国的不同存在一定的相似性。[2]再如民族主义和宗教问题，他不仅关注到多元化社会对二者的影响，也注意到了宗教的发展对民族主义塑造和形成的推动作用，同时将印尼的民族主

1　董少新：《从"东亚"到"东亚海域"——历史世界的构建及其利弊》，复旦大学文史研究院编《全球史、区域史与国别史：复旦、东大、普林斯顿三校合作会议论文集》，第37、43页。

2　根据笔者对瑞德教授的采访《从"贸易时代"到"风云交汇之地"：东南亚史的续写与传承》整理而得。

义与东南亚其他国家的民族主义以及邻国联系起来分析其同质性，进而分析民族主义在东南亚的多元性发展。

3. 国别研究与区域研究相融贯通，共同构成有机整体性的全球史研究

随着史学研究的逐渐深入和全面化，历史学家意识到，要抛弃过去普遍持有的有关 1500~1800 年"西方崛起"的历史叙述，代之以从地区内部动态发展来看待东南亚的视角。从这一点来看，只有将国别史与区域史研究真正实现相辅相成、相互贯通，人们对历史的理解才更接近于历史事实，全球史研究才更生动、具体。

瑞德在研究东南亚整体史的过程中，并非将印尼国别史弃置他处，而是在研究中相互贯穿，同时进行。他从印尼史研究开始从事学术研究工作，随后于中晚年开始涉猎东南亚整体史的研究，同时对研究中所发现的新的国别议题深入分析。因此，在他的学术研究领域中，印尼国别史研究始终作为一条研究主线，而东南亚区域史研究则是一个大的指导性框架，这也是为何本文要从瑞德的印尼史研究开始探究的原因之所在。瑞德在东南亚史研究中所呈现的一些史学理念同时在其印尼史研究中也有所体现，而且部分甚至萌生于他的印尼史研究中。

（二）安东尼·瑞德的东南亚史研究

瑞德的东南亚区域史研究主要有两部代表性力作，分别是其于 1988 年和 1993 年相继出版的两卷本《东南亚的贸易时代：1450~1680 年》（*Southeast Asia in the Age of Commerce, 1450-1680*）一书，以及于 2015 年出版的另一部东南亚整体史著作——《东南亚史的一种解读：举足轻重的风云交汇之地》（*A History of Southeast Asia: Critical Crossroads*）。[1]

1　Anthony Reid, *A History of Southeast Asia: Critical Crossroads* (Oxford & New York: Wiley/
　　Blackwell, 2015).

　　就前者来看，与早期东南亚的区域史研究者或者跨社会体系研究者（如赛岱斯、卡迪和霍尔）不同的是，瑞德继承了法国年鉴学派的传统，特别是布罗代尔对地中海地区历史的研究方法，注重研究普通人民的日常生活，而不是所谓"决定历史"的大人物和大事件。在该书中，瑞德力图展现在他所说的贸易时代中，东南亚所扮演着的世界历史舞台的中心角色，同时在当时的世界体系中所起着的举足轻重的作用。[1] 在他本人的治学生涯中，该著作标志着一个重要的转折点，即强烈批判殖民主义历史，了解新兴民族国家及其民族主义，掌握他们的语言，探索新的方法，以撰写以印度尼西亚人、越南人等为中心的历史。[2] 后者与前者的不同主要在于研究时段的不同，前者关注于 15~17 世纪，而后者则是一部立足于东南亚整体的通史性著作，以经济、文化内容为主体。基于此，他的东南亚区域史研究思想主要经历了两大层次的演变。

（三）以整体观念为大框架：逐步构建

　　就目前学界对瑞德史学研究的认知来看，多数学者将以《东南亚的贸易时代：1450~1680 年》一书为典范的整体观念视为瑞德的一种研究方法，称其遵循年鉴学派的"整体史"倡导，绘制了一幅布罗代尔式的东南亚整体图景，并以此作为瑞德史学研究的最大特色。而从对其相关著述的整体梳理来看，瑞德这一整体观念并非仅作为一种研究方法，而更多的是其学术研究生涯中逐步构建起来的一个大框架。因此，对其史学研究思想演变历程的梳理需从该层次着手分析。

　　瑞德整体观念的形成并非在他书写近世时期的东南亚时一蹴而

1　李伟华：《大东南亚时代——评〈东南亚的贸易时代：1450~1680〉》，吴杰伟主编《未名亚太论丛》第 4 辑，中国社科文献出版社，2011，第 152~157 页。

2　安东尼·瑞德：《东南亚的贸易时代：1450~1680 年》第一卷《季风吹拂下的土地》"序言"，第 5 页。

就的，而是根植并发端于他最初的学术研究之中，并被运用到几乎所有的研究思考。早在大学期间，受幼年在世界范围内的游历以及年鉴学派日渐流行的影响，瑞德开始有意识地以整体观念思考问题，即将问题放在大背景下分析，而不是独立、片面地看待问题。在最初研究亚齐史时，他便有意识地以整体观念将亚齐置于整个东南亚的视野中，分析大国角逐下的区域风波和反应，突出人物在历史事件中的作用，并尽可能全备地以多边史料勾勒亚齐的外交图景。

逐渐地，他意识到了海岛东南亚和大陆东南亚的相通性，并主张将东南亚视为一个整体。随后，他对苏门答腊、印度尼西亚等地区国别的研究便都以东南亚整体为背景，探讨整体之下的地区互动和发展。在 20 世纪七八十年代转向东南亚整体史研究后，他又进一步以世界体系为背景，分析东南亚这一整体与东亚、亚洲、澳洲等世界其他地区的互动与联系，并坚持将东南亚视为一个"区域"，强调其整体性以及在世界范围的重要性，这一主张在其晚年的东南亚史研究中愈加强烈。而在之后的国别研究中，他也更为倾向将国别问题置于东南亚乃至全球的背景下进行联动性思考，探究其中的关联。

这种整体意识从其最初的学术研究开始，层层深入，不管是特定历史事件的国别研究还是区域研究，他都有意识地将其置于一个大的整体框架之中进行分析，进而更好地把握前因后果以及事物之间的联系。在本文看来，更恰当地说，这种整体观念并非瑞德具体的研究方法，而是一种抽象的、早已潜移默化在他的思想之中的意识，是他为自身的学术研究有意识地设定的一个宏大的分析框架，所有的研究都在这一框架之下进行。

（四）东南亚研究的自主性与重要性：点—面—域的结合

印尼史研究始终是瑞德史学思想的基础，并由此发展出了东南亚整体研究思想，与国别研究同时进行。他的东南亚研究从断代史开始，探究 1450~1680 年这一前殖民时期充满活力的东南亚社会，而后进行东南亚通史研究，强调时间上的"整体史"同样重要。瑞德致力于用过去警示现在——以一种鼓励可能性存在的方式，而不是提出一种恐惧或丧失机遇的方式。他极力倡导东南亚历史的自主性，尽管该地在高度殖民时期曾经历了欧洲殖民主义的迫害，但东南亚始终作为一个核心的商业中心而存在，直至今日。[1] 他的研究表明，东南亚并非西方殖民主义的被动产物，而是进行了自我调适和斗争的独立区域。尽管殖民主义曾摧毁或抑制了使东南亚在全球史中成为一个特殊地区的因素，但他并不认为要全部归责于殖民主义，而是更多地指出了该地区所具有的本土生成的自主解决问题的创造性潜力。

近年来，随着思想的不断深化和认知的逐渐调整，他不断认识到东南亚历史的重要性。在他看来，东南亚历史之所以如此重要的原因主要有三。[2]

一是当地女性对经济和公共领域的贡献比历史上其他前工业社会的女性有更大的贡献，这是对亚洲文明中高度重男轻女的正统观念的直接挑战。直到 19 世纪，东南亚女性仍享有与男性同等但又有所差异的经济地位，因此她们比欧洲、中国、印度以及阿拉伯国家的女性拥有更为广泛的活动范围和更大的代理权。她们垄断了纺织和陶瓷生产，还与男性共同分担农业事务（在其中主导种植、收割和觅食等事务），最重要的是她们还承担了市场和商业领域的大部分工作。他对东南亚女性的历史地位的考察为论证提供了一个持续性的基础，即当代东南亚对女性自治权的通常限制是新近创造的一种传统形式，而不是根深蒂固于东南亚的文化之中。

1　Anthony Reid, *The Development of Southeast Asian Studies Outside China: A Partly Personal Narrative* (Lecture in Jinan University, 2017).

2　参见 Anthony Reid, *The Future of Asia and Pacific Studies* (Lecture in ANU, 2014); Anthony Reid, *A History of Southeast Asia: Critical Crossroads* (Oxford & New York: Wiley/Blackwell, 2015); 安东尼·瑞德《东南亚历史之所以重要的三个原因》，黎嘉玲译，《东南亚研究》2014 年第 4 期，第 4~10 页。

　　二是东南亚危险的构造界面能够影响世界气候以及全球物种的生存。在现代时期，世界上共爆发了两次最具破坏性的火山喷发，即松巴哇的坦博拉火山喷发（1815 年）和喀拉喀托火山喷发（1883 年），后者位于爪哇、巴厘岛和龙目岛极端爆发区的另一端，也因土壤的高肥力而赫赫有名。这两次喷发使得整个地球变得黑暗且寒冷，并导致了欧洲多年无夏，然而这种因果联系直到近些年才被人们完全理解。自非洲起源扩展至苏门答腊岛以来，唯一危及人类（智人）生存的严重灾难当属 74000 年前多巴湖火山口的喷发，其迫使全球经历了一段长达六年的寒冬时期。此外，近来的气候研究表明，其他突发性的降温事件也在北半球引起了相应的危机，尤其以发生在 535 年、1258 年（可能是由龙目岛大规模的火山喷发引起的）和 16 世纪 80 年代的事件的影响为最。这些也许是由于以盛行的风力模式来影响整个地球的热带火山的活动所导致的。

　　三是东南亚人在没有强权国家的情况下发展了一种管理"天赋"。他关注到无国家地区的发展这一议题，意识到后民族主义时期的历史学家多遵循以民族国家为分析单位的模式，通常将那些不具备民族国家特征的主题和行为体边缘化。出于对传统的"国家史观"的挑战，他提出这些无国家群体的社会形式也是自主选择的结果，同时认为，在试图理解东南亚根深蒂固的多元主义的同时，必须要放弃欧洲或中国历史（即使曾被质疑过）中关于将文明和国家相结合以实现崛起的假设，承认这些非国家选择的重要性，肯定除国家以外其他形式的存在。

　　从亚齐次地区到苏门答腊地区，再到印尼国别，最后扩展至东南亚区域研究，这一点—面—域的循序渐进层次研究法使得瑞德的史学思想逐渐深化，并不断巩固其整体性的分析框架。他在关注东南亚整体研究的同时，仍注重国别史与区域史的连通性，将二者相融贯通进行思考。直到近年来，印尼地区问题仍是他的一个关注点。21 世纪爆发的一次亚齐民族主义运动最终在 2004 年海啸的余波中得到了解决，进而使其在印尼获得了高水平的自治权，这一事件使得瑞德重新回到了他最先研究的东南亚地理区域上。在他的总结中，他强调了亚齐的例外主义：亚齐是受荷兰殖民统治的国家中最后一个获得独立的大国，也是印尼唯一一个跨入现代时期的地区，拥有历史遗产和独特的政治、社会和文化形式以巩固独立的政治特性。尽管他认为这一历史鉴定了亚齐独特的特性，以保证其政治认同，但他仍坚持认为这种认同应当发生在一种创造性的、分层的政治结构中，而这种结构使得前殖民时期的东南亚政体更具独特性。

四　安东尼·瑞德东南亚区域史研究的当下启示

多年以来，瑞德一直致力于摆脱殖民体系对东南亚分裂、被动、落后、凋敝等形象的传统刻画，挑战"国家史观"的权威，突出东南亚作为一个"区域"的独特性和多样化，分析其在世界历史舞台上的重要地位。在追求学术研究多元化、关注全球背景下地区自主性的当下，瑞德的史学研究理念对学界具有重要的启示作用。

（一）注重区域研究与国别研究的联动，实现多元化与同一性的统一

随着全球史研究的日益加强，区域史和国别史的研究意义在学界引起了众多热议。部分学者强调整体研究，认为全球史研究的升温对以国家为单位的地区国别研究的冲击使得国别研究的意义已今非昔比，然而多数学者则仍坚持认为，二者的研究尤其在全球史日盛的背景下更加重要。区域史不是国别史的简单叠加，国别史也不是作为区域史中相互独立的单位而存在，二者实质上具有联动性关系。具体来说，国别研究为区域研究提供了扎实的实证基础和本土意识的观照；区域研究又为国别研究提供了范式的验证和整体视角下的理解；国别研究与区域研究相融贯通，共同构成了有机整体性的全球史研究。

　　瑞德在研究东南亚整体史的过程中，并非将印尼国别史弃置他处，而是在研究中相互贯穿，同时进行。他从印尼史研究开始从事学术研究工作，随后于中晚年开始涉猎东南亚整体史的研究，同时对研究中所发现的新的国别议题深入分析。因此，在他的学术研究领域中，印尼国别史研究始终作为一条研究主线，而东南亚区域史研究则是一个大的研究领域。

　　在实例研究中，他从印尼国别史转向东南亚区域史研究，并注意到二者在研究内容和研究方法上的互通交叉性，以及在研究结论上的相互补充和印证，由此合理地运用二者的联动性关系，将其结合起来进行分析。因此，他的区域史研究得以具有较为扎实的以国别为基础的实证研究，此外，其国别研究也以整体性的区域背景为分析前提。瑞德也擅长从研究议题上将国别研究与区域研究相整合，他在国别单位中寻求同一议题在各地的发展异同，进而在区域整体的范围上总结该议题在整个区域的发展概况，由此对国别研究议题进一步深化，通过对比分析把握其在区域中的发展特点。

　　由此分析可知，在全球化的大背景下，将区域史研究与国别史研究相整合，并置于整体史观的研究视域之下进行分析，而不是将其分裂、孤立，这具有较大的可操作性。因此，现今的历史研究需要充分调动二者的联动性关系，积极推进研究的多元化与同一性的有机统一，只有这样，才能推动国别史、区域史、全球史的共同发展。

（二）大事件与小人物相结合，关注线性历史外部的隐性历史

　　对大事件中小人物的关注以及对隐性历史的研究等，都反映了对微观历史的研究。全球化的背景下，微观史的研究方法目前正在全球受到关注。[1]因此，历史研究除关注大方向的主要议题以外，还

1　参见汉斯·梅迪克《转向全球？微观史的扩展》，董欣洁译，《史学理论研究》2017年第2期，第132~139页。

可以探究微观因素在历史中的互动与角色作用，以此加强对历史的整体性理解。

　　瑞德在研究中关注小国历史，给小社会以大话语权。他对亚齐史书写的关键在于他以亚齐为视角分析了外域势力竞争形态下亚齐社会的发展变化，而非以欧洲视角将亚齐视为西方殖民大国相互角逐的产物，以该国本身的困境和对抗斗争来说明纵然是小国，其在自身的历史发展过程中也具有充分的参与权和塑造历史的责任。这种微观研究法有助于人们进一步了解亚齐历史的发展脉络，更为充分地理解欧洲帝国主义的整体历史。

　　另外，他注重对宏观叙事与微观细节的结合。立足于东南亚整体史的研究背景，瑞德同时擅长把握未被纳入主流研究范畴的议题，挖掘被人忽视的历史细节，还原发展的整体性，为读者提供常规历史书写中所缺乏的新元素。他所擅长的联动性思考和发散性思维使其得以更为准确地抓住不易被他者所注意到的环节，丰富历史书写，并使之变得愈加具有趣味性。他关注日常生活的细微变化，由此分析社会整体的演变历程，给人以不同的历史感知。瑞德通过对这一方法的使用，将隐性和不易被察觉的历史元素呈现在了历史书写中，进而使得历史研究愈加生动丰富，也为读者理解历史开拓了新的视角和思维路径。

　　全球史庞杂的研究内容和广阔的研究领域使得历史研究变得愈加具有挑战性，一些学者推崇大历史的书写，而另一些学者则呼吁展开微观历史的研究。事实证明，微观历史凭其趣味性、具体性、可操作性等特性逐渐在学界活跃起来。瑞德虽没有系统提出这一史学研究方式，但已开始进行了潜在的尝试，他的身体力行也使我们意识到这一研究的意义和价值。

（三）发挥地方主体性和能动性，以东南亚为中心研究东南亚

　　世界史学科最鲜明的特点就是要求将历史事件置于世界范围的

视野下加以考察，注重把对各个独立社会内部的发展与各社会间接
触的结果进行比较分析。[1]这种宏大的视野赋予了历史研究以整体性，
挖掘大历史中的小事件，阐述其间的联动性关系。历史研究基于史
料，立足于史实，但从史料的选取与组列、史实的分析和阐述等方
面来看，史学家仍在其中握有较大的主动权。

　　在长达50余载的学术生涯中，瑞德一直致力于在宏大的历史
题材中观照与现实相关的枝枝叶叶。从对东南亚地区、国别、区域
史的梳理中，他得出了东南亚历史的自主性特点，这也是他长期极
力倡导的一个思想。他认为这种自主性根源于东南亚的历史深处，
并在当下得到了进一步发展，因此，东南亚的书写体例应摒弃西方
视域下的殖民体系，发挥本地的主体性和能动性，探寻自己的历史
书写模式。他一贯主张"在东南亚研究东南亚，为东南亚人研究东
南亚"，因此，他注重实地考察和调研，经常前往印尼、新加坡、
马来西亚等东南亚国家进行实地走访，感知其社会的风土人情。此
外，他还坚持给予东南亚历史以自主性的理念，以东南亚为视角进
行分析，给予东南亚历史"同情之理解"。在研究的过程中，他逐
渐意识到东南亚研究必须要以该地区为中心来研究，亦即以该区域
为视角进行研究。

　　尤其需注意的是，瑞德的研究工作是对社会中普遍存在的有
关东南亚历史发展的悲观情绪的一种否定。正是在这种"同情之理
解"的学术观照的影响下，他关注东南亚历史的自我发展，深入探
析在不同历史阶段东南亚历史的独特性和多样化，以修正传统学界
对东南亚历史的认知。不论是远古时代、殖民时代、贸易时代还是
现代化发展时期，他都认为东南亚并非外域事物的被动接受者和
落后者，而是具有本土特性和发展模式，它有意识地对外来事物
进行甄别，"为我所用"。与此同时，在他看来，东南亚具有可观的

1　刘馨：《何炳松史学研究》，知识产权出版社，2010，第183页。

自我调适能力，不论在殖民体系下还是全球化浪潮中，它都能够积极调整出一套符合自我条件和需求的运行模式，进而得到进一步的发展。

在史学研究中，学者的理解力从本质上说更多地倾向于理解，而不是知道，由此便产生了真正的科学，即成功地以自己的方式在现象之间建立起解释性关系的科学。[1]这种解释性关系的建立具体用什么方法，以及学者如何运用方法，可能都带有"只可意会、不可言传"的特点。[2]因此，在知识加速更新、史学研究追求高效出产的当下学界，史学研究对学者进一步提出了新的要求，即要秉持初心的研究理念，坚持"同情之理解"的学术观照。

通体来看，在全球与区域史研究日趋加紧之际，对瑞德整体史观视域下的东南亚区域史研究进行系统分析这一议题不仅有助于国内学界从整体视角把握瑞德的治史理路，对更深入地理解其著述思想大有裨益，而且，其研究方法的运用、分析视角的选取、研究思想的渐成以及写作模式的调适等方面也对国内的全球与区域整体史研究学者的培养具有一定的参考和借鉴意义。而另外一点同样重要，即在一定程度上补充区域史研究中对史观引介的不足，尽可能全面地向国内学界阐述国际知名学者的区域史研究方法和史学理念，以求同国际学界共同促进。

1　马克·布洛克:《历史学家的技艺》，黄艳红译，中国人民大学出版社，2011，第35页。

2　李剑鸣:《历史学家的修养与技艺》，上海三联书店，2007，第8页。

后冷战时代中亚的"文化真空"与"地缘文化想象"

张建华 *

史学研究的要务不仅仅在于还历史以本原和真实，而且应该以史鉴今，以史观世。史学应该参与国家现实重要决策，以自己的方式提供借鉴和建议。笔者是研究俄国历史和中俄关系史的，一个偶然机会，使笔者能够真正地把历史与现实问题结合起来。

2015 年 9~12 月，笔者受国家汉办委派在哈萨克斯坦的国立阿里－法拉比大学（Казахский национальный университет имени Али-Фараби）东方系任职教书 3 个月。这是笔者第一次去了中亚，因为以前的中亚在笔者的印象里面不过是帝俄版图上的一块殖民地、苏联时代的五个加盟共和国

* 张建华，北京师范大学历史学院。

之一。去了哈萨克斯坦，并且去了其境内的一些城市，看了一些社会人文和自然景观之后，笔者的许多想法发生了变化。在这里，笔者简单谈两个观点和一个想法。

第一个观点：从历史学，尤其是从学术史的视野来看，中亚是一个特殊的地缘政治空间和地缘文化空间。

我们谈到中亚不管是说中间亚洲（Middle Asia/Средняя Азия），还是中央亚洲（Central Asia/Центральная Азия），都是从不同的自然地理、政治地理、文化地理、经济地理来思考这块与世界其他地方在文化形态、宗教形态、语言形态、种族形式等方方面面不一样的土地的。20世纪七八十年代，欧美国家也包括东方的日本用另外一个概念称呼这块土地——"内亚"（Inner Asia），欧美学者即"内亚学"学者强调所谓的"内亚性"。什么是"内亚性"？即生活方式为游牧民族生活方式，语言上基本是突厥语系，还有一个共同点就是宗教信仰基本上是信仰伊斯兰教。

再谈一谈国内学术界比较熟悉的俄国欧亚主义思潮，在欧亚主义思想体系中对中亚有更深入的论述。笔者这里只介绍代表人物——萨维茨基（Пётр Николаевич Савицкий，1895~1968）。他与其他著名的欧亚主义者特鲁别斯科伊、维尔纳茨基、苏符钦斯基等不同，他是俄国的第一个地缘政治学家。

萨维茨基的观点很多，但是他有一个很有价值的观点，就是他在深入研究游牧民族并建立了游牧学（кочевниковедение）之后，认为在整个世界范围内，从公元前1000年到今天有一个很明显的现象，就是世界文化和人类文明中心从年平均温度20℃上下的地区（非洲、拉丁美洲），然后逐渐地向年均温度15℃上下的地区转移（特罗依、雅典和罗马），公元12~19世纪，世界文化中心转到年均温度5℃上下的地区（英国、荷兰）。由此他推论出，从公元2000年至3000年，世界文化中心将向年均温度0℃上下的气候区域移动，也就是将移到"欧亚俄罗斯"和北美。因为人类文明和文化中心的条件在改变。他创造了两个概念，即"文化迁移"（миграция культуры）和"发展位置"（место развитии）。这意味着，在他的笔下，中亚就是未来的世界文化与人类文明的中心所在。

古米廖夫（Лев Николаевич Гумилев，1912~1992）自称最后一个欧亚主义者，曾长期被流放于哈萨克斯坦的卡拉干达。他是萨维茨基学说的直接继承者，他对欧亚大陆的定义与萨维茨基的欧亚大陆概念很接近。古米廖夫认为，三大洋环绕着一个广博的大陆，该大陆的西边是大西洋，东边是太平洋，南边是印度洋；这个大陆的西部是欧洲，东部是欧亚大陆；东部的特征是严冬、干旱的草原和单一的地理景观——北方的森林和南方的草原。在他看来，地理景观的相似性决定了如今居住在俄国、蒙古和中亚地区的各民族的性格。他在去世前接受采访时回答："我悄悄地告诉你，只有欧亚主义才能救俄国。"纳扎尔巴耶夫是他思想的继承者，1996 年建立欧亚国立大学（Евразийский национальный университет имени Л.Н. Гумилёва），并以列夫·古米廖夫命名。在"去苏联化"和"去俄罗斯化"的背景下，这很说明问题。

苏联解体之后在俄罗斯转型包括中亚国家转型过程中，出现了向东向西的困惑，最终还是选择了欧亚主义路线。在俄罗斯国内，有著名学者兼政治家亚历山大·杜金（А.Г. Дугин，1962~），以及著名电影导演米哈尔科夫等人主张欧亚主义；在哈萨克斯坦有著名的作家苏莱曼诺夫（Олжас Сулейменов），在吉尔吉斯斯坦有已经去世的著名作家艾特玛托夫（Чингиз Айтматов），在塔吉克斯坦有著名学者拉希姆·马索夫等大力鼓吹欧亚主义。而且我们注意到，1994 年纳扎尔巴耶夫访问莫斯科大学的时候第一个提出建立"欧亚联盟"的倡议，只是当时无论是俄罗斯还是中亚各国都无人呼应。但是，在纳扎尔巴耶夫的不懈努力之下，2000 年执政的俄罗斯总统普京予以了响应。欧亚联盟的地缘政治想象克服重重困难，逐渐变成现实。2000 年欧亚经济共同体创建，2007 年俄罗斯、白俄罗斯与哈萨克斯坦签署了《关税同盟条约》,2009 年三国签署了《关税同盟海关法典》,2011 年 7 月三国统一关税空间成立,2012 年 1 月 1 日起开始运行欧亚经济空间,2014 年 5 月 29 日三国领导人在阿斯塔纳正式签署《欧亚经济联盟条约》,并宣布该联盟于 2015 年 1 月 1 日正式启动。这样,欧亚主义理论的最大实践——欧亚经济联盟在中亚和俄罗斯成为现实。正如普京所称赞的:"哈萨克斯坦和哈萨克斯坦总统实质上是在后苏联空间实施一体化的主导力量和领袖。在一体化方面的许多成果都是根据纳扎尔巴耶夫总统的倡议取得的。"

第二个观点:苏联解体之后,中亚不仅出现了暂时的"外交真空"和"政治真空",其实也出现了"文化真空"。在暂时的"文化真空"和长久的"文化空间"的背景下,中亚国家就出现了"地缘文化想象"。

这里借用英国的地缘政治学家约翰·阿格纽(John A.Agnew,1949~)的观点。他认为,未来的世界将成为一个整体,并且发展水平并不平等,有发达国家与落后国家之分。尤其是在冷战结束后,一方面是民族国家概念更加鲜明,另一方面是全球化趋势越来越明显。任何一个国家都要考虑如何解决自己与周边国家的关系问题才行,因此就需要一个预设的"地缘政治想象"(геополитическое воображение/geopolitical imagination)。

我们知道冷战结束之后,的的确确在中亚出现了一个短暂的"文化真空",它表现在如下几个方面。第一,苏联时代推行了将近 70 年的无神论退出了,伊斯兰教以及"双泛"(泛伊斯兰主义和泛突厥主义)回来了,甚至在塔吉克斯坦出现了伊斯兰复兴党合法登记并且长期执政的现象。中亚自己原生的伊斯兰苏菲主义——亚萨维教团影响越来越大。第二,中亚各国亟须回答"亨廷顿之问",亟须建立自己的独立的"历史观"、"民族观"和"文化观"。第三,中亚各国出现了"双去"浪潮——"去苏联化"和"去俄罗斯化"。

　　例如，笔者工作过的哈萨克国立阿里－法拉比大学，原来学校名称的缩写为КазНУ，现在是КазНУ，即把苏联时代乃至现代俄罗斯通用的"国立的"（Государственный）改为"国立＋民族的"（национальный）。走在哈萨克斯坦大街上你会发现，那些带有"国家"标志的都是национальный，这里边除了национальный和英文的national比较接近之外，还有更深一层的意思。笔者曾经问过哈萨克斯坦的学者，他们回答说：在这里，национальный既有民族的意思，也有国家的意思。这表明哈萨克斯坦人既要确立独立民族国家的概念，又要确定民族意识的概念。

　　再如，苏联式的唯物史观和苏联史学著作退出后，中亚出现了"史学真空"和"历史教科书匮乏"。

　　哈萨克斯坦政府动员大学和科学院编写12卷本的哈萨克斯坦通史，到现在仍未彻底完成。一个重要原因是哈萨克斯坦作为一个独立国家时间太短，不论是从并不具备现代国家形态的哈萨克汗国（1456年建立），还是从1936年建立的哈萨克社会主义苏维埃共和国开始算起，其民族国家的历史都太短。于是，哈萨克斯坦先后出现了德语、阿拉伯语、中文、俄语、英语、法语著作所涉及的哈萨克斯坦历史，它不得不借助别人的历史经典来反映它的历史。

　　在这么一个背景之下，原苏联境内的中亚四国——哈萨克斯坦、吉尔吉斯斯坦、乌兹别克斯坦、土库曼斯坦，加上高加索的阿塞拜疆，再加上土耳其，这六个国家找到了一个地缘文化的共同想象——"突厥文化"和"突厥化"。当然不能简单地把这个"突厥化"理解成泛突厥主义。因为他们有一个共识，就是政教分离背景之下的"突厥化"。

从"内陆欧亚"到"东部欧亚"*

——区域视域与契丹—辽史研究

孙　昊**

近年学界围绕"内陆欧亚"区域史的讨论亦有所推进，尤其是日本学者中间流行的"东部欧亚"思潮，都引起了笔者的关注。因此，笔者以《"内陆欧亚"视阈与古代东亚世界：日本学界的"东部欧亚"思潮》为题在 2018 年 3 月的中山大学"全球与区域史视域下亚洲的区域与网络"国际学术研讨会，以及同年 4 月于北京参加陕西师范大学与社会科学文献出版社共同举办的"欧亚视域与古代中国：中华、边地与域外的交错史"工作坊与参会学者进行交流。此文主要以学术综述为主，尚缺乏深度的评

* 本文是国家社科基金"'丝绸之路'与女真政治文明研究"（16CZS032）阶段性成果之一。

** 孙昊，中国社会科学院古代史研究所。

析，不敢以此完稿公开示人。因此将之进行拆分，纳入笔者的研究文章之中，拟在具体研究语境中进行深度剖析。现在的小文即是在《内亚史视野下的辽史研究》(《文汇报》2016 年) 文章基础上整合了"东部欧亚"思潮的 10 ～ 12 世纪研究部分，形成对国外 (由于视野所限，仅以日本、欧美为主) 契丹—辽史研究区域视域的综论性讨论，并以辽朝历史为切入点，阐释内陆欧亚区域史研究对于古代中国与世界关系的意义。至于日本"东部欧亚"思潮关于 10 世纪之前历史的理论评述，将会在后续拙稿《中古东北边疆形塑与内陆欧亚的区域联动性——从渤海国史研究的"东部欧亚"论说起》中有所涉及。[1]

　　"内陆欧亚"(Central Eurasia) 近年在中国，乃至东亚学术界都产生了巨大影响与争议。从学术史的角度来看，这一概念的界定颇为复杂，诸家观点并存。据程秀金梳理，学界对这一概念的阐释，是由自然地理范畴 (欧亚大陆腹地的干燥草原—森林带) 衍生出文化和生态特性的外延。有"内亚大汗"之称的丹尼斯·塞诺则将之表述为一个政治体制、民族、宗教文化高度相似的"内亚"世界，并尝试在阿尔泰语文学基础上，建立一个"内亚"历史文化共同体的研究范畴。[2] 在具体研究过程中，"内陆欧亚"的地理范围与历史文化特质往往纠葛不清，这也是引起颇多争议的重要原因。实际上，"内陆欧

1　本文在修改过程中，贾衣肯老师提出了宝贵意见，在此谨致谢意！

2　程秀金:《"内亚"概念源流考》,《北方民族大学学报》(哲学社会科学版) 2016 年第 6 期，第 20 ～ 25 页。日本学界使用"内陸アジア"，或者"中央ユーラシア"的概念，其基本内涵与塞诺的论说类似，皆重视在阿尔泰语文学基础上对内陆亚洲历史文化共同体的建构。森安孝夫对此有系统的介绍与梳理，参见森安孝夫「内陸アジア史研究の新潮流と世界史教育現場への提言」『内陸アジア史研究』(26)、2011、3-34 頁；小松久男、荒川正晴、岡洋樹編『中央ユーラシア史研究入門』、山川出版社、2018。近年美国学者 David Christian 提出的"Inner Eurasia"的概念，认为欧亚内陆的自然和生态环境塑造了兼具多样性与特殊性的区域历史进程，且不认同塞诺等人力图论证的阿尔泰文化共同体范畴的"Inner Asia"。参见 David Christian, "Introduction, " in *a History of Russia, Central Asia and Mongolia Vol. I.* (Blackwell Publishing, 1998), pp. xv–xxi; David Christian, "Preface: The Idea of Inner Eurasia, " in *a History of Russia, Central Asia and Mongolia Vol. II* (Blackwell Publishing, 2018), pp. xxi–xxxv。

亚"作为一种研究视角，大致有这样几个值得注意的范畴。首先，从历史区域角度看，内陆欧亚是以欧亚草原为中心，东至黑龙江、松花江流域的森林地带，西抵欧洲多瑙河流域，南则与世界主要定居文明区相毗邻。因其地理位置特殊，且无地理险阻，从史前时代以来就是古代欧亚各文明区资源、文化流通的天然通道，也是历史互动与交融的广阔舞台。从历史文化的范畴看，内陆欧亚区域是游牧、复杂渔猎社会的发源地，往往与定居农业区存在显著的文化差异。如何看待这种历史文化差异的有机联系，也是摆在"内陆欧亚"研究者面前的重要问题。以往历史书写中多将两者置于二元对立面，充斥着征服与被征服的母题叙述。这些叙述或者是将内陆欧亚视作野蛮落后的文化象征来看待，或者是将其视作"腐朽"定居文明的"伟大征服者"，无论褒贬，都脸谱化地片面割裂了内陆欧亚区域与其他历史区域的有机联系。

在中国历史发展进程中，辽王朝是由蒙古草原东部松漠地带的契丹人建立的，其疆域向西深入内亚腹地，东抵太平洋，南则深入中原定居文化地带与宋王朝相邻，至少将草原游牧、森林采集、定居农耕三种社会类型涵盖其中。在二十四史之中，独《辽史》专设《营卫志》《部族志》来记述带有内亚游牧政治特征的斡鲁朵制、部族制。目前经过箭内亘、[1]傅乐焕、[2]杨若薇[3]等多位学者的探索，已经基本能够确认辽朝政治中心是随着皇帝"斡鲁朵"在捺钵地之间进行四时移动的。这种政治现象承自契丹建国前的可汗牙帐随时迁徙的传统，具有典型的内陆欧亚游牧政治风格，又被古代中国历史学

1　箭内亘『遼金時代に所謂糺軍について』、刀江書院、1930、79-85 頁（原刊于『史学雑誌』26（7）、1915）。箭内亘「元朝斡耳朵考」『蒙古史研究』、刀江書院、1930、663-752 頁（原刊于『東洋學報』19（1・2・3）、1920）。

2　Fu Lo-huan, *Napat and Ordo: A Study of the Way of Life and Military Organization of the Khitan Emperors and Their People*(Ph. D. Thesis, School of Oriental and African Studies, London University, UK, 1950).

3　杨若薇:《契丹王朝政治军事制度研究》，中国社会科学出版社，1991。

家称作"行国"。[1] 然而，对于如何对辽王朝的历史文化与影响进行定位，学界颇具争议，其背后实则体现出相关研究视野与方法论的分歧。很多研究者虽然没有"内陆欧亚"意识，但在论述契丹本俗与国家性质、契丹—辽王朝对外关系等重要问题时，都会不经意触及上述问题。如契丹历史文化的特质是与中国历史对立还是相融；如何看待契丹—辽王朝存在的地域特质，是"北族"还是"中原"；如何阐释契丹—辽王朝的对外关系；等等。关于这些问题的讨论贯穿了契丹—辽史近百年的研究历史，从整体研究趋势上看，大致是由早期历史文化脸谱化二元对立的讨论，转向强调区域互动的多元一体。"内陆欧亚"作为一个历史区域被逐渐得到认可，并在此基础上开始思考契丹—辽王朝是如何将"内陆欧亚"区域与传统的东亚区域整合起来的。因此，近年多有论者提出"东部欧亚"，用以阐释契丹—辽王朝存在与发展的历史空间区域，用以消弭脸谱化、非历史性的文化二元对立的负面影响。

　　学术史往往是理论思考的起点，在梳理的基础上更值得对其背后的学理进行讨论。笔者仅就视野所及，围绕上述学术历程的观念与方法论，及其与契丹—辽朝史研究之纠葛略做评述。

一　"征服王朝"论与日本的满鲜史、北亚史观

　　20 世纪初，日本为服务于"满韩经营"，实现殖民扩张的需要，成立了"满鲜地理历史调查部"，开始所谓"满鲜史"研究。白鸟库吉、津田左右吉、松井等、田村实造等学者纷纷先后加入研究队伍之中，形成研究热潮。这也开始将契丹—辽朝史置于"满鲜史观"之中进行阐释。从学术史角度看，日本学者最早采用了近代实

1　司马迁将乌孙和康居称为逐水草而居的"行国"，参见《史记》卷 123《大宛传》，中华书局，2011，第 3161 页。

证史学与阿尔泰语文学方法对契丹史进行了深入研究，其研究成果蔚为大观，基本理顺了契丹诸多史事、地理等问题，津田左右吉提出的辽朝二元统治体制论一直影响至今。然而，这种研究的最终指向却是要通过强调契丹—辽朝的内亚特征，来否认与中国之联系。日本"满鲜史"研究的开创者白鸟库吉在 1937 年提出了"东洋史南北对立论"，[1] 即认为东洋史的发展是以南方汉民族和北方游牧民两者的对抗、兴衰更替为主线的。从方法论角度看，其立论依据正是从当时流行的近代民族国家观念出发，认为中国是由汉族地区构成的，具有文化构成的单一性，中国北部边疆的其他民族皆不属于中国之范畴。

在二战之后，美国学者魏特夫与中国学者冯家昇合作撰写了《中国辽代社会史》一书。[2] 在该书导论之中，作者提出了影响深远的"征服王朝"论，即将中国历史上的非汉民族进入中原而建立的王朝分为征服王朝和渗透王朝，辽金元清被归为"征服王朝"，与典型的唐宋等王朝分属中国帝制王朝的不同类型。[3] 作者认为契丹的军政中心在于部族地区，而不在中原，契丹社会皆维系着游牧部族政治传统与军事组织形式。契丹人不可能被汉文化完全同化，更可能是形成混合契丹与汉文化的第三种文化形式。[4] "征服王朝"论注意到中国历史发展中北族王朝不同于汉制的社会传统，对契丹入主汉地之后的两大文化类型的交融与适应进行了分析，首次提出中国历史上存在与唐宋社会发展相并行的北方王朝类型，在学术史上具有积极意义。又因其内容引证翔实，加之辅有德国学者门格斯对辽史中契丹语汇的研究成果，使得该书至今仍是西方学者讨论辽朝历

1　白鳥庫吉「東洋史に於ける南北の対立」『白鳥庫吉全集』岩波書店、1970。

2　Karl A. Wittfogel and Feng Chia Sheng, *History of Chinese Society, Liao, 907-1125*(American Philosophical Society, 1949).

3　Karl A. WittfogelandFeng Chia Sheng, *History of Chinese Society, Liao, 907-1125*, p.24.

4　Karl A. WittfogelandFeng Chia Sheng, *History of Chinese Society, Liao, 907-1125*, pp.18-20.

史所参考的最主要著作。

征服王朝论在强调辽朝游牧文化特征这一点上，与日本学术传统不谋而合，在二战以后很快引起日本学界的巨大反响，日本学者在"征服王朝"论的基础上提出了北亚史的研究立场。田村实造著有《中国征服王朝研究》三册，在详细介绍魏特夫学说的基础上，提出了引入北亚史与中国史相结合的观点。他认为征服王朝多是由北亚民族进入、征服、支配中原而建立，属于北亚游牧国家发展的高级阶段，[1] 在这样的社会之中形成了部族—州县的二元体制，北亚民族与中原民族经过广泛的社会接触与适应，形成了很多新的文化特征。而在辽史研究领域著作等身的岛田正郎则更为彻底地坚持了北亚史立场，他一直称辽为胡族国家，属于中国史序列之外。其基本理由在于强调辽朝政治、经济中枢是皆由契丹人掌控，农耕汉民主要是契丹获取财赋的来源而已，而政治文化方面契丹也具有自身的特征，与汉制并不相同。[2] 日本学界在吸收魏特夫征服王朝观点的同时，也抛弃了魏特夫中国研究的立场，将辽朝史视作北亚世界发展进程中的一个阶段。他们视北亚世界是具有自身历史逻辑的地域，将勃兴于北亚的匈奴至突厥、回鹘诸帝国视作北亚世界的古代，这些帝国本质上是部族联合体国家，社会氏族制传统浓厚。田村实造认为辽朝所代表的征服王朝则是对部族社会进行了重组，通过封建关系确立了新的部族体制，消灭了旧有氏族制的影响；在国家体制上，引入中国君主专制与官僚制度，确立了以皇权为中心的中央集权体制。[3] 护雅夫认为征服王朝的特征是农牧混合政权，发源于回鹘帝国，而兴盛于辽朝。[4] 所以，在日本北亚史论者看来，辽王朝代表了北亚世界的

1　田村實造『中國征服王朝の研究』第一卷、東洋史研究会、1964、44-56頁。

2　島田正郎『遼代社会史研究』三和書房、1952、34-56頁。

3　田村實造『中國征服王朝の研究』第一卷、45頁。

4　護雅夫「内陸アジア世界の展開」『世界歴史』9、岩波書店、1970。

发展进入了中世阶段。

　　日本北亚史观注意到内陆欧亚游牧部族社会政治文化形态的共同特征和连续性，并结合社会形态演化学说将辽朝二元王朝体制描绘成北亚社会的封建社会发展阶段，其区域史研究的取向与西方学术界流行至今的内陆欧亚社会研究有共通之处，皆强调从内陆欧亚历史的延续性来讨论。然而，日本北亚史观是在 19 世纪至 20 世纪 50 年代之前西方盛行的民族国家思潮的基础上发展出来的，具有近代思潮的时代局限性。这主要体现在北亚史观将古代中国刻板地理解为汉民族文化为主的定居农耕社会，将中国历史范畴与内陆欧亚区域完全隔绝，这无疑是混淆了区域史与国别史之间的区别。这种史观的基本趣旨是通过突出、强调内陆欧亚游牧社会结构的区域共同性，回避，甚至消解中国古代王朝在内陆欧亚地域的历史存在与影响。毫无疑问，这与魏特夫在中国社会发展史的框架内讨论的"征服王朝"模式存在本质的区别。

　　总而言之，20 世纪在辽史研究界较具影响的日本满鲜史观与北亚史观前后具有明显的继承性，将辽朝的"契丹"文化特质割裂出来进行特别强调，以至于内陆欧亚社会这样一个中性的区域研究单位逐渐被贴上了非中国的污名，即使此后中国的部分辽史研究者也认为要力图将辽王朝置于汉化语境之内，与契丹传统划清界限，才算是论证辽朝属于中国历史。[1] 对辽史二分对立、非此即彼的刻板理解，致使学术界出现了颇为吊诡的现象：中国学者有意无意地将魏特夫关于多元文化涵化的观点也列入日本的"征服王朝论"一并加以评述或抨击，有甚者认为魏特夫"分裂中国"之心可诛；韩国学者尹荣寅则认为魏特夫坚持汉族中心史观，魏氏将辽朝置于中国史

1　宋德金：《评"征服王朝论"》，《社会科学战线》2010 年第 11 期。林鹄：《耶律阿保机建国方略考：兼论非汉族政权之汉化命题》，《历史研究》2012 年第 4 期。

范畴是的"错误"的，[1] 这又与日本北亚史观相类。东亚中日韩三国
学术界对魏特夫学说出现截然相反的评价，无疑是值得深思的。

　　需要读者注意的是，上述史观产生的时期正值蛮族征服史观、
近代民族国家观、社会进化论、文化涵化理论盛行之时，契丹—辽
朝史研究也仅限于基础文献、史地与制度的精致考订方面，故在理
论构建上尚缺乏有效中层理论的支撑与切实资料的印证，不可避免
地存在史论衔接不当、定性多于实证等问题。随着二战以后历史
社会学的发展，人类学、考古学对游牧社会的精致研究，使得学
术界越发地重视内陆欧亚与中国农耕地域的共生互动之关系，将相
关研究的视野与方法向前极大地推进，那种"内亚"、中国水火不
容，带有鲜明近代学术烙印的学术研究也逐渐成为历史中的一段往
事了。

二　内陆欧亚研究的社会科学化与区域转向

　　内陆欧亚研究在二战前后的问题意识逐渐社会科学化，倾向
于采用人类学、考古学、历史学、阿尔泰语文学多学科交叉进行研
究。游牧社会结构稳定与变动机制的研究、游牧人群的文化适应与
族群变迁、游牧社会在古代世界体系中的影响等诸问题成为学界关
注的热点。研究范式的转变也成为重新认知内陆欧亚社会与中国历
史进程关系的契机，辽史研究即是其中最为重要的节点之一。

　　游牧社会与南部定居社会存在紧密的共生和互动关系是学界较
早达成共识的命题。这种认识在西方学术界自拉铁摩尔于 20 世纪
40 年代首次进行系统论说以来，[2] 此后在近 70 年的时间内，巴菲尔

1　윤영인《서구 학계의 거란 금 연구 - 한화, 이원적 통치 체제과 대외 관계를 중심으로》,《학계의 정복왕조 연구 시각과 최근 동향》, 동북아역사재단, 2010.

2　Owen Lattimore, *Inner Asian Frontiers of China*(Oxford University Press, 1988). 该书最初在 1940 年由美国地理学会出版。

德、[1]哈扎诺夫[2]等多位学者结合游牧社会的研究成果,对拉铁摩尔之假说进行了发展与补充,形成了较为全面的阐释体系。他们多认为游牧经济人口密度低、各部落之间流动性与离散型极强,单纯的游牧社会缺乏维系高级政治形式的凝聚力,亦不具备相应的物质资源保障。游牧国家的发展不是因内部需求的推动,而是在他们被迫持续性地与具有更高组织程度的定居国家社会接触时所造成的结果。[3]游牧与定居的过渡地带,或者邻近定居社会之地区往往成为内陆欧亚游牧帝国(或联盟)的发源地,其天然的地域优势有助于吸收南方农耕社会的资源,长期维系政治统治,打破游牧社会离散循环的宿命,这就决定了游牧社会的兴衰往往与南部定居社会相呼应,一荣俱荣,一损俱损。[4]

该学说所提倡的游牧与定居社会的区域共生关系基本得到了学界的认可,但是对于游牧政治组织演化的认知仍存在简单化的倾向,在近 30 年内日益受到美国、俄国的考古学、人类学学者的质疑。美、俄考古学界通过对内陆欧亚游牧社会史前史至匈奴时代的研究,证明了内陆欧亚腹地自身存在游牧、农耕等多种生产方式。[5]自青铜时代以来,不同经济地域内已经形成了较为复杂的经济分工与社会资源的交换系统。在管理长距离的社会移动、不同地域的物资交换的分配过程中,逐渐形成了多层级的政治权威,能够长期将移动人口聚集起来,形成复杂的政治组织。威廉·霍尼彻奇 2015

1　Thomas J. Barfield, *The Perilous Frontier: Nomadic Empires and China*(Basil Blackwell, 1989). Thomas J. Barfield, "Inner Asia and Cycles of Power in China's Imperial History, " in Gary Seaman and Daniel Marks ed., *Rulers from the Steppe: State Formation on the Eurasian Periphery*(Ethnographics Press, University of Southern California, 1991), pp. 21−62.

2　Anatoly M. Khazanov, *Nomads and the Outside World*(the University of Wisconsin Press, 1994). 该书最初由剑桥大学出版社 1984 年出版。

3　Anatoly M. Khazanov, *Nomads and the Outside World*, pp.228−302.

4　Thomas J. Barfield, "Inner Asia and Cycles of Power in China's Imperial History, " pp.21−62.

5　See Nicola di Cosmo, "Ancient Inner Asian Nomads: Their Economic Basis and Its Significance in Chinese History, " in *the Journal of Asian Studies*, Vol. 53, No. 4, 1994, pp.1092−1126.

年的新著《内亚与帝国的空间政治：考古学、流动与文化接触》根据对蒙古国境内匈奴考古遗址的研究，结合历史学和文化人类学的方法，提出"空间政治"这一概念总摄之，较为系统地论证了这一思路。[1]

另外，在文化人类学研究领域，埃里克·沃尔夫在《欧洲与没有历史的人民》中较早地对扭曲、贬低边缘文化与异文化民族为野蛮者的欧洲话语霸权进行了反思与批判，[2]在游牧社会研究中引起较大反响。多数研究者目前已基本明确，以前被视作原始社会象征的"部落"、"氏族"（或世系群）实际上是古代游牧社会进行社会整合而出现的政治组织，其出现与消失皆与特定游牧政治体的兴衰相关，[3]因此他们研究的关注点也转向部落、氏族在政治体建构与维系过程中所起到的作用，由传统的定性研究转变为结构性的过程研究。在此基础上，20世纪俄国学者所持的游牧封建论被西方文化人类学学者进行发展与改造，形成游牧贵族论。[4]大卫·斯尼思在2007年出版的颇具争议的著作《无主之国：贵族秩序、亲属社会，以及对游牧内亚的歪曲叙述》，[5]在系统批判内亚野蛮论歪曲部落社会本质的基础上，提出游牧国家的政治基础是由多个层级的游牧领主结成的权力网络构成，其社会基础是围绕游牧领主形成的人身依附关系，并不存在类似定居社会那样的稳定的集权式政治中心。此后艾骛德的《中世中国"部族"考》一文在大卫·斯尼思学说基础之上，对中国中世"部族"一词的语源进行了考证，认为该词是以特

1　William Honeychurch, *Inner Asia and the Spatial Politics of Empire: Archaeology, Mobility, and Culture Contact*(Springer, 2015).

2　Eric R. Wolf, *Europe and People without History*(University of California Press, 1982).

3　Rudi Paul Lindner, "What was a Nomadic Tribe, " *Comparative Studies in Society and History*, Vol.24, No.4,Oct., 1982, pp.689-711.

4　in Herausgegeben von Jürgen Paul eds., *Nomad Aristocrats in a World of Empires*(Dr Ludwig Reichert Verlag, 2013).

5　David Sneath, *The Headless State: Aristocratic Orders, Kinship Society, and Misrepresentations of Nomadic Inner Asia*(Columbia University Press, 2007).

定望族为核心，吸纳依附人口之"部"而形成的组织形态。[1]

至此，在多学科研究者共同努力之下，一个较为清晰的区域社会轮廓已经基本勾勒出来：内陆欧亚社会是一个涵盖多种生业方式的游牧综合体，社会流动性与分散性促使地域内外广泛形成了社会互动网络。内陆欧亚游牧政治体的经济基础就在于对社会互动网络内的资源与人口进行控制和分配；其政治组织的基础则在于游牧贵族及其依附人口形成的部族组织。较定居社会的国家组织而言，内陆欧亚政治组织结构以不同地域游牧领主阶层的协商与联合为主，故贵族身份制以及相应的人身依附关系发达。没有中央集权式的官僚机构，不强求存在整齐划一的社会行政管理模式，政治体制相对多元化。可以说中国史家常说的"因俗而治"较为准确地概括了内陆欧亚游牧政治组织的一个重要特征。[2]

西方内陆欧亚研究开展历史较早，积累深厚，基本明确了古代内陆欧亚区域研究的内涵与外延，这对于深入理解契丹—辽朝史之中的"内亚性"无疑具有极大的积极意义。在内陆欧亚游牧与定居社会互动网络中阐释古代国家文化多元性、因俗而治的问题，实际上是从区域互动视角消解了长期困扰辽史学界游牧—汉化二分对立偏激思维的立论基础，为进一步客观阐释辽朝多元体制的特征提供了一个可操作的中层理论。同时，内陆欧亚研究的世界历史视野、比较的方法，也能够促使辽史研究更重视探讨中国历史在欧亚大陆历史进程中的重要地位和影响。然而，众所周知，辽史研究者在二战以后的内陆欧亚研究领域内基本上是"不在场的在场者"，虽然有时被引用（主要是魏特夫著作），且两个领域之探讨多有暗合之

1　Christopher P. Atwood, "The Notion of Tribe in Medieval China: OuyangXiu and the Shatuo Dynastic Myth, "in *Miscellanea Asiatica: Mélanges en l'honneur de Festschrift in Honour of Françoise Aubin*, edited by Denise Aigle, Isabelle Charleux, Vincent Goossaert and RoberteHamayon, InstitutM onumentaSerica・SanktAugustin, 2010, pp.594–618.

2　《辽史》卷45《百官志》，中华书局，2016，第773页。

处,但辽史研究没有参与到内陆欧亚区域研究的讨论与理论建构之
中,问题取向自然不同,在一些语境中甚至无法进行对话。加之西
方辽史研究远不如中日学者之系统、精深,内陆欧亚区域史的综合
研究仍缺乏对契丹社会的定位进行准确把握。所以,辽史研究亦不
能完全照搬欧美研究的方法与具体结论,仍需结合历史语境进行辨
别,有所扬弃。笔者仅结合近年阅读视野所及,对辽史与内陆欧亚
视域结合之具体研究,略做介绍。

三 区域转向视域下的辽朝及其边疆

当代内陆欧亚史研究视野从区域史研究的角度较好地解决了辽
朝历史的定位问题。拉铁摩尔、巴菲尔德皆意识到中国东北边疆民
族地处游牧与中原农耕两大区域互动的过渡地带,能够吸收两大社
会区域的资源与文化,形成与内陆欧亚草原民族存在差异的混合文
化类型。[1] 巴菲尔德在此基础上进一步论证,认为往往在内陆欧亚游
牧帝国与中原统一王朝处于衰落期时,像契丹、女真等东北民族就
会崛起,建立东北边疆国家。[2] 这一类型的边疆国家基本特征是实行
内陆欧亚与中原混合的二元体制,对中原有所关注,以草原腹地为
边缘地域。实际上,东北边疆国家大体等同于魏特夫所称的"征服
王朝"的范围,但其内涵却与"征服王朝"、北亚史观所论有所不
同。既然东北边疆国家形成之基础在于中国北疆两种经济区的边缘
过渡地带,那么所谓"征服"二字就无从提起。巴菲尔德认为"辽
朝从未拓展至中原腹地,并通常联合或者在其对手崩溃后而获得土
地","东北王朝与其是征服者,倒不如说是拾荒者"。[3] 这一学说主

---

1 Owen Lattimore, *Inner Asian Frontiers of China*, pp.542−549. Thomas J. Barfield, "Inner Asia and Cycles of Power in China's Imperial History," pp.41−48.

2 Thomas J. Barfield, *The Perilous Frontier: Nomadic Empires and China*, pp.165−185.

3 Thomas J. Barfield, *The Perilous Frontier: Nomadic Empires and China*, p.167.

要是据中国北部边疆的历史脉络归纳、演绎而来，故能够较为明确地区分出东北混合地带与典型游牧地带的区域差异，并看到了以辽朝为代表的东北王朝内向中原地区，以内陆欧亚草原为边疆的发展趋势。匈奴、突厥等典型游牧帝国与辽朝等东北边疆王朝在体制、结构方面，并不是处于同一社会进化脉络之下，也不是前后相续的关系，而是一种地域发展的差异。

据此，我们即可以发现目前对辽史"内亚性"因素的研究存在一些方法论上的问题。学界关注辽朝与匈奴、突厥、蒙古等游牧社会政治现象共同性的研究，多对一些政治文化形式进行简单的描述与归纳，或者将辽朝作为一种模式与其他游牧帝国进行类型学的比较。2015 年，德国波恩大学《亚洲考古论丛》第 7 辑《公元第一千纪欧亚草原地带互动之复杂性》上刊载的俄国学者瓦斯尤丁的长文《蒙古中世早期草原帝国权威结构进化一种变型：大辽政治演进模式》，[1] 即认为辽朝作为草原游牧帝国能够利用中国定居社会之体制，使得政权较匈奴、突厥更为稳固。然而，这种过度追求归纳与描述共同性的研究，实际上脱离了具体的历史语境，模糊了作为辽王朝的独特性及其与典型内陆欧亚社会的区别。

契丹人曾长期夹在突厥—回鹘与隋唐王朝之间，同时吸纳了内陆欧亚地区与中原的政治文化。经过门格斯、[2] 傅海波、[3] 爱新觉罗·乌拉熙春[4]等学者的研究，已经能够明确契丹官号之中即有大量

1　Sergey A. Vasyutin, "The Model of the Political Transformation of the Da Liao as an Alternative to the Evolution of the Structures of Authority in the Early Medieval Pastoral Empires of Mongolia, " in Jan Bemmann, Michael Schmauder ed., *Complexity of Interaction along the Eurasian Steppe Zone in the First Millennium* CE(Vor-und FrühgeschichtlicheArchäologieRheinische Friedrich-Wilhelms-Universität Bonn, 2015), pp.391-436.

2　Karl. H. Menges, "Titles and Organizational Terms of the Qytań (Liao) and Qara-Qytaj (Ši-Liao), " in *Rocznik Orientalistyczny*, tomo XVII (1951-1952), pp.68-79.

3　Herbert Franke, "Bemerkungenzu den SprachlichenVerhältnissenim Liao-Reich, in *Zentralasiatische Studien*, 1969-3, pp.7-49.

4　愛新覺羅・烏拉熙春『遼金史與契丹文、女真文』東亞歷史文化研究會、2004。

源自回鹘,也有很早以前借用自汉地的名号。笔者通过对契丹名号"舍利"的研究,更倾向于认为契丹人吸纳大量的外来政治文化,进行融合与改造后,产生与自身社会语境兼容的新功能,[1]即使能够通过阿尔泰语文学考证得出语汇的同源性,也无法说明该语背后所代表的特定社会、政治意义具有共同性。另外,契丹长期游牧于农耕社会边缘,其政治体制的社会基础自然与崛起于蒙古草原腹地的匈奴、突厥等帝国存在较大差异。虽然契丹行政中枢存在与其他游牧帝国相似的四时捺钵现象,但此时辽朝之稳定主要依靠"五京"、军镇进行控制,那么此捺钵的社会意义就与纯粹草原游牧政体所有不同,应当另做探讨。

    鉴于辽朝历史发展的特征,从内陆欧亚区域史视野审视辽史的核心问题并不是简单寻求契丹与所谓"内亚"民族政治、社会、文化现象的共同之处,亦非将辽史置于"内亚性"的解释框架之内,而是要注重探讨游牧—渔猎综合体作为一种社会元素,在辽朝社会体制的建构与维系过程中所发挥的作用。傅海波曾在 1987 年发表《多族群社会中国家作为结构元素的作用》一文,[2]该文主旨后改写入《剑桥中国史》第 6 册《异族政权与边地国家》之导言。[3]傅文指出,辽、金、元超部落与民族的复合制国家要素能够将不同文化群体整合在一起,并且游牧部族政治传统能够在王朝体制中占有重要地位,主要体现在以下几点:首先,辽朝通过强化斡鲁朵人身依附关系的亲卫制度,扩大了皇帝直辖的人口与军队,形成"国中之国",与中原皇帝制度一同形成压制其他部族酋长的中央集权体制;

---

1 孙昊:《说"舍利":兼论突厥、契丹与靺鞨的政治文化互动》,《中国边疆史地研究》2014 年第 4 期;增订版收录于《辽代女真族群与社会研究》,兰州大学出版社,2014。

2 Herbert Franke, "The Role of the State as a Structural Element in Polyethnic Societies," in S.R. Schram ed., *Foundations and Limits of State Power in China* (School of Oriental and African Studies University of London, 1987), pp.87–112.

3 Herbert Franke and Denis Twitchett ed., *The Cambridge History of China*, Vol.6, Alien Regimes and Border States: 907–1368(Cambridge University Press, 1994), pp.21–42.

其次，因游牧部族社会长期流行的贵族合议制度，致使国家长期无法形成有效的集权决策机制，又因贵族人身依附关系的强大，国家决策缺乏官僚群体的监督与权力制衡，故在有些情况下，皇权专制较中原王朝更为严重；最后，在军政管理体制方面，对游牧部族与定居社会采取不同的二元管理体制，并基本维持国家内多族群的文化独特性，多种文字并行使用。

综合傅海波之概述大体可知，在辽王朝国家体制建设过程中，契丹源自内陆欧亚区域的政治传统主要体现在贵族人身依附制度的运用、游牧部族军事组织及其背后的社会基础上，这些内容与中原的皇帝制度、官僚制度一同融合为辽朝国家体制的组成部分。在此前提下，辽朝保留了各部族酋长贵族身份，又利用官僚制对治下的各个部族进行了改组，使其能够成为听命于辽帝的重要军事力量。日本学者岛田正郎于此着力最多，[1] 爱新觉罗·乌拉熙春又运用出土的契丹文献对辽朝部族制、皇族帐、房之制有深入探讨。[2] 从这些研究亦可推知，辽代契丹氏族与婚姻制度更应被视为统治集团组织的一种现象而进行重新理解。如早年爱宕松男《契丹古代史研究》曾在契丹早期社会处于原始社会的氏族、部落状态的预设之下展开研究，故将耶律与萧氏视作半族，下分八部。[3] 近年爱新觉罗·乌拉熙春的《契丹文墓志所见辽史》、[4] 武田和哉的《萧孝恭墓志所见契丹国（辽朝）的姓与婚姻》[5] 基本能够说明耶律、萧二姓之分野形成较晚，是与国家体制的建构息息相关的。这都能够提醒研究者，辽史所见部族传统，并非是原始社会之残余，而应作为国家政治社会中的一

1　島田正郎『遼代社會史研究』、1-170 頁。

2　愛新覺羅・烏拉熙春『契丹文墓誌より見た遼史』松香堂、2006；愛新覺羅・烏拉熙春『新出契丹史料の研究』松香堂、2012。

3　愛宕松男『契丹古代史研究』東洋史研究会、1959。

4　愛新覺羅・烏拉熙春『契丹文墓誌より見た遼史』、12-53 頁。

5　武田和哉「蕭孝恭墓誌よりみた契丹国（遼朝）の姓と婚姻」『内陸アジア史研究』(20)、2005、1-21 頁。

种重要现象受到关注。

辽朝混合了内陆欧亚游牧与中原定居的社会体制，故在很多方面存在相互影响与融合的现象。其中，游牧民与定居城市之间的关系是近期西方学界关注较多的问题。俄国学者哈扎诺夫《欧亚草原地区与邻近国家的游牧者与城市：一个历史概述》，[1]美国学者J. 丹尼尔·罗格斯等人合著的论文《城市中心与内亚东部帝国的出现》，[2]丹尼尔·C. 沃的《游牧者与聚落：蒙古考古中的新视角》[3]等文都涉及了契丹筑城的问题。目前基本的认识是游牧民会因军事防御、物资交换、行政管理等需要修筑城镇，契丹筑城现象上承回鹘，下接蒙古，其社会在建国之前就已是一个混合形态了。此外，林鹄在芝加哥大学的博士学位论文《城市景观与政治：内蒙古东南辽代都市的形成》[4]则将契丹腹地的城市建设视作一种向中原宣示正统性的政治策略进行讨论，也体现了美国考古人类学在研究辽代城市时所持的一个视角。

辽朝不仅在国家体制内存留了大量内陆欧亚部族政治传统，同时将统治领域扩展到内陆欧亚草原腹地。因此，辽朝的内陆欧亚领域也是从区域视域看辽史研究的主要问题。学界一般认为，在与宋订立澶渊之盟后，辽朝得以集中力量实施北进之政策，捍御阻卜，经略室韦、羽厥等部，逐渐在蒙古草原腹地建立了点线结合的军镇体系。自20世纪40年代末至今，蒙古国学者与俄国学者一直对蒙古国境内的契丹遗迹进行发掘与研究，此后日本、中国学者也加入

1　Anatoly M. Khazanov, "Nomads and Cities in the Eurasian Steppe Region and Adjacent Countries: A Historical Overview, " in Stefan Leder and Bernhard Streck ed., *Shifts and Drifts in Nomad-Sedentary Relations*(Dr. Ludwig Reichert Verlag, 2005), pp.163-178.

2　J. Daniel Rogers, Erdenebat Ulambayar and Mathew Gallon, "Urban Centres and the Emergence of Empires in Eastern Inner Asia, " in *Antiquity* 79, pp.801-818.

3　Daniel C. Waugh: "Nomads and Settlement: New Perspectives in the Archaeology of Mongolia, " in *the Silk Road*, Vol.8, 2010, pp.97-124.

4　Lin Hu, *Urban Landscape and Politics: The Making of Liao Cities in Southeast Inner Mongolia*, Dissertation Submitted to the Department of Anthropology(University of Chicago, 2009).

研究之列，近年蒙古国契丹考古已成为又一个国际辽史研究的主要
增长点。目前的研究能够确认，在图勒河与鄂尔浑河流域一带分布
的契丹遗址，自北向南构成了三道完整的军堡、城镇复合体系，其
中居中者是由青陶勒盖城、哈拉布和城构成的行政与手工业中心，
用以支持附近的军事镇戍。多数学者认为辽西北路招讨司治所即在
青陶勒盖城。[1] 在蒙古国西部戈壁沙漠契丹与阻卜胶着地带，亦发现
有很多契丹系文化遗迹，是辽朝西向活动的重要证据。这些考古研
究可与文献相印证，展现辽朝对蒙古草原地区的经略采取了军镇移
民与游牧部族军相结合的方式，一方面大量迁徙东北地区的渤海、
女真以军屯的形式进行镇守，[2] 另一方面又以蒙古草原东部的乌古、
敌烈诸部牵制阻卜人，构成相对稳固的内陆欧亚边疆地带。

四　"东部欧亚"视域下的辽朝与世界

内陆欧亚研究区域转向促使学界将问题意识转向草原、农耕、
渔猎多元社会形态的整合、互动的区域研究，促使 21 世纪以来的世
界史研究者改变了传统西方中心史观的叙述方式，日益关注欧亚大陆
范围的历史互动在世界历史范围内的重要作用。在欧亚历史的叙述框
架中，超越"内陆欧亚""东亚"这种传统的区域范畴，关注点不在
于国别、单一文明区域的独特性，而在于重视异文化群体的跨文化联

1　Sergey A. Vasyutin, "The Model of the Political Transformation of the Da Liao as an Alternative to the Evolution of the Structures of Authority in the Early Medieval Pastoral Empires of Mongolia, " pp.423-424.

2　Nikolai N. Kradin, Alexandr L. Ivliev, "The Downfall of the Bohai State and the Ethnic Structure of the Kitan City of ChintolgoiBalgas, Mongolia, " in Jan Bemmann, Hermann Parzinger, Ernst Pohl, Damdins ü renTseveendorzh ed., *Current Archaeological Research in Mongolia: Papers from the First International Conference on "Archaeological Research in Mongolia" held in Ulaanbaatar, August 19th-23rd, 2007*, Vor-und Fr ü hgeschichtliche Archäologie Rheinische Friedrich-Wilhelms-Universität Bonn, 2009, pp.461-476.

动、交通与比较。[1] 在这种视域下，世界体系论方法得到进一步的重视。贡德·弗兰克等人在 20 世纪就对沃勒斯坦的现代世界体系论加以发挥，认为人类社会早在 5000 年前就已经广泛存在世界体系。这种世界体系最初是区域性的联通网络，其关注的核心内容是社会资源的流通、积累与再分配，以及为了维持上述过程的顺畅而形成的地域中心—边缘的秩序格局，进而通过长时段的历史社会学过程，关注中心、边缘的地位转换以及各主要地域兴衰周期的规律。[2]

近年在日本中青年学者中流行的"东部欧亚"（東部ユーラシア）论实际上就是围绕这一问题进行的实践。他们认识到"东亚"与内陆欧亚地区存在千丝万缕的关系，不是简单划一的文化圈，存在广泛影响的游牧社会也同样是重要的组成部分。因此，他们划定的"东部欧亚"区域，主要考虑到传统东亚文化圈的辐射范围及其与内陆欧亚区域相互结合的问题，所以其基本标准是以帕米尔高原为线，其东部的中国、朝鲜半岛、俄罗斯的西伯利亚以东、中南半岛等地区都属这一区域的范围。[3] 因此，他们力图从世界体系角度将"东部欧亚"解释为一个政治多中心（中心—边缘），附于其上的文化多样化的网络格局。[4]

1　例如近期会聚拜占庭史、内陆欧亚游牧社会史、中国史、印度史、波斯史多个领域的学者围绕"古代晚期欧亚历史"的整体状况进行的对话与讨论。Nicola Di Cosmo and Michael Maas ed., *Empires and Exchanges in Eurasian Late Antiquity: Rome, China, Iran, and the Steppe, ca. 250-750*(Cambridge University Press, 2018).

2　详见 Andre Gunder Frank and Barry K. Gills ed., *The World System: Five Hundred Years or Five Thousand?* 1993。

3　上田信『海と帝国』講談社、2005；古松崇志「10-13 世紀多國竝存時代のユーラシア東方における國際關係」『中國史學』第二十一卷、2011、113-130 頁；廣瀬憲雄『古代日本と東部ユーラシアの国際関係』勉誠出版、2018。

4　"东部欧亚"是近年日本史学界流行的一种思潮。其首倡者是研究明清史的上田信，其论著主张以西太平洋为中心的海陆整合研究。古代日本对外关系史学者铃木靖民等人从渤海国关系史的角度推进"东部欧亚"的理论化，参见鈴木靖民「東アジア交流史と東アジア世界·東ユーラシア世界」『古代日本の東アジア交流史』勉誠出版、2016、399-414 頁；廣瀬憲雄『古代日本と東部ユーラシアの国際関係』勉誠出版、2018。

　　10～13世纪的中国处于"第二次南北朝"时期，契丹—辽朝立足中国北方，其发展的区域舞台处于传统东亚文化圈与内陆欧亚地域的过渡地带，并与宋朝、西夏等国并立，这正为"东部欧亚"论者提供了一个重要实践场域。古松崇志等学者重视辽宋澶渊之盟确立的外交准则，将盟约及多国对等外交制度称为"澶渊体制"，并将之视作构成"东部欧亚"区域多国关系的基本核心框架。以"澶渊体制"为基础，"东部欧亚"区域以辽与宋的友好关系为主轴，高丽、西夏、吐蕃、回鹘、喀喇汗王朝并存，实现了和平而稳定的结构。[1]在这种基本理念之下，很多日本学者重视各国之间的外交文书（誓书—誓表、牒文、诏书）的格式、传递仪式，以及往返外交使节的接待礼仪、边境交涉等能够体现多元外交体制基本元素、文化符号的研究课题，在21世纪掀起日本研究辽、宋、金、西夏、高丽等国外交制度的热潮。[2]

　　日本学者对"东部欧亚"区域体系讨论的最终趣旨在于展现带有东方视角的世界历史。其中的辽金史研究者更是要在讨论跨文化区域体系的基础上，去强调辽朝在10～12世纪世界历史中的意义。《契丹（辽）与10～12世纪的东部欧亚》这部书汇集了日本契丹—辽朝史研究政治、文化、考古、周边民族等各领域专攻学者的概述，可以认为是遵循"东部欧亚"多元社会格局理念对契丹—辽朝

1　古松崇志「10～13世紀多國並存時代のユーラシア東方における國際關係」『中國史學』第二十一卷、2011、113-130頁；「契丹·宋間の澶淵體制における國境」『史林』90-1、28-61頁（汉译《契丹、宋之间澶渊体制中的国境》，《日本中国史研究年刊》，上海古籍出版社，2007，第128～170页）；毛利英介「澶淵の盟の歷史的背景：雲中の會盟から澶淵の盟へ」『史林』89-3、413-443頁。

2　这一热潮是由多个方向专攻的学者共同促成，他们在各领域的主要研究介绍可参见 Endō Satoshi, Iiyama Tomoyasu, Itō Kazuma, Mori Eisuke, "Recent Japanese Scholarship on the Multi-State Order in East Eurasia from the Tenth to Thirteenth Centuries," in *Journal of Song-Yuan Studies*, Vol.47, 2017-2018, pp. 193-205。

3　荒川慎太郎·澤本光弘·高井康典行·渡辺健哉編『契丹［遼］と10～12世紀の東部ユーラシア』（『アジア遊学』160）勉誠出版、2013。本年5月，日本学者还出版了其姊妹版。『金·女真の歷史とユーラシア東方』（『アジア遊学』233）勉誠出版、2019。

史撰写的一次尝试。高井康典行在其著作《渤海与藩镇：辽代地方统治研究》书尾结论中以"世界史中如何对辽史进行定位"为题，从"东部欧亚"的视角对其主要研究对象——辽代地方统治体制中的东北"渤海"因素以及藩镇进行阐释，其主旨在于强调辽朝东北地域秩序是"东部欧亚"国际秩序的一种延伸，至于辽朝的主要地方体制"藩镇"则是杂糅沙陀"北流"与汉地"南流"因素而形成的。[1] 从作者的论述中可以看到，他是将多国并立的区域秩序，以及北族、汉地异文化要素皆视作"东部欧亚"世界历史的构成内容，进而阐释这些要素如何促成辽朝地方区域体制的形成与嬗变的。

　　从隋唐王朝史专攻参与到讨论的妹尾达彦以"都市""环境""交通"三个基本关键概念，构建起一个生态—社会网络区域阐释体系，进而用以阐发自己的全球史理论。他认为欧亚大陆可以分为东、中、西三大地域，每个地域都存在自北而南的渔猎、游牧、农耕、沿海完整的广域经济圈，在这一相对自足的圈内，形成多国秩序、思想文化圈、区域内的生产分工。从动态发展而言，推动欧亚历史进程的关键在于"境界"地带，即推动古代历史进程的农牧过渡地带以及近代化开端的沿海与农耕过渡地带。[2] 仅就本文讨论的中世历史范围而言，农牧过渡地带是欧亚大陆大型农牧复合制国家的发源地，这种国家类型是欧亚大陆 4 ～ 15 世纪的主要组织形式。妹尾达彦在论述欧亚东方的空间概念时，实际上是围绕中国的空间地域来讨论的。他利用其分析模型着重探讨了中国古代历史空间的转变，提出了"大中国"（农牧复合的多民族王朝）、"小中国"（游牧—农耕社会分离的多国并立状态）两种组织形式循环发展的命题，在每个阶段的具体论述中，又着重考察了不同形态下中国都市群网络分布的差异及变化特点。

1　高井康典行『渤海と蕃鎮：遼代地方統治の研究』汲古書院、2016、433-443 頁。
2　其基本概念与思路详见妹尾達彦『グローバル・ヒストリー』中央大学出版部、2018、9-58 頁。

　　总的来看，持有"东部欧亚"思潮的日本学者虽然研究领域与学术方法各异，但都力图尝试解决两种社会（东亚—"中央欧亚"）的南北整合与联动问题，从区域社会的网络链接与国际秩序方面去界定"东部欧亚"区域史。这种思考方式打破了日本关于东亚汉字文化圈与"北亚"游牧民世界的臻域之分，强调区域网络内的多元文化互动、互通。原来在东亚历史书写视野外的边缘地带、人群开始进入聚光灯之下，传统的边疆过渡地带则成为区域历史进程中的重要动力源泉。这一思路无疑为契丹—辽朝史研究提供了更为广阔的世界史乃至全球史领域的思考空间，促使我们去探讨契丹—辽朝史在世界历史中的定位与意义，研究方法论则由简单的两点一线的国别关系史研究升级为区域联动视野下的网络体系分析。在这种方法论的基础上，从欧亚世界历史范围内思考契丹—辽朝史无疑是具有积极意义的。

　　同时，"东部欧亚"思潮颇具理论雄心，欲勾勒一部东方多元文化的古代世界历史图景。这一思潮注重搭建多极中心的网络与秩序，不仅力图解构以中国为中心的朝贡—册封秩序论，也欲以"世界史"的名义解构传统的东亚国别史叙事体系。然而，"东部欧亚"思潮因存在一些逻辑上的矛盾而无法自证。首先，其思路强调以多国网络秩序"去中华中心化"，但支撑其多国秩序的基本架构都是典型的中国王朝的政治话语、仪礼、汉文书仪，没有提出更为坚实的证据去否定东亚汉字文化圈的核心地位。概言之，新建区域体系的核心内涵表述不明。其次，"东部欧亚"思潮的另一重要支柱是强调"中央欧亚"政治文化在区域构造中的重要作用，仅就宏观概述而言，笔者表示赞同。但在具体的论证过程中，相关方法论存在诸多问题，笔者不敢苟同。其主要的方法论问题即在于以"种族"辩归属，反而忽略了其体制与文化形式等更为核心与重要的标准。譬如有的学者将活跃在中国王朝体制内的北族出身的官僚与将领皆视作"中央欧亚"的代表性因素则未免背离了社会理论的基本常识。

如本文前述，契丹—辽朝史中的 "内陆欧亚" 基因应当是区域政治、文化、制度的元素；与之同理，其中原汉地的基因也是以制度元素与文化来界定的，而非历史参与者的族属或 "种族" 差异决定的。

就目前的研究程度而言，"东部欧亚" 思潮主要着力于契丹—辽朝与世界关系的阐释问题，即契丹—辽朝与周邻发生关系的区域秩序与体系（如澶渊体制），并涉及欧亚范围内的跨区域比较与联动，将阐释带入了世界历史范畴。但遗憾的是，目前尚未凝练出一个区域性的核心内涵，尤其是在国别史观念盛行的东亚范围之内，区域研究更需要观照到如何处理与国别史叙事的关系。考虑到这一点，形成一个妥帖的、有别于传统东亚区域理论的核心内涵可能是 "东部欧亚" 由新思潮向成熟区域史理论转变过程中不得不面对的问题。

五　从辽史研究看古代中国与世界

国内外区域史研究在契丹—辽朝史近百年的研究历程中发挥了积极的作用，成功地解决了以族属辨国别、北方民族与汉地对立、征服与被征服的争论难题，明确了辽王朝是在区域整合的基础上由多元文化共同凝聚而成的古代王朝。在此前提之下，本文概述的主要研究成果，大致从三个思考层面审视契丹—辽朝的历史。首先，辽王朝整合内陆欧亚东部地域、东北亚的森林渔猎、华北汉地的定居农耕社会等三大区域为一，将之前与隋唐王朝若即若离的东北边疆地域凝聚在王朝的统治体制之下，开启了中国东北边疆地域的内地化进程，这一进程在金王朝最终完成。其次，将辽王朝的发展置于 10~12 世纪多国并立的欧亚东部区域环境之内进行解读，从国际体系的层面对辽王朝的存续环境与历史地位进行阐释。最后，隐含于两个层面背后的世界历史视角，则是将辽朝历史置于古代欧亚大陆历史范畴内，探讨其历史作用，并与其他的区域社会进行比较。

在以契丹—辽朝史为中心的研究过程中，必然会触及中国历史与内陆欧亚区域史视域的纠葛。从国外学者的立场而言，他们不存在对于"中国"的焦虑，在区域叙事中有意无意地忽略了中国历史范畴。这也引发了很多中国学者的不满，并引起他们对于古代区域史研究的种种误解。实际上，从前述研究内容来看，所谓欧亚东部历史的核心范畴主要是中国历史架构内的多区域整合与互动。辽朝本身崛起于唐王朝的东北边疆地带，与之并存的中原其他政权、王朝都是承续了隋唐王朝的历史遗产。10~12 世纪处于欧亚东部核心地带、起到区域轴心作用的辽宋王朝都立足于中国政治、文化之内进行发展，并对欧亚东部范围内的朝鲜半岛、东南半岛，以及北方的内陆欧亚东部区域都产生了重要影响，以"澶渊体制"外交话语为中心的仪礼、汉文国书书仪，无一不是这一辐射的重要体现。因此可以说，辽朝历史的研究能够证明，10~12 世纪欧亚东部国际秩序地缘空间的轴心在中国。从这一点看，妹尾达彦并没有回避中国之于欧亚东部区域的中心作用，从社会区域网络的视角阐释中国空间格局之于欧亚东部的历史地位，值得中国学界进一步关注。

另外，在世界历史中界定古代中国的历史意义与地位，往往是中国学者关注的重要方面。世界历史的区域史研究为这一问题的深入推进提供了基本的着力点与方法论。近年世界古代、中世纪历史的书写体系"去西方中心化"，强调以欧亚大陆区域作为关注的中心对象。近年出版的《剑桥世界史》正是以此为趣旨，以大篇幅介绍欧亚大陆范围内的中国与其他文明地域的共同性、联通性，并将各文明区的历史、文化置于一个网络互动与比较的视野进行介绍。[1] 在世界历史欧亚区域研究方兴未艾的时代，尤其是在近年"一带一

1　可参见 Benjamin Z. Kedar and Merry E. Wiesner-Hanks ed., *The Cambridge World History Vol. V, Expanding Webs of Exchange and Conflict 500 CE-1500 CE* (Cambridge University Press, 2015)。

路"研究热潮的推动之下，我们如何去理解古代中国在欧亚区域范围内的联通网络与历史定位，就值得国人进一步思考了。

契丹—辽朝史无疑为这一问题的思考提供了一个独特的切入视角。辽王朝是古代中国向内陆欧亚地域扩展历史影响的主要中介者之一。众所周知，辽朝在保持内陆欧亚边疆相对稳固统治的基础上，也开始利用内陆欧亚区域向西扩展影响，与欧亚地域的其他文明发生了经济、社会乃至政治的联系。"Khitai"在9世纪以后就已经传播至阿拉伯世界，此后则逐渐取代"桃花石"成为中国的代名词。金安雅（音译，Anya King）的《早期伊斯兰文献对契丹辽的记载：贸易的作用》一文则探索了"契丹"之意义在西方伊斯兰世界的传播、演化史。[1]彭晓燕的一些文章亦讨论了契丹—辽王朝经由内陆欧亚与西方发生的关系。[2]从更为深入的历史层面来看，以契丹为代表的蒙古语族诸民族在9世纪前后开启了内陆欧亚第二次大范围的连锁迁徙浪潮，改变了内陆欧亚地域的历史格局，这一进程在蒙古帝国建立以后达到高潮。由于契丹等蒙古语族民族的故地多在中国古代王朝的边疆地带，这场西迁浪潮也成为古代中国进一步融入欧亚世界互联互通的重要契机。因此，就契丹—辽朝史研究而言，内陆欧亚区域视域不仅对于探讨王朝历史特性不可或缺，而且亦是探讨中国与世界关系的重要区域平台与学理基础。探索古代内陆欧亚多民族、多文化联动的独特社会发生机制，就是在探索古代中国王朝通过北部边疆与广阔的欧亚腹地发生互动与交流的运作机制。通过相关研究的深入开展，不仅能够证明中国历史的区域基础在于不同文化区的网络联结与整合，亦能证明中国是塑造欧亚历史格局

1　Anya King, "Early Islamic Sources on the Khitan Liao: The Role of Trade, " in *Journal of Song-Yuan Studies*, Vol.43, 2013, pp.253-271.

2　Michal Biran, "Unearthing the Liao Dynasty's Relations with the Muslim World: Migrations, Diplomacy, Commerce, and Mutual Perceptions, " in *Journal of Song-Yuan Studies*, Vol.43, 2013, pp.221-251.

的重要参与者，而不是自绝于欧亚区域之外的旁观者。

　　总而言之，区域史视域是阐释古代中国与世界关系的重要桥梁与纽带，位于内陆欧亚东缘与南部中原定居区域结合点的契丹—辽朝史就成为讨论这一问题重要的参照节点，也由此引起国内外学者的诸多关注与讨论。涉及契丹—辽朝史的两种区域研究视域"内陆欧亚"与"东部欧亚"既有其共同的学术背景，也各有阐释的侧重之处。中国学界对相关国外讨论的具体观点无论是赞同还是反对，都无法回避这一重要问题——阐释古代中国与欧亚区域内的地区、政权或部族之间的密切历史关系，这就需要一个动态、开放、包容的区域阐释体系，在这一层面上与国外学界的相关讨论进行积极对话。

·海丝与陆丝·

早期海上丝路与海陆两道联通

王小甫[*]

六年前，笔者承担了"阿曼与中国关系史"的研究课题，[1]具体时段是从有史以来迄至郑和下西洋时代。当资料搜集整理及研究工作到达一定阶段后，笔者发现了一个史实：在古代东西方文化交流——这里主要指古代中国与西亚间的沟通和交流过程中，阿拉伯半岛南部的阿曼地域居于特殊重要的地位。经由阿曼的海道交通并非陆道交通的附庸

---

* 王小甫，西华大学人文学院。

1 全称为"香丝之路：阿曼与中国关系史（迄至 15 世纪）"，为阿曼卡布斯苏丹讲席教授项目北京大学管委会的委托工作，由笔者主持，从 2012 年开始持续至今，目前正在撰写结项成果。

分支，而是大秦[1]与中国乃至西亚与东亚间的一条交通主干道。本文即以此为中心对早期丝路海陆两道联通问题进行讨论，主要有以下论点。

（1）古代海丝主要是一条近海航线。打开地图可以看到，位于阿拉伯半岛东南端的阿曼是西亚最接近东方的地点，这就使它在技术有限（主要是缺乏机械动力）的古代，在传统东西方海路交通中有着无可比拟的优势：就东、西方交通而言，从阿曼哈德角附近的苏尔（Sur）向北偏东直航对岸伊朗的恰赫巴哈尔港（Chah Bahar Port），[2]这是横渡印度洋阿拉伯海的最近航线。[3]

罗马商人直到公元 1 世纪中发现利用信风以前，沿海岸航行一直是海道交通的唯一办法。《红海周航记》（*The Periplus Maris Erythraei*）第 27~57 节逐段描述了从亚丁和虔那（Kane）到柯枝（Muziris）和故临（Nelkynda）的航程，作者最后说："刚才描述的这整个沿海航线，从亚丁和虔那至此，人们从前习惯于用较小的船只，顺着那些海湾的曲线航行经过。希帕洛斯（Hippalos）船长用测绘贸易港口位置和海洋形态的办法，首次揭示了跨越浩瀚洋面的航线。"[4]

由此可见，古代印度洋周边的交流绝大多数是遵循地方传统的近海航线来进行的。公元 8 世纪末唐德宗朝宰相贾耽在《皇华四达记》中"广州通海夷道"所记印度洋西岸路，以及 15 世纪初叶郑

1　学界通常认为，中国古籍中的"大秦"是指古代罗马帝国（公元前 30~ 公元 476）所属地中海东部沿岸的埃及、叙利亚等地，参见夏鼐《新疆新发现的古代丝织品——绮、锦和刺绣》，中国社会科学院考古研究所编《夏鼐文集》中册，社会科学文献出版社，2001，第 328 页。

2　这很可能就是《红海周航记》[Casson, Lionel, *The Periplus Maris Erythraei* (Princeton University Press, 1989)] 第 36 节记载的 Ommana 港，参见该书第 180~181 页注 36:12.3-4 和第 182 页注 36:12.10-12。

3　实际上，从《红海周航记》第 33~36 节对这一段近海航线的描述可以看出，除非是利用信风，前往印度洋对岸的传统航路是绕过哈德角，先向西北到苏哈尔（Suhar），然后再从那里向北，从霍尔木兹海峡附近实现横渡。

4　参见《红海周航记》，第 85~87 页；赫德逊《欧洲与中国》，中华书局，1995，第 47 页。

和下西洋时在印度以西的几次航行路线，都表明《红海周航记》第27~57节描述的近海航线一直是古代印度洋周边交流的主要航路。

（2）《三国志》卷30裴注引《魏略·西戎大秦传》说："大秦道既从海北陆通，又循海而南，与交趾七郡外夷比，又有水道通益州永昌，故永昌出异物。前世但论有水道，不知有陆道。""又常利得中国丝，解以为胡绫，故数与安息诸国交市于海中。"此处即指阿曼，当时为安息属国。《后汉书·西域大秦传》略云："大秦国，一名犁鞬，以在海西，亦云海西国。与安息、天竺交市于海中，利有十倍。其王常欲通使于汉，而安息欲以汉缯彩与之交市，故遮阂不得自达。"

（3）上述《魏略》所记丝绸之路在西亚的交通信息，应该主要来自东汉初年的甘英使大秦。因为甘英到了安息西界，亲身经历了解到很多信息，所以纠正了一些传闻错误，譬如《魏略·西戎传》云："疏勒，自是以西，大宛、安息、条支、乌弋。乌弋一名排特，此四国次在西，本国也，无增损。前世谬以为条支在大秦西，今其实在东。前世又谬以为强于安息，今更役属之，号为安息西界。……大秦国一号犁轩，在安息、条支西大海之西。"《后汉书·西域大秦传》则明确说：《汉书》云'从条支西行二百余日，近日所入'，则与今书异矣。前世汉使皆自乌弋以还，莫有至条支者也。"《后汉书》所谓"前世"就是指西汉（前202~公元8）。

（4）《史记·大宛列传》记载："初，汉使至安息，安息王令将二万骑迎于东界。东界去王都数千里。行比至，过数十城，人民相属甚多。汉使还，而后发使随汉使来观汉广大，以大鸟卵及黎轩善眩人献于汉。及宛西小国欢潜、大益，宛东姑师、扜罙、苏薤之属，皆随汉使献见天子。天子大悦。"《汉书·张骞李广利传》的记载则是："骞卒（前114）。后岁余，其所遣副使通大夏之属者皆颇与其人俱来，于是西北国始通于汉矣。然骞凿空，诸后使往者皆称博望侯，以为质于外国，外国由是信之。……而大宛诸国发使随汉使来，观汉广大，以大鸟卵及牦轩眩人献于汉，天子大说。"（《汉书·西域传》同）这里的"牦轩"即《史记》所载的"黎轩"（《汉书·西域传》作"犁靬"），两传所记为同一事。问题是，为什么司马迁（前145~约前87）所著《史记》里献大鸟卵及黎轩善眩人的安息会被《汉书》作者班固（32~92）改成大宛（今乌兹别克斯坦费尔干纳盆地）诸国？仔细阅读上引《史记·大宛列传》的记载，可以看出，当时出使安息的汉使其实并未至其王都，而只是到了安息东界。而此时的安息东界，应该就是未被《史记》明确记载而始见于《汉书》的乌弋山离。

（5）那么，乌弋山离为什么没有被《史记》提及却被《汉书》记载，它和大宛又是什么关系呢？这涉及当时中亚地区的复杂政局并影响到中西交流尤其是丝绸之路径途走向的形成。据权威研究，乌弋山离是"公元前2世纪至公元1世纪伊朗高原东部的一个地区或半独立国家"。由于大月氏西迁，中亚的塞人（Sakas）各部受到很大的打击，大约在公元前128年或前127年纷纷南下闯入安息境内，乌弋山离这个国家的产生形成与中亚塞种的迁徙活动密切相关。南迁的塞种主要有三支：除了上述向西南到达锡斯坦的一支和另一支向东南进入葱岭（今帕米尔）附近地区，最主要的一支向南进入印度西北并以罽宾（今克什米尔）为中心建立政权。据研究，这一身毒—塞种王朝（Indo-Scythian dynasty）从其第一位国王Maues（约公元前120~前85）开始一直存在到公元1世纪中期；而塞种国王Mause（Moa/Moga /Mauakes）一名见于巴基斯坦所领克什米尔地区修建中巴友谊公路时于奇拉斯（Chilas）发现的摩崖石刻，他很可能与《汉书·西域传》记载李广利伐大宛时的该国国王毋寡（Miwo/Miu-kwǎ/kwa，死于公元前101年）同属一人或同为一家。这很可能就是《汉书·张骞李广利传》把《史记·大宛列传》安息（东界）云云改成"大宛诸国发使随汉使来，观汉广大，以大鸟卵及牦轩眩人献于汉"的由来。

（6）塞种入主印度西北共有三批，毋寡之后的两批入印应与大月氏灭大夏（公元前1世纪后半叶）、乌弋山离后期的扩张（公元

1世纪前期）有关。迁入印度的塞种以联盟或同盟（federations or alliances）方式形成帝国，[1]继续向南迁徙和扩张势力到达印度河下游的信德、古吉拉特，甚至影响到印度中部的部分地区。总之，正是毋寡及其后继者构建的塞种联盟（帝国）在公元前2世纪末至公元1世纪中叶提供了从中亚腹地到印度河口的交通，才使得张骞通西域开辟的中外交流孔道即丝绸之路得以为继，进一步经海路发展成为与西亚、北非和地中海东部世界的交流联系网络。公元1世纪中叶撰成的《红海周航记》有关当时从亚丁经阿曼到印度西北沿岸航线、航程、港口及进出口货物的记载正是这一交流网络的见证。这一重要的中西沟通桥梁随后又为取代塞种联盟的贵霜帝国所继承。

（7）在这样一个历史背景下，可以肯定，当时由控制着印度河交通路线的塞种联盟献给中国西汉王朝的"大鸟卵及黎轩善眩人"是从阿曼辗转而来的。"大鸟卵"即鸵鸟蛋。研究表明，普通鸵鸟（common ostriches）主要分布在非洲撒哈拉沙漠往南的低降雨量的干燥地区，以及从塞内加尔到厄里脱利亚的非洲东部沙漠地带和荒漠草原；阿拉伯鸵鸟（the Arabian ostriches）近代曾分布于亚洲叙利亚与阿拉伯半岛，但至20世纪中叶已经因捕猎而完全绝迹。以色列

1　国际学界有关这一塞种联盟（帝国）或者说身毒—塞种王朝持续存在的依据除个别文献和石刻材料之外，主要是当地出土的一系列有关钱币及其铭文。《汉书·西域传：安息国》有关"民俗与乌弋、罽宾同，亦以银为钱，文独为王面，幕为夫人面，王死辄更铸钱"的记载得到了印证。断代为该联盟中期的秣菟罗（Mathura）Rajuvulas女王狮子柱头纪功碑里提到了"显赫的毋寡（Muki /Maues）王"，表明当时仍然保留着对毋寡的尊崇和敬畏。该碑文还提到了其他王公和总督并以"凭整个塞种国家的荣耀"（in honor of the whole Sakastana）作结，这表明，无论制度情况如何，塞种据有的地域被视为一个整体（the Scythian-occupied territory was seen as an entirety）。直到末期，乌弋山离（Indo-Parthian）的国王"Gondophares-Sases还在致力于统一他那些显赫的前辈毋寡、阿泽斯和贡多费尔斯一世（Maues, Azes, and Gondophares I）曾经拥有的领土。然而，公元45年后的某个年头，由毋寡（Maues）开始的塞种对身毒的统治彻底结束，那片地带为贵霜帝国所占领"。参见《伊朗学百科全书》（*Encyclopedia Iranica*），R. C. Senior, "INDO-SCYTHIAN DYNASTY," Encyclopedia Iranica, online edition, 2005, available at http://www.iranicaonline.org/articles/indo-scythian-dynasty-1 (accessed on 30 April 2017). 亦请参见 R.C. 马宗达等《高级印度史》上册第8章"摩揭陀帝国的瓦解和来自中亚和伊朗的侵略"，张澍霖等译，商务印书馆，1986，第127~130页。

企图重新引进普通鸵鸟也已失败。[1]因此，非洲特产鸵鸟等在古代要经安息境域向东前往中国。

当然，无须绕道波斯湾头的条枝，波斯湾口的阿曼就是最合适的转口地点。有利于我们对史实做这种理解的就是当时和"大鸟卵"即鸵鸟蛋一起献到中国汉朝的正是"黎轩善眩人"，众所周知，这就是来自埃及亚历山大城的魔术演员。当时"亚历山大城是埃及托勒密王朝（Ptolemaic Dynasty，前305~前30）的都城，是希腊化时代地中海东部商业极繁荣、文化很发达的地方"。[2]托勒密王朝的希腊人早在《红海周航记》把信风知识公之于世之前已经进入印度洋利用近海航线开展沿岸贸易。[3]所以，来自埃及的"黎轩善眩人"和来自非洲的鸵鸟蛋一起作为礼品献到中国并不是偶然的，它向我们透露了一个信息：两样不同来路的物品经由各自通常转运的途径都到了安息境内一个交易点或集散地，然后一起向东转运到中国。显然，这个转运港口（entrepot）非阿曼莫属。

有充分证据表明，早期传到中国的乳香、珠玑、珊瑚、玳瑁都是阿曼特产，而玻璃、琥珀、苏合香、祖母绿、长颈鹿（符拔）等多半也是经阿曼传来的。当然，经由阿曼也是中国特产蚕丝、绢帛、锦缎传往西方世界的主要路径。因此，作为东西方交通枢纽的同时，阿曼其实也是当时的国际贸易中心。

（8）自从得知公元1世纪中叶写成的《红海周航记》披露有信风信息以后，人们对信风赋予了太多诗意的想象，导致一些学者将信风在古代跨印度洋航行中的作用视为不言而喻的利好，从而夸大东西方直航的意义，忽视传统常规航线，乃至掩盖了许多历史真

---

1 参见维基百科 Common ostriches 条，https://en.wikipedia.org/wiki/Common_ostrich#Distribution_and_habitat，最后访问日期：2018 年 2 月 6 日；搜狗百科"鸵鸟"条，http://baike.sogou.com/v747398.htm?fromTitle=%E9%B8%B5%E9%B8%9F，最后访问日期：2018 年 2 月 7 日。

2 参见《中国大百科全书·中国历史卷》，"黎轩"条。

3 参见赫德逊《欧洲与中国》，第 47 页。

相。其实，《红海周航记》的权威研究者对信风作用有很客观的描述："更重要的是两种季风的性质不同。（夏季的）西南季风是喧嚣吵闹的狂风暴雨，有着丰富亲身经历的阿兰·魏乐思（Alan Villiers）写道：'倾盆大雨持续不断，天气常常如此糟糕，印度海岸的作业港口全都关闭，较小的商船纷纷避难。'"[1]"冒险前往印度——至少我们的史料（即《红海周航记》）认为最重要的是，好在直接越过开阔水域，只需要一年，投资资本就能产生回报。但所需资金数额巨大，而且存在相当的风险因素。这种贸易机会只对能够承受西南季风力量的强大船只的拥有者开放，以及对于有钱的商人，他们买得起印度出口的昂贵货物——香料、丝绸等，以填满宽敞的货舱。印度贸易是针对大型经营者的，无论他是船东还是贸易商。"[2]

　　然而，奢侈品贸易毕竟只占航海活动和商业交流的很少一部分，海上更多的活动还是有关大宗商品即日用物资的运输交易。"总之，仔细分析起来，《周航记》揭示了超出著名的东方奢侈品运往埃及各港口活动（那最重要并最受注意）的更多贸易航线。据此我们能够明确地区分出从印度往波斯沿岸、阿拉伯半岛和非洲的商品贸易，那和西方毫无关系；其中某些可能偶尔由埃及的罗马船只运载，但大部分由阿拉伯人和印度人操控。我们甚至能区分出某些地方贸易形式，之所以是'地方'的，因为其运输工具是快艇和筏子。"[3]这方面的情况，是我们今后研究海上丝绸之路历史以及古代丝路海陆两道联通运作有必要特别留意的地方。

1　《季风海》（*Monsoon Seas*），纽约，1952，第7页。此外，影响印度洋上航行的还有海洋环流因素：北印度洋由于受南亚热带季风气候的影响，形成了特殊的北印度洋季风环流：从10月至来年的3~4月，亚洲大陆被强大的高压笼罩，在北印度洋海面，盛行东北季风，孟加拉湾的海水流向西南，南绕斯里兰卡岛，与阿拉伯海流向西南的海水一道，形成了东北季风洋流；5~9月，在索马里沿海，由于西南季风的作用，形成相当强大的上升流，形成北印度洋地区的顺时针环流。

2　见《红海周航记》附录3《前往非洲、阿拉伯半岛和印度的航程》，第283、291页。

3　《红海周航记》，"导言"，第21页。

中文和阿拉伯—波斯文古籍中的
"一带一路"[*]

华　涛[**]

西汉建元三年（公元前 138），张骞出使西域，历史学家司马迁在《史记》中称之为"张骞凿空"。司马迁记载说，"骞身所至者，大宛、大月氏、大夏、康居，而传闻其旁大国五六……"。后于元狩四年（公元前 119），张骞再次西使，"骞既至乌孙……因分遣副使使大宛、康居、大月氏、大夏、安息、身毒、于窴、扜罙及诸旁国"。狭义的"西域"大致相当于今天的新疆，即天山南北及其以西一些地方；而广义的"西域"则泛指河西四郡最西

---

*　本文为国家社科基金重大项目"中古时代阿拉伯波斯等穆斯林文献中有关中国资料的整理与研究"（11&ZD132）的成果之一，原刊于《元史研究暨集刊回顾与展望（南大元史 1956~2016）》论文集。

**　华涛，南京大学元史研究室、南京大学南海中心。

端玉门关和阳关以西广大的地域。虽然指代古代和中世纪东西方各国各地区之间人员交流、物产交换、知识传布通道的"丝绸之路"很早就存在于所谓的旧大陆上（亚、欧以及北部非洲），但是作为"丝绸之路"最重要的东方起点"中国"与中国以西各地区的正式交往，开始于公元前138年西汉张骞出使"西域"。自从张骞凿空，不仅欧亚大陆最东边的中国人与西域各地有了人员往来，而且相互开始有了比较直接的了解，也有了物品的东西流动。人类历史上伟大的"丝绸之路"正式开通。东西文献都有不少关于伟大的"丝绸之路"的记载。本文主要介绍和分析中文古籍和阿拉伯—波斯古籍两个方面关于"丝绸之路"的记载。

一　唐代陆海丝绸之路繁荣和相关中文古籍

莫高窟第323窟[1]是敦煌比较著名的壁画洞窟之一，"张骞出使西域图"便是其中的一幅。这个洞窟的壁画曾经被美国人华尔纳剥离了一些，幸运的是华尔纳没有剥离张骞出使西域图，让这幅"研究丝绸之路历史和中外文化交流史的极为珍贵的形象资料"保留了下来。敦煌研究院的介绍说：北壁的《张骞出使西域》，讲述的是霍去病在攻打匈奴胜利后获得了两个"祭天金人"，于是汉武帝建造了"甘泉宫"供奉这两个"祭天金人"。虽然每日带领群臣焚香礼拜，但不知金人的名号，故而派张骞赴西域问金人名号的故事。画面中汉武帝骑在马上，群臣持伞盖相随与张骞告别，张骞一行人

1　兰登·华尔纳（Langdon Warner），近代美国著名的探险家、考古学者，也是臭名昭著的敦煌文物偷盗犯。1881年他诞生于美国马萨诸塞州一个律师家庭，1899年入哈佛大学学习，1903年毕业，1905年重返母校哈佛大学深造考古学一年。1906年后留学日本，专攻佛教美术。1910年在朝鲜和日本调查佛教美术，1913年在哈佛大学第一次开设了东方艺术课程，1916年来华为新成立的克利夫兰美术馆收集中国文物。1923年回到哈佛，曾任福格艺术博物馆东方部主任，随即组织考古队远赴中国敦煌，剥离莫高窟唐代壁画精品十余幅，并盗走第328窟彩塑供养菩萨像等。

马穿山越岭，长途跋涉已近大夏国，远处城垣在望，城内寺塔林立，城外已有比丘出城迎接。[1]

这幅图"虽有许多牵强附会之说"，但可以让我们看到唐代人对张骞"凿空"的理解。不过笔者这里要问的是，为什么初唐的壁画将张骞出使西域与佛教挂上钩？

将"金人"与佛教挂上钩开始于北齐《魏书·释老志》。[2] 从目前存世的古籍看，魏晋和唐代前期最集中的"丝绸之路"活动是中印之间与佛教相关的交流，敦煌壁画中的传说虚构大概与此有关。今天存世的多部典籍反映了这些与佛教传布相关的交通，除最著名的玄奘的《大唐西域记》外，还有义净的（635~713）《西域南海寄归内法传》，慧超的（新罗人，唐前期）《往五天竺国传》《悟空入竺记》等。值得注意的是，如果与魏晋南北朝时期相比，隋唐时代中西僧人的往来有两个特点：一是西域高僧东来翻经者渐希，而中土高僧赴印度求法者激增，如唐代见于记载的外国译经师约三十四五人（其中印度约20人），中国赴印度求法的高僧多达60人；二是唐代求法高僧大多走海路前往印度，在赴印度的60人中有30多人走的是海路，说明唐代海上交通已经相当发达。[3] 可见，丝绸之路在张骞的时代主要是走陆路，但随着人类对海洋了解的加深，对海洋驾驭能力的增强，海上丝绸之路也逐步发达起来。可以说，唐代是"一带一路"或者"陆海"丝绸之路全面繁荣的时代。当然，海上丝绸之路全面超越陆上丝绸之路，那还要到宋代。

中国古籍中有一些关于古人亲身经历"陆海"两路的记载。比较早的是东晋法显（334~420）和他的《佛国记》。到唐代，和法显一样从陆路西行，再由海路而归的是高僧义净。当然，反映唐代陆

1　"莫高窟第323窟"，敦煌研究院，2008年10月22日。http://public.dha.ac.cn/content.aspx?id=895297935318，最后访问日期：2016年8月16日。

2　马世长：《莫高窟第323窟佛教感应故事画》，《敦煌研究》1980年第1期。

3　陈佳荣、钱江、张广达编《历代中外行纪》，上海辞书出版社，2008，第247页。

海丝绸之路繁荣的不仅有高僧们留下的亲身行纪，还有政府官员的史书记载。贾耽（730~805）所著的《边州入四夷道里记》就是最重要的典籍之一。

《新唐书》卷43下《地理志》"羁縻州"所载如下：

> 唐置羁縻诸州，皆傍塞外，或寓名于夷落，而四夷之与中国通者甚众，若将臣之所征讨，敕使之所慰赐，宜有以记其所从出。天宝中，玄宗问诸蕃国远近，鸿胪卿王忠嗣以《西域图》对，才十数国。其后贞元宰相贾耽考方域道里之数最详，从边州入四夷，通译于鸿胪者，莫不毕纪。其入四夷之路与关戍走集最要者七：一曰营州入安东道；二曰登州海行入高丽、渤海道；三曰夏州塞外通大同、云中道；四曰中受降城入回鹘道；五曰安西入西域道；六曰安南通天竺道；七曰广州通海夷道。其山川聚落，封略远近，皆概举其目。州、县有名而前所不录者，或夷狄所自名云。

贾耽是唐朝贞元年间（785~805）的宰相，《旧唐书·贾耽传》说："耽好地理学，凡四夷之使及使四夷还者，必与之从容，讯其山川土地之终始。是以九州之夷险，百蛮之土俗，区分指画，备究源流。"根据《新唐书》记载，贾耽当时不仅列出了唐朝通往四面八方的七条主要大道的名称和大方向，而且还详细说明了各条大道沿途的主要城池关隘、河流山川，并且提到了七条大道之外很多其他道路，充分展现了汉文化世界与四方交通的知识。下面是《新唐书·地理志》详细说明的第七条大道"广州通海夷道"的详细情况：

> 广州东南海行，二百里至屯门山，乃帆风西行，二日至九州石。又南二日至象石。又西南三日行，至占不劳山，山在

环王国东二百里海中。又南二日行，至陵山。又一日行，至门毒国。又一日行，至古笪国。又半日行，至奔陀浪洲。又两日行，到军突弄山。又五日行至海硖，蕃人谓之"质"，南北百里，北岸则罗越国，南岸则佛逝国。佛逝国东水行四五日，至诃陵国，南中洲之最大者。又西出硖，三日至葛葛僧祇国，在佛逝西北隅之别岛，国人多钞暴，乘船者畏惮之。其北岸则个罗。个罗西则哥谷罗国。又从葛葛僧祇四五日行，至胜邓洲。又西五日行，至婆露国。又六日行，至婆国伽蓝洲。又北四日行，至师子国，其北海岸距南天竺大岸百里。又西四日行，经没来国，南天竺之最南境。又西北经十余小国，至婆罗门西境。又西北二日行，至拔颩国。又十日行，经天竺西境小国五，至提颩国，其国有弥兰太河，一曰新头河，自北渤昆国来，西流至提颩国北，入于海。又自提颩国西二十日行，经小国二十余，至提罗卢和国，一曰罗和异国，国人于海中立华表，夜则置炬其上，使舶人夜行不迷。又西一日行，至乌剌【刺】国，乃大食国之弗利剌【刺】河，南入于海。小舟泝流，二日至末罗国，大食重镇也。又西北陆行千里，至茂门王所都缚达城。

自婆罗门南境，从没来国至乌剌【刺】国，皆缘海东岸行；其西岸之西，皆大食国，其西最南谓之三兰国。自三兰国正北二十日行，经小国十余，至设国。又十日行，经小国六七，至萨伊瞿和竭国，当海西岸。又西六七日行，经小国六七，至没巽国。又西北十日行，经小国十余，至拔离歌磨难国。又一日行，至乌剌【刺】国，与东岸路合。

贾耽能够在《边州入四夷道里记》中比较详细地描写中国通往西亚的海路，自然得益于唐与西亚的交通，而这些交通中，除了使者、商旅等，一个名叫杜环的战俘也以自己的《经行记》做出了重大贡献。杜环的详细情况不清楚，但是唐朝著名史学家、宰相杜佑

（735~812）在《通典》（卷191"边防七"）中提到了杜环，说："族子环，随镇西节度使高仙芝西征。天宝十载（751）至西海。宝应初（代宗李豫，762~763），因贾商船舶自广州而回，著《经行记》。"由此可见，杜环参加了丝绸之路历史上著名的怛罗斯[1]之战，被俘往西亚阿拉伯，后从那里脱身，乘商人船舶返回东土大唐。至于怛罗斯之战时他在唐军中身居何职，被俘后的经历，何以脱身，最后所乘之船是经由直返还是辗转几次返回中国，我们没有具体材料。不过值得庆幸的是，杜佑在《通典》中摘录了《经行记》部分内容。

杜佑《通典》卷193"边防九""大食"引用了杜环《经行记》[2]的内容：

> 杜环《经行记》云，【大食】一名亚俱罗。其大食王号"暮门"，都此处。其士女瑰伟长大，衣裳鲜洁，容止闲丽。女子出门，必拥蔽其面。无问贵贱，一日五时礼天。食肉作斋，以杀生为功德。系银带，佩银刀。断饮酒，禁音乐，人相争者，不至殴击。又有礼堂，容数万人，每七日，王出礼拜，登高座为众说法，曰："人生甚难，天道不易。奸非劫窃、细行谩言、安己危人、欺贫虐贱，有一于此，罪莫大焉。凡有征战，为敌所戮，必得生天；杀其敌人，获福无量。"率土禀化，从之如流。法唯从宽，葬唯从俭。郭郭之内，廊闬之中，土地所生，无物不有。四方辐凑，万货丰贱，锦绣珠贝，满于市肆，驼马驴骡，充于街巷。刻石蜜为卢舍，有似中国宝舆。每至节日，将献贵人。琉璃器皿，鍮石瓶钵，盖不可算数。粳米白面，不异中华。其果有楄桃，又千年枣。其蔓菁根大如斗而圆，味甚美，余菜亦与诸国同。蒲陶大者如鸡子。香油贵者有二，一名

1　怛罗斯位于今哈萨克斯坦阿拉木图以西塔拉斯。

2　《经行记》及杜环情况，参见陈佳荣、钱江、张广达编《历代中外行纪》，第311~319页。这里的"亚俱罗""或谓大食早期都城Akula之对音，阿拉伯语称al-kufah，今之库法"。

耶塞漫，一名没匝女甲反师。香草贵者有二，一名查塞菶蒲孔反，一名葜芦苃。绫绢机杼，金银匠、画匠，汉匠起作画者，京兆人樊淑、刘泚；织络者，河东人乐隈、吕礼。又以橐驼驾车。其马，俗云西海滨龙与马交所产也，腹肚小，脚腕长，善者日走千里。其驼小而紧，背有孤峰，良者日驰千里。又有驼鸟，高四尺以上，脚似驼蹄，颈项胜得人骑，行五六里，其卵大如二升。又有荠树，实如夏枣，堪作油，食除瘴。其气候温，土地无冰雪，人多疟痢，一年之内，十中五死。今吞灭四五十国，皆为所役属，多分其兵镇守。其境尽于西海焉。

恒逻斯之战是唐与大食的唯一战事，大食虽胜，但因正处于内部政权更迭之际，无暇顾及东扩；而唐朝不出两三年即遇到安史之乱，兵力内调勤王，安西四镇不保，更无法西进。不过怛罗斯之战的后果之一是大食将俘虏的唐人带回，而这些俘虏则将自己掌握的技术和知识带到阿拉伯、波斯。杜环《经行记》记载了"汉匠起作画者，京兆人樊淑、刘泚；织络者，河东人乐隈、吕礼"。历史是复杂的！一个战争和冲突会带来灾难，也会促成有益的知识交流。我们在古籍中会读到不少这样的丝绸之路历史。

二　伊斯兰文明的兴起和阿拉伯"翻译运动"

杜环的记载最有意思、最生动的内容或许是对伊斯兰教和穆斯林日常生活的介绍，如穆斯林每日的五次礼拜、礼拜的清真寺、礼拜中讲经的内容、穆斯林妇女戴面纱的习俗等。

伊斯兰教是穆斯林的先知穆罕默德于公元 7 世纪初创立的，是世界三大一神教之一（另外两个是犹太教和基督教）。穆罕默德生活在阿拉伯半岛西岸的麦加，约于 610 年得到"真主"天启后，向自己的亲人好友传播，标志着伊斯兰教的兴起。虽然穆罕默德开始传播信仰时并不顺利，被迫带领最初的信仰者从麦加迁徙（hijra）到麦地那，但在632年他去世时，伊斯兰教已经得到阿拉伯半岛大多数人的信奉。穆罕默德去世后，他的四位继承人（"哈里发"，阿拉伯语意为"继承人"）相继带领穆斯林向外发展，之后，倭马亚王朝（又作伍麦叶王朝，661~750，汉文古籍作"白衣大食"）、阿巴斯王朝（749~1258，唐代称其为"黑衣大食"）很快扩展成一个横跨亚非欧的大帝国，包括西亚（今叙利亚、伊拉克等地）、波斯、埃及、北非马格里布、西南欧比利牛斯半岛以及印度西部等地。

伊斯兰教和伊斯兰政权在穆罕默德去世后的巨大发展，当然有很深刻的原因，但就文化而言，这个征服了亚非欧广大地域的大帝国，不是摧毁各地的文化，而是接触、吸收并消化成自己的文化。这种接触、吸收、消化依靠的是自己的文化自觉，[1]而这个吸收和消化的最重要行动是阿拉伯历史上著名的"翻译运动"。

其实在多民族、多语言的中东地区，甚至在整个丝绸之路上，翻译从来就必不可少。例如佛教东传中土，佛经的翻译是中华文明史上的大事。在中东，希腊的亚历山大大帝和波斯萨珊王朝的统治者都曾经开展过翻译活动。阿拉伯人走出沙漠，征服了广大地区，那里的民众基本上不会说阿拉伯语，所以阿拉伯征服者不论是政府管理还是日常生活，都离不开翻译。倭马亚王朝时期的翻译，就是这样零散的、应时的。

在广大帝国需要翻译的语言当然很多，但最主要的是西亚流行的中古叙利亚语（Middle Syriac Aramaic，4~8世纪流行于中东，是基督教世界拉丁语、希腊语之外的第三种古代主要语言）和波斯萨珊王朝的中古波斯语（巴列维语，传入中国的祆教／拜火教就是讲这种语言）。但是到阿巴斯王朝取代伍麦叶王朝后，翻译的政治内涵越来越大。阿拉伯统治者不仅需要在理论上说明伊斯兰教在人类

1　希提：《阿拉伯通史》，马坚译，商务印书馆，1979，第357页。

历史秩序上的位置，而且要向世界表现出伊斯兰教对人类文明的继承，证明西欧的堕落和东拜占庭的无知。所以从阿巴斯王朝第二任哈里发曼苏尔（754~775）开始，政府公开鼓励、资助、组织系统的翻译，阿拉伯社会教内教外也积极回应。从叙利亚语并通过叙利亚语从希腊语，从中古波斯语（巴列维语）、梵语等，用阿拉伯文翻译了大量的希腊罗马、波斯、印度著述，包括哲学、逻辑学、数学、天文学、医学等。[1] 参与其中的不仅有阿拉伯人，也有其他民族的人；不仅有穆斯林学者，也有非穆斯林的学者。

这个持续了两百年的"翻译运动"在人类历史上绝无仅有，是丝绸之路上光辉的一页，伊斯兰文明不仅由此成为人类历史上最丰富多彩的文明之一，而且将那个时代欧洲人不屑一顾的古希腊罗马文明，通过翻译保存在阿拉伯文著述中，稍后还保存在新波斯文的著述中。[2] 正因为此，几百年后欧洲人才有机会重新找回失落的文明，使之成为文艺复兴和现代西方文明的重要资源。

前面中文典籍中贾耽提到的"大食国""茂门王"和杜环谈到的"号暮门"的"大食王"，便是阿巴斯王朝第七任哈里发马蒙（813~833）。这位哈里发是支持"翻译运动"的最重要的阿拉伯君主之一。[3] 830 年马蒙在巴格达建立了一个集图书馆、科学院和翻译局于一体的机构，即著名的"智慧馆"（Bayt al-Hikmah），推动翻译工作。虽然马蒙之后，这个"智慧馆"的重要性大减，但是此后

1　Encyclopedia of Islam, 2nd Ed. Brill, "翻译" 词条。

2　在 "翻译运动" 时代，即公元 8 世纪后期到 9 世纪，阿拉伯语是阿巴斯王朝境内各个地区的通用语言。到公元 9 世纪后期，阿巴斯王朝逐步衰落，在阿巴斯王朝东部地区出现了一些地方政权，如塔希尔王朝（Tahirid Dynasty，820~872）、萨法尔王朝（Saffarid Dynasty，860~903）和萨曼王朝（Samanid Dynasty，874~999），这些地方政权名义上奉阿巴斯王朝正朔，政治上实际各行其是。在这些地方政权统治下，新波斯语开始兴起，并且逐步成为伊朗甚至中亚地区的通行语，也为今天留下了许多波斯文古籍。阿拉伯文古籍和新波斯文古籍是那个时代留给今天的重要遗产。

3　据公元 10 世纪末的《书目》记载，哈里发马蒙在梦中看见亚里士多德对他保证，理性和教典之间没有真正的分歧。参见希提《阿拉伯通史》，第 362 页。

建立"科学馆"（Dar al-`Ilm，一种类似图书馆的藏书、学习场所）成为伊斯兰社会官私各界、教内教外的风尚。再后来，这种风尚结合进清真寺和伊斯兰学校（madrasai）。今天，我们在"一带一路"沿线一些古老清真寺的图书馆中还可以看到许多珍贵的古籍。

　　这里用一个具体的与典籍相关的事例说明阿拉伯"翻译运动"在人类文明发展史上的意义：今天我们看地图，或者绘制地图，都会使用经纬度，每个地点都有经纬度数据。这样的制图法可以追溯到公元初古希腊天文学家、地理学家、地图学家、数学家托勒密（Claudius Ptolemaeus，约 90~168）绘制的世界地图。[1] 在地图的极东地区，北部有"塞里丝"，南部有"秦 / 支那"。一般认为"塞里丝"是与"丝"相关的一个词，是经过陆上丝绸之路传到西方的，而"秦 / 支那"应该是通过印度传到西方的与"秦""秦人"相关的知识。这一反映丝绸之路知识传布的托勒密著作《地理学》和托勒密地图，以及按经纬度进行的制图法，在欧洲进入神学取代科学的黑暗的中世纪以后，逐步被欧洲人忽略甚至遗忘了。然而令人庆幸的是，托勒密的著作和他按照经纬度绘制的地图被阿拉伯人翻译成阿拉伯文而保存了下来，并且影响了阿拉伯—波斯学者对地球的了解和地图的绘制（如花拉子密的书和伊德里希世界地图）。

　　总之，公元 8 世纪以后，随着伊斯兰文明的繁荣，亚欧大陆出现了两个交相辉映的文明体，即东亚的中华文明和西亚的伊斯兰文明。伊斯兰文明和中华文明一样，都产生了大量的古籍文献。这些阿拉伯—波斯古籍文献从西亚北非的视角，记载了人类在丝绸之路上的活动。而此时，公元 476 年西罗马帝国瓦解后，欧洲进入黑

1　关于地图的绘制，中国古代有类似经纬度的制图法，即所谓的"计里画方"。一般认为这种"矩形网格"制图法是西晋裴秀提出的。现存最早以"计里画方"之法绘制出的地图是《禹迹图》。虽然中国古代的这种制图方法有重要意义，但近年来学者研究发现，中国采用这种制图法制图时，实际上缺少或者根本没有具体的测量资料。参见成一农《对"计里画方"在中国地图绘制史中地位的重新评价》，中国社会科学院历史研究所明史研究室编《明史研究论丛》第十二辑，中国广播电视出版社，2014。

暗的中世纪，不仅军事政治、人文科学一落千丈，而且忘却了自己的先人在希腊罗马时代的文化成就。也就是说，在欧洲文艺复兴之前，甚至到公元1500年之前，除了中文典籍，阿拉伯—波斯古籍是关于丝绸之路最重要的古籍文献群。

三　阿拉伯—波斯古籍中的"一带一路"

（一）阿拉伯—波斯游记文献中的中国知识

中国著名学者张星烺在1930年编写出版了《中西交通史料汇编》，其中"阿拉伯人关于中国之记载"[1] 共摘引了10种著作，第一种《苏烈曼游记》是著名的阿拉伯东方游记之一。张星烺先生之后，刘半农父女合译了法国著名东方学家、穆斯林文献研究家费琅（Gabriel Ferrand）1922年的法译本。这部著作的手稿是17世纪法国人在叙利亚阿勒颇收购的，目前收藏在法国国家图书馆。18世纪初开始有法国学者进行研究，包括手稿的公布和翻译等，此后有多种语言译本。目前最好的译本是1948年法国学者J. 索瓦杰（Jean Sauvaget）的法文译注。20世纪80年代穆根来、汶江、黄倬汉根据索瓦杰的译注本做了翻译，书名为《中国印度见闻录》（中华书局，1983）。这本书分为两部分：前一部分写成于伊斯兰历237年（即851年7月5日至852年6月22日）；后一部分大致写于公元916年，[2] 因为后一部分的作者提及了黄巢起义军于伊斯兰历264年（即877年9月13日至878年9月2日）攻陷广州，并提及自己于伊斯兰历303年（即915年7月17日至916年7月4日）在巴士拉见到了另外一位著名的阿拉伯学者。关于书的作者，学者们都同意后一部分

1　参见《中西交通史料汇编》第三编《古代中国与阿拉伯之交通》第五章。张星烺先生编写《中西交通史料汇编》时参考、引用了亨利·玉尔《契丹及通往契丹之路》的相关内容，此处不赘述。

2　《中国印度见闻录》包括了从法文翻译的前一部分和从日文翻译的后一部分。

的作者是阿布·赛义德，但前一部分的作者，目前大多数学者认为
并不是所谓的"苏莱曼"，因为书中只是在一个地方提到这位"苏
莱曼"，而且那一段的叙述突然从第一人称转为第三人称；同时，
中世纪阿拉伯—波斯其他著作家提到这部书时，都是只说书名，而
没有作者名。所以这本书是当时伊拉克社会流行的茶余饭后消遣性
传闻的汇集，成书不久其编者的名字就被遗忘了。

　　虽然是公元 9~10 世纪的传闻，但是学者认为其内容非常重要，
因为内容表明，它的信息是从那些很可能到过中国的人那里搜集汇
编的，反映了当时大食人（阿拉伯人、波斯人等）与中国的往来及
获得的信息，并且不少内容能够与其他阿拉伯—波斯文献，甚至是
与中文文献相对勘。例如，《中国印度见闻录》中谈及的从阿拉伯半
岛前往中国的海路线路和沿途岛屿，与贾耽描述的第七条大道"广
州通海夷道"的情况基本吻合；描述的"在商人云集之地广州，中
国官长委任一个穆斯林，授权他解决这个地区各穆斯林之间的纠
纷"（第 7 页），显然是中国历史上在广州设立的"蕃长"，这些
"蕃长"是政府设立来管理当年在广州"住唐"、等待季风返回阿拉
伯、波斯的商人。目前虽然在唐代文献中尚未发现非常明确的关于
"蕃长"的记载，但北宋《萍洲可谈》的记载非常清晰。《萍洲可
谈》卷 2 记："广州蕃坊，海外诸国人聚居，置蕃长一人，管勾蕃坊
公事，专切招邀蕃商入贡，用蕃官为之，巾袍履笏如华人。蕃人有
罪，诣广州鞫实，送蕃坊行遣。"[1] 当然《中国印度见闻录》的有些记
载比较容易与历史对接，如记载了中国使用带孔的铜钱（第 99 页），
又如中国男人"总是留着满头长发"（第 120 页），再如中国人婚姻
注意到"凡是亲属，或同一血统关系的男女不能结婚，只能到本族
以外去求亲"，"中国人公认，避免同族通婚，可以生育出优秀的后

1　朱彧撰《萍洲可谈》，中华书局，2007，第 134 页。

代"（第 120~121 页），[1] 有些则需要做更多思考。

总之，虽然《中国印度见闻录》的作者很可能并没有到过中国，但其中记载的中国信息，应该是亲身经历者在巴格达流传开的，有些可以补充中文文献中缺少的内容。目前研究认为，真正抵达中国的阿拉伯旅行家是 14 世纪的伊本·白图泰。其实即便伊本·白图泰真正到过中国，他游记中的某些内容也不合情理。不过作者在亲身经历的记载中添加了一些道听途说的内容，还有事后补充时的错简、讹误，大概是几百年前旅游文献的通常毛病。著名的《马可波罗游记》也有类似的问题。

虽然真正到过中国的阿拉伯—波斯旅行家很少，或者说历史并没有留下他们的记录，但不少阿拉伯—波斯著作家曾经从西亚往东旅行，有丝绸之路的亲身经历，并且留下了一些重要的记载。如著名的阿拉伯地名词典学家雅库特（1179~1229）主要活动在叙利亚和伊拉克，曾经在伊斯兰东方广泛旅行：1216~1217 年游访了你沙不儿和马鲁；1219 年游访了巴里黑、马鲁察叶可等；1219 年游历了花剌子模。这些游历让他感受、了解到蒙古成吉思汗的兴起和西征，不仅为他自己著名的《地名词典》增添了一线的材料，也为那个时代生活在西亚阿拉伯核心地区的著作家们提供了信息。

当然，到蒙古西征灭亡巴格达的阿巴斯政权，在伊朗建立了蒙古政权"伊利汗国"后，伊利汗国君主不久皈依了伊斯兰教，伊斯兰的蒙古政权又用波斯—阿拉伯文编纂了一些古籍，如《史集》《世界征服者史》等。这些古籍是笔者所在的南京大学元史研究室的重要研究内容。

（二）阿拉伯—波斯地图知识在"一带一路"上的传播

阿拉伯地图学继承了欧洲的传统，有圆形世界地图，有分区地

1　这一段中的页码数为《中国印度见闻录》中的相应页码。

图，也有世界全图。阿拉伯地图学知识在蒙古元朝时期东传中国。这个知识后来的具体体现，不仅有明朝的《大明混一图》，而且还有朝鲜李荟、权近在 1402 年绘制出的《混一疆理历代国都之图》。根据地图上权近的题跋，我们知道建文元年（1399）明惠帝登基时，朝鲜贺使金士衡在中国见到了元代李泽民的《声教广被图》和清浚的《混一疆理图》，并将这两幅图的复本带回国。建文四年（1402），经金士衡和李茂研究，由李荟详校后合为一图，又由权近增加了朝鲜和日本，合成新图，名为《混一疆理历代国都之图》。这两幅《混一图》上都有很多中亚、西亚、北非、欧洲的地理信息，这些信息都是东方汉地典籍以前没有记载的，想必一定是由蒙元时期阿拉伯—波斯地区东传来华的。现在中国和日本一些学者对《混一疆理历代国都之图》上的部分中亚、西亚、北非地名进行了研究，已经肯定了上述看法。

　　阿拉伯—波斯地理学、地图学对中国的影响，还体现在一幅维吾尔族古代地图上。在公元 10 世纪以后，以今天的喀什及喀什以西为中心，建立起了一个很重要的政权"喀喇汗王朝"。[1] 这个王朝一直到成吉思汗兴起后才最后灭亡。今天一般认为该王朝王室是维吾尔族的先人。出身于喀喇汗王朝王室的著名学者马赫穆德·喀什噶里，大概受到王室内部矛盾的影响，离开中亚，前往阿巴斯王朝首都巴格达，在那里编写了《突厥语大词典》，该书实际上是一部百科全书，用阿拉伯文介绍、解释了突厥人的语言、文学、生活、传统、地名、风俗等。书中附有一幅阿拉伯—波斯式的圆形世界地图，不过阿拉伯—波斯传统的圆形世界地图是以伊斯兰的圣地麦加为中心，而喀什噶里的圆形地图以中亚喀喇汗王朝为中心，不仅有继承，而且有创意。

1　参见魏良弢《喀喇汗王朝史》，《中国历史·喀喇汗王朝史　西辽史》，人民出版社，2010。

（三）阿拉伯—波斯航海技术对中国航海事业的推动

古代中国人发展出很好的航海技术，掌握了很好的航海知识，郑和船队的七次下西洋就是很好的证明。关于郑和航海，中文古籍中有三本重要的亲身经历者的记载，即随郑和航海的费信所著的《星槎胜览》（明正统元年定稿）、马欢所著的《瀛涯胜览》、巩珍所著的《西洋番国志》（宣德九年，即 1434 年）。费信随船队四次下西洋（第一次于永乐七年，即 1409 年；第二次于永乐十年；第三次于永乐十三年；第四次于宣德五年）；马欢三次下西洋（第一次于永乐十一年；第二次于永乐十九年；第三次于宣德六年）；巩珍随郑和第七次下西洋。此外还有《郑和航海图》和《两种海道针经》（《顺风相送》和《指南正法》）。这些都是关于那个时代航海技术的记载。

根据《郑和航海图》和《顺风相送》，我们可以看到，大致以苏门答腊岛为分界线，从苏门答腊岛往西与苏门答腊岛往东航行，航海技术是不同的。从中国到苏门答腊岛的航行基本上是根据中国自古以来在东亚海域航行的经验，包括"针路"（罗盘方位）、"更数"（水上的里程，即一昼夜分为十更，一更合六十里），当然还有日月出入、风云变幻、海流潮汐进退等。[1] 但是从苏门答腊岛往西（往北至孟加拉国不同）前往斯里兰卡 / 锡兰、印度、马尔代夫（溜山国），甚至更西，除了所谓的"针路"和"更数"，还使用星辰定位的方法（牵星过洋）。所以中国的商船以往只到印度西海岸古里、柯枝一带。古里，《明史》称其为"西洋大国"，"诸蕃要会也"。[2] 元代汪大渊《岛夷志略》描绘"古里佛，当巨海之要冲，去僧加剌密迩，亦西洋诸番之马头也"。[3] 宋代周去非《岭外代答》说，"大食之

1　参见《两种海道针经》"二　关于两种海道针经内容的介绍"，向达校注，中华书局，1982，第 5~8 页。

2　《明史·外国传·古里》，中华书局，1984，第 8439~8440 页。

3　汪大渊：《岛夷志略校释》，苏继庼校释，中华书局，1981，第 325 页。

来也，以小舟运而南行，至故临国，易大舟而东行"（卷 3，航海外夷）。又说，"中国舶商欲往大食，必自故临易小舟而往"。而 1343 年伊本·白图泰在古里等传来中国时说，"该地与中国往来，殆由中国船任之"（《岛夷志略校释》，第 7 页）。那为什么这个地方如此重要？当然，当地政权政治军事力量的原因重要，但从航海技术上讲，这里是东西航海技术的分界线，因为印度洋与东亚海域地理海洋面貌不同、季风不同（东亚海域为南北季风；印度洋为东西季风）、星座不同（东亚海域航海观察北斗星；印度洋海域航海观测布司星、水平星、北辰星、华盖星、灯笼骨星等）。所以我们看到郑和船队在苏门答腊岛以西的航行中，使用了"牵星过洋"的技术。而这个航海技术不是中国人自己的，是蒙古元朝时期色目人经丝绸之路带来的。

笔者的导师陈得芝先生在元代文献中发现蒙古元朝政府在福建沿海一带征收"海道回回剌那麻"，并要求征收到了之后，"具呈中书省行下合属取索者"。这里的"剌那麻"是阿拉伯文"rah-nāma"的音译，意思是"航海书"。[1] 由此看来，元朝从回回那里征收到的"剌那麻"航海书是明朝得到阿拉伯—波斯航海技术的重要来源。虽然今天留存下来的元代和明代文献中，没有更多的史料说明"海道回回剌那麻"的内容，但是我们可以在另外一件历史事件和历史典籍中看到它的身影。

葡萄牙航海家达·伽马（Vasco da Gama，约 1469~1524）于 15 世纪末从欧洲绕好望角到达非洲东岸，准备横跨印度洋航行至印度，但是苦于不了解印度洋航行情况，于是找到阿拉伯航海家伊本·马吉德，伊本·马吉德带领他们成功渡过印度洋，从而开辟了新时代——欧洲大航海时代。伊本·马吉德使用的航海书今天仍然

1　陈得芝：《元代海外交通的发展与明初郑和下西洋》，载纪念伟大航海家郑和下西洋 580 周年筹备委员会《郑和下西洋论文集》第二集，南京大学出版社，1985。后收入陈得芝《蒙元史研究丛稿》，人民出版社，2005，第 422 页。

存世，是研究古代丝绸之路上阿拉伯—波斯航海技术的重要古籍。元代从福建沿海搜集的"海道回回剌那麻"应该类似于伊本·马吉德航海书。

　　总之，阿拉伯—波斯古籍和中文古籍一样，保留了大量东西各国人民在"一带一路"上活动的历史记录。2014 年 6 月习近平在"弘扬丝路精神，深化中阿合作"的讲话中指出，"民心相通是'一带一路'建设的重要内容，也是关键基础"。[1]那么如何才能够实现习近平所说的"民心相通"呢？我们今天研究中文古籍和阿拉伯—波斯文古籍中有关"一带一路"的记载，研究东西各国人民历史上的文化交流和文明互鉴，就是促进"一带一路"沿线，特别是中国与阿拉伯、波斯之间民心相通的重要工作。

---

1 《弘扬丝路精神　深化中阿合作——在中阿合作论坛第六届部长级会议开幕式上的讲话》，人民网，2014 年 6 月 6 日。http://politics.people.com.cn/n/2014/0606/clo24-25110600.html，最后访问日期：2018 年 12 月 13 日。

回鹘时代：10~13世纪陆上丝绸之路的特点与内涵

杨　蕤[*]

10~13世纪中国处于分裂割据的时期，群雄争霸，一统难继。唐朝中期以后，随着吐蕃入侵西北等事件的发生，陆上丝绸之路的情形较前就有所不同，"无数驼铃遥过碛，应驮白练到安西"，[1]已往丝绸之路繁荣的盛景不复存在了。元朝结束了纷乱割据的政治局面，东西交往孔道顺畅，陆上丝绸之路似乎出现了一段"回光返照"式的繁荣与兴盛。依此看来，10~13世纪则处于两个统一帝国的过渡时段，政治上的纷乱局面使得东西交往受到一定影响，甚至有学者曾持有这

* 杨蕤，北方民族大学文史学院。

1 张籍《凉州词三首·其一》："边城暮雨雁飞低，芦笋初生渐欲齐。无数铃声遥过碛，应驮白练到安西。"《凉州词三首·其三》："凤林关里水东流，白草黄榆六十秋。边将皆承主恩泽，无人解道取凉州。"

一时段陆上丝绸之路断绝的观点。与此同时，西域及中亚等地区也出现了若干分裂割据政权，如喀喇汗王朝、西辽、于阗、高昌、回鹘等。在分裂割据的政治形态下，陆上丝绸之路到底发生了怎样的变化？又具有什么样的特点和内涵？本文拟从10~13世纪陆上丝绸之路的贸易物品、贸易方式、贸易主体三方面来阐述上述问题。

一　贸易物品：丝绸之路的输入品与输出品

通过检索史籍，可以归纳出10~13世纪陆上丝绸之路的输入品主要有动物及其相关产品、药品及香料、纺织品和装饰品、矿石及其他等类别。为方便讨论，兹成表1如下。

表1　10~13世纪陆上丝绸之路的输入品

类别	输入品
动物及其相关产品	野马皮、白鹘、羚羊角、牦牛尾、羱羊、貂鼠、驼峰、象、狮子、大尾羊、独峰驼、橐驼、马匹
药品及香料	乳香、硇砂、琥珀、木香、安息香、黄矾、牛黄、梧桐律、龙盐、鸡舌香、龙脑、黄连、腽肭脐、麝香、阿魏
纺织品和装饰品	兜罗锦、花蕊布、白氎、火浣布、波斯锦
矿石及其他	玉狻猊、琉璃、玛瑙、镔铁、鍮石、椰枣、蔷薇水、珊瑚

从丝路贸易的视角看，这一时期通过陆上丝绸之路的输入商品较前朝没有大的变化，依然以畜产品、香料、珍奇异宝为主（见表2）。

表2　唐宋朝丝路进贡物品及外来物种之对照

比较类别	比较细目	进贡者或引进地	
		唐代	五代、宋代
人	战俘（突厥人、回鹘人、高丽人等）	战争掳掠	
	奴隶（波斯人、突厥人、高丽人、斯拉夫人、新罗人、马来人、黑人等）	有的进贡而来，有的贸易而来	
	侏儒（俾格米人）	康国等	
	人质（突厥人、高丽人等）	政治手段	
	贡人（突厥人、吐蕃人、西域胡僧等）	回鹘、吐火罗等	
	乐人和舞伎	于阗、安国、曹国、日本等	
家畜	马	回鹘、突厥、薛延陀、昭武九姓、大宛、吐蕃、大食等	回鹘、沙州
	骆驼	回鹘、吐蕃、于阗等	回鹘、于阗、龟兹回鹘
	牦牛	吐蕃、吐谷浑等	回鹘
	绵羊和山羊	突厥等	回鹘、龟兹回鹘
	驴、骡、野驴	吐蕃、波斯、吐火罗等	
	犬	康国、龟兹、波斯等	
野兽	大象	林邑等东南亚国家	于阗（虽然有史料记载，但对其真实性表示怀疑）
	狮子	康国、米国、波斯、大食等	吐蕃、于阗、回鹘
	豹与猎豹	天竺、米国、史国、珂咄罗国、安国、康国、波斯、大食等	
	黑貂或白貂	东北地区等	回鹘
	瞪羚或小羚羊	吐火罗等	回鹘
	叉角羚	吐蕃、突厥、薛延陀等	
	天铁熊	伽毗叶等	
	土拨鼠	吐蕃	
	猫鼬	罽宾国	
	鼬鼠或白鼬	波斯	

续表

比较类别	比较细目	进贡者或引进地	
		唐代	五代、宋代
飞禽	鹰和鹘	高丽、沙州	
	鹦鹉	南天竺、山国、尸利佛誓、吐火罗等	
	鸵鸟	安息国、吐火罗等	
	貂及貂类动物皮	乌罗浑部	
	狮皮	西突厥	
	牦牛尾	吐蕃等	回鹘、吐蕃、于阗
	狐尾	西域、中亚	
植物	椰枣树	波斯国	
	菩提树	摩揭陀国	
	郁金香	天竺、安国	
	水仙	罗马	
食物	葡萄和葡萄酒	西域	
	诃子	突骑施、石国、史国、米国、罽宾国	
	千金藤	突骑施	
	阿月浑子	粟特、呼罗珊等	
	胡椒	摩揭陀国	
	石蜜	安国、火寻国等	
香料	沉香	东南亚、波斯等	
	安息香	波斯、东南亚	
	乳香	波斯	回鹘、于阗、大食、
	没药	波斯	
	丁香	东南亚	回鹘
	木香	曹国、狮子国	于阗、回鹘
	茉莉油	天竺、波斯	·
	阿末香	大食	

续表

比较类别	比较细目	进贡者或引进地	
		唐代	五代、宋代
药物	质汗	印度、突骑施、石国、米国、罽宾国、吐火罗等	
	底也迦	拂菻	
	肉豆蔻	昆仑大秦国	
	木蜜	西域交河	
	吉莱阿德香膏	拂菻	
	波斯树脂	波斯、大秦	
	阿魏	西域、中亚等国	回鹘、于阗
	鹤虱	波斯	
	腽肭	新罗、西域	回鹘、于阗
	绿盐	中亚焉耆等	
纺织品	金衣	吐火罗	
	毛织品	吐蕃	回鹘
	毛毯	安国、米国、突骑施、石国、米国、史国等	
	石棉	大秦	回鹘
	波斯锦	骨咄罗、罽宾国	回鹘、于阗、大食
	棉布	西域、林邑、狮子国等	回鹘
	骨螺贝	波斯	
	青黛	曹国、拨汗那国、波斯	
	婆罗得	波斯、西海	
	栎五倍子	波斯	
工业用矿石	黑盐、红盐	突骑施、石国、米国、史国、火寻国、罽宾国	回鹘
	明矾	波斯、高昌	回鹘
	硇沙	西域	回鹘、于阗
	硼砂	西域	回鹘
	硝石、朴硝、芒硝	西域	
	密陀僧	波斯	
	金刚石	东南亚、东罗马、中亚等地区	

续表

比较类别	比较细目	进贡者或引进地	
		唐代	五代、宋代
宝石	玉	于阗、康国、吐蕃等	回鹘、于阗、吐蕃、大食等
	水精	康国、罽宾国	大食
	光玉髓（玛瑙）	康国、吐火罗、波斯等	
	孔雀石	于阗、大理国等	
	天青石（瑟瑟）	于阗、石国等	
	金精	拂菻、吐火罗、五识匿国等	
	玻璃	西域、中亚、罽宾国、吐火罗等	
	象牙	东南亚、狮子国等	大食
	珍珠	罽宾国、天竺、林邑、狮子国等	
	车渠	拂菻	
	珊瑚	波斯、狮子国	回鹘、大食
	琥珀	波斯	回鹘、沙州、于阗
	煤玉	高昌	
金属制品	黄金	吐蕃、回鹘、石国、米国、史国、新罗等	
	银	吐蕃、新罗、突厥	
	黄铜（鍮石）	米国	于阗
	金币与银币	西域、大食	
世俗器物	鸵鸟蛋杯	安国、康国	
	玛瑙器皿	拂菻、吐火罗	于阗、龟兹回鹘、回鹘、大食
	宝床子	安国	
	盔甲	突厥、百济、康国等	龟兹回鹘、于阗
	佛像	于阗、新罗	
书籍	贝叶书	俱兰国、狮子国、西域等	
	宗教书籍	天竺、于阗等	回鹘

　　注：出于对比研究的需要，仅将唐代从陆上丝绸之路而来的物品列出。由于资料极其有限，本表只是一个略显粗浅的对比。

　　资料来源：据美国谢弗《唐代的外来文明》（陕西师范大学出版社，2005）一书提供的信息制成。

就 10~13 世纪陆上丝绸之路的输出品而言，有三个问题值得关注。

一是茶叶外销的问题。

饮茶之风在唐代还尚未普及，入宋以后茶坊酒店大量涌现，表明茶叶在城市居民中大受欢迎。[1]宋代更常见的是城乡居民直接买茶回家饮用，[2]可见宋代饮茶之俗在民间广为普及。宋代茶叶的生产也较唐代大大提高。唐代的茶叶生产地总体范围辽阔，但分布较散，犹如一个个孤立的点散布于南方各地茶产地的大体轮廓颇有漫画式的简洁；到宋代以后，每个产茶区内部茶叶产地比重不断提高，茶产地就有了浓笔浓抹、色彩鲜明的水彩画意味了。[3]概受茶叶产量、饮茶的普及程度等因素的影响，茶叶并非唐代大宗的丝路出口商品："时回纥入朝，始驱马市茶。"[4]此为德宗贞元（785~805）之事，是茶马互市见于史书的较早记载。由此可见，在唐中后期以后，西域诸胡才开始了茶马贸易，而且由于饮茶之风在少数民族地区还尚未普遍形成，唐代的茶马互市还是零星的、小规模的。

宋时情况则大不一样，茶叶成为丝路贸易中的大宗商品。西北地区的茶叶贸易相当普遍。宋太宗曾云："赍茶于蕃部中贸易，以给军食，未尝发民输送也。"[5]宋朝与辽、夏的"岁币"中，首先是布帛，其二便是茶叶。游牧民族因为肉食习惯，又地处高寒，对茶叶有着高度的兴趣，唯茶最为所欲之物。[6]知延州庞籍曾向宋廷报告说："诸路皆传：元昊为西蕃所败；叶勒族叛；黄鼠食稼，天旱；赐遗

1　李春棠：《从宋代酒店茶坊看商品经济的发展》，《湖南师院学报》1984 年第 3 期。

2　孙洪升：《唐宋茶叶经济》，社会科学文献出版社，2001，第 99~100 页。

3　孙洪升：《唐宋茶叶经济》，第 65~66 页。

4　《旧唐书》，中华书局，1975，第 5612 页。

5　《续资治通鉴长编》，中华书局，2004，第 575 页。

6　"茶之为物，西戎、吐蕃古今皆仰给之。以其腥肉之物，非茶不消，青稞之熟，非茶不解，故不能不赖于此。"顾炎武：《天下郡国利弊书五》"四川备录"中"王廷相严茶议"，《四部丛刊三编》（二十三），上海书店，1986。

互市久不通，饮无茶，衣帛贵。国内疲困，思纳款。"[1] 茶叶除为游牧民族自身消耗外，同时也是一种重要的丝路中转商品："西北连接诸蕃，以茶数斤，可以博羊一口。"[2] "茶之为利甚博，商贾转致于西北，利尝至数倍。"[3] 著名法国汉学家谢和耐就曾指出：茶叶等商品是西夏和西域、中东之间贸易的主要物品。[4] 宋朝在西北的茶叶输出量极大，徽宗朝仅陕西缘边用以同诸蕃交易的茶叶量，每年就达二万驮以上。[5] 宋朝在秦、泾、熙、陇等地设立了 32 处卖茶场。[6] 茶叶贸易的兴起，给衰落中的丝路贸易增添了几分生机。不仅如此，这一时期的茶叶还有可能输入更远的中亚地区。黄时鉴推断，公元 10~11世纪，茶叶肯定继续传至吐蕃并传到高昌、于阗和七河地区，而且可能经于阗传入河中以至波斯、印度，也可能经由于阗或西藏传入印度、波斯。[7]

二是丝织品的输出问题。

丝绸之路的得名主要出于中国丝绸在西方的巨大影响，宋代时期是否继承了汉唐帝国通过陆上丝绸之路输出丝绸织品的传统？宋代我国的丝绸生产又迈上了一个新台阶，宋代部分桑蚕丝织生产已脱离农业生产，作为独立的家庭手工业已趋于专业化、商品化，而桑蚕丝织生产的商品化又促进了其内部桑、蚕、丝、织生产过程的加工——"机户"的出现，标志着家庭丝织业向手工业作坊丝织业的转变，表明了宋代丝织业商品性生产进入了一个新的发展阶段。[8]宋代无论是官方还是民间丝绸生产的规模也有发展，尤其是民间生

1　《续资治通鉴长编》，第 3330 页。

2　《续资治通鉴长编》，第 3614 页。

3　《宋史》，中华书局，1985，第 4479 页。

4　谢和耐：《中国社会史》，耿昇译，江苏人民出版社，1995，第 280 页。

5　徐松：《宋会要辑稿》，中华书局，1957，第 5352 页。

6　《宋史》，第 4499 页。

7　黄时鉴：《关于茶在北亚和西域的早期传播——兼说马可·波罗未有记茶》，中国国际文化书院编《中西文化交流先驱——马可·波罗》，商务印书馆，1995。

8　李卿：《略论宋代丝织生产的商品化》，《河北学刊》2001 年第 2 期。

产规模空前扩展。这一点也可以从北宋与辽夏金政权的求和赔偿中体现出来，这一时期大量丝织品被输往北国。在公元 10 世纪伊斯兰著作中，也有提及中国的丝绸："在上帝所有造物中，该帝国（中国——引者注）的居民是在绘画和所有艺术中手最灵巧者。任何一个其他民族在任何伙计方面都无法超过他们……有一个人在一块丝绸织物上绘制了一谷穗和落在上面的一只麻雀，其作品的精致使观众的目光也肯定会发生错觉。"[1]《突厥语大词典》中也有一些关于中国丝织品的词条或信息，如 "锦缎。秦制造的红色的绣有金丝线的丝织品"；[2]"绢子。一种秦绸，有红、黄、绿等各种颜色"；[3]"缎，绸缎。桃花石汗的绸缎多，也不能不量而裁"。[4] 该书中多次出现来自 "秦地" 的丝绸或丝织品的专门词汇。此外，从宋代海外贸易的角度看，无论是对南海诸国还是东亚的日本和朝鲜，丝织品都是必不可少的贸易品。[5] 此外，在巴黎所藏的宋初和田文书 P.2958 明确记载了使人带回大量丝绸的信息："我已把这二百匹丝绸的东西从很远的地方带到夏国，现在我不能送这样大的一分礼物了，因为我作为信使在这里周游。至于这些二百匹丝绸东西，我把一百五十匹丝绸作为贡品献给王庭，五十匹丝绸给您。"[6] 加之丝绸制品适宜陆上驼队运输，综上判断，丝织品应是陆上丝绸之路的重要输出品。

　　三是瓷器在陆上通道的西传问题。

　　随着航海技术的发展，瓷器已经成为宋代海上贸易的重要输出品，出现了一批专供出口的外销瓷。这些情况在伊斯兰古籍中也有所反映，不少古籍中记载了中国瓷器在伊斯兰世界大受欢迎的情

1　马苏第:《黄金草原》，耿昇译，青海人民出版社，1998，第 189 页。

2　麻赫默得·喀什噶里:《突厥语大词典》第 1 册，新疆人民出版社，2002，第 346 页。

3　麻赫默得·喀什噶里:《突厥语大词典》第 1 册，第 446 页。

4　麻赫默得·喀什噶里:《突厥语大词典》第 1 册，第 450 页。

5　陈高华、吴泰同:《宋元时期的海外贸易》，天津人民出版社，1981，第 54~61 页。

6　黄盛璋:《和田塞语七件文书考释》，《新疆社会科学》1983 年第 3 期。

况。例如成书于宋代时期《地名词典》记载："某国王遗留的大批金银财宝和稀世珍品中有……14 箱中国瓷器和精致豪华的玻璃器皿。"[1]成书于公元 9 世纪的伊斯兰著作《历代民族与帝王史》伊历 134 年（756）条下记载："艾布·达乌德在杀死国王及其下属时，得到许多他从未见过的镶刻黄金的中国瓷器，以及全部用锦缎所做的中国马鞍，还有大量中国的奇珍异宝。"[2]在成书于 9 世纪的《乐府集成》中同样提到中国瓷器："这精美绝伦来自中国的瓷器，上有巧夺天工者描绘的画图。刚刚还是件旷世难觅的珍宝，转眼便成羊犄角下几片碎物。"[3]成书于 13 世纪的《名人全传》载："当他的女儿语素丹的儿子阿努克大婚之际，我（作者）正在开罗，看到了从他家向城堡走去的送礼队伍。脚夫的数量是：抗绣花锦缎扶手椅 40 个……中国瓷器 33 个，镏金玻璃（器皿）12 个。"[4]现在尚不能判断上述文献中中国瓷器是通过何种途径进入中亚地区的，但不排除从陆路传入的可能，这是因为一些考古发现表明瓷器也应是宋代陆上丝绸之路的输出品，例如在青海阿拉尔宋墓中也曾出土过一只白瓷碗，是宋代黑白瓷碗中常见的一种，[5]应该是通过陆路辗转而来。另外，近年来在辽代墓葬中陆续发现了来自西方的玻璃器皿，显然是经陆路传入的。三上次男曾经考察了伊朗的内沙布尔一、赖伊等遗址，并发现了 9~13 世纪的中国陶瓷。他同时指出，9~10 世纪以后通过陆上交通路线把若干中国陶瓷运往西方，但把大量中国陶瓷普及到西方世界主要还是依靠海上交通。[6]玻璃与瓷器均属于易碎、不易携带和运输的产品，既有西

1　葛铁鹰：《阿拉伯古籍中的中国》（三），《阿拉伯世界》2003 年第 1 期。

2　葛铁鹰：《阿拉伯古籍中的中国》（五），《阿拉伯世界》2003 年第 3 期。

3　葛铁鹰：《阿拉伯古籍中的中国》（九），《阿拉伯世界》2004 年第 1 期。

4　葛铁鹰：《阿拉伯古籍中的中国》（十二），《阿拉伯世界》2004 年第 4 期。

5　李遇春：《阿拉尔发现木乃伊》，《文物参考资料》1957 年第 2 期。

6　三上次男：《陶瓷之路》，李锡经、高喜美译，文物出版社，1984，第 94~100、155 页。国内学者创办的《丝绸之路》学刊，研究内容为内陆欧亚史、地中海与中国关系史、环太平洋史（余太山、李锦绣主编《丝瓷之路——古代中外关系史研究》，"创刊词"，商务印书馆，2011）。足以看出瓷器在中西交流中的作用和地位越来越受到学界的重视。

方玻璃器皿通过陆路进入中国，瓷器也应是陆上丝路的输出品。当然，这还需要更多考古和文献资料的证实。

二　贸易方式：中继贸易的兴盛

政治情势的变化是影响10~13世纪陆上丝绸之路贸易方式的重要因素，中继贸易的兴盛显然是这一时期陆上丝绸之路的重要内涵之一。五代以后，西北地区丝路贸易的一个显著变化就是长途贩运不逮前朝。隋唐时期，中原政权不仅与西域诸胡保持着频繁的贸易往来，而且还与东罗马帝国、波斯帝国以及阿拉伯人有着密切的经济交往。有史可征的波斯帝国与唐朝的朝贡就达27次。[1]宋时，有迹可循的只有"大食"从陆路朝贡2次；而且，如前文所述，宋时的"大食"恐非唐时之"大食"也。如此来讲，西域诸蕃（于阗、回鹘等）就成宋朝（辽）最远的丝路贸易的"顾客"了。中继贸易取代长途贩运，这一结论可以从公元9~13世纪西北丝路所流通的外来商品中得出，在此不做详解。

通过本研究中丝路商品的考察，我们知道在丝路贸易中存在着一些为数不少的外来商品，因此在丝路贸易中确确实实存在着中转贸易的问题。尤其是唐以后，丝绸之路被不同政权或民族所"瓜分"，中转贸易的兴盛正是这种政治"割据"的结果。公元9~13世纪的西北地区已经是一个大的中转贸易市场，从上述商品的考察中可以得知，这种中继贸易带有浓郁的国际色彩，一些本产于欧洲、红海沿岸、阿拉伯半岛乃至印度半岛的物品（如香料）成为这一大市场中的"常客"。不仅西域诸政权、回鹘、吐蕃是这种中继贸易的受益者，扼控丝路要道的西夏政权也从中渔利不少，北宋环庆路经略使范纯粹对此感受颇深："臣闻（西夏）累遣使入货贩，滋广同

1　李明伟：《丝绸之路贸易史》，甘肃人民出版社，1997，第373~374页。

约，所得不减三百万数。"[1] 这则史料记述了西夏与北宋的贸易之发达，"滋广同约"，间接地反映出西夏与北宋的贸易额十分可观。南宋门下侍郎耿南仲也曾认识到西夏通过丝路中转贸易获利的现象："臣窃见陛下即位之初，夏国贺正人袭用前例，持珠玉而来，欲邀厚利。三省同奉圣旨，夏人赍到珠玉更不收买，赐钱一万贯。"[2] 西夏人所持珠玉等物显然是经过转手而得的商品。其他民族也在中原地区大肆贸易：北宋大观四年（1110）西夏国遣使入贡，"诸西人入贡，诸色人私有交易编栏，使臣不觉察者，徒两年"。[3] 文献中的"诸色人"恐为西北及西域之异族，如回鹘、吐蕃之流。从前引的文献中可知一些回鹘人长期驻足于中原地区进行商业活动，北宋政府不得不下"逐客令"。

大致来讲，西北地区的中继贸易存在着榷场、互市贸易、民间贸易、贡使贸易以及民间走私等多种形式。这主要可以从贸易商品中体现出来，一些外来商品通过不同中继贸易形式进入宋朝境内，如从西夏输入的硇砂、玉石、羱羚角等商品显然非西夏的物产，这一点前已叙及。从地理空间上观察，这一时期也涌现出一批中继贸易的据点，一些商品在边境的贸易据点"就近处理"："熙宁十年（1077）十二月二十五日，诏熙河路经略司指挥，熙州自今于阗国入贡，唯赏国王表及方物，听赴阙，毋过五十人、驴马头口，准此余勿解发。止令熙州、秦州、安泊差人主管买卖。"[4] 元祐二年（1087）十月十三日"诏于阗国使，以奉表章至则间岁一入贡，余令于熙、秦州贸易"。[5] 又元祐七年（1092）二月二十八日，熙河兰岷路经略安抚司言："于阗国进奉而蕃现在界首内……今来两蕃进奉人，缘已

1 《续资治通鉴长编》，第 9006 页。

2 《靖康要录》，中华书局，1985，第 102 页。

3 《续资治通鉴长编》，第 8761 页。

4 《续资治通鉴长编》，第 7857 页。

5 《续资治通鉴长编》，第 7722 页。

有间岁许解发，指挥欲只止熙、秦州实买卖索讫，约回大蕃。"[1]可以看出，位于宋朝西缘边境的熙、秦州对进入内地进行丝路贸易的商品种类、贸易规模、贸易期限甚至人员状况等内容做出"规范性"的限制和要求，同时又作为进行丝路商品贸易和交易的重要据点，发挥着类似于今天贸易口岸的作用。这些贸易据点往往处于丝路或交通要冲之地，宋夏边界的一些城寨也具有相似的功能，如顺宁寨。[2]正是由于依托于丝路贸易，宋代西北城寨发挥着商业功能，这对于今天西北城镇分布格局的形成起到了积极的推动作用。此外，中继贸易的主体，即贸易者的成分也十分复杂，既有官方的贸易，也有民间和蕃商的贸易，甚至一些僧侣也加入贸易的行列，[3]这一点台湾学者有为详细的论述，兹不赘述。

　　公元10~13世纪西北地区的丝路中继贸易之所以较为兴盛，缘于两点原因。

　　第一，10~13世纪西北地区在政治上的割据性。五代以来，西北地区逐渐形成了以吐蕃、回鹘、党项为中心的割据集团，并且瓜分了西北地区的丝绸之路，导致了商路的不畅。然而，这并不能阻挡诸蕃与中原发生商品交流的客观经济要求；在长途贩运较为困难的情况下，外来商品就像接力棒似的辗转进入中原市场，中继贸易就是在这一特殊历史背景下所出现的一种经济运作方式。

　　第二，西北地区特殊的地缘关系。西北地区不仅是中国内陆的西大门，而且是连接北方民族的纽带，具有联系东西南北的地理特征。公元10~13世纪的西北地区，犹如一个处于十字路口的大转盘，边缘盘旋着吐蕃、回鹘、西夏、于阗、鞑靼、辽、宋等民族及政权。河西回鹘、吐蕃、于阗、鞑靼、西夏与辽朝或宋朝的贸易都是

1　《续资治通鉴长编》，第7860页。

2　前田正名『陝西横山の歴史地理学的研究：十世紀、十一世紀におけるオルドス沙漠南縁の白于山付近山地に関する歴史地理学的研究』學術出版教育書籍刊、1962。

3　江田健：《北宋陕西路商业活动》，花木兰文化出版社，2010，第45~52页。

通过西北这一中枢区域而实现的。长泽和俊指出，五代宋初河西地区存在着中继贸易。[1]事实上，在蒙古完成统一之前的西北地区莫不如此，[2]因为只要在西北地区存在着政治上的割据局面，中继贸易就不会停歇。

需要指出的是，有研究认为，宋代西北区域市场的形成是在宋夏对峙的军事形势中发展起来的。北宋在西北地区屯集大量的军队，为解决军队的供给，政府鼓励商人入中粮草，商人的入中带动了军需商品的流通，由军需商品的流通带动了民用商品的流通。[3]也有人认为西北地区自身经济的发展也是促成宋代西北区域市场形成的一个重要因素。这些论断为人们思考宋代西北区域市场的形成时提供了很好的思路，但也应当看到宋代西北区域市场的形成是宋代西北丝路发展到一种特殊形式之下而接出的一颗硕果。唐代大一统的政治格局可以使西域胡商往来长安，大肆贸易，唐长安城中的西市便是胡商们贸易的场所。在这一政治形势之下，丝绸之路出现了前所未有的繁荣景象。但安史之乱后，大唐帝国掌握丝绸之路主动权的那种气魄和景象不复存在了，代之而来的则是"山河惨淡关城闭，人物萧条井市空"的凄惨画面。公元 10~13 世纪群雄角逐于西北地区，共同瓜分了这一区域的丝绸之路，分区的中继贸易取代了盛唐时的长途贩运，这就为宋代西北区域市场的形成提供了很好的契机，前述秦州贸易支点的形成便是一个很好的例证。我们试对宋代西北市场的流通商品做一番考察，不难发现它们基本囊括在丝路贡使贸易商品的范围之内，大部分商品似乎与军事之间没有什么关联，如香料、药材、玛瑙、

1　长泽和俊:《丝绸之路史研究》，钟美珠译，天津古籍出版社，1990，第 321 页。

2　姜伯勤先生从吐鲁番文书中发现粟特商人在高昌等地也进行着中继贸易。队商依贩运能力、市场价格等因素，在各贸易中继站买进抛出。参见姜伯勤《敦煌吐鲁番文书与丝绸之路》，文物出版社，1994，第 179~180 页。

3　漆侠:《宋代经济史》，中华书局，2009，第 960~961 页。

珊瑚等珍奇异宝以及上等的毛棉织品等。不可否认，军事形势以及经济发展在宋代西北区域市场形成中发挥了积极作用，但同时应当看到，以丝绸之路为依托是宋代西北区域市场形成的大背景，特定历史条件下的中继贸易又促成了西北区域市场的发育和形成。客观地讲，西北区域市场的形成是几方力量共同作用的结果，而中继贸易在其中起到了核心的作用。

三　贸易主体：关于"回鹘时代"的提法

再从公元 10~13 世纪陆上丝绸之路贸易主体或者主导者的角度看，回鹘民众在沟通中西物质文化交流方面发挥了重大作用，其主要有三方面的体现。一是从官方朝贡贸易的内容看，西域九姓胡（昭武九姓）主宰了唐朝丝绸之路贸易的繁荣时期，这已经成为学术界的共识。这一点也可以从西域诸胡与唐王朝的朝贡状况中看出来：从唐武德七年（624）到大历七年（772）共 148 年间，九姓胡朝贡 130 次，占朝贡总数（134 次）的 97%。[1] 但到五代时期，这一状况就发生了变化。回鹘、吐蕃、于阗以及瓜、沙地方政权一跃成为与中原朝贡的主体，[2] 九姓胡人基本退出了丝路贸易的舞台。从本文中的朝贡表也可以发现，宋代以降，官方的朝贡贸易基本以回鹘民众为主体，其几乎控制了西北地区或丝路东段贸易。二是从丝路的地理空间看，回鹘商人的足迹遍及华夏中原和塞北草原。值得注意的是，公元 10~13 世纪陆上丝绸之路的一个重要特点就是在塞北掀起了一股东西方物质文化交流的浪潮，一些西方学者将之称为"第二次复兴"（A Second Flowering）。[3] 这

1　许序雅：《唐代丝绸之路与中亚历史地理研究》，西北大学出版社，2000，第 191 页。
2　周伟洲：《唐代党项》，三秦出版社，1988，第 121~122 页。
3　Irene M. Franck and David M. Brownstone, *The Silk Road: A History* (Facts On File Publications, 1986), p.185.

种状况在一定程度上也弥补了唐末以来陆上丝绸之路渐趋衰落的缺憾。同时必须承认，这种局面与回鹘人的积极参与有着密不可分的关系，回鹘人不仅控制着北方丝路的贸易权，在与中原地区的贸易和交往中也发挥着主导性的作用。这一点也为学界所认识，如罗丰指出，唐末以后回鹘人已经完全取代了隋唐间操纵丝绸之路贸易的"昭武九姓"人，成为控制国际商贸活动的一股新兴势力。[1] 三是从中西文化交流的内涵看，回鹘积极参与陆上丝绸之路不仅仅局限于商业贸易的范畴，而是已经扩展到文化交流的层次。前文所述回鹘对契丹文化的影响就是很好的例证。当然，回鹘文化在中原地区亦有一定影响。一些回鹘商人迁居内地不归者有之。"高昌诸国商人皆趋鄜州贸易，得回纥种人数万。"[2] 大量回鹘民众内迁，以致宋明道时期朝廷下了"逐客令"："河西回纥商人多缘互市，家秦陇间，请悉遣出境，戒守臣使稽察之。"[3] 甚至不排除内迁回鹘人与汉人通婚的可能："其（指回鹘——引者注）居秦川时，女未嫁者，先与汉人通。"[4]《宋史》卷 142《乐志》"小儿乐队"中有"射雕回鹘队，衣盘雕锦襦"的表述。今河南开封市郊的兴慈塔，兴建于北宋初期，其二层内壁上嵌有 20 方伎乐塑像砖。塑像砖上刻画的就是一些菩萨手执羯鼓、曲项琵琶等外来乐器进行演奏的形象，有研究认为其内容反映的就是北宋时期专供朝廷欣赏的龟兹乐队。[5] 这反映了回鹘文化对中原的渗透和影响。因此，大致从唐末、五代始，丝绸之路贸易便进入了由回鹘人发挥突出作用的"回鹘时代"（见表 3、表 4）。

1　罗丰：《五代、宋初灵州与丝绸之路》，《西北民族研究》1998 年第 2 期。

2　《宋史》，第 14161~14162 页。

3　《续资治通鉴长编》，第 2584 页。

4　洪皓：《宋元笔记小说大观》，阳羡生点校，上海古籍出版社，2001，第 2791 页。

5　赵为民、黄砚如：《开封宋代繁塔伎乐砖析评》，《河南大学学报》1988 年第 4 期。

表3 北宋时期诸蕃朝贡频度统计

单位：次

时间 \ 朝贡者	甘州回鹘	西州回鹘	回鹘	龟兹	于阗	鞑靼	瓜、沙州	大食	总计
961～1036 年	24	7	14	13	10	2	8	10	88
1037～1084 年	0	0	3	6	10	0	3	5	27
1084～1127 年	0	0	0	1	23	0	0	1	25
总计	24	7	17	20	43	2	11	16	140

表4 《辽史・属国表》所载的诸蕃进贡状况

进贡者	进贡时间（年）	次数（次）
和州回鹘	907、1112	2
阻卜	918、932、933（2 月、6 月、7 月、10 月）、939、940、941、942、986、990、994、1014、1016、1048、1049、1050（7 月、8 月、11 月）、1053、1054、1056、1066、1070（2 月、7 月）、1074、1078、1079、1081、1082、1083、1084、1086、1092（1 月、4 月）、1095（7 月、8 月）1096、1097、1099、1100、1101、1106、1110、1112	46
党项	918、933、934、986、989、994、997（2 月、6 月）、1003、1005（4 月、7 月）、1021、1066	13
回鹘	918、924、937、945、946、952、971、977、989、990（2 月、12 月）、991、992、993、994（2 月、6 月）、995（10 月、11 月）、1001、1005、1041、1043、1071、1072、1073、1077、1078、1089、1091（6 月、7 月）、1113	31
西北诸蕃	918	1
波斯国	923	1
大食	924、1020、1021	3
甘州回鹘	924	1
突厥	928、991	2
辖戛斯国	931、952、973	3

续表

进贡者	进贡时间（年）	次数（次）
吐浑（吐谷浑）	933、935（4月、6月）、936（6月、8月）、938（5月、7月）、939、945、953、971、994	12
阿萨兰（又作阿思懒）回鹘	933、973、978、988、989、990、991、995、996、1005、1045、1047、1052	13
敦煌（沙州回鹘）	939、1006、1014、1020	4
吐蕃（铁不得国）	953、1048、1051、1054、1069、1071、1075、1103、1104	9
于阗	989（2月、3月、11月）、990、1015	5
高昌回鹘	1049	1

用"回鹘时代"来概括10~13世纪陆上丝绸之路东段的基本特征和内涵,[1]这既有地缘政治与民族格局变化的因素,也与回鹘民族本身的一些特点尤其是商业素质、所处的地理位置密切相关。检阅该时期西北民族关系格局,不难发现其有两个明显的特点:一是党项在河套地区的扩展和兴起,极大地改变了西北地区的政治格局;二是漠北回鹘的西迁加速了西北地区回鹘化的进程。诚如耿世民先生所言,回鹘人迁居西域后,通过通婚,一个不同族群的同化融合过程发生了。由于回鹘在政治上和人数上都占有优势,所以当地原居民逐渐被回鹘化,同时回鹘语战胜当地居民的语言。当然,在这一过程中,当地民族也在人种、文化和语言方面给予回鹘人影响。[2]《马卫集论中国》中讲中国领土分为三部分:"秦、契丹(Qitay)——人常呼之为Khitay、回鹘。"[3]这反映出中古时期一些"西人"眼中的东亚地区三足鼎立的政治格局,足以看出回鹘西

1　杨蕤:《北宋时期陆上丝路贸易初探》,《西域研究》2003年第3期。

2　耿世民:《中国吐鲁番、敦煌出土回鹘文献研究》,《维吾尔古代文献研究》,中央民族大学出版社,2003,第17页。

3　《马卫集论中国》,胡锦州、田卫疆译,周锡娟校,《中亚研究资料·中亚民族历史译丛》(一),1985。

迁后在地缘政治上的影响，而逐渐回鹘化的西域地区又是陆上丝绸之路的重要枢纽，加之异军突起的契丹民族将中国东北与中亚之间的狭长地带置于自己的统治之下，北中国不再有割据之碍。这些因素无疑给回鹘民众对于丝绸之路的操控创造了极大的便利条件。

此外，回鹘的经济形态及其自身的商业素质也促使其在丝绸之路上发挥着积极作用。魏特夫指出，回鹘人继承了这一地区（高昌）悠久历史的传统，他们都成了商贾。他们在这个时代的诚实威望与唐代史学家们为他们勾勒的形象形成了鲜明对照。唐人把回鹘人形容为极度蒙昧和粗暴、只知盗窃和不懂礼义廉耻之辈。相反，穆斯林作者们却强调指出，在他们之中，作为钱币使用的棉布匹上面盖有可汗的印玺以证明其真实性，每隔七年就要重新洗刷一遍以便重加印鉴。[1] 虽然魏认为唐代史学家对回鹘的描述有夸大之嫌，如在《资治通鉴》等史籍中就有不少回鹘经商贸易的记述，但回鹘西迁以后其商业色彩渐趋浓重的现象还是符合历史事实的。

公元 10~13 世纪是陆上丝绸之路发展史上的一个特殊时期，其承接了唐代丝绸之路繁盛的余晖，也为后世丝绸之路的发展奠定了基础。两千余年来，陆上丝绸之路虽然经历了汉唐的兴盛和宋明的低落，但两千多年以来或者更长的时间，以沟通中西物质文化交流为主要内涵的丝绸之路并未有过中断，其顽强的生命力未减。只是随着政治形势和民族格局的变化以及不同时期的统治者对域外交往的意愿有所不同，中西交往的形式与表征亦有不同体现。两千多年来，陆上丝绸之路在不断地发展，不断注入新的内涵，公元 10~13 世纪的陆上丝绸之路即是如此。

---

[1] Wittfogel K.A.& Feng Chia-sheng, *History of Chinese Society Liao (907-1125)* (Philadelphia,1949), p.170.

10~14 世纪中日韩海上丝绸之路
与东亚海域交涉网络的形成

魏志江 *

10~14 世纪的高丽时代，是中日韩历史上海
上丝绸之路发展、演变的重要时期，也是中日韩
三国与东亚乃至西亚、非洲、欧洲海洋交涉网络
正式形成的时期。所谓海上丝绸之路（Maritime
Silk Road，略称海丝路或 MSR），虽然中外学术
界对其概念、内涵迄今仍然众说纷纭，但是，本
文认为海上丝绸之路，其内涵应该是从中国东部
沿海港口出发，向东北亚延伸至朝鲜半岛，并沿
半岛西海岸南下，经日本博多湾、九州和西南诸
岛、琉球群岛一带的东北亚航线和中国东南沿海、
南海向西南延伸，经中南半岛南下，经马六甲海

* 魏志江，中山大学国际关系学院。

峡进入印度洋，抵达红海、地中海沿岸乃至东非的航线。作为海
上丝绸之路的内涵至少应该包括三个基本特征：一是必须以中国
东南沿海的主要港口为输出或枢纽港，并形成常态的海上航线；
二是以中国的丝绸、瓷器、茶叶等土特产品为主要输出品，并承
载相关的人员往来和经济、人文的交流；三是海上丝绸之路并非
单一的航线，而是沿相关航线区域形成的呈交叉形态的海上交通
网络。因此，10~14 世纪，中国与朝鲜半岛以及日本之间的海上
航线和海洋经济文化交流，无疑构成了中日韩海上丝绸之路的重
要内容。迄今为止，中外学术界对高丽时代中日韩海上丝绸之路
的研究取得了一系列重要的研究成果，其主要代表是中国学者方
豪、宋晞、陈炎、陈高华、吴泰、王文楚等学人；[1]国外代表性学
者，公认为韩国东亚大学金庠基，高丽大学史学科李镇汉教授，
东国大学的尹明哲教授、曹永禄教授以及韩国国立文化财研究所
木浦保存处理所崔光南所长等，他们撰写的一系列研究高丽时代
中韩海洋经济文化交流的论著，[2]奠定了中韩海域史研究的基础。
而中日海域交涉史的研究，是东亚海域史研究的重要领域，一直
受到中外学术界的关注和重视，并取得了一系列重要的成果。日
本学者木宫泰彦、森克己、村井章介、嘎本涉、市村宏、东野治
之、大日方克己、铃木靖民、岸俊男、山里纯一、保科富士男、
长岛健等学者对此一时期的中日海域交涉史，做过一系列深入的

1　分别参见方豪《中西交通史》，上海人民出版社，2008；宋晞《宋商在宋丽贸易中的贡献》，
　　《中韩关系史论文集》，时事出版社，1979；陈炎《海上丝绸之路与中外文化交流》，北京大
　　学出版社，1996；陈高华、吴泰编著《宋元时期的海外贸易》，天津人民出版社，1981；陈高
　　华、吴泰、郭松义《海上丝绸之路》，海洋出版社，1991；王文楚《古代交通地理丛考》，中
　　华书局，1996。
2　李镇汉：《高丽时代宋商往来研究》，景仁文化社，2011；金庠基：《东方文化交流史论丛》，乙
　　酉文化社，1948；尹明哲：《韩国海洋史》，海洋文化社，2013。

探讨，[1] 尤其是木宫泰彦、森克己先生有关遣唐使大洋路开辟的研究，几乎成为日本学术界的不刊之论，并被载入日本《国史大辞典》。但是，由于史料的匮乏，作为中日海域交涉史研究的航路问题，迄今仍然众说纷纭，莫衷一是。一般而言，关于 10~14 世纪中日海域交涉航线，大体可分为北路、大洋路和南岛路三条航线。关于北路，学界意见较为统一，基本上没有太大疑义。但关于大洋路和南岛路，特别是南岛路的存在与否及其具体情况，本文拟在学界先贤研究的基础上，进一步就 10~14 世纪中日韩海上航线的演变、中日韩海上经济文化的交流和东亚海洋交涉网络的形成等问题加以论述，不当之处，敬请指正！

一　中日韩三国海域交涉航路之变迁

10~14 世纪的高丽时代，是中日韩海上航路演变和发展的重要时期。根据中韩海上丝绸之路航线的变化，此一时期，中韩海上丝绸之路大体经历了四个阶段的演变和发展。

第一阶段（918~1071），此一阶段，中韩之间的海上航线主要是登州（今山东蓬莱）至高丽翁津（今朝鲜海州西南）航线。918年，高丽王朝建立，其与中国五代十国时期的后唐、后晋、后汉和后周政权均维持着朝贡关系，其与中国中原王朝的交流，主要是利

1　木宫泰彦:《日中文化交流史》，胡锡年译，商务印书馆，1980；森克己『遣唐使』至文堂、1966；森克己「遣唐使と新羅との関係—鈴木靖民氏の批判に答う—」『続日宋貿易の研究』国书刊行会、1975；市村宏「第七次遣唐使船の航路——山上憶良研究ノート」『続万葉集新論』樱枫社、1972；青木和夫『日本の歴史』(3) 中央公論社、1973；东野治之「正倉院宝物と万葉の歌」周刊朝日百科『日本の歴史』53、古代 9；大日方克己「古代における国家と境界」历史学研究別册特集『歴史認識における「境界」』；铃木靖民『古代对外関係史の研究』吉川弘文館、1985；岸俊男「「吴・唐」へ渡った人々」『日本の古代』(3) 中央公論社、1986；山里纯一「遣唐使航路『南島路』の存否をめぐって『立正史学』71、1992；保科富士男「遣唐使航路の北路変更事情に関する予備的考察——『新唐書』日本伝の記事をめぐって」『白山史学』23、1987；长岛健「遣唐使使船の唐における接岸地・出帆地と道昭の帰朝年次」『海事史研究』20、1973。

用朝鲜半岛西北海岸的翁津与中国山东半岛的登州交往。宋朝建立后，高丽与宋的交往也是利用此航线，《宋史》载：淳化四年（993）二月，"遣秘书丞直史馆陈靖、秘书丞刘式为使，陈靖等自东牟趣八角海口，得高丽王遣使白思柔所乘海船及高丽水工即登舟自芝冈岛顺风泛大海，再宿抵翁津口登陆，行百六十里，抵高丽之境曰海州，又百里至阎州，又四十里至白州，又四十里至其国"。[1] 考宋之登州，郡名东牟，今山东蓬莱市；八角海口，即今山东福山县西北八角镇；芝冈岛，即今山东烟台北芝罘岛。而高丽翁津即今朝鲜海州西南翁津；阎州，今朝鲜延安；白州，今朝鲜白川。[2]《宋史》谓："往时高丽人往返皆自登州，（熙宁）七年，遣其臣金良鉴来言，欲远契丹，乞改途由明州诣阙。从之。"[3] 故登州一直是五代、宋初以来与高丽往返的海上航线，《续资治通鉴长编》（以下简称《长编》）谓：大中祥符八年（1015）二月甲戌"令登州于八角镇海口治官署，以待高丽、女真使者"。[4] 宋仁宗时亦谓："新罗、高丽诸国，往年入贡，其舟船皆由登州海岸往还。"[5] 故自高丽建立至宋神宗熙宁四年（1071），宋丽海上交通主要利用此段航线，这也是唐朝与新罗时期中韩进行海上贸易和文化交流以及日本遣隋使和遣唐使进行往来的主要航线。此外，作为此航线的网络支线尚有密州板桥镇至高丽的航线，即由密州板桥镇（今山东胶县）出港至高丽翁津口登陆，但此海路很少使用。

　　第二阶段（1072~1270），此一阶段，中韩之间的海上航线主要由明州（今浙江宁波）至高丽礼成江碧澜亭（今开城西海岸）航线。其具体航线，徐兢《宣和奉使高丽图经》卷 34~39《海道》有

1　《宋史》卷 487《高丽传》。

2　光绪《山东通志》卷 27《登州府·山川》，参见王文楚《两宋和高丽海上航路初探》，《古代交通地理丛考》，中华书局，1996，第 33 页。

3　《宋史》卷 487《高丽传》。

4　《续资治通鉴长编》，大中祥符八年（1015）二月甲戌。

5　《续资治通鉴长编》，庆历六年（1046）五月。

明确的记载，学者王文楚教授也做了深入的考证。[1]简言之，即明州出发，到达定海（今宁波市镇海区）、过虎头山（今宁波市镇海区招宝山东北虎蹲山），东至昌国县（今定海县）沈家门、补陀洛迦山（即今普陀山），自此出海，入白水洋、黄水洋（今浙江沿海、长江以北至淮河入海口为黄水洋）、黑水洋（亦称黑水沟，今马里亚拉海沟洋面，即淮河入海口以东，山东半岛以东、以南洋面），经夹界山（亦称古五屿，"华夷以此为界限"，[2]今五屿西南为小黑山岛，岛南为中国、朝鲜领海分界处，即为中国与高丽海上分界线），过白山（今大黑山岛东南之荞麦岛），经黑山（今韩国大黑山岛，为中韩海上丝路南路之枢纽，船舶往来停歇地），过黑山岛后沿群山列岛海岸北上，抵紫燕岛（今韩国京畿道广州境内，位于首尔东南，日本学者津田左右吉考证为今仁川西之永宗岛），[3]至急水门水道，进至礼成港，于碧澜亭上陆，再由陆路抵达高丽都城开城。碧澜亭，今开城西礼成江东岸，船舶由此舍舟登陆，去开城。自宋神宗熙宁后至南宋，宋丽之间海上航路盖经由此路。如趁季风便利，五六日即可抵达。此外，南路航线还有泉州港，亦为与高丽贸易之重要港口，[4]如苏轼谓："切问泉州多有海舶入高丽，往来买卖。"[5]南宋时，海外贸易发达，有东南亚、印度洋以西等地商舶常往来泉州，并成为北上连接明州与高丽，以西连接粤东、广州通南洋的海上航路枢纽。不过，其与明州港相比，主要还是南洋、印度洋以西的船舶往来的港口，并不能取代明州在对高丽海上往来中的地位。

第三阶段（1270~1357），此一阶段，中韩明州海上航线衰落，元朝海运兴起，其主要以太仓（今江苏太仓）为起点，沿海岸线北

1　王文楚：《两宋和高丽海上航路初探》，《古代交通地理丛考》，第31页。

2　徐兢：《宣和奉使高丽图经》卷35《海道门二》，《知不足斋》本。

3　参见津田左右吉《朝鲜历史地理》卷2《关于元代高丽西北境之混乱》。

4　《宋史》卷331《罗拯传》："拯使闽时，泉商黄谨往高丽，馆之礼宾省。"

5　《苏东坡奏议集》卷6《乞令高丽僧从泉州归国状》。

上，经山东半岛到沙门岛，入莱州洋，再由渤海湾北上，经辽东半岛到朝鲜半岛西海岸。元丽运粮以及海上贸易往来，多由此条海运航线北上，并由山东莱州湾至辽东半岛到高丽西海岸；而元丽官方朝贡贸易往来，则主要是从辽东陆路往返，即由大都（今北京）沿陆路经山海关抵辽东半岛，渡鸭绿江南下，抵达高丽都城开城。此外，元代海运虽然逐步取代了明州对高丽贸易的地位，但是，泉州港却仍然是与高丽往来的重要港口，如元代时来华的马八国王子孛哈里"居泉州"，娶高丽女子蔡氏为妻，高丽忠烈王二十四年（1298）曾遣使向高丽王献礼物。据陈高华先生考证，其即是由泉州从海路到高丽。[1]

第四阶段（1357~1392），此一阶段，由于元末中国战乱频仍，南北交通隔绝，海运无法继续，所以以庆元（今宁波，即宋代的明州）、泉州和太仓为中心的江南航线成为中韩海上丝绸之路的主要航线。南方割据势力张士诚占据以苏州为中心的浙西地区、方国珍占据以杭州为中心的浙东地区，这些割据政权继续与高丽进行海上贸易往来。张士诚政权与高丽的贸易以及明初高丽使者往返两国，主要是通过苏州太仓作为两国的港口；而浙东方国珍政权则主要通过庆元港与高丽往来。韩国新安海底沉船中发现刻有"庆元路"字样的秤砣，一般认为该沉船即是由方国珍割据浙东时从庆元路起航的。[2]

10~14 世纪中日海上航路也发生了重要的变化。一般而言，关于 10~14 世纪中日海上丝绸之路航线，大体可分为前后两个时期。前期主要是唐末五代以来直至元代中后期，此一时期主要是大洋路航线；后期主要是元末至明初，此一时期，随着方国珍、张士诚等势力割据东南沿海以及明初实行海禁政策，大洋路基本废弃，遣唐

1　陈高华：《元朝与高丽的海上交通》，《陈高华文集》，上海辞书出版社，2005，第 379 页。

2　参见崔光南等《东方最大的古代贸易船的发掘——新安海底沉船》，《海交史研究》1989 年第 1 期。

使后期开辟的南岛路航线，成为明初与琉球、日本交涉的主要航线。

10 世纪以前中日海域交涉的航路，主要就是中日学术界所说的北路。所谓北路航线，主要是指从日本难波津，经濑户内海到达博多湾，北上经过对马岛、壹岐岛、济州岛，沿朝鲜半岛西海岸北上，抵达辽东半岛的东海岸，横渡渤海湾，抵达山东胶东半岛沿岸登陆。此条航路，为日本与魏晋、南朝交涉的传统航路，也是遣隋使和初期遣唐使往来中日两国海域的航路。据《隋书》卷 81《东夷传》载："上遣文林郎裴世清使于倭国，渡北济，行至竹岛，南望耽罗岛。经都斯麻国，回在大海中。又东至一支国，又至竹斯国，又东至秦王国，其人同于华夏，以为夷洲，疑不能明也。又经十余国，达于海岸。自竹斯国以东，皆附庸于倭。"[1] 据日本学者木宫泰彦考证，竹岛（韩国称"独岛"）为全罗南道珍岛西南的小岛，耽罗国即济州岛，都斯麻国为对马，一支国即壹岐国，竹斯国即是博多湾沿岸之筑紫。此为隋朝册封使抵达日本的海路，也是遣隋使航行的海路。

唐朝与新罗、渤海以及日本的北路航线，《新唐书》论及唐辽东方面的海路谓："登州东北海行，过大谢岛、龟歆岛、末岛、乌湖岛三百里，北渡乌湖海，至马石山东之都里镇二百里，东傍海壖，过青泥浦、桃花浦、杏花浦、石人汪、橐驼湾、乌骨江八百里。乃南傍海壖过乌牧岛、贝江口、椒岛，得新罗西北之长口镇，又过秦王石桥麻田岛、古寺岛、得物岛千里，至鸭绿江唐恩浦口。"[2] 遣唐使前期的航线，大体从博多湾出港，沿朝鲜半岛西海岸北上，经仁川港北上，抵达黄海道丰州，过鸭绿江，横渡渤海湾口，抵达辽东半岛东海岸，然后到达山东登州上陆。而从中国返回日本的海域航路，

---

1 《隋书》卷 81《东夷传》。
2 《新唐书》卷 43《地理志》。

据日本学者木宫泰彦考证也是如此[1]。如日本承和十四年（847），高僧圆仁从唐朝返回日本时，即自楚州沿海岸北行，到山东登州文登县赤山莫琊口（山东靖海湾附近），然后横渡黄海，沿新罗西岸南下，经过济州岛、值嘉岛（今平户列岛），再到筑前的博多。[2]故北路航线曾经是中日海域交涉的主要传统航线，从日本舒明二年（630）八月第一次派遣遣唐使，到天智八年（669）遣唐使的派遣，除白雉四年（653）遣唐使外，大体上亦是沿此航路往返中日海域。

北路航线中另外还有一种经由渤海国的情况，这与传统的北路是有所区别的。由渤海至日本的航路，可分为沿朝鲜东部海岸南下的朝鲜沿岸航路、横渡日本海的航路和经由库页岛、北海道的北环航路三种情况。[3]例如，天平五年（733）遣唐使的回程，大使多治比广成走的是南岛路，但判官平群广成回国时走的其实是经由渤海国的北路。据《续日本纪》和唐朝国书《敕日本国王书》的记载，平群广成等人最初试图和大使多治比广成一样走南岛路从海上直航回国，但却不幸遭遇恶风漂到昆仑国（唐朝文献称"林邑"，即占城国，今越南南部），历经九死一生方回到唐朝。其后由在唐为官的阿倍仲麻吕（日本文献又称"阿倍仲满"，唐名"朝衡"）的奏请，获允取道渤海国回国。其当时的路线为：先到山东半岛的登州，横渡渤海进入渤海国境内，再从渤海国东部口岸出发沿海岸北上，经库页岛、北海道南下，抵达日本东北的出羽国（今山形县和

1　木宫泰彦：《日中文化交流史》，第 85 页。

2　参见圆仁原《入唐求法巡礼行记》卷 4，小野胜年校注，白化文等修订，花山文艺出版社，2007。

3　上田雄「渤海使の海事史的研究」『海事史研究』第 43 号、1986；上田雄・孙荣健『日本渤海交涉史』六兴出版、1990；日下雅义「ラグーンと渤海外交」『謎の王国・渤海』角川書店、1992；新野直吉「古代日本と北の海みち」『芸林』第 41 巻 1 号、1992；谷内尾晋司「対渤海交涉と福良港」『客人の湊 福浦の歴史』『福浦の歴史』編纂委員会、1991；古畑徹「渤海・日本間航路の諸問題：渤海から日本への航路を中心に」『古代文化』第 46 巻第 8 号、1994。

秋田县），最后回到平城京（在今奈良县）。[1] 又如，天平宝字二年
（758）赴日的渤海使次年（759）回国时，带同当年的遣唐使（迎入
唐大使使高元度、判官内藏全成一行）先到渤海，嗣后由渤海经陆
路再入大唐。而这批遣唐使中的判官内藏全成一行回国时亦先到渤
海，再回日本。其当时的航路，因日本与新罗、虾夷（日本东北和
北海道一带的原住民，为阿伊努族）交恶，故而采用了横渡日本海
的航路（但内藏全成一行回国横渡日本海时遭遇暴风漂至对马岛）。[2]

　　所谓南岛路，主要是由九州南部南下，经西南列岛、琉球群
岛，横渡东海，抵达江苏、浙江、福建沿岸的航路。[3] 此一航路，中
国学者多认为开辟于明朝洪武五年（1372）明朝派册封使杨载出使
琉球。[4] 其实，中日间南岛路之开辟可以上溯更早。日本学者对此航
路已有较多的探讨。

　　南岛路之说，最早由森克己提出。他把此路线析离大洋路（南
路），将之正式命名为南岛路，并全面考述了南岛路航线，指出南
岛路自筑紫的大津浦出发，迂回肥后国的松浦郡庇良岛（即今平户
岛），继沿天草岛、萨摩国沿岸南下，再经多祢（种子岛）、夜久
（屋久岛）、吐火罗（宝七岛）、奄美（奄美大岛）、度感（德之岛）、
阿儿奈波（冲绳岛）、球美（久米岛）、信觉（石垣岛）诸岛南下，
到海面相对狭窄的地方方始横渡东海，到达中国长江口附近港口。[5]
森克己的南岛路之说后来成为定论，在论文、辞典、教科书中多被
沿袭，但在学术界仍多异议，其中市村宏、东野治之、大日方克己

1　『續日本紀』卷 13、天平十一年（739）十月丙戌条、十一月辛卯条、十二月戊辰条，张九龄
　　《敕日本国王书》（《全唐文》卷 287 所收）。古畑徹「渤海・日本間航路の諸問題：渤海から
　　日本への航路を中心に」『古代文化』第 46 卷第 8 号、1994。

2　『續日本紀』卷 22、天平宝字三年（759）十月辛亥条。古畑徹「渤海・日本間航路の諸問題：
　　渤海から日本への航路を中心に」『古代文化』第 46 卷第 8 号、1994。

3　参见中島楽章「序論・宁波と博多 – 東アジア海域の二つのクロスロード」中島楽章・伊藤幸司
　　編『序論・宁波と博多』東アジア海域丛书 11、汲古書院、2013。

4　谢必震：《中国与琉球》，厦门大学出版社，1996。

5　森克己『遣唐使』至文堂、1966。

等人否认南岛路作为遣唐使路线的存在，认为此路线并非遣唐使预设路线，而是将之看作遣唐使取道南路时遭遇海难时偏移大洋路的漂着路线，只是从属于大洋路（南路）。[1] 但从史料来看，中日海域交涉的南岛路是应该存在的。[2]

　　从日本史籍来看，遣唐使其实早在 7 世纪中叶就已经出现了南岛路上。日本白雉四年（653）的遣唐使分两路入唐，其中吉士长丹一行经北路到达唐朝，但另一路高田根麻吕一行却在九州南部的萨摩一度遭难。[3] 木宫泰彦和森克己据此推测高田根麻吕一行有可能是试图开辟南岛路的先驱。[4] 而据《续日本纪》的记载，日本庆云元年（704）的遣唐使粟田真人"初到唐时"的地点是"大周楚州盐城县"。[5] 倘若取道北线的话，本应该在山东半岛的登、莱一带登陆，不太可能着岸于长江边的盐城。可见，此次遣唐使的航线，如果不是漂着路线的话，则在当时也有可能已经开始取道南岛线。再考此次遣唐使使节团成员山上忆良后来为日本天平五年（733）的遣唐使大使多治比广成送行的《好去好来歌》，其中有期待其"自值嘉之岬直泊回到御津海边"[6] 之说。"御津"指的是大阪的南波津，"值嘉之岬"指的是值嘉岛（五岛列岛）中的福江岛三井湾所在的海角，此地是遣唐使取道南岛路的必经之路。可见，山上忆良根据自己往年的遣使经历，可能将多治比广成一行的回路预设为从大唐直航回到值嘉，再由值嘉回到南波津。而值嘉为南岛路的必经之所，在当时被认为是日本的最西端，一定程度上已经偏离了传统的北线了。

1　市村宏「第七次遣唐使船の航路——山上憶良研究ノート」『続万葉集新論』櫻枫社、1972；东野治之「正倉院宝物と万葉の歌」周刊朝日百科『日本の歴史』53、古代 9；大日方克己「古代における国家と境界」历史学研究別册特集『歴史認識における「境界」。

2　参见山里純一「遣唐使航路『南島路』の存否をめぐって」『立正史学』71、1992。

3　『日本書紀』卷 25、白雉四年（653）七月条。

4　木宫泰彦：《日中文化交流史》，第 81 页；森克己『遣唐使』、48 頁。

5　『續日本紀』、慶云元年（704）七月甲申朔条。

6　『萬葉集』卷 5。

事实上，在次年（734），这批遣唐使返航日本时的着陆地恰为九州南部的种子岛，[1] 而种子岛就是南岛路航线上的一个重要岛屿。

其实，中日间经由琉球群岛的南岛路之开辟，根据《唐大和上东征传》记载，最早当始于唐天宝十二年（日本天平胜宝五年，753）。此次遣唐使的回程启程于唐天宝十二年（753）十月底，"大和尚于天宝十二载十月二十九日戌时，从龙兴寺出……乘船下至苏州黄泗浦……十一月十五日壬子，四舟同发。……十六日，发。二十一日戊午，第一、第二舟同到阿儿奈波岛。在多弥岛西南，第三舟昨夜已泊同处。十二月六日，南风起，第一舟著石不动，第二舟发，向多弥岛去。七日至益救岛，十八日自益救发……二十日乙酉午时，第二舟着萨摩国阿多郡秋妻屋浦，二十六日辛卯，延庆师引大和尚入太宰府"。[2] "阿儿奈波岛"即冲绳岛，"多弥岛"又写作"多襧岛"，即今种子岛，"益救岛"又写作"夜久岛"，即今屋久岛。盖其时西南诸岛已经归附日本，如多弥岛、益救岛、奄美大岛等，同时，由于"新罗梗海道，更繇明、越州朝贡"。[3] 鉴真一行自冲绳岛登陆，沿这些岛屿北上，经过萨摩国，最后回到大宰府。此为目前所知最早的中国东南沿海到琉球群岛的航路记载，盖其时西南诸岛已经归附日本，如多弥岛、益救岛、奄美大岛等，同时，由于"新罗梗海道，更繇明、越州朝贡"，[4] 故日本从任命藤原清河为大使，大伴古麻侣、吉备真备为副使的日本天平胜宝四年（752）遣唐使开始，日本遣唐使不得不放弃沿朝鲜半岛北上抵渤海湾和山东半岛的传统航路即北路，基本上走的是南岛路航线，其比 1372 年明朝册封使杨载至琉球册封时所开辟的中国福建东南沿海至琉球的航路早

1　『續日本紀』、天平六年（734）十一月丁丑条。

2　李尚全：《慧灯无尽照海东：鉴真大和尚评传》附录引真人元开撰《唐大和上东征传》，社会科学文献出版社，2012，第 251 页。

3　《新唐书》卷 220《东夷传》。

4　《新唐书》卷 220《东夷传》。

6 个世纪。故日本学者木宫泰彦认为，这个时期的遣唐使，"先从肥前、肥后、萨摩的海岸南下，经过夜久、吐火罗到达奄美附近，从此更西航，渡过东中国海，到达扬子江口附近，返航也是经由这条航线"。《续日本纪》就称这批遣唐使返回日本时"举帆指奄美岛"。[2]

据上可知，中日海域交涉的南岛路应当起源于公元 8 世纪。而经由琉球群岛的南岛路之开辟，当最早起源于唐天宝十二年（日本天平胜宝五年，753）鉴真搭乘遣唐使船第六次渡航日本。

中日海域大洋路的开辟，迄今为止学术界一般多认同日本研究中日文化交流史专家木宫泰彦氏的说法，即"到了第四期遣唐使时代［光仁天皇朝（770~780）至仁明天皇朝（834~850）年］，就不再经由南岛了。即先从筑紫的大津浦（博多）出发，到达肥前国松浦郡值嘉岛（平户岛及五岛列岛的旧名），在那里一旦遇到顺风，就直接横渡东中国海"。[3] 接着，木宫氏提出了两项证据：其一是"光仁朝的遣唐使舶曾在松浦郡合蚕田浦等待信风；桓武朝遣唐使第一、第二舶从松浦郡田浦出发和第三舶自庇良岛（平户岛）出发；仁明朝的遣唐使舶指向松浦郡旻乐崎出发等，都足以证明上述说法"。[4] 考上述史料先后记载于《续日本纪》《日本后纪》诸书，然并无此三次遣唐使经松浦郡平户岛直航东中国海之记录，其实，即使沿传统的中日北路航线也有经松浦郡值嘉岛北上新罗西海岸的情况，并不能证明遣唐使是直接横渡东中国海。其二是日本《三代实录》所载贞观十八年（876）三月初九日参议太宰权帅在原行平的两条请求中，谈到庇罗（平户）、值嘉（五岛列岛）两岛的情况时说：'庇罗、值嘉……地居海中，境邻异俗，大唐、新罗人来者、本朝入唐使等莫不经（历）此岛。'"考作者原著所引原行平二条请

1　木宫泰彦：《日中文化交流史》，第 83 页。

2　『續日本紀』、天平勝宝六年（754）三月癸丑条。

3　木宫泰彦：《日中文化交流史》，第 84 页。

4　木宫泰彦：《日中文化交流史》，第 84 页。

求内容:"(一)在壹岐岛置水田百町,充对马岛年贡;(二)在庇罗(平户)、值嘉(五岛列岛)更设二郡,理由'是大唐、新罗人来者、本朝入唐使者等,莫不经历此岛'。设郡是为了加强管理。"[1] 显然,"新罗人来者"需要经历此岛,也恰恰证明值嘉岛即平户列岛为大唐和新罗、日本遣唐使往来中日海域之枢纽岛屿,亦即经此岛北上新罗境,沿传统海域北路航线往返大唐和日本,而非大唐、新罗和日本遣唐使节均需要经过平户列岛横渡东中国海,其实木宫氏自己也认为值嘉岛"奈良朝以后,此岛便处于日唐交通的要冲,取道南路的自不待言,就是取道北路的,也大都在此岛停泊"。[2] 故遣唐使时代,由于季风和洋流的知识并未被航海人所掌握,尤其是缺乏指南针在航海中的使用,早中期遣唐使是无法越过黑水沟洋流的阻滞直接横渡东中国海的,木宫氏认为遣唐使后期已经开辟中日大洋路航线的论断恐难以成立。

中日海域交涉从明州(今宁波)横渡东中国海抵达值嘉岛,再到博多湾的大洋路之开辟,最早应该始于遣唐使废止以后。据《大日本佛教全书》引《安祥寺惠运传》载,唐朝商人张友信(一作"张支信")的船于日本承和十四年(847)六月二十二日,从唐朝明州望海镇出港,于同年六月二十四日,仅三日即抵达日本值嘉岛那留浦,谓:"得西南风三个日夜,才归著远值嘉岛那留浦,才入浦口,风即止。"[3] 据木宫氏考证,所谓那留浦,即日本五岛列岛中的奈留岛。又据《日本三代实录》载日本清河贞观七年(865)七月,唐朝商人李延孝等亦是从明州望海镇出港,仅三日,即抵达日本值嘉岛,日本高僧宗睿即搭乘此船回国。[4] 而返程,亦据此书载:"得正

1　木宫泰彦:《日中文化交流史》,第 84 页注释 5。

2　木宫泰彦:《日中文化交流史》,第 120 页。

3　『大日本佛教全書』引『安祥寺惠運傳』。

4　『日本三代實錄』卷 45、元慶八年(884)三月廿六日丁亥条。参见木宫泰彦《日中文化交流史》,第 113 页。

东风六个日夜，流着大唐温州乐城县玉留镇府前头。"[1] 即日本承和九年（842）八月二十四日，唐商人李处人等从日本值嘉岛那留浦出港，历经六日，抵达大唐温州东城县玉留镇。取道大洋路从日本返回唐朝的史料，尚有《行历抄》《智证大师传》等所记载的日本高僧圆珍等所乘的唐朝商人钦良晖的商船于文德仁寿三年（853）八月九日，从值嘉岛鸣浦出港，经六日航行，于同年八月十五日抵达唐朝福建连江县的记载，这些均为中日大洋路海域交涉之较早明确之记载。而据《头陀亲王入唐略记》关于日本真如亲王于清河贞观四年（862）九月三日入唐时的航路记载，则表明此一时期，往来大洋路的唐朝商船已经掌握了利用季风出港的规律，其谓："（真如亲王）僧俗合六十人，驾舶离鸿胪馆，赴远值嘉岛。八月十九日，著于远值嘉岛。九月三日，从东北风飞帆，其疾如矢。四日三夜，驰渡之间，此月六日未时，顺风忽止，逆浪打舻，即收帆投沉石，而沉石不着海底，仍更续储料纲下之，纲长五十余丈，才及水底。此时波涛甚高如山，终夜不息，舶上之人皆惶失度，异口同声祈愿佛神，但见亲王神色不动。晓旦之间，风气微扇，乃观日晖，是如顺风乍嘉行碇挑帆随风而走。七日五尅，遥见云山，未克，着大唐明州之杨扇山，申克，到彼山石丹奥泊，即落帆下碇。"[2] 日本真如亲王入唐，也是利用前述唐朝商人张友信的商船，张友信为往来大唐明州和日本博多湾的著名唐商，其搭载日本真如亲王入唐的航线，也是从博多湾出港，经值嘉岛，横渡东中国海，抵达唐朝明州的大洋路。虽然，其时唐人尚不能使用指南针，但可以肯定的是唐商船基本能够利用季风和洋流航行，故仅需四日即横渡东中国海，抵达大唐明州。

宋元时代，日本虽然与宋朝并无外交关系，甚至由于元朝忽必

1　木宫泰彦：《日中文化交流史》，第 113 页。

2　『大日本佛教全書』引『頭陀親王入唐略記』。

烈两度入侵日本导致元日关系恶化，但是，日本与中国的海域交流往来却仍然十分密切，而且中日海域交流的航路主要是大洋路。据《宋史》记载，北宋时期，宋朝商人经常从明州出港，有的携带《大宋国牒状》送达日本太宰府，宋商往返大体上是从明州横渡东日本海，抵达日本博多湾，尤其是日本永观元年（983），日本高僧奝然即是搭乘宋商陈任爽、宋仁满的船横渡东中国海，抵达宋朝浙江台州沿岸；奝然入宋朝拜天台山后，赴宋都参拜宋太宗，向宋太宗献上《日本年代记》《职员令》等有关日本的资料，花山天皇宽和二年（986）七月回国时，亦是乘宋商郑仁德的商船沿大洋路回到博多湾，并带回太宗所赐的宋版《大藏经》等。日本长保五年（1003）八月，日本高僧寂昭从肥前值嘉岛出港，横渡大洋路，九月抵达宋朝明州，并于次年（1004）抵达宋都东京，拜谒宋真宗，获赐圆通大师称号。据《历代皇纪》载：是年"八月二十五日，参州入道寂昭、僧元灯、念救等离日本，进发西海。九月十二日，着大宋国明州府"。[1] 而入宋僧成寻的《参天台五台山记》则进一步明确记载了大洋路的航线、行程，其谓："（日本）延久四年（1072）三月十五日寅时，于肥前国松浦郡壁岛（即加部岛，今属佐贺县唐津市），乘唐人船……船在壁岛西南浦……十六日寅时，依有东风，出船，上帆。无几，有西风，船还著本泊了……十九日天晴，寅时，东北顺风大吹……即以舻进船。卯时，上帆，乱声击鼓，出船。爰东风切扇，波涛高猛，心神迷惑。不修行法，心中念佛，随波上下，船亦转动（弟子）圣秀、心贤、长明，不觉醉卧……二十日天晴，飞帆驰船，云涛遮眼，只见渺渺海，不见本国山岛。午时，比 [2] 过高丽国耽罗山……申时，少雨下，入夜不晴，不见星宿，只任风驰船，不知方角。由唐人所申，终夜雨气不散，只以非大雨为悦。闻风浪声，犹如鸣雷……二十一日，风吹如

1　木宫泰彦：《日中文化交流史》，第262页引《日本历代皇纪》。
2　一作"北"，参见成寻《参天台五台山记》卷1，白化文、李鼎霞校注，花山文艺出版社，2008，第3页。

故，雨气不散……二十二日，天晴，艮风大吹，唐人为悦……林皋告云：'昨日未时入唐海了'。'以绳结铅，入海底时，日本海深五十寻，底有石砂；唐海三十寻，底无石有沼。'……林皋，但马唐人林养子也。予见四方无山无际，三人犹醉卧。终日竟夜飞帆驰船……二十三日，雨下，艮风大吹，波浪高扇。午时，天晴风止。海中留船，待顺风吹……戌时，得顺风，驰船。终夜飞帆。二十四日，天晴。风吹如故，驰船不止。午时，风止，船留。令人登桅，见山。戌时，南岛称不见。风吹来，终夜向北驰船，人人竟夜叹息，雀犹在船。二十五日，天晴。东北风吹，大悦。进船。巳时以后，四方大翳，不辨东西。午时天晴，顺风如故。未时，始见苏州石帆山，大岩石也，无人家。船人大悦。丑时，至苏州大七山宿。从日本国至大唐苏州，三千里。（自注：弘法大师云：'南路间，三千里到苏州。'）二十六日，天翳，不知东西。不出船。依无顺风，以舻进船。申时，著明州别岛徐翁山。无人家，海水颇黄。西南见杨山，有人家。三姑山始相连，有人家。将著徐翁山间，北风大吹，骚动无极。殆可寄岩石，适依佛力，得著别岛宿。诸僧皆醒，如死亦苏。二十七日丁未，天晴。巳时出船，依有北风，以舻进船。未时，著明州黄石山，山石并土，其色如红。大海水大浊，最黄。'从此岛得顺风，一日至明州'云云。北见北界山，有人家。依南风，吹去黄石山，回船著小均山，黄石西南山也。有四浦，多人家，一浦有十一家，此中二宇瓦葺大家，余皆萱屋……小均山东南有桑子山……桑子山南，隔海数里有大均山，有二十四澳，各人家多多也。大均山西畔有隋稍山，有港，无人家。小均山顶有清水，法师等以瓶三口取水来，献佛。"[1]以上成寻将从日本平户岛至宋朝明州的航路及其行程记载得十分详细，此亦是12世纪中日海域经大洋路交涉的重要史料，虽然其记载中提及的有关地名、山名争议较多，但毋庸置疑，成寻入宋时，大洋路已经成为中日海域

---

[1] 成寻：《参天台五台山记》卷1，第3~7页。

交涉的主要航路。

　　南宋时，由于只有明州设置市舶司，故日本与南宋的交涉往来，几乎全部是从博多湾出发，经平户岛，横越东中国海，抵达明州的大洋航路。值得注意的是，大洋路史料明确提到的平户岛，即位于遣唐使时代往来大洋路的值嘉岛，南宋时已经成为中日大洋路航行的主要停泊地，如四条天皇嘉祯元年（1235），荣尊大师和东福寺开山辨圆一行赴宋，其航路为"（荣尊）师岁四十一，与辨圆共乘商船，出平户，经十昼夜，直达大宋明州"。[1] 此外，《元亨释书》中亦载日本著名高僧荣西于后鸟羽天皇建久二年（1191）回国时航路，谓："西趋出到奉国军（今改庆元府，即宁波），乘杨三纲船，抵平户岛苇浦。"[2] 故木宫氏亦谓："日宋商船往来于日本博多和宋朝明州之间，而来往的时期则是，从日本开往宋朝似乎多在三、四月，从宋朝开往日本似乎多在五、六月。"[3] 这表明，南宋时期，中日两国商船已经充分掌握了季风规律。盖东中国海季风，一般是每年的九月到次年的四月常刮东北季风，因此，日本商船一般利用此季风从日本博多驶往庆元；每年五六月间常刮西南季风，则有利于利用西南季风从庆元港返抵日本博多。此外，中国海船自北宋末年已经开始使用指南针。宋代文献《萍州可谈》和《梦粱录》都说到了指南针的重要性，指出在白天和阴天，舟师就是靠指南针去认识方位。[4] 作为全天候的导航工具，指南针的使用，使得宋日商船能够顺利地在海上辨别航向，通过大洋路进行海域往来交流。木宫氏专

1　『續群書類從』第 9 辑上『傳部』卷 226『神子禪師榮尊大和尚年譜』、續群書類從完成会、1958、298 頁。

2　虎關師鍊『元亨訳書』卷 2『榮西傳』。

3　木宫泰彦：《日中文化交流史》，第 298 页。

4　朱彧：《萍洲可谈》卷 2："舟师识地理，夜则观星，昼则观日，阴晦则观指南针。"吴自牧：《梦粱录》卷 12："全凭南针，或有少差，即葬鱼腹。"参见曾昭璇《我国宋代横渡印度洋的航行》，《华南师范大学学报》（自然科学版）1986 年第 1 期；王嘉《两宋海外贸易发展的社会基础》，《东疆学刊》2000 年第 4 期。

门整理了入宋僧和入籍宋僧往来宋朝的出港和抵达宋朝的上陆地点以及渡海年月，颇值得参阅。[1]

日本平清盛时代，日宋贸易日渐频繁，南宋商船也不断通过大洋路驶往博多湾，而承安二年（1172），南宋明州刺史致书和方物于日本国王，平清盛不顾众卿大臣反对，亦致答礼回赠。[2]此外，日本商船也通过大洋路往来博多湾与明州进行贸易，据《开庆四明续志》载："倭人冒鲸波之险，舳舻相衔，以其物来售。"[3]镰仓时代，虽然元朝忽必烈两次征伐日本，但是，不仅未能阻隔两国的海上往来和贸易，而且，还随着元丽联军海上对日本的征伐，元江南军从庆元港出发，直接开辟了由庆元抵达平户岛的航线，从而形成了以平户岛为枢纽的东亚海上交涉网络。

据木宫氏列举《日元间商船往来一览表》统计，从日本建治三年（元至元十四年，1277）到正平十九年（元至正二十四年，1364），日本商船多是由博多，沿大洋路往来元朝庆元（明州，即今宁波）进行海上贸易，至少达四十余次，且多是日本商船，尤其是弘安之役结束后，元大德二年（日本永仁六年，1298）元成宗命普陀山高僧一山一宁持国书前往日本，以重新修好两国交往；次年，一山一宁即是搭乘由博多驶往庆元的日本商船，横渡大洋路，抵达日本博多，被日本尊为"国师"。[4]元船驶往日本却并不多见，据史料记载，日本正平五年（1350）三月，元商船送还入元僧龙山德见等十八人抵达博多。故元代的中日海上交涉航路几乎全部是沿大洋路，从日本博多出港，横渡东中国海，抵达元朝的东南沿海主要是庆元港，并从庆元港往返日本。元至治元年（1321），对沿海市舶司加以裁撤，改设庆元、广州、泉州三个市舶提举司，直到元末未

1　木宫泰彦：《日中文化交流史》，第298页。

2　《宋史》卷491《日本传》。

3　梅应发、刘锡：《开庆四明续志》卷8。

4　《妙慈弘济大师行纪》，转引自木宫泰彦《日中文化交流史》，第412页。

再发生改变，因此，木宫泰彦谓："宋代以来，庆元一直就是对日的贸易港，在这三港之中距日本最近，所以，日本商船开往元朝的几乎都驶进此港，仅有一、二个例外。"[1] 而日本前往元朝的商船，也和前代一样，在博多港启航，并横渡东中国海，抵达庆元港，航海日数一般只是十天左右。因此，博多—庆元构成了此一时期中日海域主要的贸易和人文交涉港口。

1368 年明朝建立，朱元璋为了防止东南沿海的倭寇骚扰和消除方国珍、张士诚等割据势力的海上威胁，决定实行海禁政策，"明祖定制，片板不许入海"。[2] 洪武十四年（1381）十月，朱元璋再次下禁海令，规定"禁濒海民私通海外诸国"。[3] 尤其是胡惟庸、林贤谋反案爆发后，朱元璋痛恨与谋反案勾结的日本，决定切断与日本的一切贸易，并将其列为"不廷之国"，永绝与日本的贸易。故洪武末期，海禁甚严，明朝海商禁止前往日本、东南亚等海外诸国贸易。除琉球外，几乎海外诸国与明朝的朝贡贸易也一律禁绝。此举不仅使中日海域交涉基本中断，而且使自遣唐使废止后 10~14 世纪的中日海上大洋路交涉也几乎中断。中日海域交涉不得不透过琉球王国进行。这样南岛路在遣唐使后期被废弃后，随着明朝与琉球朝贡关系的建立，再次成为东中国海海域交涉的主要航路。琉球王国于洪武五年（1372）正月与明朝建交；是年，朱元璋派杨载由福州出港，经南岛路，出使琉球；同年十二月，琉球中山王察度遣其弟泰期亦经此道赴明朝朝贡，"由是琉球始通中国，以开人文维新之基"。[4] 洪武二十五年（1392），朱元璋赐给琉球"闽人三十六姓善操舟者，令往来朝贡"。[5] 直至琉球王国被日本吞并，中国与琉球的交

---

1 木宫泰彦:《日中文化交流史》，第 400 页。

2 《明史》卷 205《朱纨传》。

3 《明太祖实录》卷 139，洪武十四年十月。

4 『球陽』卷 1、角川書店、1982。

5 《明会要》卷 77《外藩一·琉球》，中华书局，1956。

涉，一直使用南岛路航线。而洪武三十年（1397）朱元璋再度严厉实施禁海令，并将其扩大到东南亚诸国，乃致"诸番国使臣、客旅不通"。[1]中日之间的海域交流基本上完全中断，不得不利用琉球进行转口贸易。一方面，琉球从东南亚购进明朝需要的朝贡品，以维持与明朝的朝贡关系；另一方面，琉球从明朝购进日本以及东南亚诸国所需要的奢侈品和土特产品，以与日本、东南亚诸国贸易。所以，14 世纪末期，在东亚海域的交涉网络中，琉球成为东亚海域交涉网络的中心，并承担了枢纽贸易的地位和作用。

综上所述，10~14 世纪，中日海域交涉网络大体经历了北路、南岛路和大洋路的变迁，其中宋元时代，亦即日本平清盛政权崛起到镰仓幕府以及南北朝时代，中日海域交涉的航路主要是大洋路，宁波和博多成为中日海域交涉的主要港口。随着明朝海禁政策的实施，中日海域交涉基本停止，大洋路航线也几乎被废止。14 世纪末，明朝和琉球的朝贡关系建立后，中琉海上朝贡贸易逐步取代了中日海域交流，而琉球则成为东亚海域交涉网络的中心，并发挥了东亚海域交流枢纽的作用。

二　中日韩三国海上丝绸之路与人文交流

10~14 世纪，中日韩海上丝绸之路不仅承载着物质文化的交流，也承载着精神文化的交流。

首先，中日韩之间的海洋物质文化的交流，主要体现在中韩的朝贡贸易和三国民间贸易两个方面。朝贡贸易是高丽时代中韩两国最传统也是最基本的贸易形态，两国都设立了一系列管理朝贡贸易的机构，如宋元朝廷先后在广州、杭州、明州、泉州以及密州板桥镇设置市舶司，此外，还在澉浦、华亭、温州等地创置了市舶场

---

1 《明太祖实录》卷 254，洪武三十年七月。

或市舶务，市舶机构掌管"诸国物货航舶而至者"。[1] 其中，广州和泉州市舶司，主要掌管往来南海诸国的海上贸易品，而明州和杭州市舶司，则主要掌管往来高丽、日本等东北亚海上的船只物货。所以，中日韩海上丝绸之路所进行的贸易往来，主要是由明州和杭州市舶司管理。市舶司主要负责对高丽朝贡物品的检验、解运、收纳、交易和处理等贸易事务。但是，元朝统一中国后，随着海运的兴起和陆路贸易的开拓，元朝与高丽之间的朝贡贸易由海上贸易转为陆路贸易为主，即从元大都出发，经辽东半岛，渡鸭绿江，趋平壤南下，抵开京。不过，民间贸易却仍有沿袭海上丝路者，如《朴通事彦解》记载高丽商人赵舍就是从海路来到元朝进行贸易的。[2] 只是元成宗大德七年（1303）实行海禁政策后，元丽的民间海上贸易被迫中断。迄元末战乱、方国珍割据浙东，才开始重新启动宋朝明州（元改称庆元）至高丽的海上航路。

此外，高丽王朝不仅对中国海商设置有专门的驿馆，而且，也相应地制定了有关管理王室朝贡贸易的制度，主要是掌管中国皇帝颁授的诏书和领受皇帝的恩赐，而高丽大、小府寺则负责收纳、处理中国皇帝赐予的物品以及向中国王朝进献方物等事务。中国从海上输往高丽的贸易品主要是各种绫罗绢纱等丝织品和赐予高丽国王的衣带等服饰、鞋靴之类物品以及瓷器、茶叶、药材、沉香、玉器、金银器、乐器、鞍马、笔墨纸砚等，而高丽对中国的输出品则主要是衣褥、银、铜器、人参、麝香、松子、药材、苎布、香油、草席、折扇、松烟墨、狼尾笔、螺钿漆器等。显然，双方交易以土特产品和手工产品为主，当然也有部分物品如香料等为少数从南洋转运而来的交易品，反映了 10~14 世纪东亚海上贸易网络的形成。日本虽然没有与宋元王朝建立外交关系，也没有朝贡贸易，但是，

1　徐松:《宋会要辑稿·职官》，中华书局，1957。

2　《朴通事彦解》卷中。参见陈高华《从〈老乞大〉〈朴通事〉看元与高丽的经济文化交流》，《历史研究》1995 年第 3 期。

宋日、元日商旅和高僧的往来，往往承担着为两国递交书信和进行贸易的功能，而日本回赠宋朝礼物的举动，也往往被宋朝视为是日本对宋朝进行朝贡的行为，如《宋史·日本传》载"天圣四年十二月，明州言：日本国太宰府遣人贡方物，而不持本国表，诏却之"即是如此。[1]

其次，中日韩三国民间海商经营的贸易活动异常活跃。新罗时代，在东亚海上航行的最大的贸易集团是崛起于朝鲜半岛东南端莞岛海上的张保皋贸易集团，其一度垄断了东亚的海上贸易。10~14世纪，活跃在东亚海域的海商主要是宋朝海商，他们从东南沿海横渡东海，组成中、小型船队前往高丽、日本从事商业贸易活动。抵达高丽之后，宋商在高丽礼宾省的安排下，住于高丽清州、忠州、四店、利宾等馆驿中。这四座馆驿为高丽专门接待宋商的客馆，宋商在高丽的贸易活动主要有两种：一种是与高丽王室进行的所谓"朝贡"贸易，在《高丽史》中多被记载为"献方物"等，高丽国王再以"方物数倍偿之"；[2]另一种是民间进行的自由贸易。对于宋商进行的民间贸易，由于高丽并无统一固定的市场，"唯以日中为虚，男女老幼、官吏工技、各以其所有用以交易"。[3]而且，高丽也无抽解和征税的制度，只是宋商回航时，高丽监察御史要对商船进行检视，以防止携带违禁物品出境。除宋商来高丽贸易外，高丽商人以王室为首也经营对中国的海上贸易，丽商主要依附于高丽使团和搭载宋商船进行贸易，其贸易品主要是银、铜器、螺钿器、苎布、绸缎、人参、麝香、松子、药材以及香油、草席、折扇、松烟墨、狼尾笔、高丽纸、漆器等，以换取中国的茶叶、瓷器、丝织品和药物、香料、书籍、佛教用具、玉器、木器、文具等各种物品，而明州则是丽商在宋进行贸易的主要集散地。

1　《宋史》卷 491《日本传》。
2　徐兢：《宣和奉使高丽图经》卷 6。
3　徐兢：《宣和奉使高丽图经》卷 3。

　　而宋商与日本的贸易，一般是到达博多后，由太宰府检查公文，将宋商安置在太宰府鸿胪馆内供应食宿，由京城派出交易唐物使与宋商交易。日本商人到达明州后，也是先由市舶司进行检查是否携带违禁品，然后进行抽分和博买，再允许商人进行交易。值得注意的是，从宋理宗宝祐六年（1258）开始，宋朝便对日本商船载运的黄金豁免抽分、博买，听其与民间自由贸易。宋商向日本交易的土特产品主要是锦、绫、香药、茶具、瓷器、文物等；日本商人向宋朝的交易品则主要是螺钿、莳绘（描金画）、金银漆器、水晶、红黑木、扇子、屏风等，尤其是螺钿漆器和日本折扇，深受宋人喜爱。据宋人方勺《泊宅编》载："螺钿器本出倭国，物象万态，颇极工巧，非若今世人所售者。"[1] 即日本所制螺钿漆器等，其工艺十分精致，而日本折扇之倭绘，亦被作为艺术精品，受到宋人称赞。《皇朝类苑》作者江少虞论及日本折扇时亦云："熙宁末，余游相国寺，见卖日本国扇者，琴漆柄以鸦青纸，如饼檍为旋风扇，淡粉画平远山水，薄敷以五彩。近岸为寒芦衰蓼，鸥鹭并立，景物如八、九月间。舣小舟，渔人披蓑钓其上。天末隐隐有微云飞鸟之状。意思深远，笔势精妙，中国之善画者或不能也。"[2] 此外，欧阳修在《日本刀歌》中，对日本刀剑的工艺水准也赞不绝口。[3] 由于宋朝和日本平氏政权均大力发展海外贸易，故日宋民间贸易日益发达，不仅大量宋商横渡大洋路赴日本博多，而且日本商船也学会了使用指南针，并熟练地根据季风和洋流横渡东中国海，抵达明州贸易。

　　至元十三年（1276），元军攻陷临安（杭州），次年，元朝在庆元、泉州和广州、上海、澉浦设置市舶司，后又在温州、杭州设置司舶司。然屡经裁撤合并，至至治元年（1321），改为庆元、广州、泉州三个司舶司，直到元末未再改变。其中，庆元港仍然是对

1　方勺：《泊宅编》。

2　江少虞：《皇朝事实类苑》卷60《风俗杂志》。

3　欧阳修：《欧阳文忠公全集》卷15。

日贸易的主要港口。元朝与日本虽然发生了文永之役和弘安之役，但是两国民间贸易并未受到重大影响。木宫泰彦先生说："日本驶往元朝的商船，除兴国三年（1342）派遣的天龙寺船是特殊例外，其余都是私人的商船，往来极为频繁，几乎每年不断。元末六、七十年间，恐怕是日本各个时代中商船开往中国最盛的时代。"[1] 所谓天龙寺船，主要是由足利幕府派出的官方船只，是为修建天龙寺募集经费和贸易而经官方特批的商船，而日本对元朝的贸易港也和宋代一样，仍然在博多港出港。日本从元朝的输入品主要是以铜钱、香药、佛教经卷等为大宗，而随着禅宗在日本的兴起，与禅宗有关的茶具、什器、禅僧语录、诗文集、诸子百家的书籍等亦广泛流入。此外，文具、唐画和金丝制品、纱、绢、唐锦、毛毡等，也是日本输入的主要贸易品。而日本输往元朝的物品，则主要是黄金、扇子、刀剑、描金、螺钿、漆器等为主。

最后，中日韩海上的精神文化的交流形式多样、影响深远。海上丝绸之路不仅是物质文化的交流，也是人文和精神文化的交流。中日韩海上丝绸之路在人文和精神文化方面的交流，主要体现在以下几方面。

第一，科举制度和理学传入高丽与禅宗传入日本，这是此一时代，通过海上丝绸之路进行中日韩人文交流最重要的成果。首先，10~14 世纪，中国宋、元王朝都有大量士人移居高丽，并出任高丽的官职，而高丽也派出大量留学生进入宋朝国子监求学，学习中国的典章制度和文化，有的还参加宋朝的科举考试，并一举及第。高丽光宗七年（956），后周进士双冀入居高丽，并于光宗九年（958），正式将中国的科举制度引进高丽，效法中国，以进士、明经科为主，开科取士，从此，科举制度成为高丽教育培养人才的主要制度，其极大地促进了高丽文教事业的发展。其次，高丽儒士安

1　木宫泰彦:《日中文化交流史》，第 394 页。

珦在元朝留学，将宋代兴起的程朱理学传播到高丽，从而成为朝鲜王朝的主要意识形态，对朝鲜王朝的思想和文化领域产生重大的影响。而禅宗在日本的兴盛，则是此一时期中日海上人文交流的重要成果。禅宗虽然早在唐代就已经通过遣唐学问僧传到日本，但是在日本影响并不大。宋元时期，随着禅宗在中国的日益兴盛，日本入宋僧亦颇受禅宗影响，回到日本后大力弘扬禅法。如入宋僧荣西于建久二年（1191）回国传播禅宗，在博多修建圣福寺，在镰仓创立寿福寺，在京都创建建仁寺，大力宣扬禅法。镰仓幕府的执政北条时赖于宽元四年（1246）延请宋朝高僧兰溪道隆来日，在镰仓创立建长寺，与荣西法孙圆尔辨圆在京都开创的东福寺遥相呼应，使日本禅宗大为兴盛起来。这不仅对于日本的佛教产生了重大影响，而且对于日本儒学、文学、书法、绘画以及生活方式等都产生了深远的影响。

第二，农作物和经济作物品种的传播和交流。高丽忠宣王时，高丽使节文益渐出使中国元朝，将棉花种子带回高丽，从而在高丽大面积种植和推广，推动了高丽棉织业的兴起，并改变了高丽人的生活方式；而日本僧人圆尔辨圆的弟子弥三入宋时，则学习了宋朝的纺织广东绸和缎子的技术，回国后在博多创制了"博多织"，从此，日本丝绸纺织业开始发展起来。仁安三年（1168），日僧荣西入宋，除朝拜天台山和阿育王山，并带回天台新章疏三十余部以外，还将宋朝的茶种带回日本，并著有《吃茶养生记》二卷，提倡吃茶养生之道，使日本饮茶之风盛行，尤其是饮茶与禅宗的流传相结合，所谓"茶禅一味"，极大地改变了日本朝廷、僧侣和贵族的生活方式以及精神风尚。

第三，音乐、舞蹈和诗词文学的交流，主要是《高丽史·乐志》保留有宋雅乐，而雅乐在中国已失传矣。宋神宗时，有高丽乐人随使节来东京献艺舞蹈，宋丽音乐交流主要是宋徽宗时期。此外，宋元和高丽使臣间也进行诗词唱和和交往，如高丽使朴寅亮

《使宋过泗洲龟山寺》"门前客棹洪涛急，竹下僧棋白日闲"等深受宋人赏识，宋人将其与金觐二人的诗文合刊为《小华集》，而宋人苏东坡词更为高丽文士所喜爱。高丽忠宣王留居元朝大都，筑万卷堂，高丽文士李齐贤等与元朝名士阎复、姚燧、赵孟頫、虞集等文人多有诗词唱和与交流，尤其是元代赵孟頫的书法——松雪体风格亦颇受高丽文士喜爱，并流行于高丽。

　　10~14 世纪，中日文学交流最主要的成就是随着入元僧大量来到元朝参禅和领略中国的名山大川，其汉文学水平亦大为提高，并出现了汉文学的高峰——"五山文学"。如入元僧携带日本禅僧义堂周信的诗稿来中国，嘉兴天宁寺主持楚石梵崎称赞其谓："不意日本有此郎耶，明人皆云：疑是中华人，寓其人者之作也。"[1] 杭州中天竺的如兰，看到绝海中津的诗集《蕉坚稿》后，也赞不绝口，谓："虽吾中州之士老于文学者，不是过也。且无日东语言气习。"[2] 尤其是五山文学的创始人雪村友梅，其在德治二年（1307）入元，到元德元年（1329）回国，久留元朝 22 年。其著名的《岷峨集》即是其被当作间谍流放西蜀期间所作，其诗文水平并不低于宋元诗人。此外，被元僧清拙正澄评为"撷得大唐音调，话意活脱，如珠走盘"[3] 的入元僧别源圆旨所撰《南游东归集》、天岸慧广的《东归集》、中岩圆月的《东海一沤集》、愚中周及的《草余集》等，均以五山文学而驰名一时。而且，入元僧带回的元朝名僧的语录和诗文集，不仅对日本五山汉文学的兴盛产生了重大的影响，而且也极大地促进了日本以五山版为代表的文学出版业的发达。此外，入元僧还带回大量的史学、儒学以及书法、绘画等作品，并将宋元时代的中国的唐式茶会仪式传入日本，成为今天日本民间所谓"茶之汤"的渊源，极大地影响了日本的社会生活。

1　《空华日工集》，应安八年三月十八日。
2　《蕉坚稿跋》，转引自木宫泰彦《日中文化交流史》，第 493 页。
3　《南游东归集跋》，转引自木宫泰彦《日中文化交流史》，第 493 页。

　　第四，典籍的交流。高丽使臣来华，所进行的大量的求书、购书活动，如宋版《大藏经》《册府元龟》《太平御览》《文苑英华》以及儒家经典和《史记》《汉书》《三国志》等史书大量输入高丽，方国珍主政浙东时，还专门向高丽赠送《玉海》《通志》等典籍；而高丽由于"异书甚富，自先秦以后，晋唐隋梁之书皆有之，不知几千家几千集"。[1]因此，也有大量高丽书籍输往宋朝，如高丽宣宗八年（1091），宋哲宗以高丽国书籍多好本，特命馆伴将所求书目录授予高丽使李资义，嘱其"虽有卷第不足者，亦须传写附来"。[2]此外，宋本已不全的《说苑》，幸赖高丽所献方得以补全；而已失传的《周易占》《黄帝针经》等古籍，也是由高丽重新输入宋朝。高丽忠肃王元年（1314），高丽博士柳衍奉高丽国王之命赴中国江南购买书籍一万零八百卷，同年，元仁宗赠送给高丽宋秘阁所藏善本书4371册、达一万七千余卷。[3]中日典籍交流最重要的成果当是佛教典籍的交流，入宋僧和入元僧均带回大量的佛教经卷，如入宋僧重源陆续将宋版《大藏经》输入日本，而且唐版《一切经》和宋版《大般若经》等也由其输入日本。[4]入宋僧除了带回宋版《大藏经》外，还带回了大量的佛教经论章疏以及禅宗典籍、儒家经典、诗文集和医书等，尤其是东福寺开山圆尔辨圆自宋带回典籍达数千卷，并亲自撰写《三教典籍目录》，[5]涉及儒释道经论、章疏、语录、诗文集、医书、字帖等，是日本文化史上的珍贵资料；而入宋僧俊芿不仅将南山律宗传入日本，其与儒士亦多有交流，时值南宋理学大兴，俊芿将朱熹所著《四书集注》带回日本，对日本宋学的发展产生了重要的影响。

1　张端义：《贵耳集》卷上之十二。

2　《高丽史》卷10《宣宗世家》，朝鲜古书刊行会本。

3　《高丽史》卷34《忠肃王世家》。

4　《上醒醐类集》建保六年三月载："爰造东大寺上人大和尚重源聊依宿愿，从大唐凌沧海万里之波浪，渡七千余轴之经论。"

5　参见木宫泰彦《日中文化交流史》，第353页。

第五，宗教文化的交流。因高丽、日本举国信佛，故宋元与高丽、日本的文化交流主要是佛教的交流。其中，影响较大者有中日韩三国《大藏经》的互赠和交流；高丽僧人谛观、义通和高丽王子义天来宋朝访问交流，其中谛观、义通为中国天台宗的复兴，尤其是天台宗有关典籍的回归做出了巨大的贡献，高丽僧义通也被尊为天台宗第十六祖嫡传祖师。而高丽王子义天在宋哲宗时期来中国，遍访名山古刹，并受到宋哲宗的接见，其带来的华严宗大量的典籍足可以补中国华严宗典籍之缺，其从杭州慧因院净源法师学华严宗，对华严宗的复兴做出了重大贡献。此外，义天还向天竺寺的从谏法师请教天台教观之道，义天回国时，带回佛教典籍和儒家经书一千余卷，并主持高丽国清寺，在高丽弘扬天台、华严二宗，提倡教观兼修，还创立高丽的天台宗，并拜从谏为初祖。而元朝高僧绍琼应高丽僧人邀请去高丽弘法，高丽僧冲鉴拜元僧绍琼为师，以《百丈清规》为高丽禅宗寺院的法规，而绍琼被尊为"瑝明国师"；高丽僧宝鉴国师混丘与中国僧人也多有交往，元禅师"尝作《无极说》，附海舶以寄之，师默领其义，自号无极老人"。[1]可见，高丽时代，两国高僧经常通过海上航路进行文化交流。

日本来访中国的高僧，称为入宋僧和入元僧，其初期代表性高僧主要是奝然、寂昭和成寻，他们不仅巡礼宋朝的佛教圣迹，而且还先后受到宋朝皇帝的接见。此外，为了重振律宗，正治元年（1199）四月，俊芿率领其弟子入宋，师从明州景福寺僧如庵学习律宗三年，然后登明州雪窦山、临安径山兴圣万寿禅寺学禅。此外，还赴嘉兴府（元代称为松江府）的超果教院，从北峰宗印学天台宗等，其久住临安，与禅宗、律宗大师谈教论道。其在宋朝凡十三年，于建历元年（1211）回国，得到高仓、后鸟羽、顺德天皇的皈依，在京都创立泉涌寺，大力弘扬律法。盖自奈良时代，唐朝

1　李齐贤：《宝鉴国师碑铭》，《益斋集》卷7。

鉴真大师将律宗传到日本，律宗一度兴盛外，到平安时代中叶，律宗在日本日趋没落，至此，律宗方得以重新复兴。当然，宋日宗教文化交流，最重要的成果无疑是禅宗在日本的传播。宋初，入宋僧裔然回国时，即以三学宗的名义，宣讲戒、慧和禅法。承安元年（1171），比睿山觉阿大师率领弟子入宋，继承了临安灵隐寺佛海慧远的法统回到日本，亦在日本宣传禅法。荣西则是日本禅宗的集大成者，其于文治三年（1187）第二次入宋时，因赴印度未果，遂师从天台山万年寺的虚庵怀敞学禅，怀敞移居天童山后，荣西亦跟从前往，并继承了怀敞的法统。宋孝宗赐予其"千光法师"的封号。回国后，其接受平政子、源赖家的皈依，分别在京都和镰仓修建建仁寺和寿福寺，主张"以戒为始，以禅为究"，[1]大力宣扬禅风，成为日本禅宗的始祖。而入宋僧觉阿，不仅继承了灵隐寺佛海慧远的法统，还赴天台山学禅，回国后庵居比叡山。日本高仓天皇闻知其高风大德，特向其请教禅宗指要。故几代天皇均皈依禅宗，从而对禅宗在日本的弘扬产生了重大的影响。

　　在弘安之役后，两国佛教文化交流虽一度中断，但是随着元成宗命高僧一山一宁持国书渡日，元日僧侣间的交流也逐渐恢复起来。据木宫氏引《竺仙梵仙语录》谓："壬午（兴国三年，1342）秋，海舶既发，春夏间欲南游者，竞乞赠行，师乃信笔应之若干首，今以一类录之。"[2]由此可见入元僧渡海之盛况。据木宫氏统计，史册留名的入元僧竟多达二百二十余人。[3]这些入元僧或久居元朝，与元朝高僧大德进行禅、律经论之切磋交流，其中具有代表性的入元僧主要有龙山德见、雪村有梅、中岩圆月等人，他们参访元代江南名刹，修习禅法，回国后大都继承元朝禅宗名师的法统，主持京都、镰仓等地的巨刹，并将元朝时中国之儒学、文学、书法、绘画、建筑、

1　《兴禅护国论》卷3《世人决疑门》。
2　参见木宫泰彦《日中文化交流史》，第420页。
3　木宫泰彦：《日中文化交流史》，第420页。

印刷等文化技术带回日本，尤其是雪村友梅、中岩圆月还成为日本五山文学的代表性人物，从而对日本文化的发展产生了重大的影响。

　　除了入宋、入元僧以外，宋元两代均有一些高僧大德来到日本弘法，甚至有的入籍日本。宽元四年（1246），宋朝大觉禅师兰溪道隆率领其弟子义翁绍仁、龙江等来到日本，在镰仓幕府北条时赖的支持下，成为建长寺开山之祖。兰溪道隆依中国宋朝的禅林清规，在日本讲授禅法，这不仅是宋朝禅僧来到日本之始，而且以兰溪道隆主持建长禅寺为标志，日本的禅宗始真正从天台、真言宗混杂的旧的佛教体系中独立出来，从而对日本禅宗发展产生了划时代的影响。宋朝南禅福圣寺僧兀庵普宁在兰溪道隆的劝诱下，于文应元年（1260）来日本，并继道隆之后执掌镰仓的建长寺，深得执权北条时赖的赏识，对于禅宗与镰仓幕府武士的结合即所谓"武家禅"的出现产生了重大的影响。弘安二年（1279），南宋灭亡后，禅僧无学祖元应镰仓幕府执权北条时宗之邀来到日本，主持建长寺，受到北条时宗和幕府武士的膜拜。弘安四年（1281），其以"毋烦恼"三字激励时宗，终于击败了元军对日本的进攻。次年，镰仓圆觉寺建成，无学祖元成为开山之祖，并被尊为"佛光国师"。在入籍日本的元代高僧中，普陀山名僧一山一宁在弘安之役后，于正安元年（1299）受元成宗的派遣，持元朝国书抵达日本，以表达两国和好之意。其弟子虎关师炼记载当时情形云："伏念堂上和尚往己亥岁，自大元国来我和域，像驾侨寓于京师。京之士庶，奔波瞻礼，腾踏系途，唯恐其后。公卿大臣，未必悉倾于禅学，逮闻师之西来，皆曰：'大元名衲过于都下，我辈盍一偷眼其德貌乎！'……见着如堵，京洛一时之壮观也。"[1] 其先住镰仓建长寺等，后宇多天皇遥慕高风大德，特下诏关东，邀请其主持京都南禅寺，并向其请益禅法。其去世后，上皇赐以"国师"的封号，并亲撰像赞，谓："宋

---

[1]　虎關師錬『濟北集』卷6『上一山和尚書』。

地万人杰，本朝一国师。"一山一宁在日本先后在镰仓、京都弘扬禅法，不仅为以镰仓为中心的"武家禅"的兴起做出了贡献，而且也促进了日本禅宗由"武家禅"向"朝廷禅"的过渡。一山一宁对儒家《易经》和宋学等也颇多研究，他不仅为其弟子虎关师炼解疑释惑，而且敦促虎关师炼留意收集日本佛教史籍和高僧遗事，终于撰成日本佛教史上的巨著《元亨释书》三十卷。在渡日元僧中，清拙正澄是另一位成就杰出的高僧，其于嘉历元年（1326）应镰仓幕府执权北条高时的两度邀请，偕同日本入元僧来到日本，先后入住建长寺、懂理净智、圆觉寺，并奉后醍醐天皇诏旨，赴京都主管建仁寺、南禅寺，又受日本武家礼法创始人小笠原贞宗之邀，在其家乡信浓创建开善寺，成为开山之祖。《本朝高僧传》对其评价谓："大凡东渡宗师十有余人，皆是法中狮也。至大鉴师（正澄）可谓狮中主矣。"[1]其对日本禅宗最大的贡献是依据《百丈清规》，整肃日本丛林禅规，并仿照杭州灵隐寺制度，重修僧众寮等，对日本社会武家礼法的制定产生了重大的影响。此外，入籍元僧中的明极楚俊、竺仙梵仙等也对元日佛教文化交流做出了重大的贡献。明极楚俊和竺仙梵仙于元德元年（1329）来到日本，受到日本朝廷和幕府的礼遇，其中明极楚俊先后主持建长寺、南禅寺和建仁寺等著名的禅宗名刹，竺仙梵仙也主持过竞妙寺、净智寺、南禅、建长寺等。建武元年（1334），明极楚俊主持南禅寺时，曾奉敕以南禅寺为天下第一山，位在五山之上。公卿大臣、幕府武士等纷纷皈依明极楚俊、竺仙梵仙，参禅受法，对日本社会精神风貌产生了重大的影响。

第六，陶瓷文化的交流。中国自唐末五代以来，浙江越州（绍兴）龙泉窑烧制的青瓷，薄如纸、声如磬，为瓷器中之珍品，深受朝鲜半岛和日本民众的喜爱。新罗末，张保皋的贸易船曾经从越州

1　《本朝高僧传》卷 25《正澄传》。

带回陶工，开始了朝鲜半岛烧制青瓷的过程，故日本学者三上次男认为，韩国烧制瓷器是"通过掠越州窑工来实现的"。[1] 故高丽时代，浙东烧制青瓷技术已经传播到朝鲜半岛，韩国的康津成为青瓷的烧制基地。在学习宋人技法烧制青瓷的基础上，高丽陶瓷工匠进一步进行改良，将青瓷颜色由真绿色变为影青瓷釉，烧制出蜚声中外的高丽翡色青瓷，其器形、纹饰也多有变化，纹样有细阴刻草花纹、刻菊唐草纹、阴阳刻莲瓣纹等，[2] 被宋人徐兢赞誉为"狻猊出香，亦翡色也，上为蹲兽，下有仰莲以承之。诸器唯此物最精绝，其余则越州古秘色、汝州新窑器，大概相类"。[3] 由于高丽烧制青瓷技术的提高，高丽时代成为韩国制瓷发展史上的重大转型时期，高丽也由瓷器的输入国一跃成为对日本乃至东南亚瓷器的输出国。10~14世纪，中日瓷器制造工艺的交流，主要是日本人加藤四郎引进了中国宋朝的制瓷技术，在尾张的濑户开窑，创制了所谓"濑户烧"，从此，日本有了自己烧制的陶瓷，对日本的饮食文化也产生了重要的影响。

三　海上丝绸之路与东亚海域交涉网络的形成

10~14世纪高丽时代的中日韩海上丝绸之路，是东亚海域交涉网络形成的关键时期，以中日韩海上丝绸之路为基础，初步形成了连接东亚中日韩三国和东南亚乃至印度洋、地中海和非洲的海上航路，而东亚海域交涉网络的形成，主要体现在以下几方面。

第一，10~14世纪，东亚海域形成了一系列港口群，除山东半岛的登州和东南沿海的杭州、明州、泉州和广州港外，韩国翁津、开城、仁川、群山列岛、黑山岛、济州、合浦等和日本博多、平户

1　转引自朴永锡等《张保皋的新研究》，时事出版社，1992，第105页。

2　参见尹龙二《韩国美术史的现状》，汉城艺耕出版社，1992，第239页。

3　徐兢：《宣和奉使高丽图经》卷32。

等都成为东亚重要的对外交涉港口。12 世纪以后，中国东南沿海的泉州港崛起，并与明州港、广州港相连接，成为连接东北亚和东南亚海域交流的枢纽港口，泉州港以东、以南，以广州为集散地，主要是与东南亚诸国进行海上交易；泉州港以北，主要是与明州港对接，连接高丽、日本进行海上贸易和人文往来。随着印度、阿拉伯商人从东南亚以及印度洋海路来华，并渡过马六甲海峡进入西太平洋，泉州遂成为连接东、西部海上航路的枢纽港，并以明州、泉州、广州为中心形成东亚海域的贸易网络和区域集散地，如中韩海上贸易的沉香等香料和象牙、玳瑁、犀角、珍珠等海产品以及部分药材等，均产自西亚或东南亚诸国，而非中国与高丽本土所产，其中，泉州市舶司就经常收入大量从西亚、东南亚进口的乳香、西洋药材以及犀角、玳瑁等海产品，而大部分香料会运到京城香药库，通过中韩海上转赐贸易等形式进行交易。东亚大量港口群的出现，是东亚海上区域交涉网络形成的重要标志。

第二，10~14 世纪，不仅形成了连接中日韩三国的海洋航路，而且也形成了东亚海洋区域政治、经济和文化交涉的网络。新罗后期，东亚海域的交涉，基本上为张保皋海上贸易集团所垄断，但是，即使是张保皋经营的东亚海洋贸易，仍然是沿朝鲜半岛西海岸南下，经过渤海湾抵达山东半岛的航线，其时，中韩之间的南路航线，即明州航线并没有成为中韩海上丝绸之路的主要航路。但是，高丽中后期，明州至仁川的东海航路已经成为中韩海上丝绸之路的主要航线，而高丽对日本的航线，除由高丽西南海岸沿群山列岛南下，经济州岛抵达博多湾航线外，还有由釜山合浦南下，抵达日本对马岛、壹岐岛、博多湾和九州的航线。

10 世纪以来，横渡东中国海的明州与博多的大洋路，则成为中日海域交涉的主要航路。因此，日元之间的贸易航线，"在元朝是庆元（宁波），在日本是博多。因此，所有的商船都往来于这两港之间，从而航路一般也是横渡东中国海，航海日数似乎只是十天左右"。[1] 此外，随着高丽三别抄抗蒙和琉球王国的建立，也促进了中日韩三国东亚海域网络的形成。随着蒙古对高丽的入侵，高丽三别抄奋起抗争，但是，由于遭到蒙古和高丽联军的镇压，三别抄军不断向西南海域败退，其先后从珍岛撤退至济州岛，随着 1273 年济州岛被蒙古军攻占，并改为耽罗招讨司，三别抄军残余部分不得不退入日本西南海域琉球群岛。

　　根据近年来日韩两国的考古资料，在日本冲绳中部浦添市中山王墓遗址中，不断发现刻有莲花纹的高丽瓦当。现今日本冲绳列岛，还残存着琉球王国建立时的城郭遗址，其建筑技术与高丽时代三别抄在珍岛的龙藏城建筑技术十分相似。[2] 此外，出土的陶瓷器皿等亦均是高丽时代的遗物。据此，可以推测三别抄军抗蒙失败后，应该是沿日本九州西南海域撤退至琉球群岛，并在岛上建立了琉球王国，而琉球王国也成为 14 世纪末期东亚海域交涉网络中的重要枢纽。

　　因此，10~14 世纪，中日韩三国和东亚的海域交涉航线基本上形成，其一即大洋路，由日本九州北部博多湾经平户岛、五岛列岛，到达浙江、江苏沿海；其二即北路，由九州北部经对马岛、壹岐岛、济州岛抵达朝鲜半岛，沿朝鲜半岛西海岸北上，渡过黄海，到达山东半岛，遣隋使、遣唐使前期均沿用此航路；其三即南岛路，由九州南部南下，经西南群岛、琉球群岛，抵达福建、浙江沿岸。[3] 大体上，10~13 世纪以前，日本与朝鲜半岛和中国的海洋交涉，基本上是采用北路和大洋路，而琉球群岛成为东亚海域的枢纽并作为日本直航福建沿海的所谓南岛路，至迟应该在 14 世纪已经形成。

　　第三，10~14 世纪，随着中日韩三国与东南亚、印度洋沿岸以

1　木宫泰彦：《日中文化交流史》，第 401 页。

2　参见『日本と朝鮮半島 2000 年下』日本 NHK 出版、2010、41 頁。

3　参见中島楽章「序論・宁波と博多 – 東アジア海域の二つのクロスロード」中島楽章・伊藤幸司編『序論・宁波と博多』東アジア海域叢書 11、汲古書院、2013。

及中东、西亚、北非等国贸易联系的加强，东亚海域交涉网络得以正式形成。此一时期，出现了东亚海上跨区域贸易的明显特征，尤其是从交趾、占城、真腊、三佛齐、大食等东南亚、中东诸国转运来的香料、象牙、玳瑁等物品，通过朝贡贸易和民间贸易等形式运到中国，除部分留在当地的市舶司以外，大量运到京城的香药库，如宋太平兴国初年"犀象、香药、珍异充溢府库"，[1]并成为中国转赐高丽的重要奢侈品，表明东亚海域贸易网络已经在逐步形成。此外，泉州商人孙天富、陈宝生二人"其所涉异国，自高句丽外，若阇婆、罗斛，与凡东西诸夷，去中国亡虑数十万里"。[2]显然，元代的泉州，已经成为连接东南亚和东北亚海域贸易网络的中心。此外，14 世纪末期，琉球国遣使向高丽献方物，其中包括从东南亚转输的胡椒 300 斤，表明以琉球为中介的东亚转口贸易已经形成。众所周知，20 世纪 70 年代，韩国在全罗南道新安郡海域发现亚洲最大的古代沉船后，从 1976 年至 1984 年，从新安沉船打捞出两万多件中国元朝陶瓷器，28 吨、800 多万枚中国铜钱，以及 1000 多件紫檀木制品等众多水下文物，根据学界研究，新安沉船的瓷器等物品的输入地应是输往日本，从而也佐证了东亚中日韩三国已经形成从中国东南沿海港口到高丽群山列岛西海岸，并南下经济州海峡到日本对马岛、博多湾沿岸的海洋区域贸易网络。

结　语

10~14 世纪的中日韩海上丝绸之路与东亚海洋区域交涉网络的形成，于东西方海洋交涉史的研究具有重大意义。随着东亚海域交涉网络的形成，10~14 世纪，东亚海洋世界真正形成。由于海洋世

1　《宋史》卷 268《张逊传》。
2　王彝：《泉州两义士传》，《王常宗集》续补遗，转引自陈高华《元朝与高丽的海上交通》，《陈高华文集》，第 379 页。

界的边缘性特征，大陆中央王朝的权力往往难以控制海上世界。海上居民的自由流动和海洋的物质文化交流使得东亚海域形成了由山东半岛经黄海，沿朝鲜半岛西海岸南下，经济州岛、博多湾、九州和琉球群岛到中国江苏、浙江、福建沿海等地的海洋交涉网络。海上世界具有完整的地域关联性和共同的海上信仰、宗教、民俗等文化生态特征。但是，随着近代民族和主权国家的构建，阻碍了东亚海域世界的交流。"民族国家政治权利渗透到东海岛屿，民族国家意识得到增强，国民文化逐步取代了传统的海洋地域文化的主导地位。"[1] 因此，东亚海域相互关联的海上世界，随着各主权国家海洋权力的扩张，海上世界的完整性被打破。由主权国家制定的领海、专属经济区等海洋法将海上世界分割为隶属于各自主权、民族国家的范畴，并导致了海域世界的纷争。海上世界作为人类未来发展的相对完整的区域，打破岛屿和有关海域权力的纷争，恢复海洋世界本身的相对完整性，并实现海洋沿岸国居民在海上的自由流动和物质、文化的交流，无疑是构建 21 世纪海上丝绸之路成败的关键基础。

1　安成浩:《东海海洋文化研究与海洋文化再认识》，金健人主编《韩国研究》第 12 辑，浙江大学出版社，2014，第 348 页。

浅析宋元时期东亚海域各国间的"医师外交"现象[*]

赵莹波[**]

有关东亚医学交流的研究，目前国内外学者主要集中在明代以后以及近代东亚各国间的医学交流。中岛乐章、町泉寿郎和陈明等学者主要关注明清以来东亚医药的交流；[1]王勇、程永超和郭秀梅等

* 本文是国家社科基金项目"宋朝与日本、高丽之间'准外交关系'研究"（15BZS012）阶段性成果。
** 赵莹波，上海大学外国语学院日语系。

1 中島楽章「龍脳の道－15－16 世紀の琉球王国と龍脳貿易」；町泉壽郎「明治漢方医家と清末文人の筆談」；陳明筆談と近代東亜薬物知識的環流互動。详见浙江大学、二松学舍大学于 2018 年 12 月 7 日举办的「近世東アジア地域における医師の国際移動や学術交流－医学関係の筆談記録を中心に一」国際研討会。

学者主要关注明清东亚各国医师的交流；[1]刘士文、王文基等学者合著的《东亚医疗史——殖民、性别与现代性》(台北联经出版公司，2017)，书中以东亚整体为范围，探讨18世纪以来东西方医疗文化的碰撞与交流。不过以笔者管见，其中对宋元时期东亚海域各国间医师和医学交流方面的研究甚少，尤其对利用医师移动开展灵活外交方面的研究尤为缺乏。本文拟利用《宋史》《元史》《大宰府天满宫史料》[2]《高丽史》等中日韩多国史料，探讨宋元时期医师在各国外交活动中的作用。

一 早期朝鲜半岛与日本的医师移动

东亚海域各国间医学交流最早可追溯到5世纪，据《日本书纪》记载，公元414年春，日本倭王患病遣使向新罗以求良医，"三年春，酉朔，遣使求良医于新罗"。[3]同年秋天，新罗医师抵达日本，为倭王医治并受到厚赏，"秋八月，医至自新罗，则令治天皇[4]病，未经几时，并已差也。天皇欢之，厚赏医归于国"。[5]另外，在公元553年，朝鲜半岛的百济向倭国派遣五经博士和医博士，"百济送五经博士医博士"。[6]以上表明朝鲜半岛名医辈出，且与日本医学交流由来已久。

---

1 王勇「明使と竹田定加」；程永超「通信使筆談と日朝医師情報収集活動」；郭秀梅「清医趙松陽と日本医師の交流記録などについて」。详见浙江大学、二松学舍大学于2018年12月7日举办的「近世東アジア地域における医師の国際移動や学術交流—医学関係の筆談記録を中心に—」国际研讨会。

2 竹内理三：《大宰府天满宫史料》，大宰府天满宫藏版，1964。大宰府和大宰府天满宫所珍藏的史料，分上世编、中世编、续中世编，共计17卷，除大宰府天满宫本身所珍藏的原始史料外，还囊括了日本各个时期的史书和寺庙馆藏文献，并收有《宋史》《金史》《元史》《明史》等汉语文献中有关中日交往的史料。

3 《日本书纪》，第78页。

4 日本最高统治者正式称天皇起于公元701年。参见NHK《日本与朝鲜半岛2000》第四集《日本的诞生》。

5 参见NHK《日本与朝鲜半岛2000》第四集《日本的诞生》。

6 申叔舟：《海东诸国纪》，田中健夫译注，岩波书店，1991，第60页。

公元 650 年，朝鲜半岛的百济、新罗和高句丽，一起遣使赴日，其中随高句丽使者前往的就有医师，"甲申，朝庭队仗，如元会礼仪。左右大臣乃率百官及百济君—丰璋，其弟塞城、忠胜，高丽侍医毛治，新罗侍学士等，而至中庭"。[1] 公元 675 年，百济、新罗遣使向日本奉献医药和名贵礼物，"四年春正月，丙午朔，大学寮诸学生，阴阳寮及舍卫女、坠罗女、百济王—善光，新罗仕丁等，捧药及珍异类等物进"。[2] 由此可见，5~7 世纪，朝鲜半岛与日本的医师交流可谓络绎不绝，其医师的移动与交流，主要是前者向后者派遣医师。

但是，日本也很重视发展自己的医学，并常对医师予以奖励和赐爵。公元 602 年，日本朝廷对包括医师在内的二十多人进行奖励，"甲寅，召诸才人、博士、阴阳师、医师者并二十余人，赐食及禄"，[3] 而且还授予包括医师在内的三十多人爵位，"庚午，工匠、阴阳师、侍医、大唐学生及一二宫人并三十四人，授爵位"，[4] 并赐予医师等每人银子二十两，"十二月，戊戌朔己亥，赐医博士—务大参—德自珍、咒禁博士—木素丁武、沙宅—万首，银人二十两"。[5]

二　宋朝时期宋朝与高丽、日本的"医师外交"

宋元时期，东亚各国彼此间无正式的外交关系，高丽向辽奉正朔。日本自唐末以来，就停止派遣持续二百多年的"遣唐使"，断绝了与唐朝的正式外交关系。[6] 东亚国际秩序处于重塑阶段，权力

1　《日本书纪》，第 160 页。

2　《日本书纪》，第 184 页。

3　《日本书纪》，第 197 页。

4　《日本书纪》，第 198 页。

5　《日本书纪》，第 206 页。

6　日本右大臣菅原道真以"大唐凋敝之具矣，度度使等或有渡海不堪命者，或有遭贼逐亡身者，唯未见至唐，有难阻饥寒之悲"为由，上书请求中止"遣唐使"。参见《菅家御传记》，《大宰府天满宫史料》卷 3，第 74 页。

处于真空。虽然宋朝与日本、高丽彼此之间没有外交关系，但文化交流却很频繁。此时东亚各国大多通过宋商进行贸易和文化交流，而医师的交流也并未中断。不过与早期朝鲜半岛向日本不断派遣医师不同的是，宋朝以降，高丽则不断向日本和宋朝寻求医师，并通过医师移动交流，推动政府间的高层交流，开展所谓的"医师外交"。宋太宗淳化元年（990），高丽王后派遣周文德和杨仁绍二位宋商，携带国书作为高丽使者出使日本，为其寻求治疗白发的医师，"大宋淳化元年，宋商二人来，一台州人周文德，一务州人杨仁绍。二商曰：百济国后有美姿，国主爱重，未迈壮龄，其发早白。后愁之，服灵药求法验，二事无效。王又忧之，一夕后梦，日本国胜尾寺千手大悲，灵感无比，汝其祈之。觉后，后悦甚，便向日本国，作礼祈求"。[1]高丽王后梦到日本有能治疗其白发的医师，于是就派遣宋商周文德和杨仁绍赴日本寻医师。这是自朝鲜半岛各国向日本派遣医师以来，首次由日本向朝鲜半岛的高丽派遣医师，表明日本医师水平已有很大进步，并得到东亚各国的认可。

高丽在向日本寻求医师的同时，也对来自宋朝的名医求贤若渴。宋嘉祐四年（1059），宋商黄文景、萧宗明和医生江朝东等一行要归宋回国，但被高丽政府强行留下，不准其回国，"秋八月戊辰，宋泉州商黄文景、萧宗明、医人江朝东等将还，制许留宗明、朝东等三人"。[2]究其原因，或因高丽医师人才难得吧。于是，宋神宗在宋、丽无正式外交关系的情况下，借此时机，积极开展特殊的"准外交关系"。[3]宋熙宁五年（1072），宋派遣医官王愉、徐来赴高

1　《元亨释书》二十八寺像六，《大宰府天满宫史料》卷4，第191页。
2　郑麟趾等：《高丽史》卷8《世家八·文宗三》，西南师范大学出版社、人民出版社，2014，第242页。
3　赵莹波：《宋朝与日本、高丽之间"准外交关系"初探》，《史林》2014年第5期。

丽，"六月庚戌，宋遣医官王愉、徐先来"。[1]一年后两人回国。[2]而且，于宋熙宁七年，再次派遣马世安等八位医师赴高丽，"丙子，宋扬州医助教马世安等八人（来）"。[3]宋朝通过"医师外交"这种"准外交关系"的方式，为进一步发展与高丽的友好互信关系打下了基础。

宋元丰元年（1078），高丽国王患风疾，于是就利用宋朝使者安焘来高丽之际，向宋上表求医："臣年衰所自，风痹忽婴，当国医寡术而功迟，药不灵而力薄。伏望听卑在念，拯弱推仁。选周室之十全，就加诊视；分神农之百品，许及饵尝。所敷悃愊，恭俟俞允。"[4]高丽国王患风疾，而本国医师医术不高明，于是向宋朝请求医师和药材，"秋七月乙未，安焘等还，王附表谢之且自陈风痹，请医官药材"。[5]

应高丽国王请求，宋神宗立刻派遣一个由翰林院医官组成的八十多人庞大医疗代表团，携带一百多种名贵中药前往高丽，"宋遣王舜封、邢愷、朱道能、沈绅、邵化及等八十八人来"。[6]此事在《宋史》也有记载："二年，遣王舜封挟医往诊治。"[7]另据《高丽史》记载，宋朝庞大医疗代表团还向高丽赠送了一百多种各地的名贵药材。其数量、名称和地域现摘录如下：

> 今差合门通事舍人王舜封、翰林医官邢愷等往彼看医，兼赐药一百品。具如别录，至可领也。琼州沈香、广州木香、康宁府铁粉、广州丁香、东京铅霜、邕州自然铜、广州血竭、阶

---

1 《高丽史》卷9《世家九·文宗二》，第220页。

2 "丁亥，遣太仆卿金良鉴、中书舍人卢旦如宋谢恩，兼献方物。宋医王愉、徐先等还。"见《高丽史》卷8《世家八·文宗三》，第248页。

3 《高丽史》卷9《世家九·文宗三》，第249页。

4 《高丽史》卷9《世家九·文宗三》，第258页。

5 《高丽史》卷9《世家九·文宗三》，第263页。

6 《高丽史》卷9《世家九·文宗三》，第258页。

7 《宋史》卷487《列传第二四六·外国传三》，中华书局，1977，第14079页。

州雄黄、西戎天竺黄、并州石膏、郓州天麻、西戎安息香、寿
州石斛、怀州牛膝、齐州天南星、郓州阿胶、益州芎䓖、广州
肉荳、齐州半夏、银州柴胡、夏州肉苁蓉、蜀州大黄、广州没
药、代州鹿角胶、原州甘草、郓州赤箭、真定府薏苡仁、台州
乌药、广州槟榔、苏州麦门冬、定州枸杞、商州枳壳、广州余
甘子、北京山芋、广州苹发、东京郁李仁、柳州桂心、西京菖
蒲、广州蓬莪茂、蔡州丹蔘、西京槐胶、海州海桐皮、东京远
志、汉州蜀椒、威胜军黄耆、益州升麻、齐州防风、郓州天门
冬汉、汉州防己、益州独活、同州熟干地黄、蜀州附子、定州
续断、陈州白殭蚕、益州羌活、蜀州天雄、滁州山茱萸、蜀州
乌头、定州狗脊、苏州吴茱萸、蜀州侧子、广州藿香、真定府
车前子、西京踯躅、郑州麻黄、西京赤芍药、汝州泽泻、潞州
杜仲、西京生干地黄、庐州秦皮、蔡州白芷、西京旋覆花、德
州白薇、泽州地母、并州酸枣仁、东京牵牛、泾州秦艽、东京
蕤蘗子、宕州膏本、蜀州当归、东京蔓荆子、益州干漆、潞州
前胡、东京兔丝子、泗州葛根、泽州茵芋、潞州胡麻子、泽州
黄芩、蔡州地榆、定州五灵脂、西京莽草、定州大戟、汉州五
茄皮、梓州厚朴、定州茜根、西京仙宁脾、定州地骨皮、西
京何首乌、商州威灵仙、西京牧丹皮。别赐牛黄五十两、龙脑
八十两、朱砂三百两、麝香五十脐。已上各用间金镀银钗花合
一具盛,共重四百两,朱漆外匣全。下药供御杏仁煮法酒一十
瓶,用间金镀银钗花瓶十一只盛,重一千两,朱红漆明金雕花
外匣全。[1]

由上可知,宋朝赠送高丽医药的地域,其中包括首都东京汴
梁、西京洛阳在内的东到台州、西到陕西西戎、南到琼州、北到定

---

1 《高丽史》卷9《世家九・文宗三》,第258~259页。

州，范围几乎涵盖了北宋的天南海北所有地区。除中药外，神宗还向高丽赠送了"朱砂三百两"和供下药的"御杏仁煮法酒一十瓶"。由此可见，宋朝的"医师外交"可谓不惜血本，其良苦用心，足见宋朝对高丽关系的重视。

　　不仅如此，公元1080年，宋神宗第三次派遣医官马世安赴高丽，"宋遣医官马世安来"。[1]以致高丽，"王及国人欣庆，曰：'时与宋绝久，不见中华使久矣。'"[2]宋神宗在宋丽两国"政治真空"的情况下，抓住历史的瞬间，采取务实外交，开启了"政治互信外交"的模式。[3]而高丽国王文宗，也于第二年的宋元丰四年（1081），派礼部尚书崔思齐、吏部侍郎李子威赴宋献方物，以谢赐医药，"庚辰遣礼部尚书崔思齐、吏部侍郎李子威如宋献方物兼谢赐医药"。[4]两国外交互信互动可谓你来我往。

　　但是，值得注意的是，公元1079年，即高丽国王向宋请求治疗风疾医师和药材的同时，利用一位"日本商人"回国之际，[5]令其为高丽使者，携带礼宾牒赴日求医。据日本史料《朝野群载》记载："高丽国礼宝省牒，大日本国大宰府当省，伏奉，圣旨访闻，贵国有能理疗风疾医人，今因商客王则贞回归故乡，因便通牒，及于王则贞处，说示风疾缘由，请彼处，还择上等医人，于来年早春，发送到来，理疗风疾，若见功效，定不轻酬者谨牒。已未年十一月　日牒。"[6]高丽礼宾省牒与高丽给宋朝的上表求医内容大致相同，希望日本能于来年春天，派遣治疗风疾的医师，并许诺一旦有效，

1　《高丽史》卷9《世家九·文宗三》，第262页。

2　《高丽史》卷9《世家九·文宗三》，第257页。

3　赵莹波：《宋朝与高丽间的'政商双轨制外交'及东亚关系》，朝鲜金日成综合大学"科学发展，增进人类的福利"国际学术研讨会会议论文，2018。

4　《高丽史》卷9《世家九·文宗三》，第258页。

5　所谓"日本商人"其实是归化的宋商。参见赵莹波《浅析东亚海域中日本、高丽的"归化宋商"》，"文献记载与考古发现：海上丝绸之路的新探索"会议论文，2018。

6　《朝野群载》二十异国高丽牒，《大宰府天满宫史料》卷5，第324页。

定当重谢。接到高丽请求医师的国书后，日本朝廷立刻召开会议，并决定由日本都督大江匡房回复高丽国国牒，并于公元 1081（宋元丰四年，日承历四年）八月，向高丽派遣医师。事后，大江匡房还作诗自赞日本医术如扁鹊再世，"双鱼离达凤池之月，扁鹊何入鸡林之云"。[1] 这里的 "鸡林" 特指高丽。大江匡房是日本著名的汉文学家、汉诗诗人，饱读中华诗书。宋神宗曾以千金求他一篇诗作，"宋朝贾人云，宋天子有钟爱赏玩之句，以百金换一篇之句也"。[2] 他的和歌还被收录在《百人一首》中。[3] 由此可见，高丽在东亚国家之间，同时以求医师为名，对宋朝和日本展开 "医师外交"，旨在在宋日两国之间保持外交平衡。而宋朝和日本也积极加入，并积极推动这种灵活的 "医师外交"。

　　到宋徽宗时期，宋丽两国医师互动外交依旧不断。宋徽宗建中靖国元年（1101），徽宗在高丽使臣任懿、白可臣回国之际，向其派遣医师并赠送药方。高丽国王肃宗受昭于宣政殿，"甲申，任懿、白可臣等还宋，帝赐神医补救方。王受诏于宣政殿"。[4] 另外，徽宗还派遣国信使户部侍郎刘逵、给事中吴栻来，赐王衣带、匹段、金玉器、弓矢、鞍马等物，[5] 并诏曰："卿世绍王封，地分日域。奏函屡达，常怀存阙之心；贡篚存丰，远效旅庭之宝。载嘉亮节，特致隆恩，辍侍从之近臣，将匪颁之异数。事虽用旧，礼是倍常。宜承眷遇之私，益懋忠勤之报。"[6] 同时，宋徽宗还应高丽请求，派遣四位医

1　《江谈抄》，《大宰府天满宫史料》卷 5（第 350 页）记载："都督又云，取身自赞又十余，又云，自高丽申医返牒云，双鱼离达凤池之月，扁鹊何入鸡林之云，是则承历四年事也取身自赞又云：自高丽申医返牒云。"

2　《江谈抄》五诗事，《大宰府天满宫史料》卷 5，第 352 页。

3　大江匡房的和歌在第七十三首："高砂の／をのへのさくら／さきにけり／とやまのかすみ／たたずもあらなむ／"（汉译：高砂山顶樱花开，山外霞光莫阻碍），三木幸信・中川浩文評解「新小倉百人一首」。

4　《高丽史》卷 11《世家十一・肃宗一》，第 327 页。

5　《高丽史》卷 12《世家十二・肃宗二》，第 336 页。

6　《高丽史》卷 12《世家十二・肃宗二》，第 336 页。

师对高丽医师进行培训，"牟介、吕昞、陈尔猷、范之才等四人来，从表请也"。[1] 同年，宋朝医师牟介等人在高丽兴盛宫，开始对高丽医师进行培训，"宋医官牟介等馆于兴盛宫，教训医生"。[2] 高丽肃宗对牟介等宋医师，款待有加，宴请赐酒，"以宋帝天宁节，命太子设斋于奉恩寺。医官牟介等往观之，赐牟介等酒币"。[3] 牟介等宋朝医师历经一年，为高丽培养医师，于翌年二月归宋，"二月戊申，宋医官牟介等还"。[4]

　　宋朝通过对高丽医师的培训，不仅提高了高丽医师的水平，还加强了两国政府间非正式的特殊关系。而高丽通过与宋朝和日本的医师交流，积极在东亚各国开展特殊的"医师外交"，加强了彼此之间的互信。在东亚海域权力真空的大的国际环境下，宋朝、高丽和日本都不约而同地在推行"医师外交"，旨在探索一种新的外交模式。

　　后来，高丽把这种"医师外交"模式，又推向了新的高度。宋重和元年（1118），高丽求宋派遣医师为其培训治疗疮肿科医官，"省知明州楼异奏，高丽国王世子王子王某书，乞借差大方脉疮瘅科等，共三四许人，使存心医疗，式广教习事"。[5] 于是，宋徽宗立刻向高丽派遣杨宗立等七位医师前往高丽，"秋七月辛巳，宋遣阁门祗侯曹谊、医官杨宗立等七人来"。[6] 但是有关此次宋朝向高丽派遣医师的数量，有不同的记载。据《宋史》记载，宋朝其实只向高丽派遣两名医师，"俣之在位也，求医于朝，诏使二医往，留二年而归"。[7] 而且，高丽向宋请求派遣医师，也并非为本国培训医师，而

<hr />

1　《高丽史》卷 12《世家十二·肃宗二》，第 336 页。
2　《高丽史》卷 12《世家十二·肃宗二》，第 337 页。
3　《高丽史》卷 12《世家十二·肃宗二》，第 338 页。
4　《高丽史》卷 12《世家十二·肃宗二》，第 339 页。
5　《高丽史》卷 12《世家十二·肃宗二》，第 418 页。
6　《高丽史》卷 14《世家十四·睿宗三》，第 418 页。
7　《宋史》卷 487《列传第二四六·外国传三》，第 14049 页。

是以求医师交流为借口，实为向宋朝传递情报，"国家方与女真和时，高丽遣使来求近上医师二人。上召老医，择二人遣往。至则日夕厚礼，皆不问医，而多问禁中事。二医怪而问之，高丽主曰：我有紧密事，欲达宋皇。恐所遣使不能密，故欲得宋皇亲近之人而分付之。所以问公禁中事者，欲以见公是所亲信耳"。[1]

由于此时高丽向奉金正朔，宋丽之间并无正式国交，只保持着非政府间由宋商推动的"准外交关系"。[2] 不过，宋朝在与日本和高丽开展由宋商推动的"准外交关系"的同时，也在积极缓和与金的外交关系。但是，高丽并不希望宋金之间出现这种和谐关系，这就直接促使了此次的高丽对宋朝的"医师外交"。高丽国王于是告诉两位前来的医师，女真不可交："谕二医曰：'寡人非病也。顾有诚款，愿效于上国，欲得附卿奏之，幸密以闻！'二医许诺。则曰：'女真人面兽心，贪婪如豺狼，安可与之共事？今不早图之，后悔无及！'"[3] 两位医师随后回国禀告徽宗。[4]

由此可见，宋朝利用对高丽医师的培训机会，推行这种"医师外交"，取得了与高丽的外交互信。这种"医师外交"可谓自东亚海域各国利用宋商携带国书在东亚开展"准外交关系"后，又一种灵活的外交手段。

三 元朝时期元丽之间的医师交流

元朝以降，高丽成为元朝的附属国，双方的医师交流依然频繁，公元 1271 年（宋咸淳七年，元至元八年），忽必烈患足疾，高丽的达鲁花赤沈浑听闻高丽前大卿闵昉能医治，就命高丽速派遣

1　黎靖德：《朱子语类》卷 133，中华书局，1986。
2　赵莹波：《宋朝与日本、高丽之间"准外交关系"初探》，《史林》2014 年第 5 期。
3　赵莹波：《宋朝与日本、高丽之间"准外交关系"初探》，《史林》2014 年第 5 期。
4　徽宗恐其泄露消息，后将其杀害，"二医归，具奏本末。徽宗闻之，滋不乐，且惧其语泄。丞相童蔡辈乃为食于家，召二医以食之，食毕而毙"。参见黎靖德《朱子语类》卷 133。

闵祊前来，"闻前大卿闵祊能治人手足疾，可速遣来"，[1]并授予其尚书左丞一职，"闻帝有足疾，见达鲁花赤沈浑，妄言能医术，浑信之，达于帝而召之，授尚书左丞，以遣之"。[2]这或许是宋元以来，中国首次向朝鲜半岛寻求医师的记录。不仅如此，元至元二十二年（1285），高丽尚药侍医薛景成赴元，元朝借此机会，向其寻求医师，于是高丽应元朝请求，向其派遣良医，"戊子，遣尚药侍医薛景成如元。元求良医，故遣之"。[3]

元朝连续向高丽求医，可由此推断，此时高丽的医师水准已有较大提高，或已超过元朝。另据《高丽史》记载，公元 1271 年，高丽达鲁花赤脱朵儿患重病，高丽医师进药，被脱朵儿拒绝，怕若饮此药而亡，连累高丽，后不治而亡，"及疾作，国医进药，脱朵儿却之曰：'我病殆不起，若饮此而死，则谗构尔国者必曰高丽毒之。'遂不饮而卒国人惜之"。[4]脱朵儿虽身患重病，但并未从元朝调来医师，这是否也印证了，高丽的医师水平，较之以前已有了长足进步？其实，早在宋朝时期，高丽就通过医师的高超医术，成功地与当时的东女真建立了外交关系。[5]宋崇宁二年（1103），东女真太师盈歌突然遣使，送还高丽医师回国。究其原因，当时滞留在女真完颜部的高丽医师，医治好了盈歌太师亲戚的疾病，被如约护送回国，"甲辰，东女真太师盈歌遣使来朝。有本国医者居完颜部，善治疾。时盈歌戚属有疾，盈歌谓医曰：'汝能治此人病，则吾当遣人归汝乡国。'其人果愈，盈歌如约，遣人送至境上"。[6]此医师回国后，

1　《高丽史》卷 27《世家二十七·元宗三》，第 847 页。

2　《高丽史》卷 27《世家二十七·元宗三》，第 847 页。

3　《高丽史》卷 30《世家三十·忠烈王三》，第 952 页。

4　《高丽史》卷 27《世家二七·元宗三》，第 853 页。

5　东女真，高丽人对我国辽代部分女真人的称呼，大体指居住在今松花江以东至日本海及朝鲜民主主义人民共和国咸镜道一带包括完颜部在内的女真人。《高丽史》等朝鲜古籍，有时也称其为东北女真。公元 1115 年阿骨打建立大金帝国后，其名不见于史。

6　《高丽史》卷 12《世家十二·肃宗二》，第 337 页。

向肃宗报告了女真的真实情况，"女真居黑水者，部族日强，兵益精悍"。[1]于是高丽开始与东女真开始通交，"王乃始通使，自是来往不阻。盈歌既破萧海里，报捷于我，我复使人贺之。盈歌遣其族弟斜葛报聘，王待之甚厚"。[2]这进一步印证了高丽医术在宋朝医师的培训下，已经今非昔比。

另外，元世祖忽必烈于公元1274年和1281年，分别发动了两次对日战争，日本史称"文永之役"和"弘安之役"。由于战争需要大量的军医和医疗救护，因此，对军医做出了严厉的赏罚措施："军前若有患病军人，随令手高医工对证用药看理，各翼选好人服侍，仍仰本翼额设，首领官不妨本职，专一司病看理。病军将养复元，方许轮当差使，逐旋具数开呈本翼。若较考时，验病死军人多寡，定夺司病官赏罚施行。"[3]这也意味着，战争对医师的需要，直接促使了高丽医师水平的提高。

至元二十年（1283），元朝在高丽设立了征东行省。征东行省为旨在控制高丽和远征日本的机构，"至元二十年，以征日本国，明高丽国置省，典军兴之务，师还而罢"。[4]后来又在征东行省设立了专门管理医疗和医官的"医学提举司"："切惟世皇征东，令国王为丞相，行省官吏委国王保举，不入常调，非他行省比。其后续立都镇抚司、理问所、儒学提举司、医学提举司。"[5]元朝的"医学提举司"为掌管医药疗治事宜的机构。据《元史》记载："医学提举司，秩从五品。至元九年始置，十三年罢，十四年复置，掌考校诸路医生课义，试验太医教官，校勘名医撰述文字，辨验药材，训诲太医子弟，领各处医学。提举一员，副提举一员。"[6]

1　《高丽史》卷12《世家十二·肃宗二》，第337页。

2　《高丽史》卷12《世家十二·肃宗二》，第337页。

3　《高丽史》卷29《世家二九·忠烈王二》，第925页。

4　《元史》卷91《志第四十一上·百官七》，中华书局，1976，第2307页。

5　《高丽史》卷39《世家三九·恭愍王二》，第1211页。

6　《元史》卷88《志第三十八·百官四》，第2222页。

当然，元朝时期，也有高丽向元朝求医师的记载。宋祥兴二年（元至元十六年，1279），高丽遣将军卢英求医师，"辛未，遣将军卢英如元请医"。[1] 同年，卢英携二位医师回国，"辛丑，卢英与医二人还自元"。[2] 但是，纵观元朝时期，两国之间的医师移动或医师交流，主要是高丽向元朝派遣医师，高丽已经很少再向中国王朝寻求医师，这说明高丽的医师水平已经有大大提高。

结　论

纵观宋元时期东亚各国医师的移动，各国通过"医师外交"，发展睦邻友好，增加了互信。宋朝时期，在东亚处于权力真空，新的东亚国际秩序还没形成，各国处于无正式外交关系的状态下，高丽为打破外交僵局，同时以求医师为名，对宋朝和日本展开"医师外交"，推行"连横合纵"的灵活外交，向宋朝传递外交情报，还与日本恢复了睦邻友好关系。高丽旨在在宋日两国之间，以保持外交平衡，而宋朝和日本也积极回应，并大力推广这种灵活的"医师外交"。高丽甚至还通过"医师外交"与东女真建立了正式的外交关系。

宋朝利用对高丽医师的培训机会，推行这种"医师外交"，取得了与高丽的外交互信，还缓解了北方辽金带来的压力。这种"医师外交"可谓自东亚海域各国利用宋商携带国书在东亚开展"准外交关系"后又一灵活的外交手段。

元朝时期，随着高丽医师水平的提高，其东亚海域医师的移动方向，逐渐演变为由高丽向元朝移动，改变了千百年来医师移动的方向。宋元时期东亚海域的"医师外交"，是继"佛教外交"和"宋商准外交"后，又一政府间的非正式"灵活外交"形式，是东亚海域宋元时期的特殊外交现象。

---

1 《高丽史》卷29《世家二九·忠烈王二》，第914页。
2 《高丽史》卷29《世家二九·忠烈王二》，第914页。

海上丝绸之路朝鲜史料中的山东海商

袁晓春[*]

东亚海上丝绸之路的海洋文化交流源远流长，至少滥觞于 5000 多年前的新石器时期，源于中国山东半岛的"石硼文化"（支石墓），越海传播于朝鲜半岛、日本群岛。韩国、日本的"石硼文化"史前遗迹有的已被联合国教科文组织公布为世界文化遗产。东亚众多的同类史迹越来越多地表明，东亚的海上丝绸之路为人类历史上最早兴起的海洋贸易与人文交流航线之一，推动了东亚各国的文明进步与发展。

中国与韩国通过海洋交流密切，史料记载丰富，韩国的朝鲜李朝《备边司誊录》即为

* 袁晓春，山东省蓬莱市蓬莱阁景区管理处。

其中之一。《备边司誊录》所载时间起自朝鲜李朝光海君八年（1616），下至高宗二十九年（1892），其中缺载 54 年，现存 273 册。备边司最初是朝鲜李朝为临时处理女真与日本对朝鲜王朝的侵扰问题，后为处理朝鲜王朝国政诸般事务的最高决议机构，议处事项相当广泛，一般界定范围为朝鲜内政、中朝关系及朝日关系。明宗十年，备边司划为常设机构，人员从正一品的都提调到从正六品的郎厅人员，主要誊写的是郎厅人员。备边司主要记录会议，接收下面上报的文书、高层传达的指令、国王对事情的处理意见。备边司人员熟悉汉语并以汉语记叙，从而留下了罕见的域外汉文文献资料。《备边司誊录》中记载有国内史料未见的 40 艘中国海船遭遇风暴漂流到朝鲜半岛的航海史料，其记录的细节是国内史料中的盲点，这为我们研究海洋贸易与文化交流提供了另外的观察视角。

《备边司誊录》中记载的 11 艘山东海船分别是：清朝康熙四十五年（1706）莱阳船、乾隆三十九年（1774）福山县曲亮工船、乾隆五十一年荣成县张元周船、乾隆五十六年福山县安永和船、乾隆五十九年登州府（今山东省蓬莱市——笔者注）蒋顺利船、嘉庆十三年（1808）蓬莱县张成顺船、道光九年（1829）文登县王箕云船、道光十九年黄县刘增三船、咸丰二年（1852）登州府朱守宾船、咸丰八年荣成县刘青云船、咸丰九年黄县赵立果船。目前，关于古代山东海洋贸易的史料难称丰富，像《备边司誊录》这样详细记载 11 艘山东海洋贸易船船主、船长、舵工、副舵工、管账、水手、商人、乘客的姓名、年纪、籍贯、贸易货物以及携带银两铜钱等具体海洋贸易资料实属罕见。他山之石，可以攻玉。朝鲜李朝《备边司誊录》记载的清朝山东海洋贸易与航海史料，可以填补山东古代海上丝绸之路相关史料的空白，具有较高的学术研究价值，应引起国内学术界的重视与研究。

一 山东海船乘员结构

清朝山东海船的乘员人数。朝鲜李朝《备边司誊录》记载有山东 11 艘海洋贸易漂流船，其具体船载人数：康熙四十五年莱阳船 13 人、乾隆三十九年福山县曲亮工船 25 人、乾隆五十一年荣成县张元周船 4 人、乾隆五十六年福山县安永和船 21 人、乾隆五十九年登州府蒋顺利船 51 人、嘉庆十三年蓬莱县张成顺船 40 人、道光九年文登县王箕云船 2 人、道光十九年黄县刘增三船 11 人、咸丰二年登州府朱守宾船 5 人、咸丰八年荣成县刘青云船 10 人、咸丰九年黄县赵立果船 12 人。虽说 11 艘山东海船不一定代表全部的海船，但以此为案例可以看出其中大船载人在 40~51 人，其他船载人多在 20 人以下，据此分析，清朝时期山东从事海洋贸易的大型海船，与福建道光年间海船"金全滕"号可载 100 多人的大型福船相比，其海船规模有一定的差距。

山东海船的船员年龄。山东海船可分官船、民间私船两类。官船如刘增三官船、张成顺官船，船员年龄分别主要集中在 40~55 岁、25~35 岁，所占比例各半，显示出官船比较注意选择 40 岁以上富有经验的船员，个别船员的年龄甚至达到了 60 多岁。民间私船如蒋顺利私船、曲亮工私船、莱阳船等，船员年龄范围相对扩大，在 20~70 岁，但年龄段多集中在 20~40 岁，呈现出相对年轻化的情况（见表 1、表 2）。

表 1　道光十九年黄县刘增三官船

姓名	身份	年龄（岁）	籍贯
徐天禄	舵手（代船主）	52	登州府黄县
由永成	水手	43	登州府黄县
张永成	水手	59	登州府黄县

姓名	身份	年龄（岁）	籍贯
姜志祖	水手	28	登州府黄县
由士国	水手	54	登州府黄县
王付玉	水手	46	登州府黄县
刘永齐	水手	40	登州府黄县
张培五	水手	39	登州府黄县
马其清	水手	44	登州府黄县
马其源	水手	26	登州府黄县
肖日红	水手	36	登州府黄县

资料来源：〔朝鲜〕《备边司誊录》第23册，宪宗六年庚子，大韩民国史编纂委员会誊写影印本，1959~1960，第175~176页。

表2　康熙四十五年莱阳民间私船

姓名	身份	年龄（岁）	籍贯
车琯	管账	39	山东省登州府莱阳县
崔凌云	管买卖	52	山东省登州府文登县
韩永甫	扶舵	55	山东省登州府莱阳县人，苏州府城里住
陈五	水手	37	江南省松江府华亭县
袁六官	小水手	27	江南省松江府上海县
王三	小水手	24	浙江省绍兴府山阴县
王五	小水手	26	山东省莱州府即墨县
刘及成	小水手	35	山东省登州府莱阳县
程元	小水手	27	山东省登州府莱阳县
宋宗德	客商	55	山东省登州府莱阳县
梁已美	客商	24	山东省登州府莱阳县
蒋彦盛	客商	42	山东省登州府莱阳县

资料来源：〔朝鲜〕《备边司誊录》第23册，肃宗三十二年丙戌，第538~540页。

山东海船雇用南方船员。康熙四十五年莱阳民间私船出现了雇用南方船员的现象，该船水手长陈五是江南省松江府华亭县人，水手袁六官是松江府上海县人，水手王三是绍兴府山阴县人。究其原因，可能是山东莱阳县人船长韩永甫从事南北方海洋贸易，常年居住在苏州城内，与南方的船员熟悉而就近招聘，所以出现了山东海船却雇用南方水手的情况。

据《备边司誊录》记载，山东海船的船主绝大部分居住在陆地，不下海随船贸易。官船的船员年龄有一半在 40 岁以上，而占山东海船大部分的民间私船，其船员年龄多在 20~40 岁，呈现年轻化的趋势，与广东广船的船员年龄相似。如广船许必济船，船长许必济年龄在 34 岁，其他船员多在 20~40 岁，只有一位船员较为年长，年龄在 45 岁。山东海船、广东广船船员的年龄似乎较年轻，与福建福船船员有一定差异。在《备边司誊录》中记载万历四十五年（1617）福建林成商船漂流到朝鲜时，林成商船上有船员 41 人，船主林成未随商船出行，船长薛万春年龄 55 岁，其他船员年龄在 20~50 岁，50~60 岁的船员为个别现象。其中年龄最大的林太 70 岁，年龄最小的船员萧晋刚 14 岁。从全国沿海各地海船船员年龄来看，福船船员年龄跨度最大，不像山东海船、广东广船的船员普遍比较年轻。

二 山东海船乘员中未有知识分子参与

朝鲜官方与民间百姓推崇并善于学习中华文化，朝鲜也是中国周边国家中文明程度较高的国家。朝鲜备边司的官员，一直关注来自中国的海洋贸易漂流船上是否有秀才、举人等知识阶层的船员或乘客，像《备边司誊录》正祖十八年甲寅（蒋顺利船——笔者注）就有逐一查询。

> 问：今年你们地方年事何如。
> 答：诸处都好，只有登州不好。
> 问：乘客中，有秀才举人否。

答：没有。[1]

备边司官员在多年的问询中，终于碰到船载乘客、登州府福山县的秀才于华国，因此《备边司誊录》正祖十五年十二月辛亥（安永和船——笔者注）对此着墨较多。

> 问：你们四个客，因何事同船，而女人是何人，头戴顶子者，又是何人。
> 答：于华国，本是秀才，丁亥年生员，得了顶子，而数奇不做官，因家兄光国，在奉天省旅顺口水师营，开设买卖，故戊申往依家兄，仍往舍内，营中诸官员，请为门馆先生，教授其子弟，今欲回见家眷，将所得束金，买了谷物，以为过活之资，不幸遭风到此。[2]

于华国是《备边司誊录》所载 40 艘清朝中国海船乘客中唯一搭船探亲并被记录下姓名的秀才，他的兄长于光国在辽宁旅顺水师营经商，他投奔兄长，在旅顺常年开设私塾，教授水师营官员的子弟，在回福山县探亲旅程中遭风漂流到朝鲜。

朝鲜官方不仅关注随船而来的秀才于华国，对于华国携带的各种书籍也相当重视，《备边司誊录》正祖十五年十二月戊午（安永和船——笔者注）记载：

《罗经解定》四卷　　《英华集》一卷

《入泮勾》一卷　　　《金函玉册》一卷

《嫁娶书》一卷　　　《十二月花甲全窨》一卷

---

1 〔朝鲜〕《备边司誊录》第 18 册，正祖十八年甲寅，大韩民国史编纂委员会誊写影印本，1959~1960，第 291~295 页。

2 〔朝鲜〕《备边司誊录》第 17 册，正祖十五年十二月辛亥，第 914~918 页。

《鼓吹风雅》一卷　　《精选修造吉日》一卷
《会试元魁卷》一卷　　《澄怀阐课稿》第一册一卷
《泮勾英今学必读》一卷　　《圣谕文修》一卷
《衍释万言教化天下》一卷[1]

可见，朝鲜官方对船载中国书籍不厌其烦，一一记录书名、卷数，显示了对中华文化的重视。

《备边司誊录》记载了 40 艘中国海洋贸易船，在山东、江苏、浙江、福建、广东等海洋贸易船的船长、船员等航海人员中，尚未发现有秀才、举人等知识分子的加入，船上识字的人亦是极少数。不论是商贸，还是航海等领域，如果缺少知识分子的参与，其行业经验积累传承、理论总结形成以及未来的发展必定会受到影响。

三　山东海船贸易货物

《备边司誊录》记载，清朝山东海船的贸易货物主要输往两个方向。（1）向南方地区输出柞蚕茧（柞蚕指北方地区把蚕种放养在野外的柞树上，又称野蚕。柞蚕丝略粗，其蚕丝质量不及家养的桑蚕丝）、粮食（黄豆、玉米、高粱）、烟草、中草药（紫草、杏仁、防风、白蜡）、咸鱼、生猪，并运回棉花、棉布、桐油等。（2）向东北地区贩运棉布、棉花，并购回玉米、高粱等粮食。

前往南方贸易的山东海船主要有莱阳船、赵立果船，它们各具特色。

莱阳船为民间私船，作为驶往南方的贸易海船，船上分工明确，按照其职能重要程度分别载有职掌财务的车琯、职掌买卖的崔凌云、职掌驾驶的韩永甫、职掌水手杂务的陈五等，像这样明确分工的情况

1　〔朝鲜〕《备边司誊录》第 17 册，正祖十五年十二月辛亥，第 914~918 页。

在山东海船中并不多见。船载货物见《备边司謄录》肃宗三十二年丙戌：

> 问：你们将何样物件，贸来何样耶。
>
> 答：俺们持黄豆、紫草、杏仁、防风、白蜡、猪等物，往苏州贸来青蓝、各色布、瓷器、棉花物耳。
>
> ……
>
> 问：你们大船所载物种，多少几许耶。
>
> 答：黄豆二百四十担，白蜡二百四十斤，红花二百四十斤，紫草三百九十八包，防风一包，杏仁一小包，猪十二口耳。[1]

可见该船的主要货物是黄豆、中草药，也可说明产自北方的紫草、白蜡、红花、防风、杏仁等中草药颇受南方市场的欢迎。

赵立果船同为民间私船，船上载有两名客商王相眉、张绍德，船主赵立果随船贸易，船上分工明确，正舵工为曲会先，副舵工胡玉令年已七十，如此高龄仍驾船显然是想要借助其丰富的航海经验。除此之外，还有指示方向的向导张凤高、专司烧香的香童王乃福以及厨师曲成林。其贩运货物见《备边司謄录》哲宗十一年庚申：

> 问：你们，何年月日，因何事，往何处，何以到此。
>
> 答：去年九月初二日，由荣成俚岛口，装盐鱼，到海上（上海——引者注）县发卖，候风留住，十月初七日，往江北营船港，装棉花一百八十二包，桐油二篓，初八日发船回家，猝遇西北大风，二十三日漂到贵国。
>
> ……

1　〔朝鲜〕《备边司謄录》第5册，肃宗三十二年丙戌，第538~540页。

问：你们带来棉花、桐油，换银拿去么。

答：拿去。[1]

该船是将北方出产加工腌制好的咸鱼，贩往南方；返程时采购棉花、桐油，带回北方销售。

去往东北贸易货物的山东海船主要有朱守宾船、安永和船、张成顺船。

朱守宾船是登州府的私船，专门贩卖腌制的咸鱼，销往辽宁金州。据《备边司誊录》哲宗三年壬子：

问：你们因何事，何月何日，开船往何处，何日遭风，漂到我境么。

答：俺等以卖鱼为业，本年九月初六日，开船往关东老口滩，装鱼发卖于各处，十一月初六日，将向关东金洲（州——引者注）地，忽遭大风，同月十一日，漂到贵境。

问：鱼价为几何。

答：二百四十二吊。[2]

朱守宾船卖鱼销售收入为铜钱 242 吊。

张成顺船属于官船，是一艘大型货船，船上商人较多，其装载货物见《备边司誊录》纯祖九年己巳：

问：船中所载者，何物耶。

答：雇与宁海州商人，装茧包高粮包米。

问：此外更有何物。

1　〔朝鲜〕《备边司誊录》第 25 册，哲宗十一年庚申，第 489~490 页。

2　〔朝鲜〕《备边司誊录》第 24 册，哲宗三年壬子，第 505~506 页。

答：银与钱及杂粮包衣服包等物。

问：银与钱及茧包高粮包米等物，是何人之物耶。

答：王兰若、邹琏玉、杨魁明、王琳庵茧包一百四十二包，高粮六十包，包米四十石，孔化亭菊包六十一包，董悦候茧包五十七包，谭志远茧包五十八包，王喜安茧包四十七包，李梦龙茧包二十一包，而漂荡之际，几书失去，银钱则无失。

问：茧包何物。

答：是蚕虫在山食柞案，至秋成茧，则人揉而卖之。

问：高粮包米何谷。

答：高种杯也，包米玉林也。

问：高粮、包米、茧包，以何物贸来。

答：以银子买来于奉天府地方。

问：茧一斤价为几许，高粮包米一石，价为几两。

答：熟茧一斤价银四钱，生茧一斤价银五分，高粮一石价银四两，包米一石价银三两五钱。[1]

　　该船的牟平商人，从沈阳地区采购柞蚕茧、高粱、玉米，采购各种货物的价格均记录明白，甚至包括一斤熟茧价值四钱银子、生茧一斤价值五分银子等价格差异，可谓记载详尽。

四　山东海船的资金

　　《备边司誊录》中清朝山东海船单船资本是多少？与广东、福建海洋贸易发达地区相比有何不同？

　　山东海船中大型海船单船携带资本较多的有曲亮工船、张成顺船、安永和船、刘青云船，中小型海船携带资本较多的有安永和

1　〔朝鲜〕《备边司誊录》第 20 册，纯祖九年己巳，第 15~19 页。

船、刘青云船等。

先从山东海船曲亮工船着手分析。曲亮工船是福山县的大型私船，该船装载黑布480匹、白布26匹运往沈阳销售，除贩卖布匹外，该船还携带了大量铜钱用于购买粮食，《备边司誊录》英祖五十年甲午中记述道：

> 问：你们既要买米往奉天府，将甚么货物换买耶。
> 答：小酌将钱一千二百七十吊零，白布二十六匹，黑布四百八十匹换也。[1]

该船装运用于购物的铜钱1270吊，1吊为1000文铜钱，共装运铜钱127万文，加上506匹黑布、白布，该船的整船资本约14000两，是山东海船中单船资本最高的商船。

张成顺船是载有40人的大型官船，船上有10名商人，从山东牟平出发，过海前往沈阳采购柞蚕茧、高粱、玉米等货物，《备边司誊录》纯祖九年己巳记有：

> 问：钱几两银几两而果是何人之物耶。
> 答：奉天钱，以八十二文，为一两，山东钱，以十钱为一两，以奉天钱计之，则为一千八百八十四两二钱三分，银则二百十三两二钱，而都是各人带来者。[2]

10名商人携带铜钱折银1884两，白银213两，共计白银近2100两。

安永和船是私船，船号为福第11号。船上21人，有福山县4

---

1 〔朝鲜〕《备边司誊录》第15册，英祖五十年甲午，第270~272页。

2 〔朝鲜〕《备边司誊录》第20册，纯祖九年己巳，第15~19页。

位粮商，船载谷子、棉花、柞蚕茧、烟草，自山东福山县发往辽宁金州府，据《备边司誊录》正祖十五年辛亥：

> 问：带去者何物件，变卖者何物件。
>
> 答：杂粮及凉花、山茧、烟草等物，以卜重难运，从愿换卖，其余随身要紧东西，尽数带回，此皆贵国恩典，感激不尽。
>
> 问：你们变卖之价，共为几许。
>
> 答：价银总为六百四十七两零。[1]

安永和船上 4 位粮商的货物资本为白银 647 两。

刘青云船上 10 人，从山东荣成县装载青豆到沈阳贩卖，货物资本为白银 535 两，详见《备边司誊录》哲宗九年戊午：

> 问：带来的钱有么。
>
> 答：五百三十五两八钱八分有。[2]

在中小型山东海船中，有的船携带资本不多，例如刘增三船、王箕云船。

刘增三船的船主并未上船，以 52 岁的船长徐天禄代替，船上 11 人，从山东黄县出发，见《备边司誊录》宪宗六年庚子：

> 问：你们既要装粮，则有甚银货带来么。
>
> 答：带得银子一百两，铜钱一百一十吊，是船主刘增三的东西，船破时都落下水里，尽失无余。[3]

---

1 〔朝鲜〕《备边司誊录》第 17 册，正祖十五年辛亥，第 914~918 页。

2 〔朝鲜〕《备边司誊录》第 25 册，哲宗九年戊午，第 312~313 页。

3 〔朝鲜〕《备边司誊录》第 23 册，宪宗六年庚子，第 175~176 页。

该船带有白银 100 两、铜钱 110 吊，去辽宁买粮，不幸遭遇风漂到朝鲜。

王箕云船船籍是山东文登县，据《备边司誊录》纯祖三十年庚寅记述：

> 问：何月日因何事往何地方，何月日漂到我境。
>
> 答：我们带钱十四吊六百零，贸棉布凉（棉——引者注）花次，去年十月十七日自文东县，乘船往南城，当日到中洋，风浪大作，折帆竿缺锭枝。[1]

该船仅携带铜钱 14 吊 600 文，计划去南城购买棉布、棉花，属于山东小型海船单船资本最少的一类海船。

山东海船单船资本最多为 14000 两，根据朝鲜李朝的《备边司誊录》记载，广东商人 60 岁的李光、50 岁的罗五搭伙贩卖，他们不顾年龄已长，远赴辽宁营口港、山东烟台港经商贸易。船载主要货物为棉花，货值白银 3230 两。此外以福建的明朝林成商船、清朝黄宗礼商船为例，福建商船单船货物资本在白银 2000 两至 1 万两之间。与其相比，山东海船最高单船资本与广东、福建的最高单船资本不相上下，但是山东海船中有的中小型海船单船资本并不多。

五　山东海船的乘客、商船运费

清朝山东海船的乘客、商船运费怎样呢？以《备边司誊录》11 艘山东海船中 2 艘大型海船蒋顺利船乘客价格、张成顺船雇船价格

---

1 〔朝鲜〕《备边司誊录》第 22 册，纯祖三十年庚寅，第 103~104 页。

为例，略做考察。

《备边司誊录》记载山东的海船贸易中，出现了以运输乘客为主并收取运费的海运营利方式，如乾隆五十九年登州府蒋顺利船即是一例。蒋顺利为登州府的船主，他没有随船贸易，其船编号黄字 19 号。当时登州府遇到天灾，粮食歉收。因当地粮食供应出现问题，许多登州府与原籍沈阳的百姓，乘船前往沈阳以躲避灾年。《备边司誊录》正祖十八年甲寅记述道：

> 问：那乘客们，是借乘是雇船。
>
> 答：都收雇钱。
>
> 问：一人船雇钱多少。
>
> 答：船雇钱也不一样，或收大钱一百，或收小钱一百。
>
> 问：大钱一百为几何，小钱一百为几何。
>
> 答：大钱一百个为一百，小钱以十六个为一百。
>
> 问：乘客船雇钱共计为何。
>
> 答：以大钱记账为十吊，以小钱记账为四十三吊。
>
> 问：船雇钱现在带来否。
>
> 答：带来。[1]

蒋顺利船共承运 51 人，其中船员 7 人，乘客 44 人，包括 4 个妇女、3 个儿童。该船从山东蓬莱发往辽宁旅顺一带。因遇到灾荒年，该船向乘客收取的运费为：有的乘客收取大钱一百，有的乘客收取小钱一百，44 名乘客运费总共是 10 吊大钱。他计划用此次运费和向亲戚借的钱在沈阳地区购买粮食，再将粮食贩运回山东登州。蒋顺利船留下的清朝北方灾荒年山东乘客前往东北避灾的最低运费价格，具有一定的史料参考价值。

1　〔朝鲜〕《备边司誊录》第 18 册，正祖十八年甲寅，第 291~295 页。

　　清朝山东商船雇用整船运费怎样呢？张成顺船为官营大型商船，船载 40 人，其中商人 10 人、船员 26 人、乘客 4 人。该船从辽宁沈阳购买了柞蚕茧、高粱、玉米等货物，渡过黄海回到山东半岛北部牟平。那么 10 名牟平商人雇用这艘大船的运费是多少呢？详见《备边司誊录》纯祖九年己巳：

　　　　问：你船载来商客空人，各捧雇钱几许。

　　　　答：众商则有货物，故雇价大制钱一百三十四千四百八十个，空人则无货物，故水力价大制钱一千个或一千三百二十个或一千六百四十个。

　　　　问：大制钱，数几何。

　　　　答：一千文，谓之大制也。[1]

　　该船从山东半岛的牟平发往辽宁，4 名乘客运费为每位大钱1000 文至 1640 文铜钱。那么雇用一艘 26 名船员的大型商船的 10名商人，此程的运费是多少呢？让人没有想到的是，装货来回运费竟然高达 134 吊 480 文铜钱。究竟是什么原因导致了清朝时期山东前往辽宁的商船乘客与货运的运价差别会如此之大，颇值得仔细研究。

六　山东海船的船具

　　《备边司誊录》中记载了荣成县张元周海船、福山县安永和船 2艘船上载有船具的情况。

　　张元周海船是 1 艘小船，海船的船籍地为荣成县南 40 里民屋石村。船主张元周与冯才孝、张元瑞、李凤同 4 人留在船上忽遇海

1　〔朝鲜〕《备边司誊录》第 20 册，纯祖九年己巳，第 15~19 页。

上风暴，与下船吃饭未及返船的 5 人漂散。

《备边司誊录》正祖十年丙午记载：

> 问：你们船中物件，无遗失么。
>
> 答：后桅、布蓬、两橹、铁锚、木舵五件，漂洋时失了。
>
> 问：你们在两岛中及登陆后，带来物件，或有给人之事么。
>
> 答：没有。[1]

张元周船虽是小船，船上安有前桅、后桅，遭遇风暴后，后桅与船帆、两只大橹、一件铁锚、一个木舵等均损毁，海船漂到朝鲜黑山岛，得到了一位戴大帽子朝鲜人的帮助，给了张元周等人 10 斗米、3 块木材，对船舵进行了必要的维修。从上述文献可以看出张元周海船属北方海域使用的沙船，船设双桅双橹，可以有风使帆、无风用橹，也可以帆橹同时使用。

此外，《备边司誊录》正祖十年丙午还记载：

> 问：你们有甚么物件带来的么。
>
> 答：俺们带来木桶、空柜、火炭，及破伤船只，在灵岩已尽烧火，今此带来物件随身衣服外，只有钱二十两二钱九分。[2]

木桶是船上必用的物品，木炭用来烧火做饭，冬日取暖。空柜带上船，可装粮食等东西。有意思的是，张元周船留下了空柜等家具上船的记录。

福山县安永和私船是一艘大型帆船，船员 18 人，船主安永和不随船贸易。《正宗大王实录》卷 33 正祖十五年十二月戊午记载：

1　〔朝鲜〕《备边司誊录》第 16 册，正祖十年丙午，第 645~650 页。

2　〔朝鲜〕《备边司誊录》第 16 册，正祖十年丙午，第 645~650 页。

船长十五把，广四把，皆用铁钉。第二间撑铁鼎二座，第三间别加涂灰，造水仓盛水。前帆竹十一把，今番逢风漂流时，腰折。中帆竹九把，后帆竹五把，皆用白木帆。板屋中有书帙赞里，而舟什棚索，汲水小船一只，皆如我国船制样。硫索、龙层索、倒入索、旨索等属，或黑或白，问是何物，曰棕树皮也。

……

又问：船上器械，能无亏损。

答云：头桅损坏，大锚去之一顶，小锚去二顶，三顶锚的丁缆俱以去了。所载粮舍去数多，二棚俱破，别无损伤。祈长首将器用周济，过了新年，我等乘船回家去矣。[1]

该船上安装3桅白帆，前桅白帆用11根撑条，中桅白帆用9根撑条，后桅白帆用5根撑条。船设水仓，来解决乘员的饮水。船上配备3把铁锚，分别是主锚及两把备用小铁锚。另外，船上携带小舢板船，以方便近岸取水。安永和船的前桅被风暴摧毁，舱面2个舱棚被风吹破。

结　论

海上丝绸之路的海外史料弥足珍贵，从《备边司誊录》记载来看，清朝山东海船的船主绝大部分居住在陆地，不下海随船贸易。海船中大船占50%，乘员40~50人；中小型海船占50%，乘员在20人以下。海船船员呈现年轻化趋势，有的海船雇用南方船员。海船航海人员中未有秀才、举人等知识分子参与，贸易货物往南方输出柞

---

1 〔朝鲜〕《正宗大王实录》第17册，正祖十五年十二月辛亥，第914~918页。

蚕茧、粮食（黄豆、玉米、高粱）、中草药（紫草、杏仁、防风、白蜡）、烟草、咸鱼、生猪等，运回棉花、棉布、桐油等。海船携带资本在铜钱 14~1270 吊、白银 100~140000 两。海船从山东半岛北部过海前往辽东半岛，灾荒年乘客价格在大钱 100 文，常年乘客价格1000~1600 文铜钱，整船雇船价格 134 吊铜钱。山东海船为 3 桅或 2桅船，船上配备 3 把铁锚，分别是主锚、两把备用小铁锚（见图 1）。

本文引用的海外史料为国内首次发表。朝鲜李朝《备边司誊

图 1　美国人拍摄的清朝山东海船

录》记载的明清史料属于珍贵的域外汉文文献，其从不同角度记录了明清时期中国的政治、经济、文化、军事等方方面面的内容，值得引起国内学术界的关注。

附录：

丙戌四月十三日[1]

济州漂到人问情别单

问：你们居在何地、而姓甚名谁耶。

答曰：俺们十三人姓名。

管账车琯年三十九岁、山东省登州府莱阳县人。

管买卖柴米崔凌云、年五十二岁、山东省登州府文登县人。

问：你们在本土时，有何身役，而以何事为业耶。

答：俺们素无身役，只以农商为业耳。

问：你们因何事往何地，缘何漂到我国。

答：俺们以买卖事，往苏州地方，洋中遇风，漂到贵国耳。

问：你们几月几日开船，几月几日漂到我国耶。

答：俺们今正月初二日开船，于山东莱阳县，初四日大洋中，猝遇恶风，失舵折樯，几乎沉没，仓惶中远见山色，疑有人家，俺等十三人，持牌标急下，汲水小船，欲为救护大船之际，又遭东北风，俺等十一日，漂到贵国，其余二十一人，在大船，不知去处耳。

问：你们离发山东莱阳县时，作伴向苏州者，几船耶。

答：俺们莱阳县开船时，无作伴船矣。

问：你们将何样物件，贸来何样耶。

答：俺们持黄豆、紫草、杏仁、防风、白蜡、猪等物，往苏州贸来青蓝、各色布、瓷器、棉花物耳。

问：曾前上国，海禁极严云矣。不知何年，弛禁行商耶。

答：古海禁之令矣，今则有旨弛禁，任意行商，而弛禁年月，未能得知矣。

问：標帖成给之官，是何样官司，纳税何司，而以何物纳税耶。

答：標帖则莱阳知县成给，而纳税则随其所持物种之多寡，以银子计纳于本县耳。

问：莱阳之于苏州，相距几许耶。

答：旱路则两千一百里，水路则不能得定里数，而遭顺风，则四天三夜，可能以得达矣。

问：你们只行商于苏州而已，别无往来他国之事耶。

答：别无他国行商之事，而只于浙江、福建、江西、湖广、潘阳等处行商耳。

问：你们年年行商，而往来海洋之际，必有可闻奇异之迹，可得闻耶。

答：海中往来之路，别无奇异可闻之迹耳。

问：你们藏载货物海路来往之时，其无海贼掠夺阻搪之患耶。

答：无记入。

问：山东近处，有三山岛，而颇称奇异云，可得闻耶。

答：果有三山岛，而自登州府晴明日，则可能望见，而自莱阳县、贝水路颇远，三山列立间通海水，往来商船耳。

问：既有三山岛，则其民几何，往来船只，常常止泊耶。

答：此岛，小而险恶，且无可耕地之地，故原来无居民船只，往来之时，若遇风则时时止泊，而多恶石，且狭隘，故仅容三四只耳。

问：此外，又有他岛，而民人入居者耶。

答：登州府西北间四十里许，有庙岛、芙蓉岛、长山岛皆有居民，而长山岛最大，居民几至千余户，登州府及莱阳县主管耳。

问：此岛孤立海中，无水贼依险过发之患耶。

答：海防至严，故元无此患而曾闻五六年前，广东省有水贼云云之说矣。今则太平无事耳。

问：你们虽业农商，既为民丁，则似不无身役，可得详闻耶。

答：俺们则非军丁，故一年每口，纳丁徭银子一钱六分，而农者纳田税，商者纳商税，此外无他身役耳。

问：山东地方，农事何如。

答：进来农事，连丰大收耳。

问：你们十三人中，曾有往来皇都者几人，而程途几里耶。

答：俺们十三人中，一人曾有往来皇都者，而途里则一千四百四十里耳。

问：山东所属州县，共几何耶。

答：山东一省有登州、莱州、青州、兖州、东昌、济南六府，而其所属州县，则未能详知耳。

问：登州府有几个官人耶。

答：文官则有太府、二府、三府、学官，武官则有总兵、副将、参将、守备、千总、把总等官耳。

问：所谓文官则所管何事，武官则所管何事耶。

答：所谓太府管知县、生员、学生，二府管监察耳目，三府管匪类、赌博，总兵则管山东一省军兵，而衙门则在于登州耳。

问：总兵所掠城池周遭及所管兵曹几何，而水军耶，陆军耶。

答：城池周遭，自东门至西门七里许，南北亦如之，兵数不知几许，而都总水路之军耳。

问：既有军兵，则有时训练之事耶。

答：陆军则一朔内九次操练，水军则一年四季月操练耳。

问：操练时，所用器械，可以指耶。

答：陆军所用器械弓箭、刀枪、火炮，而水军操练时曾无目击，未知器械之何如耳。

问：贵省尚文耶，尚武耶。

答：文武俱尚，而俺们，以商农为业之人，试取之规，未能详知耳。

问：你们大船所载物种，多少几许耶。

答：黄豆二百四十担，白蜡二百四十斤，红花二百四十斤，紫草三百九十八包，防风一包，杏仁一小包，猪十二口耳。

郑和时代前西太平洋、北印度洋水域的海事活动 *

刘迎胜 **

一 从红海到远东

罗马帝国在中国古籍中多称大秦，因其地处地中海东岸以西，有时又称为"海西国"。希腊人把连接两大陆的狭窄陆地称为 isthmus，即地峡，最初指的是地处欧亚非三大陆之间的埃及苏伊士地区，由于这里是连接地中海与红海的最短陆路通

---

* 本文原题为《从西太平洋到印度洋——郑和时代以前中国航海家的足迹与亚洲的海洋活动传统》，刊于上海海事大学、中国航海日活动办公室、中国海洋学会编《海洋——我们民族留下的记忆》，海洋出版社，2008；后收入笔者论文集《从西太平洋到北印度洋》，南京大学出版社，2016。此次修订后现名。

** 刘迎胜，南京大学历史学院。

道，自古以来就是来自印度洋的商贾进入地中海地区、泰西水手前往亚洲的必经之地。

红海在古代希腊被称为"厄立特里亚海"（即埃塞俄比亚海），其沿岸诸地与印度洋沿岸地区的贸易有着悠久的历史。在奥古斯都执政时，埃及被纳入罗马帝国的版图。东汉时罗马帝国的海洋活动已越出红海进入印度洋水域。大约在公元前 1 世纪中叶，一位名叫伊巴露斯（Hippalos）的希腊船长曾偶然到达印度西海岸。公元 1 世纪初，一位商人阿尼尤斯·普洛卡姆斯（Annius Plocamus）扑买了罗马帝国红海领土的税收，他派出一名获得自由的奴隶布勃里乌斯（Publius）作为他的监税官前往红海地区。这位监税官在航行中遇风，在海上漂流 15 日后，偶然抵达斯里兰卡（即我国史书所记的"狮子国"），在那里停留了半年，然后与斯里兰卡出使罗马的使臣拉西亚斯（Rachias）一同回到欧洲。[1] 据老普林尼（23~79）的《自然史》记载，这位斯里兰卡的使臣拉西亚斯的父亲曾去过"赛里斯国"，即汉帝国。[2] 这两位罗马水手航行所依靠的，实际上是印度洋上的季风。后来在相当长时期内，印度洋季风便被欧洲人称为"伊巴露斯风"（the Winds of Hippalos）。这一两次偶然的航行使罗马商贾发现了前往东方的水路。罗马商人们越来越多地出入于印度洋。[3]

《后汉书·南蛮西南夷列传》提到，永宁元年（120）掸国（缅甸）国王雍由调"遣使者诣阙朝贺，献乐及幻人，能变化吐火，自支解，易牛马头。又善跳丸，数乃至千。自言我海西人。海西即大秦也，掸国西南通大秦"。[4] 这条通过掸国前往中国的道路早已有之。

1　过去学者们根据普林尼的记载，把布勃里乌斯远航斯里兰卡的史实系于喀劳狄一世（Claudius，41~54）在位时，后根据发现于科帕托以南 100 公里处通往贝仑尼塞港的道路上的希腊、拉丁文碑铭，才知布勃里乌斯返回的日期是公元 6 年 7 月 5 日。

2　戈岱司编《希腊、拉丁作家远东古文献辑录》，耿昇译，中华书局，1987，第 11~12 页。

3　有关这一问题近期研究详见张绪山《罗马帝国沿海路向东方的探索》，《史学月刊》2001 年第 1 期。

4　《后汉书》卷 86。

公元前 2 世纪，当张骞"凿空"西域，到达阿姆河南岸之地，曾发现当地有经印度运来的蜀地出产的竹杖与布。这些蜀地的产品必定是经过云南、掸国，至孟加拉湾，再溯印度河北上贩至中亚的。

　　兹后汉籍中有关大秦的消息也渐增多。《后汉书》记载："大秦国一名犁鞬，以在海西，亦云海西国。地方数千里，有四百余城。小国役属者数十。以石为城郭。"[1] 这里提到的"犁鞬"即今埃及地中海之滨的亚历山大（Alexandria），得名于希腊马其顿亚历山大大帝，[2] 足见东汉时有关罗马帝国的消息是通过地中海—红海水道转来的。同书又记："汉桓帝延熹九年（166），大秦王安敦遣使自日南徼外献象牙、犀角、瑇瑁，始乃一通焉。其所表贡，并无珍异，疑传者过焉。"[3]

　　从汉末三国至隋统一的三个半世纪中，中国南方对西方诸国的陆路交往因南北分割而受阻，不得不主要依靠海路与海外诸番联系。三国时期，吴的疆域向南一直延伸到今越南北方，当时称交趾。吴人了解到，大秦人"行贾，往往至扶南、日南、交趾，其南徼诸国人少有到大秦者"。换言之，当时东南亚（包括吴辖区内的交趾）的船只很少赴大秦者，而主要是大秦人东来。"孙权黄武五年（226），有大秦贾人字秦论来到交趾，交趾太守吴邈遣送诣权，权问方土谣俗，论具以事对。时诸葛恪讨丹阳，获黝、歙短人，论见之曰：'大秦希见此人。'权以男女各十人，差吏会稽刘咸送论，咸于道物故，论乃径还本国。"[4]

1　《后汉书》卷 88《西域传·大秦国》。

2　"黎轩"的名称始见于司马迁《史记·大宛列传附安息》，唐代的杜佑曾在其著作《通典》"边防九"中又称"犁轩"，说其地"有幻人，能额上为炎烬，手中作江湖，举足而珠玉自堕，开口则幡旄毕出"。他还说，"前汉武帝时，遣使至安息，安息献犁轩幻人二"，并描述这些"犁轩""幻人"的相貌"蹙眉峭鼻，乱发拳鬓，长四尺五寸"。黎轩又音译为"阿荔散"。佛藏中《那先比丘经》记中亚希腊化王朝弥阑陀国王自称"我本生大秦国，国名阿荔散"，是亚历山大之更贴切音译。

3　《后汉书》卷 88《西域传·大秦国》。

4　《梁书》卷 54《中天竺国传》。

　　孙权还派出朱应与康泰出使海外，[1]访问了东南亚许多地方，收集了有关大秦、安息（今伊朗与土库曼斯坦南部）、天竺（印度）等一百余国的地理、风俗、物产消息。归回后康泰撰《吴时外国传》，朱应则写有《扶南异物志》。《吴时外国传》又称《吴人外国图》《吴时外国志》《扶南土俗传》（《扶南土俗》）《扶南传》或《扶南记》等；《扶南异物志》又称《扶南以南记》或《扶南异物》。这两部书至北宋时尚存，但后来亡佚，其中内容在《水经注》[2]《艺文类聚》《梁书》《通典》《艺文类聚》《太平御览》等书中均有所摘引，尽管篇幅不大，但却是后世学者了解东汉以后海上丝路沿线国家和民族的重要资料。与康泰和朱应齐名的是当时丹阳太守（辖地包括南京）万震，他在任上悉心采集资料，著有《南州异物志》，又称《异物志》《南方异物志》《南州志》《南州异志》《南州异状志》等，也记载了当时吴通过海路获取的奄蔡（今黑海北）、黎轩（罗马帝国）、大月氏（印度与中亚的贵霜王朝）、身毒（印度）及其他国家的各种消息。可惜这部书北宋以后也已不存，通过南北朝时的《齐民要术》、唐虞世南的《北堂书钞》、唐欧阳询的《艺文类聚》和唐释道世的《法苑珠林》及北宋时的《太平御览》诸书中摘引的文字，我们还是能了解到当时江南士人对"海上丝路"充满了兴趣。

　　留存至今的两晋时代与海外诸国交通的资料虽然较少，但当时记载异域外国的书籍已经开始大量出现。据《隋书·经籍志二》记载，唐初可见这类书籍尚有：《交州杂事》9卷（记士燮及陶璜事）、[3]

1　《梁书》卷54："吴孙权时，遣宣化从事朱应、中郎康泰通焉。其所经及传闻，则有百数十国，因立记传。"

2　《扶南异物志》在《水经注》中分别称为《扶南传》或《扶南记》，如"康泰《扶南传》曰：'从迦那调洲西南入大湾可七八百里，乃到枝扈黎大江口，度江径西行极大秦也。'"（《水经注》卷1，恒水）"康泰《扶南记》曰：'从林邑至日南卢容浦口，可二百余里。'"（《水经注》卷36）

3　按，当时交州尚属中国。

虞孝敬撰《高僧传》6 卷、释宝唱撰《名僧传》30 卷、[1] 沙门释智猛的《游行外国传》1 卷、[2] 释昙景的《外国传》5 卷、[3] 释法盛的《历国传》2 卷、[4] 无名氏的《大隋翻经婆罗门法师外国传》5 卷、《诸蕃国记》17 卷、无名氏所著《交州以南外国传》1 卷、后汉议郎杨孚著《异物志》1 卷和同一作者的《交州异物志》1 卷、吴丹阳太守万震撰《南州异物志》1 卷、无名氏的《日南传》1 卷、无名氏的《林邑国记》1 卷、无名氏的《诸蕃风俗记》2 卷、无名氏的《诸蕃国记》17 卷、许善心撰《方物志》20 卷、朱应的《扶南异物志》1 卷[5] 等。[6]

　　与印度洋交通的发展便利了东西往来，来华外国人的数目大

1　隋费长房《历代三宝纪》："敕沙门宝唱撰《名僧传》三十一卷。"（卷 3，金刻赵城藏本）

2　据慧皎《高僧传》卷 3 记载：释智猛，雍州京兆新丰人，禀性端明，励行清白，少袭法服，修业专至，讽诵之声，以夜续日。每闻外国道人说天竺国土有释迦遗迹及方等众经，常慨然有感，驰心遐外，以为万里咫尺，千载可追也，遂以伪秦弘始六年甲辰之岁（404），招结同志沙门十有五人，发迹长安，渡河跨谷三十六所，至凉州城，出自阳关，西入流沙，凌危履险，有过前传。遂历鄯鄯、龟兹、于阗诸国，备瞩化业。于于阗西南行二千里，始登葱岭，而九人退还。猛与余伴进行千七百里，至波伦国，同侣竺道嵩又复无常，将欲阇毗忽失尸所在。猛悲叹惊异，于是自力而前。与余四人共度雪山，渡辛头河，至罽宾国。国有五百罗汉，常往返阿耨达池，有大德。罗汉见猛至欢喜。猛谘问方土，为说四天子事，具在猛传。猛于奇沙国，见佛文石唾壶，又于此国见佛钵，光色紫绀，四际尽然，猛香华供养，顶戴发愿，钵若有应，能轻能重，既而转重，力遂不堪，及下案时复不觉重，其道心所应如此。复西南行千三百里，至迦毗罗卫国，见佛发、佛牙及肉髻骨、佛影迹炳然具存，又睹泥洹坚固之林，降魔菩提之树。猛喜，心内充设供。一日兼以宝盖大衣覆降魔像，其所游践究观灵变天梯龙池之事，不可胜数。后至华氏国阿育王旧都，有大智婆罗门，名罗阅，家举族弘法，王所钦重，造纯银塔高三丈。既见猛至，乃问秦地有大乘学不。猛答，悉大乘学。罗阅惊叹曰："希有！希有！将非菩萨往化耶？"猛于其家得《大泥洹》梵本一部，又得《僧祇律》一部及余经梵本，誓愿流通，于是便反。以甲子岁（404）发天竺，同行三伴，于路无常，唯猛与昙纂俱还于凉州。出《泥洹本》得二十卷，以元嘉十四年（437）入蜀，十六年（439）七月造传，记所游历。元嘉末卒于成都。

3　除译述佛经以外，据《隋书·经籍志》记载，昙景还撰有《京师寺塔记》二卷。

4　据慧皎《高僧传》卷 2《昙无谶》第七记载："时高昌复有沙门法盛，亦经往外国，立传，凡有四卷。"其传卷数与此不同，慧皎所记法盛与这里提到的《历国传》作者是否为同一人，待考。

5　前已提及，《扶南异物志》又称《扶南以南记》或《扶南异物》。这两部书至北宋时尚存，但后来亡佚。

6　《隋书·经籍志二》。

大增加，他们带来的异域奇货也越来越多。吴时交趾太守士燮"每遣使诣权，致杂香细葛，辄以千数，明珠、大贝、流离、翡翠、瑇瑁、犀、象之珍，奇物异果，蕉、邪、龙眼之属，无岁不至"。[1]《艺文类聚》卷 85 记载，西晋太康二年（281）大秦国使臣自广州来贡，"众宝既丽，火布尤奇"。[2] 三国时外国人在东南港市已经不再罕见，据《三国志》记载，当时交州地方官出巡时，"胡人夹毂焚香者，常有数十"。[3]

由于地理知识的增长，海商、水手们已经注意记载航行所经海区的情况。从东汉时期开始，我国南海水域在历史文献中已经开始被称为"涨海"。《尔雅》记："蠃，小者蜬（螺，大者如斗，出日南涨海中，可以为酒杯）。"[4] 此后不仅许多汉文文献提到"涨海"，域外史料也提及这个海名。公元 9 世纪阿拉伯地理学家苏莱曼曾记载前往中国的航路，他提到"从昆仑岛出发，船队进入涨海水面"。[5] 除了苏莱曼，还有其他穆斯林地理学家提到过涨海。随着航海技术的进步，航船离开中国大陆赴东南亚时，已经不再紧靠东亚大陆海岸航行，所以在途经南海时，水手们开始注意到南海诸岛。康泰等人出海时，《扶南传》载："涨海中，列珊瑚洲，洲底在盘石，珊瑚生其上也。"[6] 这里所提到的涨海即今之南海。南海诸岛如南沙群岛、西沙群岛均是由珊瑚礁构成的。1957 年广东省博物馆在西沙群岛考古时，曾采集到南朝时代的六耳罐、陶环等物。不仅中国水手，来往于中国与印度洋之间的外国航海家也了解到南海的珊瑚礁，阿拉伯

1　《三国志》卷 49《吴书四·士燮传》。

2　《艺文类聚》卷 86《菓部上》，清文渊阁《四库全书》本。"火布"即以石棉织成的布，火烧不坏。

3　《三国志》卷 49《吴书四·士燮传》。

4　《尔雅》卷下，四部丛刊景宋本，郝懿行：《〈尔雅〉郭注义疏》下之四《释鱼之十六》。

5　G. 费琅辑注《八至十八世纪阿拉伯、波斯、突厥人东方游记及地理文献辑注》卷 1，巴黎，1914。汉译本见《阿拉伯、波斯、突厥人东方文献辑注》，耿昇、穆根来译，中华书局，1989，第 41 页。

6　李昉：《太平御览》卷 69《地部三十四》，四部丛刊三编景宋本。

人苏莱曼在叙述涨海时描写道：船只进入"涨"（即"涨海"）后，暗礁浸没在海水之下，船只从暗礁之间的隙道通过，安全航行要靠真主护佑。[1] 提到南海诸岛的穆斯林地理学家并不止苏莱曼一人。这说明航海技术的进步是世界性的。

据文献记载，南朝宋齐时有十余国沿海路入华。梁时许多海外番国奉中国南部政权为宗主国，"其奉正朔，修贡职，航海岁至，逾于前代矣"。[2] 日益增多的交流使中国人对前往西亚的海路和各国地理方位有了更为准确的整体认识，即所谓"海南诸国大抵在交州南及西南大海州上。相去近者三五千里，远者二三万里。其西与西域诸国接"。[3] 刘宋时代，其疆界伸及今越南中部一带，与东南亚和印度洋诸国的关系十分密切。林邑、扶南（今柬埔寨）曾数度遣使入贡，位于今印尼境内的诃罗陀国则请求与刘宋建立互市关系，要求建立关系的还有其他东南亚国家。这个时期印度洋与西太平洋之间的海路交通变得更为频繁。元嘉五年（428）狮子国"国王刹利摩诃南奉表曰：'谨白大宋明主，虽山海殊隔，而音信时通。'"[4] 可见中国南方与锡兰岛之间已经保持着经常的官方联系。

南齐永明二年（484），时扶南王姓侨陈如名阇耶跋摩，听说齐朝新立，派天竺道人那伽仙上表入贡，陈述其国叛臣鸠酬罗窃据林邑，聚凶肆掠，请求中国派兵助讨。齐武帝答复，交州的兵力会给以支援。[5] 当时中国南疆及于交州，在东南亚影响甚大，所以才有扶南向中国请兵相助之事。

南朝时，因为海外贸易兴盛，广州的地位日见重要，已经取代两汉时代的徐闻、合浦。梁武帝在国内兴佛，当时与林邑、扶南贸

1　G. 费琅：《阿拉伯、波斯、突厥人东方文献辑注》，第 57 页。

2　《梁书》卷 54《诸夷传·海南诸国传序》。

3　《梁书》卷 54《诸夷传·海南诸国传序》。

4　《宋书》卷 97《蛮夷传》，"师子国"。

5　《南齐书》卷 58《蛮·东南夷·扶南国》。

易的物品中有许多是佛事用具，例如扶南曾赠珊瑚佛像、天竺旃檀瑞像、婆罗树叶等。梁武帝听说扶南有长一丈二尺的佛发，特派沙门释云宝往迎之。[1]东南亚的其他国家，如盘盘（今泰国南部万伦湾一带）、丹丹（今马来西亚之吉兰丹）、干陀利（今马来西亚吉打）、狼牙修（今泰国南部北大年一带）、婆利（婆罗洲）与梁朝的海上交通也很密切。

西太平洋与北印度洋水域以今马来半岛为界。马来半岛深入海中，其东面的暹罗湾属太平洋水系，其西面的安达曼海属印度洋水系，半岛最窄处仅数十公里。在信风为主要动力的时代，绕过马来半岛的航程是漫长的，而在半岛边卸货转运却不失为一种节省运力的办法。这条"海—陆—海"联运路线见之于中国古代文献的记载。[2]自魏晋时代起，许多从中国出洋的海舶便把目的港定在马来半岛以东的暹罗湾。在暹罗湾边的小河湾里，来自中国的商人们把从国内运来的货物过驳到当地的小船上，然后开始采购回头货，装船后等待信风回乡。这些载满过驳货物的小船，沿小河驶抵马来山脊脚下，用人力或畜力运过山岭，在山脊另一侧的小河边再载上小船，运至安达曼海边。在这里有许多来自印度、西亚、东非、大秦的商人，他们也卸下自己运来的货品，等待购买从山岭那一边运来的中国货。他们的番货被当地商人贩运过马来半岛，转售给来自中国的商人。

西汉时中国海船已能航达南亚次大陆的南端，即今斯里兰卡。东汉时罗马帝国的商人也开始从红海直航远东。《宋书·蛮夷传》说，大秦、天竺地处西溟，两汉的使臣均视前往大秦、天竺的使命为畏途。但在贸易的重利诱惑下，"氏众非一、殊名诡号、种别类异"的各国贾客携"山琛水宝"、"翠玉之珍"、"蛇珠火布之异"及

---

1 《梁书》卷54《诸夷传·海南·扶南国》。

2 韩振华：《魏晋南北朝时期海上丝绸之路的航线研究——兼论横越泰南、马来半岛的路线》，《中国与海上丝绸之路》，福建人民出版社，1991，第235~245页。

其他"千名万品"的货物，"泛海陵波，因风远至"。[1]

　　对于中国舟人来说，前往印度洋西部航行的关键，在于掌握自今印度南部和斯里兰卡至阿拉伯海沿岸诸地的航路。东汉以后，中国与南亚之间的交通日益频繁，在中国僧人赴西天求法、印度法师入华传扬佛教的同时，中国人对印度地处中国与泰西之间的地理位置有了新的认识，同时了解到从印度前往阿拉伯海诸地的海道。刘宋时僧人竺枝在以自己亲历见闻为据写成的《扶南记》中说："安息去私诃条国二万里，国土临海上……户近百万，最大国也。"[2] 这里的安息即指波斯的帕提亚（Parthia）王朝，但其实当时帕提亚王朝已经灭亡，波斯已为新兴的萨珊王朝统治，而中国人仍然以传统的名称安息称呼之。"私诃条"即三国时万震的《南州异物志》所提到的"海中州名"——斯调，[3] 这是巴利语"狮子国"（Sihaladipa）的音译。这时中国人已经了解了从印度前往波斯湾的海路。

二　法显与南海佛教之路

　　从汉末开始，中国分裂，战祸四起。两汉之际传入的佛教有关灵魂不灭、因果报应与转世轮回之说，在此时的中国南北迅速得到传播。晋室南迁后，中国南方相对比较安定，各地纷纷动用财力兴建佛寺，传授佛法。来自异域的僧人受到普遍的欢迎。当时因前往西天的陆路为北方割据政权阻隔，海路在中印交通之间的地位显得日益重要。

　　据唐代和尚义净记载，在印度那烂陀寺以东40余驿的地方，沿恒河而下，有一鹿园寺。"去此寺不远，有一故寺，但有砖基，厥

1　《宋书》卷97《蛮夷传》。

2　《水经注》卷2《河水》。

3　《南州异物志》曰："斯调，海中洲名也，在歌营东南可三千里。上有王国、城市、街巷，土地沃美。"李昉：《太平御览》卷787《四夷部八·斯调国》，四部丛刊三编景宋本。

号支那寺。"古老相传当室利笈多大王时，有"支那国"即广州僧人20余人至此，室利笈多大王为他们建寺，"以充停息"，并赐给"大村封地二十四所"。直至唐代，还有3个村子的人属于此鹿园寺。唐时当地的东印度王提婆摩跋还有为新到来的中国僧人重建此寺的打算。[1] 据义净记载，室利笈多大王上距义净时代已经500余年。据学者研究，印度笈多王朝王统中最早的一位国王就叫 Srigupta，即"室利笈多"，他曾被称为 Maharaja，即"大王"。义净提到的室利笈多大王，很可能就是他，其在位时间应是3世纪末。[2] 这20余位中国僧人可能是从四川先沿水路至广州，然后乘船行至东印度的。[3]

在这一时期为数众多的前往天竺取经的和尚中，最值得一提的是法显（337~420？）。法显是中国最早到天竺（今印度）取经求法的佛教大师之一，也是杰出的旅行家和翻译家。他是十六国时代山西平阳武阳（今山西临汾）人，本姓龚，出身贫寒，有兄三人，但都因灾荒连年、瘟疫流行而夭折。父母害怕"祸以次及"，当他刚刚3岁的时候，就把他度为沙弥（即送他到佛寺当了小和尚）。399年，63岁的法显从长安出发，沿陆路去天竺，历河西走廊、塔克拉玛干大沙漠、葱岭、中亚到达印度。他在摩揭陀国都城巴连佛邑，即今印度比哈尔邦（Bihar）之巴特那（Batna）留学3年，学习梵语，抄写经律。然后沿恒河而行，到古印度东北部著名海港多摩梨帝国，即今印度西孟加拉邦（West Bengal）加尔各答西南之坦姆拉克（Tamlak）。对研究亚洲航海史的人来说，法显在历史上最伟大的贡献是他从天竺求学的后半段开始，选择了海路来继续他的旅行，并继而乘海舶踏上归程。

1　义净：《大唐西域求法高僧传》，王邦维校注，中华书局，1988，第103页。

2　义净：《大唐西域求法高僧传》，第105~106页。

3　杨鹤书：《从公元3~7世纪佛教在广州的传播看中外文化交流》，广东省人民政府外事办公室、广东省社会科学院编《广州与海上丝绸之路》，广东省社会科学院，1991，第114页。

义熙五年（409），法显"载商人大舶泛海西南行，得冬初信风，昼夜十四日到狮子国"。法显此行时正值初冬北风之时，扬帆顺风，沿印度东海岸南行。从加尔各达到斯里兰卡的当代航行长度约 1200 海里。法显所乘之"商人大舶"大约是印度船，平均每昼夜可行 85 海里（约 157 公里）。这个速度是相当快的。义熙七年秋，又乘另一条商舶自狮子国启程，计划横穿孟加拉湾东返故国。这是一条巨大的海舶，可载 200 余人。启程之初，"得好信风"，船顺利东行。但秋季乃印度洋东南季风与西北季风交替的时节，风向不稳定，船启行后两日便遇风暴。[1] 法显一行被迫漂至一岛。[2] 待潮退后，修补船只破损处，然后继续前驶。行 90 日方至耶婆提。[3] 估计法显因为风暴和风向的改变，偏离了正确航道，沿苏门答腊岛的西南海岸而行，到达此岛的东部。法显在耶婆提停留了 5 个月等候季风。义熙八年春，法显再一次搭乘一艘可载 200 人的商船，携 50 日粮朝广州开航。因途中再一次遭遇风暴，海舶误期错过广州，最后到达今山东海岸。法显开始从长安西行时，有宝云、慧应、慧景、道景等多人同行，归国时只剩下他一人。

法显归国后，与佛驮跋陀罗合译经、律、论共六部 24 卷。他还把自己在异域 14 年的经历写成《法显传》一书，此书又有《佛国记》等其他名称。法显在其书中，生动地描绘了当时南亚、东南亚的风土人情，对于我们了解古代印度洋海上交通的诸方面，如船舶、航海术、航线、东南亚及南亚海上贸易等，都有重要价值。法

1　章巽：《法显传校注》，上海古籍出版社，1985。

2　日本学者足立喜六认为可能是今印度洋东部尼科巴群岛（Nicoba Is.）中的一个岛。见其书《法显传——中亚，印度，南海纪行的研究》，第 220 页。

3　印度史书《罗摩衍那》（Ramayana）提到，东方有一个大岛名 Yava-dvipa（大麦岛）。托勒密的地理书提到过这个岛，他写作 Iabadiou。《汉书》卷 6、卷 116 也提到"日南徼外叶调国"，当即此耶婆提。章巽先生认为，古爪哇、苏门答腊两岛相连，耶婆提为其共名。见章巽《法显传校注》，第 170 页注 29。

显 63 岁从长安启程时是十六国中的后秦人。他沿陆路从中国走到印度，由海上乘船返归故土，前后历时 14 年，游历了 31 国。义熙八年法显在东晋控制下的山东登陆回到中国，所以后人又称他为"晋法显"。

法显取海道归国开辟了南海佛教传播之路的新纪元。这一时期往来于中国、南亚之间的僧人中取道海路的人越来越多。

特别值得注意的是，许多中国僧人首次从中国动身时，往往沿传统的陆路西行，但归国则常取海路。西凉僧人智俨曾赴克什米尔，与当地高僧觉贤一同从印度启航回中国，与法显一样在山东青州登陆。后来智俨又一次乘船赴天竺。[1] 同一时期还有幽州李勇，他也是沿陆路赴印度求学，后"于南天竺泛海达广州"。[2] 高昌僧道普在印度随船舶回国，在青州登岸。[3] 这说明当时中国的僧人与从事海外贸易的商人关系并不十分密切，对中国与南亚之间的海上交通尚不够了解。所以当他们启程赴西天时，首选的是传统的陆路。而当这些求法僧人到达印度之后，从当地人那里了解到中国与南亚之间已经有着相当频繁的海上交通时，往往舍陆路而求海道回国。这也是为什么南北朝时入华的外国僧侣中，有相当部分是泛海而来的原因。

与之不同的是许多域外僧人首次前往东方便循海路。中天竺僧人求那跋陀罗先至狮子国，然后由此国"随舶泛海"，元嘉十二年（435）至广州。[4] 甚至一些远居内陆的克什米尔僧人也弃陆路而求海路，前往东方。前面提到的高僧觉贤，就是在克什米尔遇到中国僧人智俨后，决定来华的。他们先行至交趾，再附海舶泛至山东。克什米尔王子求那拔摩先赴狮子国，从那里乘船到达爪哇岛，在那里

1　慧皎：《高僧传》卷 2，《高僧传合集》，上海古籍出版社，1991，第 20 页。

2　慧皎：《高僧传》卷 3，《高僧传合集》，第 19 页。

3　慧皎：《高僧传》卷 2，《高僧传合集》，第 15 页；卷 3，《高僧传合集》，第 17 页。

4　慧皎：《高僧传》卷 2，《高僧传合集》，第 24 页。

传授佛法，名扬周邻，为刘宋僧人所知。宋文帝命交趾刺史泛舟至爪哇邀请，求那跋摩因此来华。[1]西天竺僧拘那陀罗（真谛），于梁中大同元年（546）取海道经狼牙修、扶南至南海郡（今广州）。后来他曾打算乘舟返回狼牙修国。[2]南天竺人菩提达摩亦从海路入华，后来被尊为禅宗之祖。除印度佛僧外，这一时期还有许多东南亚僧人从海路入华，其中著名者有扶南人僧伽婆罗（僧养）、曼陀罗（宏弱）等，[3]这说明两汉以后，在中国与东南亚和印度的交通中，海路日见重要。

除了法显之外，赴西天求法的僧人中还有许多带来了印度文化的新知识。梁人慧皎的《高僧传》是记述东汉至梁初著名僧人事迹的传记集。僧人传记杂录著作在晋梁之际已经出现多部，如宝唱的《名僧录》等。慧皎在前人的基础上，收集群作，比其异同，记载了许多天竺、东南亚各地来华的僧人和中国赴海外求学的和尚的事迹，受到各国研究佛教传播史的学者的重视，被公认为是研究这一时期海上丝绸之路沿线国家历史和文化的最重要史料。

三 艰险的旅途

尽管航海技术取得了许多进步，但蹈海远行仍然是一件充满不可知因素的事。古时泛海行船，海难发生的频度相当高，其中主要的风险是风浪、触礁和海盗。《汉书·地理志》便已经记载：西汉时前往印度的航程中有杀人越货的强盗，使臣畏惧"逢风波溺死"。

据法显记载，他于411年从狮子国启程东还。当时舟人已知在舟后系一条小船，"以备大船毁坏"时用。他们的船行至第二天

1　慧皎：《高僧传》卷3，《高僧传合集》，第20~21页。

2　道宣：《续高僧传》卷1，《高僧传合集》，第111页。

3　均见于道宣《续高僧传》卷1，《高僧传合集》，第106页。

遇大风时，船破水漏，情形万分危急，乘客、水手纷纷上小舟逃生。上了救生艇的人恐人多翻船，遂强行砍断缆绳。留在船上的人为求生只得把货物投入海中，当时法显也被迫留在商船上自救，在海中漂流13日后方到一个荒岛上。至于那些跳到小船上的逃生者的下落，法显没有提到。在这种风暴中，一叶小舟在汪洋大海中漂泊，很可能是凶多吉少。除了风暴之外，法显说，"若遇伏石，则无活路"。所谓"伏石"就是暗礁。另外"海中多有抄贼"，遇则人货全无。[1] 离开耶婆提以后，法显搭商船趁东南风回国。原计划行50日，但因风暴，偏离航线，船行百日有余，不见广州，食、水俱尽，日常饮水以淡水、海水掺半，每人每日配给2升，历经种种险情。

另一位西凉州僧人智俨的经历与法显近似。他在今克什米尔之地延请当地高僧觉贤一道附海舶入华传佛法，途中在中国南海一海岛候风。一日遇顺风，同泊诸船中许多纷纷拔锚启航，唯智俨、觉贤等人的海船暂泊继续辨认风向。结果风暴突起，先出航各船均遇难。待觉贤等人启程后，留下诸船又遇海盗，均遭难。[2]

中天竺僧人求那跋陀罗"有缘东方"，他"随舶泛海，中途风止"。海上行船的主要动力是信风，失去风力之后，船舶只能在海上漂泊，原先携带的给养再多也只能维持有限的时间，到"淡水复竭"时，"举舶忧惶"。后来"信风暴至，密云降雨"，才安抵广州。[3]

在海难中丧生的，除水手、商贾、佛僧以外，有时还有南海诸国的王公贵族。据《南齐书·东南夷传》记载，林邑王诸农仰慕中国文明，亲自乘舟来华，不幸在"海中遇风溺死"。

1　章巽：《法显传校注》，第167页。
2　慧皎：《高僧传》卷2，《高僧传合集》，第15页。
3　慧皎：《高僧传》卷2，《高僧传合集》，第24页。

四　航海科技的进步

从 2 世纪末东汉灭亡，到 13 世纪 70 年代元统一以前的约 1200
年中，中国历史上数次出现分裂局面，在这种情况下陆路东西交往
受阻，海外诸国在中国对外贸易中的地位迅速而持续地上升，中国
与波斯湾和地中海周围地区的交通越来越倚重于海路。航海术正是
在这些时期有了巨大的进步。

（一）船使八面风

两汉以后，海外交往的发展促进了航海技术的迅速进步，这个
时期航海术上最重要的成绩是风帆的改进。三国时，吴国丹阳太守
万震在《南州异物志》中叙述了南海上船舶的风帆，说："外徼人随
舟大小，或作四帆，前后沓载之。有卢头木，叶如牖形，长丈余，
织以为帆。其四帆不正前向，皆使邪移，相聚以取风吹风，后者激
而相射亦并得。风力若急，则随宜城减之，邪张相取风气而无高危
之虑。故行不避迅风激波，所以能疾。"[1]

万震所述是"外徼人"的船舶所装置的风帆的情况。可以看
出，这种由卢头木叶编成的帆已经能用于偏风航行。在航海中遇到
正顺风的情况并不很多，在航行中如遇左右后侧风、横向风与前侧
风时，帆面还是正前向布置，就非但不能有效地利用风力，而且会
使船偏离预定的航向，甚至造成危险。因此在偏风的情况下，必须
相应地调节帆的角度，利用风在帆面上产生的推进分力，并在舵的
配合下克服横向漂力，使船按预定航向前进。

万震还记载道，这种前后设置的双道风帆中的后帆，当遇到横
向风时，可以 45 度角迎置，将风反射到前帆，借以推进船行。如

1　李昉：《太平御览》卷 771《舟部》，四部丛刊三编子部。

欲船行加速，可置满帆，若欲降速，可落半帆。这种帆做得下大上小，使帆下部受风面积较大，降低了重心，船舶有良好的稳定性。这些"外徼人"的船，由于风帆技术的改进，行船已能"不避迅风激波"，故航行速度大增，也因而将这种多桅帆航的使帆技术传入中国，推动了中国航海业的进步。

风帆的进步与航海家世世代代运用季风来驱动海船是分不开的。舟人在长期的实践中对信风的掌握有了巨大的进展。印度洋—太平洋海区内的主要港口之间，已有一定的船期。法显从印度的恒河口前往狮子国时，依冬初信风，昼夜 14 日西南行而达。而他从耶婆提启程归国时，按正常的航期，携带了 50 日粮，前往广州。当时从"迦那调洲"出发；船张 7 帆，行一月余可达大秦国。

（二）海外地理知识的扩展

随着中印两国交往的日益密切，有关印度的地理学也传入中国。中国人的海外地理知识因之而扩大了。中印两国虽隔喜马拉雅山为邻，但两大民族的文化传统却有着巨大的差别。中国人讲究科学和实际，印度人则富于幻想。古代印度人充分发挥了自己的想象力，寓言和神话极为发达，但却没有写下有价值的历史著作。而中国人却恰恰相反。中国历朝历代的官私文书、佛家著述中保存了许多有关印度和南亚次大陆的记载，2000 年来绵绵不绝。

中国以外的国家也有一些与印度历史有关的文献，例如古罗马阿里安的《印度志》和斯特拉波的《地理志》中，保留了一些公元前 4 世纪古希腊时代有关孔雀王朝时期的印度的描述。但这些资料无论就丰富程度，还是翔实性来说，都无法与中文史籍中的印度资料相比。所以在某种意义上可以这样讲：印度的历史保存在中国历史著作之中，如果没有这些中文资料，研究伊斯兰时代以前的印度历史几乎是不可能的。

　　唐以前汉文史籍中有关印度洋地区的史料范围已经极其广泛，既包括了关于中国与东南亚、印度洋地区国家之间关系的记载，也有当地历史、风土民情、物种土产、商业贸易、地理交通、佛教和其他宗教的传播、文化艺术等资料。从分类上说，既有正史中的相关记载，也有稗史和其他著作。

　　正史中有关印度的记载首推《汉书·地理志》中的有关从华南前往南亚的航路的记载，这在上一节中已引，兹不赘述。范晔所著、成书于南朝宋元嘉二十二年的《后汉书·西域传》记载了贵霜王朝征服印度北部、与大秦国交通、在西域交通受阻后频从日南徼外来华的事迹。沈约在永明六年（488）春成书的《宋书·夷蛮列传》中，保存了两封外交文书的汉文译本：一封是元嘉五年狮子国国王刹利摩诃南致宋文帝的国书，[1]另一封是同年天竺迦毗黎国（即迦比罗卫，佛祖释迦牟尼的故乡）国王月爱致宋文帝的国书。[2]萧子

1　"师子国，元嘉五年，国王刹利摩诃南奉表曰：谨白大宋明主，虽山海殊隔，而音信时通。伏承皇帝道德高远，覆载同于天地，明照齐乎日月，四海之外，无往不伏，方国诸王，莫不遣信奉献，以表归德之诚，或泛海三年，陆行千日，畏威怀德，无远不至。我先王以来，唯以修德为正，不严而治，奉事三宝，道济天下，欣人为善，庆若在己，欲与天子共弘正法，以度难化。故托四道人遣二白衣送牙台像以为信誓，信还，愿垂音告。至十二年，又复遣使奉献。"（《宋书》卷97《夷蛮传》）

2　"天竺迦毗黎国，元嘉五年，国王月爱遣使奉表曰：伏闻彼国，据江傍海，山川周固，众妙悉备，庄严清净，犹如化城，宫殿庄严，街巷平坦，人民充满，欢娱安乐。圣王出游，四海随从，圣明仁爱，不害众生，万邦归仰，国富如海。国中众生，奉顺正法，大王仁圣，化之以道，慈施群生，无所遗惜。修行净戒，轨道不及，无上法船，济诸沈溺，群僚百官，受乐无怨，诸天拥护，万神侍卫，天魔降伏，莫不归化。王身庄严，如日初出，仁泽普润，犹如大云，圣贤承业，如日月天，于彼真丹，最为殊胜。臣之所住，名迦维河，东际于海，其城四边，悉紫绀石，首罗天护，令国安隐。国王相承，未尝断绝，国中人民，率皆修善，诸国来集，共遵道法，诸寺舍子，皆七宝形像，众妙供具，如先王法。臣自修检，不犯道禁，臣名月爱，弃世王种。惟愿大王圣体和善，群臣百官，悉自安隐。今以此国群臣吏民，山川珍宝，一切归属，五体归诚大王足下。山海遐隔，无由朝觐，宗仰之至，遣使下承。使主父名天魔悉达，使主名尼陁达，此人由来良善忠信，是故今遣奉表诚。大王若有所须，珍奇异物，悉当奉送，此之境土，便是王国，王之法令，治国善道，悉当承用。愿二国信使往来不绝，此反使还，愿赐一使，具宣王命，备敕所宜。款至之诚，望不空反，所白如是，愿加哀愍。奉献金刚指环、摩勒金环诸宝物、赤白鹦鹉各一头。太宗泰始二年，又遣使贡献，以其使主竺扶大、竺阿弥并为建威将军。"（《宋书》卷97《蛮夷传》）

显的《南齐书·东南夷列传》记载了天竺道人那迦仙从广州乘扶南海舶归国，途遇大风，至林邑遭劫后，引出扶南、林邑与南齐之间一段交往的故事。[1]

　　杂史和其他官私著作中有关印度洋地区的记载亦很多。三国时魏国京兆人鱼豢的《魏略》是一部重要的著作。书中记载了西亚、地中海东岸地区和印度洋地区的相关情况。例如，书中提到了释迦牟尼的诞生地"临儿国"（即今尼泊尔之洛明达）和"天竺东南三千余里"的"车离国"、印度东部的"盘越国"，并提到蜀地的贾人与这个"盘越国"有往来。鱼豢还记载了"循海而南"，经过"交趾七郡"可与大秦往来，此外大秦尚有水道通益州、永昌。这显然是指从云南经缅甸出海的商道。鱼豢的著作已经亡佚，如今只有片段保存在裴松之于元嘉六年（429）成书的《三国志注》中。

　　这一时期的重要著作中还有一些志怪小说，如张华的《博物志》、嵇含的《南方草木状》、万震的《南州异物志》和郦道元的地理名著《水经注》等。《博物志》记载范围极广，包括山川地理、奇花异木、鸟兽虫鱼、神话传说等。《水经注》是三国时成书的《水经》的注疏。《水经注》最可贵之处，就是保存了大批有关印度、东南亚的重要资料。郦道元在叙述域外河流时所用的资料，如康泰的《扶南传》、郭义恭的《广志》、支僧载的《外国事》、释道安的《释氏西域记》和《佛调传》、竺枝的《扶南记》等，均已经亡佚，只有片段保存在郦道元的注文之中。20 世纪以来，利用汉文史料研究唐以前中外交往历史在世界学术界已经蔚为风气。

（三）导航术

　　唐宋时代的中国导航术在世界上处于遥遥领先的地位。除过去传统的航海导航术，如海外地理学、地文定位、天文测星、船舶

---

1 《南齐书·东南夷列传》。

操纵技术等继续发展外，以量天尺为测星工具的大洋天文定位术和全天候的磁罗盘导航的使用，是这一时期中国导航术发展的基本标志，也是中国航海术得以发展、长期领先于世界的最重要的物质基础。通过指南针可以测定航向，观星术则可确定船在海中的纬度，两者配合使用可确定船在海中的位置。

1. 唯望日月星宿而进

天文导航的产生先于指南针导航，在指南针导航术发明后，天文导航仍然是远洋航行中最重要的技术手段之一，两者相辅使用。

东亚大陆的海岸线大致上呈南北走向，而隔海相望距大陆不远处，分布着南北走向的西太平洋岛弧：库页岛、千岛群岛、日本列岛、琉球群岛、台湾岛及吕宋列岛。西太平洋岛弧与东亚大陆之间的几个西太平洋边缘海，如日本海、黄海、东海与南海，自北向南排列，形成一条狭长海道。这一独特的地理条件使古代东亚地区的航海的天文导航相对较为容易。当中国海船启航时，无论是采用沿海还是近海航行法，都是大体沿南北向航行。天文导航在白昼主要依靠的是太阳，而在夜晚则是北极星。晋代葛洪提到"失群逆乎云梦者，必须指南以知道，并乎沧海者，必仰辰极以得返"。[1] 就是说，在内陆湖泊中航行时，已经应用了指南针；而在沧海中航行时，如果不观测北极星是无法返回的。

当海船进入东南亚、印度洋后，地理条件发生了极大的变化，海岸线变得极为曲折：中南半岛与马来半岛间隔着暹罗湾，马来半岛与印度之间隔着孟加拉湾，印度与东非之间则是阿拉伯海。且因这些海纬度皆不高，北极星出地高度有限，夜间仅靠北极星已经无法导航。从先秦时代起，东南亚、印度洋航海的传统方法是沿东南亚、南亚大陆的曲折海岸线而行。这种航行法虽然较安全，但绕道而行，航期很长。

1　葛洪：《抱朴子·外篇》卷1《道藏·太清部》。

　　航海技术的发展，使海船脱离陆地的能力越来越强。从事东南亚—印度洋航海的人们开始尝试穿越大洋的航行。在远离海岸的情况下，传统的陆标定位术已经不起作用，需要一种新的从已知船位推算未知船位的航迹推算术。天文导航术的历史就是朝满足这种需求方向发展。晋代法显曾经陆路赴印度、斯里兰卡，然后取海路返回。他在自己的游记中写道："大海弥漫无边，不知东西，唯望日月星宿而进。若阴雨时，为逐风去，亦无准。"这说明他所乘坐的海舶是从斯里兰卡直接向东航往苏门答腊。这就是说，在南朝时期，在印度洋上航行的海船已经脱离了主要依靠地文导航的初级阶段，能够在远离陆地的大洋中航行。在天气晴朗时，白天依日定向，夜晚则靠星辰指引；唯阴雨时节，只能随风而进。

　　据道藏中《太清金液神丹经》记载：

　　　　出日南寿灵浦，由海正南行，故背辰星而向箕星也，昼夜不住十余日，乃到扶南。扶南在林邑西南三千余里，自立为王，诸属国皆君长。王号炮到。大国次王者号为鄙叹，小国君长及王之左右大臣皆号为昆仑也。扶南地多朱砂、珍石。从扶南北至林邑三千里，其地丰饶，多朱丹、硫黄。[1]

　　据此可知，当时中国海舶从日南等地出发沿海南行时，采用的是天文导航法，即逆北辰所指方向，朝箕星即二十八宿之箕宿而行，昼夜不息，十余日可到扶南。这些记载证明，中国航海家在当时已经掌握了西太平洋—印度洋的天文定位的技术，即已经脱离了单纯依靠沿海陆标导航的阶段，在必要时可根据某些星辰的出地高度与观测视角来确定海船在大洋中的位置。这是航海科学发展史上的一大突破。

1　张道陵：《太清金液神丹经》卷下，明正统道藏本。

唐代天文定位术的发展，集中体现在利用仰测两地北极星的高度差，来确定南北距离变化的大地测量术上。唐开元年间（713~741），著名天文学家僧一行（俗名张遂，673~727），曾率领南宫说等人，对唐朝的疆域进行了一次大规模的大地测量。一行创造了一种简便的仪器"复矩"，来测量北极星距离地平的高度，即所谓"以复矩斜视北极出地"。最后得出的结论是，"大率五百二十六里二百七十步而北极差一度半，三百五十一里八十步（相当于 129.22 公里）而差一度"。[1] 这与现代天文大地测量值 111.2 公里虽有一定距离，但已经具有航海的实用性。

1973 年在福建泉州市后渚的宋代海船尾仓（第 13 仓），即舟师所居仓中，发现一把竹尺，残长 20.7 厘米，宽 2.3 厘米，尺内一半分五格，每格长 2.6 厘米。未分格的部分，可能是手持时用。这应当就是一把"量天尺"，即测量"星高"的尺。使用时伸臂竖握此尺，使其下端与水天线相切，以观测天体的视线与此尺相交的寸、分读数为测天之高度。这种尺使用捷便，如用以测量北极星，可依照测高读数，判别海船所在地理纬度。

2．指南浮针

天文导航术的关键在于观察日月和测定星高，其目的是确定船的纬度和方向。但天文导航受天气影响大，阴雨天无法观天，无从根据日月方向和星高来判明船所处位置，从而限制了其使用范围。指南针的使用使导航不再受制于气候，是世界航海史上一项重大的发明。

指南针最初是为确定朝向风水而发明的，后用于水上航行。据前引晋代葛洪的《抱朴子·外篇》提到的"失群逆乎云梦者，必须指南以知道"一语，可知至迟在公元 4 世纪以前，使用指南针来确定船舶在浩瀚水面上的位置的方法，已经为许多人所知。

成书于 1041 年的相墓著作《茔原总录》一书中记载：

---

1 《旧唐书》卷 35《天文志上》。

客主的取，宜匡四正以无差，当取丙午针于其止处，中
而格之，取方直之正也。盖阳生于子，自子至丙为之顺，阴生
于午，自午至壬为之逆。故取丙午壬子之间是天地中，得南北
之正也。此丙午针约而取于大概，若究详密，宜曲表垂绳，下
以重物坠之，照重物之心，圆而为圈，一如日月之晕。绳以占
号，二晷渐移，逢晕致臬，自辰巳至于未申，□□两旁真东西
也。半拆之，望坠物之下，则知南北之中正也。[1]

这是说，欲定东西南北，必须让磁针指丙午之间的方位，则
午向为正南。这说明当时已经发现了磁偏角为南偏东7.5度。从发
明磁针指南，到认识到磁针所指方向（即地磁极）与地球自转轴
的北极之间方向并不完成吻合（即磁偏角的存在），需要相当长的
时间。

据成书于1088~1095年的《梦溪笔谈》记载：

方家以磁石磨针锋，则能指南，然常微偏东，不全南也。
水浮多荡摇，指爪及碗唇上，皆可为之，运转尤速，但坚滑易
坠。不若缕悬为最善。其法取新纩中独茧，缕以芥子许蜡，缀
于针腰，无风处悬之，则针常指南，其中有磨而指北者，予家

---

1 《茔原总录》卷1《主山论篇第八》，元刻本，中国国家图书馆藏。此处详尽描述了如何通过
丙午壬子针来判断南北之正。严敦杰先生云："宋仁宗庆历元年（1041），杨惟德说，要定四
正的方向，必须取丙午方向的针，等到针摆动停止时，中而格之，才能得到正确的方向。"
（《中国史稿》编写组《中国史稿》第5册，人民出版社，1983，第620~621页）并据此认
为在北宋沈括（1031~1095）著《梦溪笔谈》之前已发现了磁偏角现象，并将《茔原总录》
作为研究指南针及磁偏角的早期材料。汪建平、闻人军云："北宋司天监杨惟德于庆历元年
（1041）奉命编撰的相墓大全《茔原总录》卷一为磁偏角的发现订了下限。"（汪建平、闻人
军：《中国科学技术史纲》，武汉大学出版社，2012，第259页）但余格格查《茔原总录》一
书未见载于宋代书志目录，杨惟德同时期奉诏撰修的地理书籍《地理新书》亦未提磁偏角或
指南针的问题，推论《茔原总录》一书中关于磁偏角之内容大概产生于南宋时期。（余格格：
《〈茔原总录〉与"磁偏角"略考》，《自然科学史研究》2016年第4期，第427~438页）

指南北者皆有之。磁石之指南，犹柏之指西，莫可原其理。[1]

沈括将安置磁针的方法概括为 4 种，即（1）浮置水面，（2）置于指甲上，（3）置于碗唇上，（4）以丝线系磁针腰部，使平悬于无风处；并说明最后一种方法最妥。

1044 年泉州曾公亮（999~1078）、丁度在其主编的《武经总要》中记载：

> 令识道路或出指南车及指南鱼以辨所向。
>
> 指南车法世不传。鱼法，用薄铁叶剪裁，长二寸，阔五分，首尾锐如鱼形，置炭火中烧之，候通赤，以铁铃铃鱼首出火，以尾正对子位，蘸水盆中没尾数分则止。以密器收之，用时置水碗于无风处平放，鱼在水面，令浮，其首常南向午也。[2]

曾公亮等描述了一种"指南鱼"，是用薄铁片剪成鱼形，将其磁化后成为指南鱼，浮置水面即可指示南北。

约 11 世纪下半叶，指南针作为航海的导航仪器已见于记载。1124 年徐兢在《宣和奉使高丽图经》中也说，当宋使船队驶过蓬莱山，在半洋礁水域夜间"洋中不可住，维视星前迈。若晦冥，则用指南浮针以揆南北"。[3] 也就是说，在天气晴朗的夜间凭星斗航行，晦冥则全靠"指南浮针"。"指南浮针"这个术语说明当时采用的是《梦溪笔谈》中提到的水浮法。宋吴自牧《梦粱录》也云：

> 且论舶商之船，自入海门，便是海洋，茫无畔岸，其势诚险，盖神龙怪蜃之所宅。风雨晦冥时，惟凭针盘而行，乃火长

---

1 《梦溪笔谈》卷 24，四部丛刊续编景明本。
2 《武经总要》前集卷 16 上，明金陵唐富春刻本，南京图书馆藏。
3 《宣和奉使高丽图经》卷 34，丛书集成初编本，1937，第 120 页。

掌之，毫厘不敢差误，盖一舟人命所系也。愚累见大商贾人言此甚详悉。

又曰："但海洋近山礁则水浅，撞礁必坏船，全凭南针，或有少差，即葬鱼腹。"[1] 所谓"针盘"，当即罗经。据明李豫亨撰《推篷寤语》描述，"术家针盘用水浮针，视其所指以定南北。近年吴、越、闽、广屡遭倭变，倭船尾率用旱针盘以辨海道，获之仿其制，吴下人始多旱针盘，但其针用磁石煮制，气过则不灵，不若水针盘之细密也"。[2] 可知宋以来中国舟师传统所用之针盘为水罗经，由经验丰富的火长专职掌管。

指南针导航术在发明后不久便以极快的速度传播到海外，为外国航海家所知。在宋代这一先进技术已经传到欧洲。据李约瑟考证，欧洲最早记载有关指南针导航术的，是英国人亚历山大·尼科姆（Alexander Neckam，1157~1217），他在 1190 年已经提到航海罗盘。1205 年法国古约·德·普洛文（Guyot de Provins）在其《经书》（La Bible）中提到，航海者有不致迷航的技巧：针用磁石触磨过后，借助于麦秆浮在水上，针锋就转向北极星，能在黑夜里知道正确的航向。[3] 阿拉伯人应用指南针早于欧洲人，但文字记录指南针却晚于欧洲人。欧洲人是通过大食人的中介学会指南针导航术的。在成书于 1282 年的《商人辨识珍宝手鉴》中，大食矿物学家贝拉克·卡巴札吉（Bailak al-Qabajaqi）说，他曾乘船从的黎波里（位于今利比亚）到亚历山大城（位于今埃及尼罗河入海处）。在航行中，他看见船员们使用借助木片或苇箔托浮在水面上的磁针来辨别方向。他称："海员们说航行于印度洋上的船长们不用这种木片托浮的指南针，而用一种中空的铁鱼，投于水中，浮在水面，鱼之头尾指向南

---

1 《梦粱录》卷 12，清学津讨原本。
2 李豫亨：《推篷寤语》卷 7《订疑篇》，明隆庆五年李氏思敬堂刻本。
3 Joseph Needham, *Science and Civilisation in China*,V.4, Part1, pp.246-247.

北。"[1] 早期欧洲与阿拉伯人所使用的这几种借助于木片或芦管浮在水上辨别方向的磁针与磁鱼，显然就是上面提到的中国的浮针与指南鱼，应当是通过不同渠道从中国传过去的。

指南针传入欧洲后，其装置方法得到改进，发明了有固定支点的旱罗盘。16 世纪上半叶，葡萄牙人到达日本，日本航海家学到旱罗盘。前引明代李豫亨的《推蓬寤语》提到，中国原先所习用的针盘用水浮法，视其所指以定南向，以后因东南沿海倭寇入侵，中国人发现日本人用旱罗盘，才因之学得。旱罗盘通过日本传到中国时在 16 世纪下半叶，此后水罗盘逐渐被淘汰。

英国著名学者李约瑟博士在其巨著《中国科学技术史》第 29 章中高度评价了指南针的发明。指南针的应用是航海技术的巨大变革，它象征着原始航海时代的终结和航海新时代的开始。只有在掌握了指南针后，大洋才不再是人类不可逾越的障碍。

3.《海岛算经》与海图的产生

唐代具有航路指南性质的资料已经出现。从唐宰相贾耽的《广州通海夷道》中可知，当时亚洲海舶在西太平洋—北印度洋海区内已经有相对固定的航线，航海家对这一海区内某些重要的目的港之间的航程也有了较为准确的认识和记载。地文导航的关键在于正确地辨识航线沿途所经的地理坐标物。

特别值得注意的是，随着数学的进步，汉以后航海家已经能在勾股定理与相似比例关系的原理基础上，运用两次观测计算的"重差法"来测量陆际。这一科学进步使海岸测量术迅速发展起来。三国时著名数学家刘徽在其《海岛算经》一书中，曾举出一道应用题云：

---

1 《大英百科全书》卷 6，第 807 页，转引自闻人军《考工司南：中国古代科技名物论集》，上海古籍出版社，2017，第 200 页。

今有望海岛，立两表，齐高三丈，前后相去千步，令后表与前表参相直。从前表却行一百二十三步，人目着地取望岛峰与表末参合；从后表却行一百二十七步，人目着地取望岛峰，亦与表末参合，问岛高及去表各几何？答曰岛高四里五十五步，去表一百二里一百五十步。

术曰：以表高乘表间为实相多，为法除之，所得加表高，即得岛高。

唐代数学家李淳风对此作注：

此术意宜云，岛谓山之顶上，两表谓立表木之端直（案，此句讹舛。据术意，言立两表，齐高三丈，相去千步者。谓立木为表，两表各高三丈，其地相去千步，必准之使平，则表端齐平，然后可测望也。又言令后表与前表参相直者，自海岛至前表，自前表退至后表，三者令其参相当也，非木之端直。），以人目于木末望岛参平，人去表一百二十三步，为前表之始，后立表末，至人目于木末相望，去表一百二十七步，二表相去为相多，以为法（案，此亦讹舛。据术意，人去前表一百二十三步，以目着地，望表末，斜与岛峰参合，又去后表一百二十七步，以目着地，望表末亦与岛峰参合，非于木末望岛也。前后去表相减，余四步为相多，非二表相去也。当由传写失真，后人妄加改□，遂不可通。）前后表相去千步为表间，以表高乘之，为实，以法除之，加表高，即是岛高。积步得一千二百五十五步，以里法三百步除之，得四里余五十五步，是岛高。[1]

---

1 《海岛算经》卷1《六府文藏·子部·天文算法类》。其算法说明见李金寿《〈海岛算经〉简介》（上），《数学教学研究》1987年第3期，第37~38页。

这清楚地证明，南北朝时期以前，我国航海家的地文导航术已从目视记录发展到理论计算，水平之高令人惊叹。

（四）海舶

1. 南海番国船

当时往返于中国东南沿海港口与东南亚、印度洋诸地之间的船舶既有外国船，又有中国船。外国船也有多种。元开《唐大和上东征传》提到，唐代海南万安州（海南岛万宁县、陵水县）大首领冯芳：

> 每年常劫取波斯舶二三艘，取物为己货，掠人为奴婢。其奴婢居处，南北三日行，东西五日行，村村相次，总是若芳奴婢之〔住〕处也。若芳会客，常用乳头香为灯烛，一烧一百余斤。其宅后，苏芳木露积如山；其余财物，亦称此焉。[1]

他还提到，广州珠江中停泊有婆罗门船、昆仑船和波斯船，为数众多。[2] 这大致代表了当时番舶的种类，即东南亚船（昆仑舶）、南亚船（婆罗门舶）和西亚船。这些外国船因多从南海而来，又统称为"南海舶"，即《唐国史补》卷下所谓"南海舶，外国船也，每岁至安南、广州"。在婆罗门船中，有一种"狮子国舶"，即斯里兰卡船。《唐国史补》说：

> 师子国舶最大，梯而上下数丈，皆积宝货。至则本道奏

1　真人元开：《唐大和上东征传》，汪向荣校注，中华书局，1979。李言恭、郝杰：《唐大和上东征传　日本考》，汪向荣、严大中校注，中华书局，2000，第68页。

2　"江中有婆罗门、波斯、昆仑等舶，不知其数；并载香药、珍宝，积载如山。其舶深六、七丈。师子国、大石国、骨唐国、白蛮、赤蛮等往来居〔住〕，种类极多。"参见真人开元《唐大和上东征传》，第74页。

报，郡邑为之喧阗。有蕃长为主，领市舶，使籍其名物，纳舶
脚。禁珍异，蕃商有以欺诈入牢狱者。舶发之后，海路必养白
鸽为信。舶没，则鸽虽数千里，亦能归也。[1]

　　"昆仑舶"（东南亚船）在东南亚、印度洋航海史上起着举足
轻重的作用。唐代义净赴印度时，从广州启程时乘坐的是波斯船，
这可能是指东南亚的"波斯"，即今之缅甸的勃。[2]义净到达室利
佛逝以后，换乘室利佛逝船前往末罗瑜，即今马来半岛南端，再
由此往东印度。他沿途换乘的几乎全是东南亚船。昆仑舶来华数
量多，次数频繁，所以《旧唐书·王方庆传》记载他"则天临朝，
拜广州都督"，当时"广州地际南海，每岁有昆仑乘舶以珍物与中
国交市"。[3]

　　西亚船中之大者称为"大食巨舰"，其中以"木兰皮"舟为最。
"木兰皮"即阿拉伯语 Maghrib 的音译，意为"极西之地"，指今北
非利比亚以西摩洛哥、阿尔及利亚等地，今译作"马革里布"，所
以"木兰皮"舟意为西大食舟。据南宋周去非记载，大食巨舰"一
舟容数千人，舟中有酒食肆、机杼之属。言舟之大者，莫木兰若
也，今人谓木兰舟，得非言其莫大者乎？"[4]其书中还专有一节题曰
《木兰舟》，记：

　　　　浮南海而南，舟如巨室，帆若垂天之云，柂长数丈，一舟
　　数百人，中积一年粮，豢豕酿酒其中，置死生于度外。径入阻
　　碧，非复人世，人在其中，日击牲酗饮，迭为宾主，以忘其危。

1　李肇:《唐国史补》卷下，明崇祯毛氏汲古阁刻津逮秘书本，傅增湘校并跋。

2　义净:《大唐西域求法高僧传》，第 159 页注 13。

3　《旧唐书·王方庆传》。

4　周去非:《〈岭外代答〉校注》卷 3，杨武泉校注，中华书局，2006，第 107 页。

又曰：

> 盖其舟大载重，不忧巨浪而忧浅水也。又大食国更越西海，至木兰皮国，则其舟又加大矣。一舟容千人，舟上有机杼市井，或不遇便风，则数年而后达，非甚巨舟，不可至也。今世所谓木兰舟，未必不以至大言也。[1]

宋代沿海港市人民对异域船除了以地方命名以外，还以载重量分等，分别命名。马端临提到，蛮夷船：

> 最大者为独樯舶，能载一千婆兰，胡人谓三百斤为一婆兰也。次曰牛头舶，比独樯得三之一。次三木舶，次料河舶，递得三之一也。[2]

这里表示载重量的单位"婆兰"，看来是一种外国重量单位，其确实含义尚有待于研究。周去非说，南海中的"蕃舶大如广厦，深涉南海，径数万里，千百人之命，直寄于一柂"，可行数万里，载千百人。载重万斛的番舶，其舵长三丈。按一斛为一担计算，重92.5宋斤，合今制约118.4斤。[3]所以万斛之舟载重量已有约600吨。

数万斛之舟相当于排水量一两千吨的船。在以木材为基本造船

1　周去非：《〈岭外代答〉校注》卷6，第216~217页。

2　《文献通考》卷20《市籴考一》。

3　沈括：《梦溪笔谈》卷3《辩正一》："以粳米一斛之重为一石，凡石者以九十二斤半为法。"（《梦溪笔谈》，胡静宜整理，《全宋笔记》第二编第三册，大象出版社，2006，第19页）司马光撰、胡三省音注《资治通鉴》引："今人乃以秔米一斛之重为一石，凡石以九十二斤半为法，乃汉秤三百四十一斤也。"（标点资治通鉴小组校点，中华书局，1995，第191页）郭正忠《三至十四世纪中国的权衡度量》（中国社会科学出版社，1993，第180页）谓：一宋斤等于今640克，即1.28斤。兹据黄纯艳《造船业视域下的宋代社会》，上海人民出版社，2017，第31页。

材料的时代，这恐怕已是船舶载重量的极限了。建造这种巨舟单靠一国之力难以完成。仅就其船舵而言，因船体过大，一般木材难以胜任，"卒遇大风于深海，未有不中折"。唯有使用钦州（今广西钦州）出产的乌婪木，才可制成长达五丈的巨舵，"虽有恶风怒涛，截然不动"。据说这种巨舵在钦州一双不过值钱敷百缗，一旦运到番禺，立即升值十倍。[1] 换句话说，这种巨舟是以中外合作的方式建成的。

印度洋的番舶制造工艺与中国船大相径庭。唐代刘恂的《岭表录异》提到，当时"贾人船不用铁钉，只使桄榔须系缚，以橄榄糖泥之。糖干甚坚，入水如漆也"。[2] 唐代僧人慧琳在《一切经音义》中也描述道：

> 舶，海舟也，入水六十尺，驱使运载千余人，除货物。亦曰"昆仑舶"。运动此船多骨论。为（？）水匠用郁子皮为索连，总葛览糖灌塞，令水不入，不用钉镍，恐铁热火生。累木枋而作之，板薄恐破，长数里。前后三节，张帆使风，亦非人力能动也。[3]

这是说，"昆仑舶"以椰子皮为索连接，葛览（橄榄）糖灌塞，使水不入，而不用钉。元代航海家汪大渊也提到过这种船，他在叙述甘埋里国[4]时说，"其地船名为马船，大于商舶，不使钉灰，用椰索板成片。每舶二三层，用板横栈，渗漏不胜，梢人日夜戽水不使竭"。[5] 这种船就是缝合式木船。马可·波罗也提到，当时这种船在

<hr>

1　周去非：《〈岭外代答〉校注》卷 6，第 219~220 页。
2　刘恂：《岭表录异》卷下，清乾隆武英殿活字印武英殿聚珍版书一百三十八种本。
3　释慧琳：《一切经音义》卷 61，《根本说一切有部·毗奉耶律》第 32 卷，日本元文三年（1738）至延亨三年（1746）狮谷莲社刻本。
4　日本学者藤田丰八认为，该地即今伊朗波斯湾口处之忽尔模斯岛，见汪大渊《岛夷志略校释》，苏继顾校释，中华书局，1981，第 365~366 页。
5　汪大渊：《岛夷志略校释》，第 364 页。

印度洋上比比皆是。缝合船船体强度较差，抗风浪能力弱，易渗漏，汪大渊已经指出其弱点。

2. 中国海舶

相较之下，唐代中国造船早已脱离了印度洋船舶的这种原始简陋的工艺，而大量采用钉榫接合技术。我国考古学者曾分别于 1960 年 3 月和 1973 年在江苏扬州施桥镇和江苏如皋县的遗址中发现过唐代木船，其船型虽然不同，但均使用钉榫接合技术。如皋唐船还建有 9 个水密隔仓，这就大大增强了船舶的横向强度与抗风浪和抗沉能力。还有一种名曰"海鹘"的海船，船舷左右置浮板，形如鹘之翅，以防止侧倾。这种浮板实际上是舷侧防浪板。

唐代我国已经能建造巨大的远洋海舶。据慧琳在《一切经音义》中说："苍舶，大舣也，长二十丈，载六七百人者是也。"[1] 一些阿拉伯旅行家曾描述过唐代航行在印度洋水域中的海舶。因为幼发拉底河与底格里斯河的冲积，波斯湾中浅滩很多，中国海舶体积大，吃水深，航行不便。因此阿拉伯旅行家苏莱曼说，波斯湾中诸港之间的航线多由当地小型船舶担任，它们把各地的土产运抵尸罗夫港（Siraf，位于今伊朗），再转驳中国船运往东方。印度西南部的故临是各国海船加注淡水的地方，对中国船每次要收费 1000 迪尔汗，而对其他诸国船仅收 10~20 迪尔汗。[2] 这种收费上的差别除了对不同地区船征收不同税率的因素以外，显然是因为中国船特别大的缘故。

在宋代，海船制造的工艺与技术有了明显的进步。结合文献记载与 1974 年在福建泉州出土的宋船残骸及 1976 年在韩国新安发现的元船可知，宋代中国海船的基本特点如下。

第一是载重量大。据吴自牧《梦粱录》记载："海商之舰大小

1　释慧琳：《一切经音义》卷 20，《华严经》卷 50，"船舶"条。
2　《苏莱曼游记》，见穆根来等汉译本《中国印度见闻录》，第 9~10 页。

不等，大者五千料，可载五六百人；中等二千料至一千料，亦可载二三百人，余者谓之钻风，大小八橹或六橹，每船可载百余人。"[1] 载重五千料约相当于 300 吨位。中型的海舶载重达 1000 料至 3000 料，可载二三百人。那时应用得最普遍的是"可载二千斛粟"的中型海船，称为"客舟"，"长十余丈，阔三丈五尺"。而长阔高大皆 3 倍于"客舟"的海船，叫"神舟"，望之"巍如山岳，浮动波上"。[2] 按长阔高皆扩大 3 倍，体积便增至 20 余倍。据此推算，这种"巍如山岳"的"神舟"的载重可达五万余斛，相当于 3000 吨。如果的确如此，真是十分惊人的巨舰。前引周去非所述宋代在南海中航行的一种巨舟，其"帆若垂天之云，柂长数丈。一舟数百人，中积一年粮"，舟人们甚至还在船上养猪、酿酒。这种巨舟应当就是"神舟"。大舟巨舰在航海中"不忧巨浪而忧浅水"，因吃水深，"漂至浅处而遇暗石，则当瓦解矣"。[3]

1　《梦粱录》卷 12，"江海船舰"条。汉代郑玄注《仪礼》说："依算法百二十斤曰石，则是一斛。"（郑玄注、贾公彦疏、陆德明音义《仪礼注疏》卷 28，清嘉庆二十年南昌府学重刊宋本十三经注疏本）中国古船表示大小的单位"料"是一个学界讨论的老问题。黄纯艳总结论证如下："天圣三年（1025）诏书说到漕运装运转般仓斛料'并以船力胜五十料为准，实装细色斛斗四十石'（《宋会要辑稿》食货四六，第 7037 页）。这里力胜以'石'计，表示的也是一石容积的装载能力。政和三年（1113）两浙转运司奏章说道，两浙路三百料纲船，许二分附载私物或加装斛斗，'每船一只装米二百四十石外，有六十石升（胜）'。（《宋会要辑稿》食货四五，第 7013 页）建炎四年发运副使宋辉上奏说到北宋时自真州至开封纲运，以五百料船为率，依条八分装运，留二分揽载私物。如愿将二分力胜加料装粮，听。'八分正装计四百硕。每四十硕破一夫钱米。二分加料计一百硕。旧法每二十硕破一夫'。（《宋会要辑稿》食货四七，第 7062 页）这二分私载又称为'二分私物力胜'。（《宋会要辑稿》食货四七，第 7061 页）从以上两条奏章可总结三点：一是纲船实际载米的正装（八分）与加装（二分）之和正好是船舶全部力胜（十分，三百料或五百料）；二是三百料或五百料的力胜指的是纲船从总带了位中减去不能用于载运货物的容积后的有效载货容积，即净吨位，而非船舶的总吨位，即船舶内容总容积；三是一'料'等于一'石（硕）'的容积，在表示船舶的装载能力时可以互换使用。由此我们得知，宋代表示船舶大小即力胜的'XX 料'就是指船舶的净吨位。"（见氏著《造船业视域下的宋代社会》，第 31~33 页）

2　徐兢：《宣和奉使高丽图经》卷 34，丛书集成初编本，商务印书馆，1937，第 116~117 页。

3　周去非：《〈岭外代答〉校注》卷 6，第 217 页。

第二是船体坚固，结构良好。船体"以巨木全方，搀叠而成"。[1]考察泉州古船可知，这条船的龙骨由两根松木接合而成，采用体外龙骨的设计和直角榫合的工艺，增大了船的纵向强度。海船的船壳、船底用二重板叠合，舷侧则用三重板叠成。自龙骨至舷有侧板14行，其第1至第10行由两层板叠合而成，第11至第13行由三层板叠合而成，采用搭接和拼接两种结构工艺，以钉榫为主要构件。里层船壳板的上下板之间都用子母衔榫合。尖底造型使船壳弯曲弧度大，多重板工艺使取材、建造和维修较为容易，二重或三重木板加固的侧板与船壳板使全船的强度大为提高，更耐波浪，利于远航。[2]

泉州湾海船使用铁钉，大钉极长，并用桐油、麻丝、石灰等嵌缝，以防渗漏和钉头锈蚀。当时中国的东亚近邻国家虽然学习中国造船工艺，但技术上与中国仍有明显差距。据明《日本考》：

> 日本造船与中国异，必用大木取方，相思合缝；不使铁钉，惟联铁片，不使麻筋桐油，惟以草塞蟏漏而已。（名短水草）费功甚多，费材甚大，非大力量未易造也。凡寇中国者皆其岛贫人，向来所传倭国造船千百只，皆虚诞耳。其大者容三百人，中者一二百人，小者四五十人或七八十人，其形卑隘，遇巨舰难于仰攻，苦于犁沉。故广福船皆其所畏。而广船旁陡如垣，尤其所畏者也。其底平不能破浪。其布帆悬于桅之正中，不似中国之偏。桅机常活，不似中国之定。惟使顺风，若遇无风、逆风，皆倒桅荡橹，不能转铍。故倭船过洋，非月余不可。今若易然者，乃福建沿海奸民买舟于外海，贴造重底，渡之而来，[3]

---

1 徐兢：《宣和奉使高丽图经》卷34，第117页。

2 福建泉州海外交通史博物馆编《泉州湾宋代海船发掘与研究》，海洋出版社，1987。

3 李言恭、郝杰：《倭船条》，汪向荣、严大中校注，真人元开著、汪向荣校注《唐大和上东征传》合刊本，中华书局，中外交通史籍丛刊，2006，第28页。

　　总之，船板采用榫联和铁钉加固，并用桐油灰塞缝是我国唐宋以来发展起来的先进造船工艺，直至今日仍在木船建造中普遍使用。

　　宋代中国海船船体一般有十几个水密舱，泉州湾海船用 12 道隔板把船体分为 13 个水密舱，水密程度很高，即使在海难中破损一两个船舱也无倾覆之虞。这种 13 舱的木船直至近代还为福建沿海人民所沿用。据学者调查，这 13 个舱位各有专门的名称和用途。[1]

　　宋代徐兢的《宣和奉使高丽图经》提到，宋代海舶"上平如衡，下侧如刃"。[2] 1974 年泉州市东南郊后渚港出土的宋末海船，根据造船学家研究，其船形特点是：底尖，船身扁阔，长宽比小，平面近椭圆形。我国南方海船的这种 V 型船体结构设计，不但可增强船舶的稳定性与回舯扭矩，而且能减少水下阻力，使海船在遇到横风时横向移动较小，适于在风力强、潮流急的海域航行。在顶风行船时更显优越，"贵其可破浪而行也"。[3] 为改善船舶的摇摆性能，宋代水手还在船腹两侧"缚大竹为橐以拒浪"。[4]

　　元末摩洛哥旅行家伊本·白图泰曾描述中印度洋上的中国海船，他说，中国船分大、中、小三等，大者有船员千人，即水手600 人，卫兵 400 人，有 3 帆至 12 帆，皆以篾编成，并有随行船相随。随行船有三分半大、三分之一大、四分之一大 3 等。像这样的大船仅产自广州和泉州。船底系用 3 层板以巨钉钉合而成。舱分 4层，有公私舱房多间，船员常在木盆中种植蔬菜。橹大如樯，[5] 每橹缚有铁链两条，摇橹时有 10 人至 15 人，分两排对立。马可·波罗在他的游记中也有翔实的描述。

1　庄为玑、庄景辉：《泉州宋船结构的历史分析》，《厦门大学学报》(哲学社会科学版) 1977 年第 4 期。

2　徐兢：《宣和奉使高丽图经》卷 34，第 117 页。

3　席龙飞：《中国造船史》，湖北教育出版社，2000，第 159~160 页。

4　徐兢：《宣和奉使高丽图经》卷 34，第 116~117 页。

5　伊本·白图泰：《伊本·白图泰游记》，马金鹏译，宁夏人民出版社，第 490~491 页。

五　贾耽《皇华四达记》所记《广州通海夷道》

(一) 大食航海

　　罗马帝国和波斯萨珊王朝灭亡后，代之而起的是大食帝国。罗马帝国时代开辟的红海—印度洋航路后来为阿拉伯人所继承。629 年穆罕默德统一阿拉伯半岛之后，他的继承者创立了地跨欧亚非三大洲的大食帝国，这一有利的地理位置使其成为航海活动的中心。穆罕默德本人早先曾多次参加过商旅，对中国有所了解。他曾训示自己的信徒说："学问即使远在中国，也应去求寻。"[1] 据汉文史料记载，自唐高宗永徽二年（651），大食国第三任哈里发奥斯曼首次正式遣使入唐起，至唐德宗贞元十四年（798）的近一个半世纪中，大食向中国遣使达 39 次。阿拉伯帝国的地理学极为发达。正像汉文文献记载了从中国东南沿海前往西方的航路一样，存留至今的大食文献也详细记载了大食航海家从大食前往东方的路线。

　　伊本·忽尔答兹贝（Ibn Khrudadhbah）是大食最早的地理学家，他生于 820 年或 825 年，约卒于 911 年。他的著作《道里邦国志》写于 846~847 年。唐代贾耽的"广州通海夷道"描述了从广州通往波斯湾巴士拉的航线，而伊本·忽尔答兹贝则记载了反方向的航线——从波斯湾的巴士拉通往中国的航线，其详细程度可与贾耽的记载相媲美。《道里邦国志》把前往中国的航路分为3 段。

　　第一段，从末罗（今伊拉克巴士拉 Basra）到细兰（今锡兰）：末罗至忽鲁谟斯（今霍尔木兹海峡中之霍尔木兹岛），法尔斯沿海至提

1　苏赫拉瓦尔底（Abudullah al-Mamun al-Suhrawardy）编《穆罕默德圣训》（*The Saying of Muḥammad [ḥadīth]*），伦敦，1941，第 273 条。转引自张广达《海舶来天方，丝路通大食》，周一良《中外文化交流史》，河南人民出版社，1987，第 793~794 页注 31。

毘（Daibul）共8日程，由此至弥兰河（按：即新头河，今印度河）河口为2日程。再航行17日至没来（Mulay），行2日至副临，[1]再行1日至细兰。

第二段，从副临向东航行10~15日，横渡孟加拉湾到达郎婆露斯（Langabalus，今尼科巴群岛）。复东行6日，至箇罗（Kalah，今泰国所属马来半岛之吉打）。由此行至婆露师（Balus，今印尼苏门答腊岛北部西海岸大鹿洞附近），再经马六甲海峡（Salahit）至诃陵（Harang）。

第三段，从苏门答腊岛北部不远处的 Mayd，航向潮满岛（Tiyuma，今马来西亚彭亨州东南）。由此岛至吉蔑（Qimar）行5日，复行3日到占婆（Sanf）。再航行一段便到中国。伊本·忽尔答兹贝甚至提到位于朝鲜半岛的新罗（Sila），说那里盛产黄金。[2]

唐末到过中国的阿拉伯人苏莱曼除叙述从波斯湾到东南亚的航道外，还介绍了从今阿曼的马斯喀特（Muscat）到中国的航路。他说，从马斯喀特到故临—没来，顺风行约1个月，由此到箇罗，再行十余日至潮满岛，复航行十余日至奔陀浪（Pan-duranga，占城南部）。由此行十余日到占婆，经涨海到广州。[3]

751年唐朝与大食在中亚的怛罗斯发生冲突，唐军战败。大食人将俘获的大批唐朝随军文武人员押往后方，杜佑族子杜环也在其中。杜环在大食各地留居12年后，于宝应初年乘商船回到广州。[4]杜佑所搭乘的，也应当是大食海舶。

1　Bullin，应即贾耽所提到的"南天竺国大岸"。

2　伊本·胡尔达兹比赫：《道里与邦国志》，宋岘译，中华书局，1989，第64~74页。华涛：《伊本·忽尔答兹贝关于中国海上丝绸之路的记载及其在阿拉伯－伊斯兰地理文献中的地位》，《中国与海上丝绸之路》，第131~135页。

3　索瓦杰：《苏莱曼游记》，见穆根来等汉译本《中国印度见闻录》，第8~9页。

4　杜环撰，张一纯笺注《〈经行记〉笺注》，《〈往五天竺国传〉笺释》合刊本，中华书局，2006。

（二）广州通海夷道

1. 南海航线网络

隋统一以后，中国的国力越来越强。大业初年（605~606），隋炀帝派兵平定交州，隋水师沿印度支那半岛东岸南下，航达林邑，击破林邑王梵志的象军，[1] 使东南亚地区与隋的关系密切起来。据《隋书·南蛮传》记载，大业三年（607）冬十月，隋使臣常骏等人奉命从南海郡（今广州）乘北风出使赤土国。常骏的船队经两昼夜的航行，过焦山石（今越南占婆岛），暂泊于其东南的陵伽钵拔多洲（今越南归仁以北的燕子岬），复南行至师子石（今越南昆仑岛附近），再西行，接近马来半岛沿岸之狼牙须（Langkasuka，今泰国南部北大年一带），再南航抵赤土国。赤土国王派出 30 艘小船前来迎接，举行了盛大的欢迎仪式。常骏回国时，赤土国国王遣其王子随行入贡。[2]

唐代前往印度取道海路的人越来越多。据义净记载，他所知道到的赴西天求法的僧人，连他在内共有 56 名，其中有 34 名是从海路去的。书中所附之《重归南海传》还提到了另外 4 位从海道赴西天的僧人。海路赴印度的航线很多，起点也不尽一致。这些中国僧人有的从广州启程，有的从交州开航，更有的从占婆动身。途中停靠的港口各不相同，有的经位于今印尼的佛逝和诃陵，有的经今马来半岛。南亚境内也有为数众多的中转港，或在狮子国，或在南印度，或在东印度，或在西印度。

以义净为例，他于咸亨二年（671）离开广州光孝寺，随波斯舶出海南行，经约 20 余日，到达室利佛逝（Srivijaya），即今印尼苏门答腊之巨港，在当地停留约半年。次年复乘当地国王的船舶，向西航行 15 日，到达末罗瑜国（Malayu），即马来半岛的南端，于此

1　杜佑：《通典》卷 161《兵十四》；《隋书》卷 81《南蛮·林邑》。

2　《隋书》卷 81《南蛮·林邑》。

再停留约 2 个月，换乘其他船北上航行 15 日，抵羯茶国，即今泰国所属马来半岛之吉打（Kedah）。同年十二月，由此经安达曼海，越孟加拉湾，航向东印度。[1]

2. 贾耽与《皇华四达记》

贾耽（729~805），字敦诗，沧州南皮（今河北省南皮县）人，曾任鸿胪卿（职掌接待外国使臣的官员）、检校司空（专管校勘书籍、纠正讹误的宰相）等职，是唐代中后期著名地理学家和地图制图学家，著有《古今郡国县道四夷述》《陇右》《山南图》《贞元十道录》《关中陇右及山南九州岛等图》等，[2] 其中最著名者为《海内

1　义净：《大唐西域求法高僧传》，第 152~153 页。

2　《旧唐书·贾耽传》："耽好地理学，凡四夷之使及使四夷还者，必与之从容，讯其山川土地之终始。是以九州岛之夷险，百蛮之土俗，区分指画，备究源流。自吐蕃陷陇右积年，国家守于内地，旧时镇戍，不可复知。耽乃画《陇右》《山南图》，兼黄河经界远近，聚其说为书十卷，表献曰：'……虽历践职任，诚多旷阙，而率土山川，不忘寤寐。其大图外薄四海，内别九州岛，必藉精详，乃可摹写，见更缵集，续冀毕功。然而陇右一隅，久沦蕃寇，职方失其图记，境土难以区分。辄扣课虚微，采掇舆议，画《关中陇右及山南九州岛等图》一轴。伏以洮、湟旧壤，连接监牧；甘、凉右地，控带朔陲。岐路之侦候交通，军镇之备御冲要，莫不匠意就实，依稀像真。如圣恩遣将护边，新书授律，则灵、庆之设险在目，原、会之封略可知。诸州诸军，须论里数人额；诸山诸水，须言首尾源流。图上不可备书，凭据必资记注，谨撰《别录》六卷。又黄河为四渎之宗，西戎乃群羌之帅，臣并研寻史牒，翦弃浮词，罄所闻知，编为四卷，通录都成十卷。'"

　　"至十七年，又撰成《海内华夷图》及《古今郡国县道四夷述》四十卷，表献之，曰：

　　臣闻地以博厚载物，万国棋布；海以委输环外，百蛮绣错。中夏则五服、九州岛，殊俗则七戎、六狄，普天之下，莫非王臣。昔毋丘出师，东铭不耐；甘英奉使，西抵条支；奄蔡乃大泽无涯，阚宾则悬度作险。或道理回远，或名号改移，古来通儒，罕遍详究。臣弱冠之岁，好闻方言，筮仕之辰，注意地理，究观研考，垂三十年。绝域之比邻，异蕃之习俗，梯山献琛之路，乘舶来朝之人，咸究竟其源流，访求其居处。阛阓之行贾，戎貊之遗老，莫不听其言而掇其要；间阎之琐语，风谣之小说，亦收其是而芟其伪。……臣幼切磋于师友，长趋侍于轩墀，自揣屠愚，叨荣非据，鸿私莫答，夙夜兢惶。去兴元元年，伏奉进止，令臣修撰国图，旋即充使魏州、汴州，出镇东洛、东郡，间以公务，不遂专门，绩用尚亏，忧愧弥切。近乃力竭衰病，思殚所闻见，丛于丹青。谨令工人画《海内华夷图》一轴，广三丈，从三丈三尺，率以一寸折成百里。别章甫在裖，莫高山大川；缩四极于纤缟，分百郡于作绘。宇宙虽广，舒之不盈庭；舟车所通，览之咸在目。并撰《古今郡国县道四夷述》四十卷，中国以《禹贡》为首，外夷以《班史》发源，郡县纪其增减，蕃落叙其衰盛。前地理书以黔州属酉阳，今则改入巴郡；前西戎志以安国为安息，今则改入康居。凡诸疏舛，悉从厘正。陇西、北地，　　　　（转下页注）

（转下页注）

华夷图》与《皇华四达记》。《海内华夷图》继承了晋代裴秀制图六体，全图幅面约 10 平方丈，耗时 17 年完成，其两大特点：一是注重边疆与域外国部分，二是注重历史地理的考证，古今地名分色绘制。可惜此图已失传，但它的缩印本在南宋刻石为《华夷图》。

贾耽在唐德宗贞元年间（785~804）为宰相长达 13 年，因职务关系，负责接待各国来唐使者，有机会调查使节下番和入唐的路线。《古今郡国县道四夷述》40 卷和《皇华四达记》10 卷这两部书的资料即来源于此，可惜现已失传。宋欧阳修、宋祁撰《新唐书·地理志》时，摘录他的《皇华四达记》，其中的"广州通海夷道"的主要内容因之得以保存至今。

《广州通海夷道》详述了下番船舶由广州出航后前往西域之途，为《旧唐书·地理志》所无。它是一份详细的有关西太平洋—印度洋海上东西交通的说明资料。[1]

提到从广州前往大食的航海路线是：从广州出航后先向东南行驶出珠江口，转向西南方经数日绕过海南岛东岸，再西南行贴近越南沿海，至占不劳山（今越南岘港以东之占婆岛），南行经

（接上页注）播弃于永初之中；辽东、乐浪，陷屈于建安之际。曹公陉北，晋氏迁江南，缘边累经侵盗，故墟日致堙毁。旧史撰录，十得二三，今书搜补，所获太半。"

　　《新唐书》卷 166《贾耽传》："耽嗜观书，老益勤，尤悉地理。四方之人与使夷狄者见之，必从询索风俗，故天下地土区产、山川夷岨，必究知之。方吐蕃盛强，盗有陇西，异时州县远近，有司不复传。耽乃绘布陇右、山南九州岛，且载河所经受为图，又以洮湟甘凉屯镇额籍、道里广狭、山险水原为《别录》六篇、《河西戎之录》四篇，上之。诏赐币马珍器。又图《海内华夷》，广三丈，从三丈三尺，以寸为百里。并撰《古今郡国县道四夷述》，其中国本之《禹贡》，外夷本班固《汉书》，古郡国题以墨，今州县以朱，刊落疏舛，多所厘正。帝善之，赐予加等。或指图问其邦人，咸得其真。又著《贞元十道录》，以贞观分天下隶十道。"

　　参见卢志良《隋唐图志图记的繁荣与贾耽对制图理论的继承与贡献》，《国土资源》2008 年第 3 期，第 52~55 页；丁超《唐代贾耽的地理（地图）著述及其地图学成绩再评价》，《中国历史地理论丛》2012 年第 3 期，第 146~156 页。

1　参见周运中《唐代南海诸国与广州通海夷道新考》，纪宗安、马建春主编《暨南史学》第 16 辑，暨南大学出版社，2014，第 119~134 页。

陵山（今越南归仁以北的燕子岬）、门毒（归仁），然后西南行经奔陀浪（今越南藩朗）、军突弄山（今越南昆仑岛），航行 5 日越暹罗湾至海峡（今马六甲海峡）。沿海峡西北行，出峡后经婆国伽兰洲（今印度之尼科巴群岛），向西驶过孟加拉湾，抵达狮子国。

由此往大食有两条道：一道沿印度西海岸北上，经至弥兰大河（今印度河）河口，复西北行入波斯湾，至弗利剌河（幼发拉底河）河口；另一道从狮子国沿西北向横渡阿拉伯海至三兰，由此沿阿拉伯半岛南岸东北行，绕阿拉伯半岛东北角达波斯湾口之没巽（今阿曼东北之苏哈尔），驶入波斯湾，沿波斯湾东岸而行，至弗利剌河河口与第一道相汇合。

这一段航程中，从狮子国启航时的目的港"三兰"最为引人注目，史文曰："自婆罗门南境，从没来国至乌剌国，皆缘海东岸行；其西岸之西，皆大食国，其西最南谓之三兰国。自三兰国正北二十日行，经小国十余，至设国。"[1] 关于其今地，研究中国航海史的专家有各种各样的猜测。[2] 日本学者前岛信次考出今也门亚丁（Adin）的古名为 Sāmrān，即此"三兰"。[3] 可见贾耽记载的航路中，从狮子国启程时，并非如一般人所设想的沿印度次大陆西海岸北上，再沿阿拉伯海北岸西行，进入波斯湾，而是从斯里兰卡直航红海海口，这是特别值得注意之处，这证明在这个时代中国海船的远洋直航能力得到了极大的提高。

1984 年 4 月，陕西省泾阳县文物工作者从事田野文物调查时，在泾阳县扫宋乡（2002 年并入云阳镇）大、小杨户村附近，发

1　《新唐书》卷 43《地理志七》。

2　许永璋：《三兰国考》，《西亚·非洲》1992 年第 1 期，第 54~57、53 页。

3　前岛信次《カスビ海南岸の諸国と唐との通交》『東西文化交流の諸相』東西文化交流の諸相刊行會、诚文堂新光社、1971、103 頁。（此承于磊博士协助查核，谨志谢意）张广达亦取此意见，参阅氏撰《海舶来天方，丝路通大食》，周一良编《中外文化交流史》，河南人民出版社，1987，第 750 页。

现了一通《唐故杨府君神道之碑》。该碑身首一体，碑首六螭下垂，碑首高 85 厘米，碑身高 190 厘米，现藏泾阳县博物馆。碑文提到：

> 贞元初，既靖寇难，天下义安，四海无波，九泽入觐。昔使绝域，西汉难其选；今通区外，皇上思其人。比才类能，非公莫可。以贞元元年四月，赐绯鱼袋，充聘国使於黑衣大食，备判官内，俛受国信诏书。奉命遂行，不畏乎远；届乎南海，舍陆登舟。遐迹无惮险之容，凛然有必济之色；义激左右，忠感鬼神。公于是剪发祭波，指日誓众，遂得阳侯敛浪，屏翳调风，挂帆凌汗漫之空，举棹乘灏淼之气，黑夜则神灯表路，白昼乃仙兽前驱，星霜再周，经过万国，播皇风於异俗，被声教於无垠。德返如期，成命不坠，斯又我公仗忠信之明效也。[1]

早在魏晋时代，法显归国时，所乘海船就有从狮子国横穿孟加拉湾、直航今印尼苏门答腊岛的记录；隋代常峻出使赤土国时，也曾从越南南端的昆仑岛向西横穿暹罗湾直达今马来半岛；贾耽时代往来于远东与红海的海船不但在暹罗湾和孟加拉湾继承了前代水手的航海术，而且进一步具备了从狮子国向西横越今阿拉伯海的能力。杨良瑶出使所乘应是唐船。因此可以说，在十六国至唐代，西太平洋—北印度洋水域中的各国海船已皆无远而弗届。

3. 面向海洋的国际大都会广州

贾耽所记唐代的海上丝绸之路以广州为起点不是偶然的。唐代

---

[1] 张世民：《杨良瑶：中国最早下西洋的外交使节》，《咸阳师范学院学报》2005 年第 3 期。此文最初于 1998 年刊于《唐史论丛》第 7 辑，标题为《中国古代最早下西洋的外交使节杨良瑶》。

全国均以布帛、铜钱为交换媒介，而广州因为外夷人口多，经济深受国际贸易影响故以贵金属金银为货币。外番人聚集广州日久形成自己的居住区，史称"番坊"，[1]其地点在今广州火车站向南数站地之处、今怀圣寺（清真寺）"光塔"所在地附近。[2]外夷人集中的蕃坊的存在不仅见于汉文记载，也见于阿拉伯地理学家的著述。

　　居于此处的侨民多为来自波斯湾地区的阿拉伯人和波斯人，从事贾贩。黑衣大食（阿巴斯王朝）阿拉伯著名学者扎希兹（al-Jahīç，

1　　"番坊"之名始于何时？有唐宋两说。唐说者所据为明末清初顾炎武《天下郡国利病书》卷一〇四引唐房千里《投荒录》语："顷年在广州，蕃坊献食，多用糖、蜜、脑、麝，有鱼俎虽甘香，而腥臭自若也。惟烧笋一味可食。先公至北边，日供乳粥一盘甚珍，但沃以生油，不可入口。"

　　宋人朱彧《萍洲可谈》卷二中亦有一段关于广州"番坊"的史料："顷年在广州，蕃坊献食，多用糖、蜜、脑、麝，有鱼虽甘旨，而腥臭自若也。唯烧笋苴一味可食。先公使辽日，供乳粥一碗甚珍，但沃以生油，不可入口。"（参见黎小明《广州"番坊"一名始见于宋》，《开放时代》1985 年第 6 期，第 64~66 页）

　　两则史料除个别字眼外，大部分内容相同。《天下郡国利病书》指明是转引自《投荒录》，《投荒录》可能就是唐人的《投荒杂录》，而《萍洲可谈》却是宋人著作。"番坊"之名一说始于唐，一说始于宋。两者中应有一误。

　　《天下郡国利病书》所引《投荒录》是否就是唐代的《投荒杂录》？较早的是日本学者桑原骘藏。他在唐宋两代的书目中未查到《投荒录》而在《新唐书》卷 58 和《文献通考》卷 205 中查到房千里的《投荒杂录》信息。桑原骘藏根据宋《太平广记》和元末陶宗仪《说郛》里分别收入一些从题目到内容均一字不差的相同条目，但其出处则分别为《投荒录》和《投荒杂录》，故而推断《投荒录》即是《投荒杂录》，再进而证明，《天下郡国利病书》所引《投荒录》即是唐人房千里的《投荒杂录》，因而"番坊"一名当始于唐代。黎小明以为，单凭几段相同的史料，就推断《投荒录》就是《投荒杂录》犹嫌证据不足。

　　黎小明从分析上述史料内容入手辨析。由于述者口气为第一人称，故他分别查唐房千里与宋朱彧是否到过广州，查的结果是无史料说明房千里到过广州，但朱彧之父任职广州，故认为他也很可能同行。而今各书所引《投荒杂录》内容多为岭南事，无更多番坊信息，但《萍洲可谈》则在几处提到番坊，内容相当丰富，故而判断有关"番坊"的记载出自《萍洲可谈》可能性较大。

　　黎小明进一步将讨论焦点集中于顾炎武所引《投荒录》中的"先公至北边"与《萍洲可谈》中的"先公使辽日"一句。他未能查到房千里之父曾出使回鹘的记载，但查到朱彧之父朱服曾在绍圣初使辽事，进而举证顾炎武引书出处的其他谬误，得出有关广州"番坊"的记载实出自《萍洲可谈》的结论。

2　　黄文宽：《宋代广州西城与番坊考》，《岭南文史》1987 年第 1 期。

776~868）撰《商务的观察》（又译为《生财之道》），[1] 开列了从中国输入的货物有丝绸、瓷器、纸、墨、鞍、剑、麝香、肉桂，动物中的孔雀等。穆斯林学者撒阿里比（al-Tha'ā libi，961~1038）在《珍闻谐趣之书》中说："阿拉伯人习惯把一切精美的或制作奇巧的器皿，不管原产地为何地，都称为'中国的'。"[2]

不仅外国商人以广州为出入中国的出入点与登陆点，中国人也是如此。法显从爪哇归国时，原先的目的港就是广州，只是因为风暴，船只偏离了航向，才在山东登岸。[3]

六　蒙元水师的海外征服

明初郑和七下西洋是我国古代航海事业的顶峰。这样伟大的航海壮举不是突然产生的，其直接背景便是元代的航海。13 世纪成吉思汗及其子孙发起了规模空前的军事远征。经过近 40 年征战，蒙古人已经控制了东起高丽，北达北极圈，西至东欧与地中海，南及印度、吐蕃、四川、云南、安南及淮水—黄河以北的广大地区。

蒙古人成为亚洲大陆上的超级强权，由于元灭宋后，南宋水师落入元手中，加上原先已经掌控的金与高丽的水师，所以当时不仅在欧亚大陆上没有任何力量能够对抗蒙元铁蹄，而且蒙元水师也是西太平洋、北印度洋海域最为强大的水上武力，成为元朝海外扩张

1　佩拉（Charles Pellat）:《扎希兹研究工、商的观察之书》，*Arabia*，1954 年第 2 期。转引自张广达《海舶来天方，丝路通大食》，周一良编《中外文化交流史》，第 751 页及 792 页注 18。

2　撒阿里比（al-Tha'ā libi）:《珍闻谐趣之书》（Latā if al-Ma 'ā rif），德·荣格（P.de Rong）刊本，莱顿与哥达，1867，第 127 页；博斯沃斯（C. E. Bosworth）英译（The Book of Curious and Entertaining Information），爱丁堡，1968，第 141 页。转引自张广达《海舶来天方，丝路通大食》，周一良编《中外文化交流史》，第 761 页及 792 页注 18。

3　汉代岭南对外交往的主要港口在合浦与交趾，交、广分治后，广州渐成为海道交通的重镇。见黄文宽《宋代广州西城与番坊考》，《岭南文史》1987 年第 1 期。

主要依托。因此在郑和航海之前的 13~14 世纪，西太平洋—北印度
洋已经进入了中国时代。

（一）征日本

蒙古人是马背上的民族，原本不习水战。随着蒙—高丽与蒙—
宋战争的进行，蒙古军在战争中熟悉了水师与水战。元世祖忽必烈
灭宋后，蒙古军在东亚大陆的边疆延伸到海上，有了海外邻国。南
宋的灭亡使宋军水师落入元世祖忽必烈手中，使蒙古统治者掌握了
庞大的海上力量，遂发动了规模空前的海外征服，即征日本，征占
城、安南与征爪哇之役。

1. "文永之役"

忽必烈登位之初，便企图使日本通聘朝贡。其时蒙古虽然与
南宋处于南北对峙阶段，但与日本相望的高丽已被征服。至元二年
（1265），高丽人赵彝向元廷称"高丽与日本邻好"。[1]于是世祖于至
元三年（1266）八月，命黑的、殷弘等赴高丽，并诏高丽元宗曰：
"今尔国人赵彝来告日本与尔国为近邻，典章政治有足嘉者，汉唐
而下亦，或通使中国，故今遣黑的等往日本，欲与通和。"[2]

使团所携之《大蒙古国皇帝奉书》，在《元史》卷 6《世祖纪》
至元三年八月丁卯、同书卷 208《外夷传·日本》、《高丽史》卷 26
《元宗世家》八年八月丁丑、《高丽史节要》卷 18 元宗八年八月、《异
国出契》等资料中皆有收录，但日本宗性《调伏异朝怨敌抄》（东
大寺图书馆藏）所收抄本，因保留文书的抬头等，为目前最好的版

---

1 《高丽史》卷 130《赵彝传》称，其"初名蔺如，咸安人，尝为僧，归俗，学举子业，中进士。
后反入元，称秀才，能解诸国语，出入帝所"。（明景泰二年朝鲜活字本）但苏天爵《宣慰张
公（张德辉）》称其"本宋人"："有旨令赵彝使日本，命都堂议，敕高丽诏以进。公曰：'赵彝
本宋人，万一所言不实，恐发生边衅，贻笑远邦。'明日同宰执奏之，遂止。"（《行状》，苏天
爵《元名臣事略》卷 10）赵反丽入元的时间，《元史》卷 208《日本列传》载："元世祖之至元
二年，以高丽人赵彝等言日本国可通，择可奉使者。"
2 《高丽史》卷 26《元宗世家》，明景泰二年朝鲜活字本。

本。该文书的发出者为"大蒙古国皇帝"，发送对象为"日本国王"，所署日期为"至元三年（1266）八月"，[1] 其文曰：

> 上天眷命，大蒙古国皇帝奉书日本国王。朕惟自古小国之君，境土相接，尚务讲信修睦。况我祖宗，受天明命，奄有区夏，遐方异域，畏威怀德者，不可悉数。朕即位之初，以高丽无辜之民久瘁锋镝，即令罢兵还其疆域，反其旄倪。高丽君臣感戴来朝，义虽君臣，欢若父子。计王之君臣亦已知之。高丽，朕之东藩也。日本密迩高丽，开国以来亦时通中国，至于朕躬，而无一乘之使以通和好。尚恐王国知之未审，故特遣使持书，布告朕志，冀自今以往，通问结好，以相亲睦。且圣人以四海为家，不相通好，岂一家之理哉。至用兵，夫孰所好。王其图之。不宣。至元三年八月。[2]

　　翌年（1267）正月蒙古使节黑的、殷弘在向导高丽人宋君斐的带领下，航至巨济岛（今济州岛），无功而返。六月，忽必烈再派遣黑的等前往日本。同年九月，高丽元宗王禃也向日本国王发出国书，命人与元使同行，于次年（1268）正月到达九州岛的太宰府，但日本朝廷决定不回复蒙古国书，蒙古、高丽使团只得再次无果而返。当年九月，忽必烈第三次派遣黑的等出使，至元六年（1269）三月，抵达对马岛，掳掠两名日本人归国。此后，元与高丽送还两名日本人，并一再遣使，发出文书与日本联系，但终未能获取日本

1　船田善之：《从元日外交文书看大蒙古国公文制度——与碑刻文书之比较》，于磊汉译，《元史及民族与边疆研究集刊》第 30 辑，上海古籍出版社，2015，第 32 页。

2　于磊博士据 NHK 取材班编『大モンゴル 3 大いなる都巨大国家の遺产』（角川书店、1992）所收影印件抄录，见氏撰《〈元史·日本传〉会注》，《元史及民族与边疆研究集刊》2016 年第 1 期，第 140 页。

回复。[1]

至元十一年（1274）元廷在高丽设征东元帅府，命高丽造船。同年冬蒙、汉、高丽军二万余人渡朝鲜半岛与日本九州岛之间的对马海峡，发动征日之役，蒙古水师进入九州的博多湾，但遭失败。

有关此次征日的过程，中国史料记载简略。《元史》卷 8《世祖五》至元十一年三月庚寅载："敕凤州经略使忻都、高丽军民总管洪茶丘等，将屯田军及女直军，并水军，合万五千人，战船大小合九百艘，征日本。"[2] 同书卷 208《日本传》所记略同，在结尾处曰："冬十月，入其国，败之。而官军不整，又矢尽，惟虏掠四境而归。"[3]

《高丽史》的记载集中于卷 28《忠烈王世家一》与卷 104《金方庆传》中。《忠烈王世家一》列举高丽所出各军后，提到：

> 高丽军于冬十月与元都元帅忽敦、右副元帅洪茶丘、左副元帅刘复亨以蒙汉军二万五千，我军八千，梢工、引海水手六千七百，战舰九百余艘征日本。至一岐岛，击杀千余级，分道以进。倭却走，伏尸如麻。及暮乃解。会夜大风雨，战舰触岩崖，多败，金侁溺死。

同书《金方庆传》亦于列数高丽参战诸军之后曰：

> 以蒙汉军二万五千，我军八千，梢工、引海水手六千七百，战舰九百余艘留合浦以待女真军。女真后期乃发船，入对马岛，击杀甚众。至一岐岛，倭兵陈于岸上。之亮及

1　元首次征日之前两交交往的详细过程，见于磊《〈元史·日本传〉会注》，《元史及民族与边疆研究集刊》第 31 辑，上海古籍出版社，2016，第 139~152 页。

2　《元史》卷 8《世纪本纪五》。

3　《元史》卷 208《日本列传》。

方庆婿赵抃逐之，倭请降，复来战。茶丘与之亮抃击杀千余级。舍舟三郎浦，分道而进，所杀过当。倭兵突至，冲中军。长剑交左右，方庆如植，不少却，拔一嚆矢，厉声大喝，倭辟易而走。之亮、忻、抃、李唐公、金天禄、申奕等力战，倭兵大败，伏尸如麻。忽敦曰："蒙人虽习战，何以加此？"诸军与战，及暮乃解。方庆谓忽敦、茶丘曰："兵法，千里县军，其锋不可当。我师虽少，已入敌境，人自为战，即孟明焚船，淮阴背水也。请复战。"忽敦曰："兵法，小敌之坚，大敌之擒。策疲乏之兵，敌日滋之众，非完计也，不若回军。"复亨中流矢，先登舟，遂引兵还。会夜大风雨，战舰触岩崖，多败。佋堕水死。到合浦，以俘获器仗献帝及王。

日本史料《日莲圣人注画赞》（京都本圀寺藏）卷5《蒙古来》载：

同年（文永十一年）十月五日卯刻，自对马国府八幡宫假殿中，大火焰出。国府在家人等，见烧亡幻，是何事浇处。同日申刻，对马西佐寸浦，异国兵船四百五十艘，三万余人乘寄来。六日辰克，合战。守护代资国等，虽伐取蒙古，资国子息等悉伐死。同十四日，壹岐岛押寄。守护代平内左卫门景隆等构城郭，虽御战，蒙古乱入间，景隆自杀。二岛百姓等，男或杀或擒，女集一所。彻手结，付舷，虏者无一人不害。肥前国松浦党数百人伐虏，此国百姓男女等如壹岐、对马。[1]

参与抵抗蒙古入侵的九州肥后国御家人竹崎季长事后绘制了《蒙古袭来绘词》。虽然画中主要描绘的是他个人的功绩，但图文提

1　于磊：《〈元史·日本传〉会注》，《元史及民族与边疆研究集刊》第 31 辑，第 152~153 页。

供的信息十分珍贵。由于他在"文永之役"中单骑攻入敌阵立功，被赏赐一块土地，从无收入的下级武士而成为小领主。[1]

在《蒙古袭来绘词·前卷·文永之役》中，竹崎季长画出他率四骑在鸟饲滨与元登陆水师交战的情景：当他在与三名元军交手时，元军不但发矢攻击，还有一颗圆形爆炸物在竹崎季长头顶不远处爆炸，使他几乎摔下马。[2] 幸而白石通泰援军及时赶到，季长方保性命。此役季长有冲锋在先之功，白石通泰有解围之功，遂互为证人，据实上报，但未获赏赐。1275 年竹崎季长亲往镰仓向幕府申诉，获赐海东乡之地和黑栗毛骏马一匹。按《蒙古袭来绘词》所描述，"文永之役"完全是九州地方武装在对抗元军，至九州领主上报后，日本朝廷才得知蒙古军队进攻的消息。

尽管元、高丽与日本方面的史料对元军水师的装备皆语焉不详，但《蒙古袭来绘词》所绘正在爆炸中的那个差点炸死竹崎季长的圆形炸弹却有重要意义。虽然画面中没有绘出发射炸弹的兵器，但由于其外形被明确绘为圆形，故不太可能是手掷炸弹（手掷炸弹没有必要制成圆形），[3] 更不可能是"阿拉伯工匠制造的抛石机抛出"

1　张岩鑫：《元日海战绘画研究》，《艺术探索》2015 年第 1 期，第 14~15 页。

2　小松茂美·源豐宗·荻野三七彦『日本絵巻大成 14：蒙古襲来絵詞』中央公論社、1978（昭和五十三年）。

3　有日本学者注意到，画面中"在日本军官战马的前方有铁炮爆炸的情景，战马似乎受伤流血，并且受到惊吓跳了起来"。（佐伯弘次『モンゴル襲来の衝撃』中央公論新社、2003、109 页。转引自乌云高娃《〈蒙古袭来绘词〉的史料价值及其运用》，《贵州社会科学》2018 年第 9 期，第 74 页）日本学者所称"铁炮"就是所谓的震天雷。铁炮有铁制或陶制两种。如韩国崇实大学博物馆藏"铁炮"为陶制，目前未发现铁制者。2001 年 10 月在日本长崎县鹰岛发现四个陶制的铁炮，铁炮直径为 14 厘米，厚度为 1.5 厘米，中空，装上火药，点火后投向敌方，威力很大，元军在后撤时会向敌方抛掷，因此，铁炮有点像手榴弹的性质。"在鸟饲奋战的竹崎季长"这一图中，除手持弓箭的三个蒙古人装束者在向骑马的竹崎季长射箭之外，还有几名高丽官兵向反方向逃跑，这几个逃跑者很有可能就是抛掷铁炮的高丽兵。（乌云高娃：《〈蒙古袭来绘词〉的史料价值及其运用》，《贵州社会科学》2018 年第 9 期，第 74 页）

的，[1] 而可能是管形火器中发射的。[2] 换而言之，这证明首次征日时，蒙古军水师已经装备了能发身圆形弹丸的火炮。

　　现存最早火炮实物说法不一。火炮何时从陆战兵器转变为水师装备，也即水炮最早何时装备在船上，史无明文。故而《蒙古袭来绘词·前卷·文永之役》所绘者有极为重要的意义，它证明在元灭宋之前，元军水师已经装备了火炮。[3]

1　张岩鑫：《元日海战绘画研究》，《艺术探索》2015 年第 1 期，第 15 页。

2　日本有学者对现存画面的可信性提出质疑。佐藤铁太郎分析，画面上站在季长前方放箭的三个蒙古兵，画风与其他的蒙古兵很不一致而应系是后来添加，而画中当空爆炸的"铁炮"，因爆炸碎片的颜色与三个蒙古兵的胡须和剑的颜色完全一致，应是与三个蒙古兵在同一时期添加画入。但他表示这一判断并不意味元军当时没有使用过"铁炮"。在伊万里湾鹰岛冲的海底调查中，近年来确实发现了当时"铁炮"的残片。换言之，后世的画师是在一定的事实基础上，才添加了"铁炮"画面的。(参看佐藤铁太郎「蒙古襲来絵詞の改竄と手直しについて」『中村学園研究纪要』第 36 号、2004。转引自马云超《〈蒙古袭来绘词〉的基本内容与研究概况》，《元史及民族与边疆研究集刊》第 7 辑，上海古籍出版社，2014)

3　海内外科技史学者普遍认为，现存的中国元代铜火铳 (年代不早于 13 世纪末)，是世界上最早的金属火炮。1988~1989 年，国内多家大报先后报道，在甘肃武威发现了一门西夏时期 (1038~1227) 的铜炮。这门铜炮的面世，似乎将中国创制金属火炮的时间大为提前。然而，所有报道都没有提供确定该炮年代的依据。当时，中国人民解放军国防科学技术工业委员会正组织编写《中国军事百科全书》中的军事技术史条目，便向发现火炮的武威市博物馆有关同志去信询问详情。回信提供了如下情况："1980 年 5 月，武威县 (后改为市) 针织厂在厂房扩建中发现一批西夏窖藏文物，出土瓷器、铜器、铁器等十多件。这些器物中比较重要的是一尊保存完好的铜火炮和炮内遗存的火药、铁弹丸。铜炮长 100 厘米，重 108.5 公斤，由前膛、药室和尾銎三部分构成。……与铜炮共存的有两件敞口、卷沿、腹两侧圈足 (或凹足)、双平 (或四平) 的豆绿釉扁壶，这是武威及宁夏等地多次出土的具有明显民族特点的典型西夏器物。共存物中未见后代遗物。因此，这是一件无可置疑的西夏铜火炮。"相关专家研究后认为，其断代依据是有问题的。钟少异撰《"西夏铜炮"说质疑》，提出尽管"宋、金的火药火器技术在当时居于领先地位，但终金、宋之世，管形火器仍处于以纸、竹为筒的低级阶段，迄今未发现任何有关金属铳炮的记载。在西夏与各方的战争中，更从未见使用管形火器的事例，自不用说金属的铳炮了。科技文物的断代，必须考虑到技术发展的一般水平，尤其在缺乏确凿的根据的情况下。存世的元代铜火铳，身长均不超过 40 厘米，体重皆不足 7 公斤，且多是发射散弹，1974 年西安发现的元铳，膛内仍遗有铁砂子。武威铜炮，形体远为硕重，且能发射独枚大弹丸 (膛内遗有一枚直径约 8 厘米的铁弹丸)，其技术水平，超出了元铳，更非南宋的突火枪可比。"并云："鉴于上述情况，《中国军事百科全书》没有采用因武威铜炮的出土而出现的西夏已有金属火炮之说。1995 年初，国内报刊又有报道，现已证实，武威铜炮确系西夏之物。但直至今天，尚未见论证文字发表，而报道中提供的断代依据，仍只局限于不可靠的共存物比较。尽管如此，由于媒体的连续报道，武威'西夏铜炮'已经产生了广泛的影响。　　(转下页注)

当时日本天皇的年号为"文永",所以日本人又称此次征日之战为"文永之役",而兹后的第二次征日则被称为"弘安之役"。而两次征日之役在日本又被合称为"元寇袭来",或"蒙古袭来"。[1]

2."弘安之役"

南宋灭亡后,元军收编了南宋水师,使元朝的海军力量大为增强。据《元史·日本传》记载,"文永之役"后,元廷派杜世忠等使日,无果而返。但至元十七年(1280),杜世忠再度出使时,却于二月间被日方杀害。镇守高丽的元征东元帅忻都与高丽降将洪茶丘"请自率兵往讨,廷议姑少缓之"。同年五月,忽必烈召南宋水师将

（接上页注）近年常有人据此对《中国军事百科全书》中的写法提出质疑,我们还见到一些文章引据了有关的报道,故而略述我们对这门炮的认识。供大家参考。"（原文载《光明日报》1996年4月16日、《史林》第125期,收入氏著《古兵雕虫·钟少异自选集》,中西书局,2015,第331~332页）

郑绍宗先生近期发表的《河北发现元明时期管状火器——铜炮、铜铳的研究》（上、下,分别刊于《华夏考古》2016年第1期与第2期）,也未提及此西夏铜炮。

杜应芳《钓鱼城记》,钓鱼城:"东有沟曰天涧沟,东北有山曰天涧岭、龟山,与鱼山对峙,城上呼语相闻。元宪宗蒙哥以此驻跸。王坚去任之后,继任乃安抚张珏也,有谋略,应敌出奇制胜,尤有过人。其时北兵大营驻汉中、利、沔。初冬严寒,则来攻围;春夏暄热,则复退去。已来岁值大旱,自春至秋,半年无雨。北兵围逼其城,意城中无水,急攻之。一旦至西门外,筑台建桥,楼楼上棱栀,欲观城内之水有无。城内知其计,置炮于其所。次日,宪宗亲率其兵于下,珏命城中取鱼贰尾,重三十斤者,蒸面饼百数。俟缘栀者至其竿木,方欲举,首发炮击之,果将上栀人远掷,身殒百步之外。即遗鲜活之鱼及饼以赠,谕以书曰:'尔北兵可烹鲜食饼,再守十年,亦不可得也。'时北兵遂退,宪宗为炮风所震,因成疾,班师至愁军山,病甚,遗诏曰:'我之婴疾为此城也,不讳之。后若克此城,当赭城剖赤而尽诛之。'"（《补续全蜀艺文志》卷26,明万历刻本）

按此记载,宋军的炮发射的应为圆形炮弹,爆炸后发出巨大冲击波,所以才能将"上栀"蒙古军人"远掷,身殒百步之外",而这种冲击波,即气浪,史文中称为"炮风"。这足见宋军不但有炮,且可发射炮弹。应以此角度来看待《蒙古袭来绘词》中的爆炸物。

除火炮本身的发展之外,火炮装置在船上是另一个问题。《蒙古袭来绘词》有关元军的首次征日时使用发射"独枚大弹丸"的画面,说明蒙古水师在从朝鲜渡海征日时,船上已经携带或装备了发射弹丸的火炮,这不但对火炮发展史,而且对水师何时从冷兵器过渡到热兵器时代的研究均有非常重要的意义。

1 日本学者森平雅彦提议,以更具中立性的"甲戌之役"和"辛巳之役"来称谓之。参见船田善之《从元日外交文书看大蒙古国公文制度——与碑刻文书之比较》,于磊汉译,《元史及民族与边疆研究集刊》第30辑,上海古籍出版社,2015,第31页。

领范文虎入大都议征日本事后，遂开始征调兵力。

至元十八年（1281）夏，他命大将忻都等率南宋降将范文虎以下十余万水师分乘数千艘海船分道从高丽与江南出动，向日本进攻，航行 7 日后到达日本九州岛近海的鹰岛。因元水师诸军将领不和，对进攻策略意见不一，迁延逾月，将战船缚系为一体，形成水寨。至八月，台风突起，兵船相互碰撞，造成大量毁坏，军士大批溺死。忻都、范文虎等高级将领择好船逃回，遗下的元军将士在鹰岛登岸，遭到日本人的进攻，全军覆没。征日本之役遂告失败。[1] 此次征日之战被日本人称为"弘安之役"。近年来在日本九州的鹰岛近海，学者们发现了元军征日水师的沉船与元军留下的大批遗物，[2] 其中有些遗物证明元军中包括收降的南宋水师。[3]

这场台风在日本人心中留下了深刻的印象，认为上天在护佑他们，遂将这场突如其来掀没元军水师的台风称为"神风"。太平洋战争后期，日本军国主义都还组织所谓"神风"突击队，认为自杀飞机暴风骤雨式的打击会如同当年的"神风"一样拯救日本。

（二）远征东南亚

1. 征占城、安南

占城（Champa）又称占婆，即今越南南方，地扼经南海连接东亚大陆与东南亚、太平洋与印度的海上通路。灭宋之后，元廷一再强使占城为元廷过往船舶提供给养，引起占城的强烈不满，不断反抗。至元十九年（1282）冬，元大将唆都率数千元军从广州登船向占城出动，抵占城港（今越南南方归仁）。占城守军拒绝唆都的

1　有关此次征日的详细研究，见于磊《〈元史·日本传〉会注》，《元史及民族与边疆研究集刊》第 31 辑，第 154~156 页。

2　王冠倬：《简谈日本平户、鹰岛现存宋元碇石》，《海交史研究》1986 年第 1 期，第 47~48 页。

3　中岛乐章、四日市康博：《元朝的征日战船与原南宋水军——关于日本鹰岛海底遗迹出土的南宋殿前司文字资料》，郭万平译，《海交史研究》2004 年第 1 期，第 39~50 页。

招降，筑水寨抵抗，元水师经过苦战破城。占城王退入山中据险不降，唆都率领元军占据海岸亦不解去。至元二十一年占城被迫向元廷上表请降。此年，忽必烈皇子脱欢率军沿陆路进入安南，唆都奉令由占城北上会攻。安南军队坚决抵抗，使元军遭到重大伤亡，水军统帅唆都战死。三年后，脱欢再度进攻安南，在付出沉重代价之后仍未能得手。安南方面因力量对比悬殊，也希望以向元称臣来换取停止战争，双方才恢复和平。[1]

2. 征爪哇

爪哇是印尼人口最为稠密的一个岛屿，为当时南海强国。在唆都出征占城的同时，元廷开始不断向爪哇遣使招谕，要求爪哇国主亲自来朝，但始终未得同意，其中一次爪哇还将元使黥面逐回。[2]元廷以国使受辱为由，决定出动水军远征。至元二十九年冬，元水师在史弼、高兴与亦黑迷失率领下从泉州启程，航行2个月抵爪哇北岸杜并足（今厨闽），元军随船马步军登陆，水军仍取水路，期于八节涧会师。其时爪哇国内乱，其贵族麻喏巴歇首领土罕必阇耶（即满者伯夷王朝创始者）企图利用元军的力量，遂遣其相呈献户籍与地图请降。元水陆两军在八节涧会合后，协助土罕必阇耶击败对手。战后，土罕必阇耶借口要回麻喏巴歇（满者伯夷）取所藏物献进给元廷，秘密组织抵抗。元军轻信土罕必阇耶，派200士兵送其归回，在途中土罕必阇耶发动突袭，并会集诸军进攻准备班师的元军。元军仓促应战，退回海边登舟撤回。[3]征爪哇之役以失败告终。

元代的海外征服是13世纪末以前亚洲历史上规模最大的海上活动。从某种意义上讲，也是明代郑和航海的先驱。虽然诸役均以失

1　苏天爵：《国朝文类》卷41《政典总序》，"安南"及"占城"，四部丛刊景元至正本。《元史》卷129《唆都传》，卷209《安南传》。

2　事在至元二十九年（1292），见元明善《河南行省左丞相高公神道碑》，《国朝文类》卷65，四部丛刊景元至正本。

3　元明善：《河南行省左丞相高公神道碑》。《元史》卷162《高兴传》《史弼传》，卷131《亦黑迷失传》。

败告终，但却显示了中国水师已经具备大规模远洋行动的能力，包括大规模船队的海上编队、各船之间的联络、海上补给、登陆作战等。

七　舟师导航法的进步

以陆标作为导航的主要依据是最原始的导航法，也是中国舟师的主要导航法之一。即便是在其他更先进的导航法出现之后，这种陆标导航海也为中国舟师沿用了很长时间。

（一）陆标导航

在海图出现以前，水手们在海上判断航向的主要方法是地文导航术和天文导航术。所谓地文导航术，即航舶不远离大陆或沿海岛屿海岸线，舟师以所见地理标识确定船舶所在方位。南宋人周去非曾描述过当时水手辨识地理的情景："舟师以海上隐隐有山，辨诸蕃国皆在空端。若曰往某国，顺风几日望某山，舟当转行某方。或遇急风，虽未足日，已见某山，亦当改方。"[1]

这就是说，舟师在运用地文导航术时，基本上以沿海岛屿或陆地上高耸的山峰为标志。当海上隐隐有山时，便努力辨认，以图确定是什么地方。当商舶计划前往某国时，舟师对航线所经各地的时刻，对船舶何时应转变航向已经大体有数。顺风行船当风速高时，船行速度快，按预定时辰推算，虽然尚不应转向，但只要已见预定的地理座标，水手也果断转舵。如错过陆标，丧失转向时机，则称为"舟行太过"，船舶会陷入险境，"无方可返，飘至浅处而遇暗石，则当瓦解矣"。[2]

1　周去非：《〈岭外代答〉校注》，第217页。

2　周去非：《〈岭外代答〉校注》，第217页。

（二）海图

现存最形象地表现中国地文导航术的资料是《郑和航海图》，但在此之前中国已经应当有海图存在。《新唐书·地理志》载有《广州通海夷道》里所详述的唐时海舶由广州出航前往大食之途，为《旧唐书·地理志》所无，当由贾耽《皇华四达记》中录出。"通海夷道里"虽然逐站述明了从华南到大食的海途，但尚不能算海图。我们虽未发现最初的海图，但南宋人周去非所述中国舟师们在海中辨识地理的情况，形象地说明了中国古代水手们在世世代代的航海生涯中，积累了无数的实践经验。

这种经验最初是在航海的旅程中，在现场以口口相传的办法师徒相授的。在漫长的航线上，沿途各地地理标志物特征各异，转变航向的方向也各异，稍一不慎，辨识有误，或航向有偏，就可能"舟行太过，无方可返"，[1] 极易造成舟毁人亡的惨剧。因此稍识文字的舟人都会以纸笔记下航线和沿途标志物及应转的航向，以利下一次航行。航路指南及海图就是在这种情况下出现的。

中国的海图至少在宋代已经出现了。海图的出现可谓海外地理学的一大进步。北宋咸平六年（1003），广州地方官曾向朝廷进呈《海外诸蕃地里图》；[2] 宣和五年（1123），徐兢奉使高丽时，曾在"神舟所经岛洲苫屿而为之图"。[3] 他在随宋使团回来后，撰绘《宣和奉使高丽图经》，可见此书原本有图。《诸蕃志》的作者赵汝适在自序中提到："暇日阅《诸蕃图》，有所谓'石床'、'长沙'之险，交洋竺屿之限。"[4] 这里的"所谓'石床'、'长沙'之险"，即指南海诸岛。

1　周去非：《〈岭外代答〉校注》，第 217 页。

2　李焘：《续资治通鉴长编》卷 54，上海师范大学古籍整理研究所、华东师范大学古籍整理研究所点校，中华书局，2004，第 1195 页。

3　徐兢：《宣和奉使高丽图经》卷 34《海道一》，第 116 页。

4　冯承钧：《〈诸蕃志〉校注》，中华书局，1956，第 5 页。

可见这种"诸蕃图"应当就是海图。可惜的是,这些早期的海图早已亡佚,其原貌已不得而知。

(三)周公之法

在西方现代导航法传入之前,中国舟师一直沿用古来的导航法。这种导航法因为历史久远,后来的舟师已经不能言明其来源,只能将之归于周公。除了《郑和航海图》一类官藏海图之外,明清时期的舟师海商还有一些世代流传的航海通书。清《台海使槎录上》提到,"舟子各洋皆有秘本,名曰洋更"。现存明代各种文献中提到过不少这类书簿,如《日本一鉴》和《桴海图经》提到的《针谱》《渡海方程》《海道经书》《四海指南》《航海秘诀》《航海全书》等,《指南正法》提到的《罗经针簿》,《东西洋考》提到的《航海针经》,《西洋朝贡典录》提到的《针位篇》等。这些多为舟师世代相传的秘本,很少见于著录,[1] 具有极高的价值。正因为有了这些在民间流传的舟子秘籍,中国的航海业才世世有替。

现存最重要的中国私家舟师往来于东南亚及北印度洋的航海秘籍,是藏于英国牛津大学波德林图书馆的两部手抄海道针经《顺风相送》与《指南正法》。这两部书虽然都出自私家舟师之手,是普通航海者自己的记录,毫无夸张之处,但却客观反映了明代至清中期中国海舶的船主从他们的前辈那里继承的前往东南亚和北印度洋时使用地文导航法的实际状况,为研究提供了可贵的资料。

《顺风相送》应成书于明中期以后。作者在前言中说,他的著作本于周公的《指南之法》。《指南之法》大约是一部假托周公之名的航海针路书,至明中叶尚存,《顺风相送》的作者说它"能自古

1　向达:《两种海道针经序言》,无名氏《两种海道针经》,向达校注,中华书局,1982,第3页。

今，流行久远"，其中"有山形水势"，但传抄描绘有误，又迭经增减，足见这部《指南之法》由来已久，在出洋的海商与舟子中代代流传。他们在航海中或归来后，曾对照过它，所以才会发现"传抄描绘有误"，并在验证时不断有人根据自己的经验与见闻有所增补。《顺风相送》的作者还说，他将"南京直隶至太仓并夷邦巫里洋等处更数、针路、山形水势、澳屿浅深攒写于后"，还提到"宝舟""永乐元年奉差前往西洋等国"等语，足见《顺风相送》在编写时还参照了《郑和航海图》。

《顺风相送》的作者在评价《指南之法》的作用时说它是一部航海者的必备针簿，"行路难者有径可寻，有人可问。若行船难者，则海水连接于天，虽有山屿，莫能识认。其正路全凭周公之法，罗经针簿为准"。这里"虽有山屿，莫能识认"一句清楚地说明了传统的地文导航术的局限性，若不假以"罗经针簿"，远航的风险是很大的。《顺风相送》的作者在"各处州府山形水势深浅、泥沙地、礁石之图"一节中在描述"外罗山"[1]时，提到这里"远看成三个门，近看东高西抵。北有椰子塘，西有老古石。行船近西过，四十五托水。往回可近西，东恐犯石栏"。[2]这说明，即便在磁罗盘广为应用以后，当海舶驶近目的港时，舟人仍努力依靠陆标辨识。

按向达先生的研究，《指南正法》成书于清康熙末年。此书的序言如同《顺风相送》，提到周公的《指南之法》，并有一节题为"大明唐山并东西二洋山屿水势"，[3]说明书中许多资料至少可以上溯至明代中期。此节在描述"外罗山"时，提到"东高西抵，内有椰子塘，近山有老古。打水四十五托。往回可近西，东恐犯石栏"。[4]对比

1　在越南新州港外，入新州港以此为望山。今地无考，见无名氏《两种海道针经》，第219页。

2　无名氏：《两种海道针经》，第33页。

3　无名氏：《两种海道针经》，第114页。

4　无名氏：《两种海道针经》，第83页。

《顺风相送》的相应记载，可知两者在相当程度上有某种共同的资料来源。

八　地理新知

郑和远航西洋有赖于中国海外地理知识的增加。元代是中国历史版图空前辽阔的时期，成吉思汗及其子孙发动的军事远征极大地扩大了当时中国人的视野。

（一）回回人入华

从宋代起已有大批回回番商移居中国沿海。南宋时我国东南地区最著名的番商是福建的蒲氏。据元《心史》和明《闽书》记载，蒲氏是回回人，其先世自西域经南洋迁居广州，后又落籍于泉州。蒲氏家族专长于航海贸易，历受统治者重视，负责海外交往。南宋时，蒲氏家族曾有成员出使海外，其中有的甚至于淳祐七年（1247）卒于渤泥，其墓志至今尚存于文莱首都斯里巴加湾市（Bandar Seri Begawan）附近小山上一处名为"郎加斯"的穆斯林墓葬区（Rangas Muslim Cemetery），1972 年被德国汉学家傅吾康（Wolfgang Franke）发现。因傅吾康教授所摄照片墓碑字迹不清，马来西亚学者陈铁凡（Chen Tieh Fan）先生又从吉隆坡来此重读并制作拓片，因此才准确读出铭文，[1] 其文曰："有宋泉州判院蒲公之墓，景定甲子（1264）

1　Franke, Wolfgang & Chen Tieh Fan, "A Chinese Tomb Inscription of A. D. 1264 Discovered Recently in Brunei," *Brunei Museum Journal*, 3, 1 (1973)。此文被译为中文，见《泉州文史》第 9 期刊傅吾康、陈铁凡《最近在文莱发现的一块公元 1264 年的中文墓碑的初步报告》，温广益译，第 150~154 页。根据笔者在现场的认读，发现此碑完全可以读出。傅吾康教授认为照片不够清晰或为制版的缘故。

男应甲立。"[1]

　　元军攻陷临安后，蒲氏后人蒲寿庚所控制的海军力量向元军倒戈，加速了南宋小朝廷的灭亡。元代蒲氏家族在泉州仍然很有势力。据周密的《癸辛杂识》记载，"泉南有巨贾佛连（Burhan），蒲氏之婿也。其家甚富，凡发海舶八十艘，死后真珠达一百三十石"。[2]

　　成吉思汗在击败金朝占领华北大部之后，于 13 世纪 20 年代发动了征西之役，蒙古骑兵的铁蹄横扫中亚、西北印度、波斯北部，以及高加索山、里海以北的伏尔加河、乌拉尔河草原。这些地区降服后，其男丁中许多人被编入军队随蒙军出征，这种军队被称为回回军；其地归降的官僚、知识分子、科学家、神职人员、工匠也为蒙古人所用。西征回师时，大批回回军与回回人随蒙古军来到汉地，在中原与江南定居下来，形成回族的先民。

　　回回人的入华带来了西域的天文、地理、历算、医学与工程技术新知，回回人的海外地理知识也随之入华。

1　已故庄为矶先生所发现的清乾道间学者蔡永兼的《西山杂志》中，有一段题为"蒲厝"的文字，其中提到：沧岭之东有蒲厝，隔江与铺中相望。宋绍定元年（1228），有进士蒲宗闵司温陵道通判，后升都察院，端平丙申（1236），奉使安南，嘉熙二年（1238）春，奉使占城，淳祐七年（1247）再使渤泥，后卒于官也。（按：第一段）

　　其子有三焉，长子应，次子甲，三子烈。蒲应入勃泥，甲司占城西洋转运使，大食、波斯、狮子之邦蛮人喜谐。（按：第二段）

　　《仁和诗社》云：温陵都院有蒲公，三使蛮夷渤泥山。远卒异乡铭葬志，千秋魂魄入端桐。（按：第四段）（兹据庄为矶《文莱国发现泉州宋墓考》，《南洋问题研究》1991 年第 1 期；并见氏著《泉州宋船为蒲家私船考》，《中国与海上丝绸之路》，第 347 页）

　　庄为矶先生根据德国傅吾康教授在文莱发现的"有宋泉州判院蒲公之墓"，与上述蔡永兼的《西山杂志》记载结合起来，推定"有宋泉州判院蒲公之墓"的墓主蒲公应为《西山杂志》所记蒲宗闵；而文莱碑的立碑者"男应甲"，则对应为《西山杂志》所记蒲宗闵之子蒲应与蒲甲。此说不可信从，详见拙文《有关宋末泉州蒲氏史料的几个疑点》，初刊于《元史及民族与边疆研究集刊》第 30 辑；后收入拙著《从西太平洋到北印度洋——古代中国与亚非海域》，南京大学出版社，2017。

2　《癸辛杂识》续集下，佛连家资，中华书局，1988，第 193 页。

（二）回回图子与剌那麻

　　成吉思汗及其后裔创造的蒙元帝国辽阔的疆域，极大地拓宽了中国人的地理视界。按元人自己的说法就是"皇元混一声教，无远弗届。区宇之广，旷古未闻"，"中国之往复商贩于殊诞异域之中者，如东西州焉"。[1] 地跨欧亚的大帝国建立后，绘制帝国疆域全图的工作就提到了议事日程上来了。

　　欲完成此项工作的必要条件是收集当时的中外图籍。宋元时代，汉地与伊斯兰世界均是制图术最为发达的地区，所以汉地舆图与回回图籍是元政府收集的重点。阿拉伯人在 8 世纪建立了地跨欧亚非三大洲、疆域空前的大帝国。阿巴斯王朝时代，回回地理学得到极大的发展，地理著作层出不穷，所记西尽大西洋东岸，东达日本，南越赤道。回回人所积累的地理资料，是人类宝贵的科学财富。这些知识虽然在宋时已经回回舟师之手万里迢迢传到中国，但尚未引起学术界的重视。只是到了元代，回回地理图籍的内容才大量被介绍到中华。

　　欲绘制元疆域全图，在将前人图籍汇拢后，还要对各图的方位、比例、地名加以鉴别，然后在拼合的基础之上重绘。至元二十二年，元政府"乃命大集万方图而一之，以表皇元疆理无外之大"。这就是说，元政府组织学者，汇集天下"万方"的图册，编成一部元帝国疆域图，以显示元朝旷古未有之版图。

　　受命负责绘制元帝国全图的是在秘书监任职的不花剌（Bukhārā）的回回人，著名的天文、地理学家札马剌丁（Jamāl al-Dīn）。由于其母语为波斯语，不识汉文，所以元政府专门为他配备了翻译人员。[2] 在此之前，中书省兵部收集了一些地图，但不全。此外，蒙元帝国建立后，行政区划与前朝（西夏、金、宋）有所变化。秘书监

1　汪大渊：《岛夷志·后序》，《岛夷志略校释》，第 385 页。

2　王士点：《元秘书监志》，高荣盛点校，浙江古籍出版社，1992，第 28 页。

接管此事后，通知各地官府呈上当地的舆图。为此，札马剌丁专门
向元世祖忽必烈奏报，要求收集各朝地图和地理论著，请求各路呈
送有关当地行政区划、"野地、山林、里道、立堠"的图籍资料。在
元本土，征集各地舆图的工作一开始进行得很缓慢。元政府一再通
知各地方当局重视此事，迅速呈报。

　　札马剌丁计划在《至元大一统志》这部书中，绘制一幅元朝全
图，包括元朝皇帝的直辖地（即元朝本土）、察合台汗国、伊利汗
国和钦察汗国在内的地图。因此，元政府在向各地催要图籍时，还
特别强调"边远国土"的主管当局，应尽早将所在地的资料送来。

　　在收集了资料之后，札马剌丁向元世祖奏报："在先汉儿田地些
小有来，那地里的文字册子四五十册有来。如今日头来处，日头没
处，都是咱每的。有的图子也者，那远的他每怎生般理会的？回回
图子我根底有，都总做一个图子呵。"这就是说，札马剌丁和他的
同僚们汇集了汉文地图四五十种，此外还有边远地区的回回图子，即
西域穆斯林地图。值得注意的是，札马剌丁收集的回回地图中包括了
回回海图。当时从事海外贸易的回回多聚居在福建沿海。秘书监专门
向福建行省行文，要求福建当局向泛海行船的回回人调查，看是否有
人识"回道回回文剌那麻"。"剌那麻"即波斯语 rah-nāma 的音译，
意为"行路指南"，[1]即地理志一类的图籍。秘书监要求福建当局将调
查的情况向中书省呈报。

　　他要求把汉地的图与回回舆图拼接起来，绘制出一幅从"日出
处"，即太平洋之滨，到"日没处"，即西域的大地图。这项前无古
人的伟大事业得到了忽必烈的批准。汉族传统上相信天圆地方，而
回回人则接受了古希腊的大地球形说；汉族人采用方格法画图，而
回回人则使用圆形地图。要想把两种地图纳入同一个体系，是一件

1　陈得芝：《元代海外交通与明初郑和下西洋》，纪念伟大航海家郑和下西洋 580 周年筹备委员
　　会编《郑和下西洋论文集》，南京大学出版社，1985，第 199 页。

不容易的工作。

郑和本人和他的船队中的许多重要人物都是回回人，他们的祖先来自遥远的西域，有不少人在入居汉地后，还经常往来于东西之间，或奉使，或经商，或朝圣。在他们的旅途中，回回图子必定起着不可低估的作用。即便是郑和的船队中，想必也携有"海道回回文剌那麻"一类的海图。

（三）《大明混一图》与《混一疆理历代国都之图》

在北京第一历史档案馆中藏有一幅明初绘制的绢绘本巨型世界地图（含欧亚非三大陆），题为《大明混一图》，长 3.47 米，宽 4.53 米，学者考定其绘制时间为洪武二十二年（1389）。该图地理覆盖范围包括全部旧大陆，即亚、欧、非三大陆，具体来说即东起日本，北达西伯利亚，西抵大西洋，南至非洲南部的好望角。

1644 年清军入关后，此图落入清政府手中。在清代有人将此图上所有汉文地名转写为满文，写成小纸条，贴在汉文地名之上。从图中域外地名的汉文译音看，遵循的是元代音译的规律。因此，多数学者认为其原图应是一幅元代世界地图，或取材于元代材料。

此图或其所据之底图，很早就流传到朝鲜与日本。传入朝鲜的最初称为《明国图》。1404 年朝鲜学者权近与李荟绘成《混一疆理历代国都之图》，其基本形制同于上述《大明混一图》，其重要区别之一是朝鲜部分更为详细，今韩国首尔的奎璋阁藏其摹本。1599年日本侵略朝鲜时，从朝鲜宫中掠取了《明国图》。而权近与李荟摹绘的《混一疆理历代国都之图》也通过种种渠道传入日本。因为《明国图》（即《大明混一图》）与《混一疆理历代国都之图》带来了前所未有的海外地理知识，故而此后在日本迭有人摹绘。因此在日本宫内厅、京都龙谷大学、九州水原寺等处，都能找到《明国图》与《混一疆理历代国都之图》的绘本。

在《大明混一图》出现之前，世界上从未有过一幅正确地画出欧亚非三个旧大陆的整体形状的地图。摩洛哥地图学家亦得里昔（al-Idrisi）1154 年为西西里[1] 国王罗杰（Roger）绘过一幅当时西方人所了解的世界之图。亦得里昔的地图的地理范围也覆盖欧亚非三大陆，在地理方位中继续古希腊地图的传统，南北方向与今天的地图相反。其最明显的特点是，非洲的南端向东拐去，印度洋被包围在非洲与东亚大陆之间，如同地中海被包围在欧洲与非洲两大陆之间一样。这种对非洲大陆认识的错误，在欧洲与伊斯兰世界延续了上千年之久，从古希腊时代直至 15 世纪葡萄牙人开始大航海以后才得以纠正。

《大明混一图》是人类历史上第一次正确地绘出了非洲大陆形状的地图，表明元代世界地理知识是世界上最先进的，[2] 应归功于东西知识交流的大发展，也是郑和远航的最重要的地理知识背景。

九　汪大渊与往来东西的海内外旅行家

（一）海外旅行家

元代东西交通大开，循海路往来于中国与世界各地的人越来越多。在这些旅行家中，有许多人在历史上留下了他们的名字。其中最为著名的外国人有以下几位。

1. 不阿里

元代另一名著名回回海商是马八儿［Ma ʻabar，阿拉伯语，意为"码头"（复数），即西洋国，又称南毗、锁里］人不阿里（Abū ʻAlī），其本名撒亦的（Saʻid），祖籍西域哈剌哈底，[3] 其祖先是专营波斯湾与南印度贸易的回回海商。他一家于宋末离开故土，

1　Sicily，赵汝适在其《诸蕃志》中称为"斯加里野"。
2　刘迎胜主编《〈大明混一图〉与〈混一疆理图〉研究——中古时代后期东亚的寰宇图与世界地理知识》，凤凰出版社，2010。
3　即今阿曼东南角之故城 Qalhat 遗址，哈剌哈底为 Qalhat 之音译。

移居西洋，即印度南部东南岸之马八儿，以贾贩为生，积累了大量财富。撒亦的之父名不阿里，受到马八儿国王五兄弟的信任，被接纳为"六弟"。马八儿国王习惯于以其父亲名字"不阿里"称呼他，而他的本名撒亦地反而不大为人所知。

不阿里的家族居于印度南端，目睹了东亚的宋朝与西亚的黑衣大食这两个强大一时的政权竟然均被蒙古人消灭。印度的回回海商无论赴波斯湾，还是到中国贾贩，都必须与蒙古当局打交道，因而感到极为震动。为保护他自己的海外商业利益，他自作主张派出一名回回人札马剌丁入元朝贡，此外还向远在波斯的蒙古伊利汗阿八合、哈散遣使通好。凡元廷或伊利汗国的使臣航海往来途经马八儿候风时，不阿里均为之准备舟楫，补充给养。不阿里私下向元朝遣使的做法，引起了马八儿统治者的不满。他们抄没了不阿里的家产，甚至准备处死他。不阿里以诡辞狡辩方得幸免。

不阿里在海外为蒙古政权效力的事迹，由航海往来于途的元朝使臣传到元世祖忽必烈那里。至元二十八年，元廷命使臣别铁木儿等人携诏书赴马八儿召不阿里入元。不阿里舍弃家产，率百名随从来到中国。因不阿里在马八儿曾被其王称为"六弟"，故入元后以马八儿王子自居，忽必烈还在抄没权臣桑哥的家产后，将桑哥的高丽妻子赐给他。后来不阿里逝于福建泉州。[1]

2. 马可·波罗

马可·波罗（Marco Polo，1254~1324），1254 年生于意大利

---

1 刘敏中：《不阿里神道碑铭》，《中庵集》卷 4，《北京图书馆古籍珍本丛刊》第 92 册，书目文献出版社，1990，第 302~305 页；《元史》卷 208《马八儿等国传》。有关研究参见陈高华《印度马八儿王子孛哈里来华新考》，《南开大学学报》1980 年第 4 期；拙文《从〈不阿里神道碑铭〉看南印度与元朝及波斯湾的交通》，《历史地理》1990 年第 7 期，第 90~95 页；Liu Yingsheng, "From the Golf via India to Yuan China: Sources on the Omanian Merchant 'Abū 'Alī," 《海表方行——海上丝绸之路史国际讨论会论文集》（*Collected Essays of To Seas and Beyond: An International Conference on the History of the Maritime Silk Road*），香港历史博物馆及香港浸会大学历史系编制，2018，第 184~190 页。

威尼斯（Venice）的一个商人家庭，其父尼科洛和叔父马泰奥都是商人。马可·波罗年幼时，其父亲和叔父到东方经商，来到元大都（今天的北京）并朝见过元世祖忽必烈，还带回了元世祖致罗马教皇的信件。1271 年，马可·波罗 17 岁时，其父亲和叔父携马可·波罗带着教皇的复信再赴中国，途经中东、中亚与新疆，历时四年多来到中国，在中国生活了 17 年，游历了许多地方。1292 年，因波斯的蒙古宗王妃子去世，1292 年元世祖下令选取女子阔阔真送赴波斯成婚，马可·波罗一家随行。同年深秋，他们从泉州乘元朝官船启行，历经南海、印度南部、斯里兰卡、阿拉伯海进入波斯湾，在波斯登陆。马可·波罗归国所行的路线，几乎就是一百余年后郑和与他率领的宝船队的主要航线。

1295 年，马可·波罗一家回到了阔别二十四载的亲人身边。他们从中国回来的消息迅速传遍了整个威尼斯，他们的见闻引起了人们的极大兴趣。他们从东方带回的无数奇珍异宝，一夜之间使他们成了威尼斯的巨富。1298 年，马可·波罗参加了威尼斯与热那亚的战争被俘。在狱中他遇到了作家鲁思梯谦，于是便有了马可·波罗口述、鲁思梯谦记录的《马可·波罗游记》（又名《东方闻见录》）。

《马可·波罗游记》激起了欧洲人对东方的热烈向往，对以后新航路的开辟产生了巨大的影响。同时，西方地理学家还根据书中的描述，绘制了早期的"世界地图"。在 1324 年马可·波罗逝世前，《马可·波罗游记》已被翻译成多种欧洲文字，广为流传。现存的《马可·波罗游记》有各种文字的 119 种版本。《马可·波罗游记》不仅仅是一部单纯的游记，也是启蒙式作品，对于闭塞的欧洲人来说，它为欧洲人展示了全新的知识领域和视野，促进了欧洲人文科学的广泛复兴。后来欧洲人大航海的动因之一，就是为马可·波罗所描述的东方所吸引。

3. 伊本·白图泰

伊本·白图泰（Ibn Battuta，1304~1377）是摩洛哥丹吉尔城人，伊斯兰教教徒。1325 年，他离乡赴麦加朝圣，后决意周游世界。数年中，曾三至麦加，并游历了波斯、阿拉伯半岛和非洲东岸各地，并曾至伊利汗国。1332 年，经西亚、中亚各地旅游后于 1333 年秋抵印度河，至德里，在那里留居约 8 年。

　　1342 年，元顺帝遣使臣至德里通好，德里算端命伊本·白图泰率领使团随同元朝使臣回访中国。使团启航后，遇风漂没，伊本·白图泰未及登舟，得免于难。元朝使臣脱难后搭本国商船回国。伊本·白图泰因失去随员、礼物，不敢回德里复命，在外辗转两三年后，才抵泉州。他在中国南至广州，北上杭州。后来从泉州乘船西还，于 1347 年到达印度，再途经阿拉伯半岛东岸、波斯湾、报达、叙利亚、麦加后返国。1349 年底伊本·白图泰抵摩洛哥都城非斯。此后他又去西班牙和中非、西非各地旅行。1354 年，奉摩洛哥国王之命回到非斯，口述其旅行见闻，由国王所派书记官伊本·术札伊用阿拉伯文笔录，著为旅行记一书。白图泰行踪几遍元帝国全境，对所到之处都有详细记述，其中国行记部分记载了泉州、广州、杭州及所经沿途各地状况，尤详于这些地区的穆斯林情况；对中国与印度、波斯湾和阿拉伯交通、贸易往来，也有不少极可贵的记载。

　　由于卷帙浩繁，此书一直以节本流传，有多种欧洲文字译本。19 世纪中，法国人在摩洛哥发现其全文手稿，由德弗列麦里与桑格提奈校勘并译为法文，分四卷出版。[1] 吉伯据此本译为英文，做了详细注释（剑桥，1956~1971，未完成）。张星烺《中西交通史料汇编》据玉尔《契丹及通往契丹之路》一书中的英文摘译本，译出了一部分关于中国的内容。近年，马金鹏将埃及出版的阿拉伯原文本译为汉文，[2] 为全译本，但有些错误。

1　*Voyages d'Ibn Batoutah: Texte Arabe, accompagné d'une traduction*, par C. Defremery et B.P. Sanguinetti。1853~1858 年初版于巴黎，剑桥大学出版社于 2012 年重印。

2　《白图泰游记》，宁夏人民出版社，1985。

4. 回回人的朝圣旅行

按照伊斯兰教的规定，穆斯林在条件许可时应当在一生中赴圣地麦加（天方、天房）朝一次圣。伊斯兰教传至各地后，各国的穆斯林均保持了这一风俗，每年都有成千上万的穆斯林通过各种途径赴麦加朝圣。在蒸汽机发明之前，没有铁路与轮船。对于生活在中国这样遥远的东方的穆斯林来说，赴天方朝圣是一件极为不容易的事情，但仍有虔诚的穆斯林不辞千辛万苦，沿陆路或海路往来于天方与汉地之间。完成朝圣壮举的穆斯林是极为荣耀的，被称为 Hajj，在当时的汉语中译称为"哈只"（今称为哈智，维吾尔族称为阿吉）。

郑和的父亲与祖父都称为"哈只"，足见其父祖两代人都曾经赴天方朝圣。云南赴天方朝圣通常是从缅甸出境，再登船经孟加拉湾，绕过印巴次大陆，进入阿拉伯海，进入波斯湾或红海至天方。回回人往返于海湾与东亚的航行使西太平洋与印度洋之间的航道变得更为知名。

（二）遥远的马合答束与刁吉儿

在元《经世大典·站赤》中，保留了如下记载，大德五年十二月（1301 年末至 1302 年初）：

> 江浙等处行中书省言：杭州路在城驿近承接使臣答术丁等，钦赍圣旨悬带虎符，前往马合答束番国征取狮豹等物，往回应付二年分例……又爱祖丁等使四起，正从三十五名，前往刁吉儿取豹子希奇之物，往回应付三年分例。[1]

这里提到的"马合答束番国"，即今索马里首都摩加迪沙 [Mogadishu（مقديشو）]，郑和时代的资料称之为"木骨都束"。元使

1　解缙等纂《永乐大典》卷 19419，中华书局残本影印本，1986，第 7220 页。

臣答术丁前去的目的是购买狮、豹等名贵动物，由于路途遥远，需要预支二年差旅费用；而前往刁吉儿的使臣爱祖丁使团一行为的是取豹子等物，全团计正使随员共 37 人。他们所需预支的钱比前往马合答束番国的使团更多，要准备三年花费，可见其路途更为遥远。刁吉儿应当就是摩洛哥航海家伊本·拔图塔的故乡丹吉尔，位于地中海南岸。爱祖丁的使团是从红海西岸登陆至地中海再乘船前往刁吉儿，还是由海路绕过非洲南部经直布罗陀海峡抵其地，尚不得而知。

（三）汪大渊和他的远航

汪大渊（1311~?），字焕章，南昌人，元代民间航海家。至顺元年（1330），年仅 20 岁的汪大渊首次从泉州搭乘商船出海远航，历经海南岛、占城、马六甲、爪哇、苏门答腊、缅甸、印度、波斯、阿拉伯、埃及，横渡地中海到摩洛哥，再回到埃及，出红海到索马里、莫桑比克，横渡印度洋回到斯里兰卡、苏门答腊、爪哇，经澳洲到加里曼丹、菲律宾返回泉州，前后历时 5 年。至元三年（1337），汪大渊再次从泉州出航，至元五年返回泉州。

汪大渊第二次出海回来后，便着手编写《岛夷志》，把两次航海所察看到的各国社会经济、奇风异俗记录成章，作为资料保存下来。当时泉州路正在修郡志，泉州地方长官（称达鲁花赤）与主修郡志的人见此书极为赞赏，即将《岛夷志》收入《泉州路清源志》中，作为附录。后来汪大渊回到久别的故乡南昌，将《岛夷志》节录成《岛夷志略》，在南昌印行。这本书才得以广为流传。[1]

汪大渊自述其书中所记"皆身所游焉，耳目所亲见，传说之事则不载焉"。今查《岛夷志略》分为 100 条，其中 99 条为其亲历，涉及国家和地区达 220 余个，对研究元代中西交通和海道诸国历史、地理

1　有学者根据宋代有泉州人编过题为《岛夷志》的书，判断汪大渊的《岛夷志略》是在此书的基础上补充了自己的航海见闻而成。参见廖大珂《〈岛夷志〉非汪大渊撰〈岛夷志略〉辩》，《中国史研究》2001 年第 4 期。

有重要参考价值，引起世界重视。1867 年以后，西方许多学者研究该书，并将其译成多种文字流传，公认其对世界历史、地理的伟大贡献。

《岛夷志略》可以说是上承宋代周去非的《岭外代答》、赵汝适的《诸蕃志》，下接明朝马欢的《瀛涯胜览》、费信的《星槎胜览》等重要历史地理著作，而其重要性又远远超过这些宋明的著作。《四库全书总目》说："诸史（指二十四史）外国列传秉笔之人，皆未尝身历其地，即赵汝适《诸蕃志》之类，亦多得于市舶之口传。大渊此书，则皆亲历而手记之，究非空谈无征者比。"汪大渊两下西洋，游踪的广远，著述的精深，直到清代中叶以前，还是名列前茅的。

《岛夷志略》对后世航海家有深刻的影响。明朝永乐年间，随郑和七下西洋的马欢在出海时，曾将此书带在身边，随时随处对照，他说："随其（郑和）所至……历涉诸邦……目击而身履之，然后知《岛夷志》所著者不诬。"

汪大渊曾说："所过之地，窃常赋诗以记其山川、土俗、风景、物产。"该书"大佛山"载：他们的船到大佛山（今斯里兰卡）附近，采集到珍贵的奇异珊瑚，汪氏很兴奋，"次日作古体诗百韵，以记其实"。这部书中多处记载了华侨在海外的情况，例如泉州吴宅商人居住于古里地闷（今帝汶岛）；元朝出征爪哇部队有一部分官兵仍留在勾栏山（今格兰岛）；在沙里八丹（今印度东岸的讷加帕塔姆），有中国人在 1267 年建的中国式砖塔，上刻汉字"咸淳三年八月毕工"；真腊国（今柬埔寨）有唐人；渤泥"尤敬爱唐人"；龙牙门（今新加坡）"男女兼中国人居之"；马鲁涧（今伊朗西北部的马腊格）的酋长，乃是中国临漳人，姓陈；等等。[1] 这些记载均不见于任何其他史料，可见其珍贵性。

以上所述证明，明初郑和航海，不是偶然发生的，其基础是古代中国与东方的海上活动传统。

1　汪大渊：《岛夷志略校释》，苏继庼校释，中华书局，1981。

后　记

　　滨下武志先生，日本静冈县人，专攻东洋史，曾先后担任东京大学东洋文化研究所所长、京都大学东南亚研究中心研究员，中山大学亚太研究院（国际关系学院前身）教授、院长及历史学系教授。现任美国国家人文与科学院外籍院士、中山大学历史学系教授、国际关系学院兼任教授。2018年3月，为了纪念滨下武志先生执教中山大学亚太研究院、历史学系十周年，中山大学国际关系学院与历史学系联合举办了以"全球与区域史视域下亚洲的区域与网络"为主题的学术研讨会。本论文集，除部分特邀作者论文外，主要就是该研讨会的若干论文成果汇编。

　　滨下武志先生长期致力于欧亚世界区域史之研

究，其提出的"亚洲历史区域模式论"，包括亚洲区域的地域模式、海域模式和网络模式等对亚洲区域史研究产生了重大且深远的影响。其提出的亚洲区域朝贡体系和亚洲朝贡贸易圈理论，对英国学者汤因比和美国学者费正清先生以西方中心主义理论所主张的"冲击－回应"说进行了质疑和批判，指出亚洲区域的朝贡贸易和互市贸易自有其内在之发展动力，亚洲区域形成的以中国为中心的东亚朝贡贸易圈和以印度为中心的南亚互市经济贸易圈，主要由诸如上海、香港、琉球、新加坡和马六甲等地作为"中枢地"连接起来，并形成了亚洲区域经济贸易网络。故本次研讨会亦以亚洲区域史研究作为中心议题，并希冀进一步探讨历史上作为空间范式的欧亚区域历史进程及其体系如何演进以及欧亚世界秩序的变化对丝绸之路的影响等。此外，本论文集还特邀若干学者就亚洲区域史研究的理论和方法进行探讨，以进一步深化作为全球史一部分的欧亚区域史的研究。

由于本论文集编纂时间较为仓促，编纂体例和内容未必尽如人意，可能存在不妥之处。若以此论文集之编纂出版为契机，能进一步加强我国学界有关全球史和区域史之研究，是为编者所愿。

魏志江

2019 年 4 月 6 日于中山大学康乐园

图书在版编目（CIP）数据

欧亚区域史研究与丝绸之路：滨下武志先生执教中
山大学十周年纪念文集 / 魏志江等著. -- 北京：社会
科学文献出版社，2019.9
（九色鹿）
ISBN 978-7-5201-4857-3

Ⅰ.①欧… Ⅱ.①魏… Ⅲ.①欧洲-历史-文集②亚
洲-历史-文集③丝绸之路-历史-文集 Ⅳ.
①K500.7-53②K300.7-53③K928.6-53

中国版本图书馆CIP数据核字（2019）第089052号

·九色鹿·

欧亚区域史研究与丝绸之路
—— 滨下武志先生执教中山大学十周年纪念文集

著　　者 / 魏志江　等

出 版 人 / 谢寿光
责任编辑 / 赵　晨
文稿编辑 / 胡安义

出　　版 / 社会科学文献出版社·历史学分社（010）59367256
　　　　　地址：北京市北三环中路甲29号院华龙大厦　邮编：100029
　　　　　网址：www.ssap.com.cn
发　　行 / 市场营销中心（010）59367081　59367083
印　　装 / 三河市东方印刷有限公司

规　　格 / 开　本：787mm×1092mm　1/16
　　　　　印　张：31　字　数：414千字
版　　次 / 2019年9月第1版　2019年9月第1次印刷
书　　号 / ISBN 978-7-5201-4857-3
定　　价 / 128.80元

本书如有印装质量问题，请与读者服务中心（010-59367028）联系